智库丛书
Think Tank Series

国家发展与战略丛书
人大国发院智库丛书

2021全球货币金融形势的思考

Reflections on the Global Monetary and Financial Situation in 2021

王晋斌 著

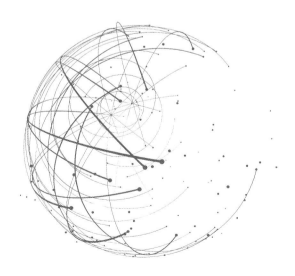

中国社会科学出版社

图书在版编目（CIP）数据

2021 全球货币金融形势的思考 / 王晋斌著 . —北京：中国社会科学出版社，
2022.8

（国家发展与战略丛书）

ISBN 978 - 7 - 5227 - 0519 - 4

Ⅰ. ①2…　Ⅱ. ①王…　Ⅲ. ①国际金融—世界经济形势—研究—2021

Ⅳ. ①F113.4②F831

中国版本图书馆 CIP 数据核字（2022）第 128915 号

出　版　人	赵剑英	
责 任 编 辑	郭曼曼	
责 任 校 对	李　莉	
责 任 印 制	王　超	

出　　　版	中国社会科学出版社	
社　　　址	北京鼓楼西大街甲 158 号	
邮　　　编	100720	
网　　　址	http://www.csspw.cn	
发 行 部	010 - 84083685	
门 市 部	010 - 84029450	
经　　　销	新华书店及其他书店	

印　　　刷	北京明恒达印务有限公司	
装　　　订	廊坊市广阳区广增装订厂	
版　　　次	2022 年 8 月第 1 版	
印　　　次	2022 年 8 月第 1 次印刷	

开　　　本	710 × 1000　1/16	
印　　　张	33.75	
插　　　页	2	
字　　　数	502 千字	
定　　　价	178.00 元	

凡购买中国社会科学出版社图书,如有质量问题请与本社营销中心联系调换
电话:010 - 84083683

序 一

刘元春[*]

  欣闻晋斌教授的新作即将出版，我很高兴为他的新作写个序言。晋斌教授是中国宏观经济论坛（CMF）的主要成员。2020 年年初新冠肺炎疫情暴发，全球金融市场剧烈动荡，美国股市从 3 月 9 号开始，短短十天时间里出现了 4 次熔断，这是历史上没有出现过的。这也是学者研究国际金融的难得样本。晋斌教授抓住了这样的机遇，以自己的专业知识和敬业精神，开始高频率跟踪研究世界经济和国际金融市场上的热点问题，并取得了不错的成果，产生了积极的社会影响。我为他的刻苦勤奋取得的成绩感到高兴。

  中国宏观经济论坛（CMF）是 2006 年创立的，至今已经走过 15 个春秋。在这 15 年里，论坛主要成员积极工作，论坛已经取得了很大的影响力。晋斌教授积极参与论坛的工作，在论坛中磨练、在论坛中成长，在世界经济、国际金融领域颇有建树。这本书也体现了晋斌教授在这些领域的专业敏锐性和扎实的功底。写作高峰时期几乎每天写一篇，记录了金融大动荡时期的历史，这是需要毅力的。

  本书收录了晋斌教授在 4 个月左右的时间主要发表在 CMF 微信公众号上的短文，每篇短文针对热点问题做了时评。尤其是针对国际金融市场变

---

[*] 刘元春，上海财经大学校长。

化、汇率变动等问题的研究是比较深入的，我读后觉得有价值，也愿意推荐给读者。晋斌教授用朴素、简单的语言，依靠自己专业知识素养形成的逻辑，时评了国际金融市场上的热点问题，读起来通俗易懂，这是本书写作的一大特点。

当今世界正处于百年未有之大变局时期，世界经济格局面临深刻调整，国际金融市场的波动也是常态。这是一个从事国际经济和国际金融等领域研究人员发挥自己研究能力，出成果的时期。希望晋斌教授发挥自己的专业所长，再接再厉，取得更多、更好的研究成果。

2021 年 1 月 24 日于中国人民大学

序　二

杨瑞龙[*]

　　王晋斌教授邀我为他的新书作序，我有点忐忑不安，因为我对他研究的世界经济与国际金融领域不算太熟悉，学术上没有作序的底气。但又有点盛情难却，因为我们在同一个战壕里摸爬滚打十多年，好像应该为他的新作写点"溢美"之词。

　　王晋斌教授博士毕业留校在其他学院任教。我于2002年初任经济学院院长，上任后为组建一支一流的师资队伍煞费苦心。时任经济学院副院长的刘元春教授向我推荐，说有一个叫王晋斌的年轻老师在《经济研究》及其他重要学术期刊上发表了多篇论文，我拿来一看，觉得质量不错，于是请来一见。办公室一叙，双方都感觉挺投缘，于是经过必要的组织程序开启了引人计划。经过一番周折，王晋斌终于落户经济学院国际经济系，其研究方向也稍作调整，转向世界经济与国际金融。多年来科研成果发表颇丰，特别是在教学上颇为努力，课堂教学深得学生欢迎，每次毕业典礼上赢得的掌声也比较大，在经济学院顺利评上教授，并出任经济学院副院长。

　　2006年在时任副院长的刘元春引荐下，我与中诚信集团董事长毛振华教授相见恨晚、一拍即合，与中诚信集团联合创办中国宏观经济论坛，定

---

　　* 杨瑞龙，中国人民大学中国宏观经济论坛联席主席。

期发布中国宏观经济形势分析与预测报告，一办就是 14 年。在这 14 年中，王晋斌教授始终是积极的参与者，成为中国宏观经济论坛的核心成员。每年都要写几篇有关世界经济形势、国际金融形势、人民币汇率走势等方面的研究报告，研究水平大有长进，研究成果颇受好评。因在汇率研究方面发表了若干篇颇有影响的论文，被我们团队成员戏称为"汇率王"。

2020 年初新冠病毒肆虐中国，在中国政府强有力的防控下，疫情得到了有效的控制。由于疫情在世界蔓延，在美国等国家愈演愈烈，中国为了防止疫情再度暴发，教学改为网上进行，我们的宏观论坛也改变了发布方式，主要在线上召开宏观报告发布会与热点问题讨论会，同时通过我们自己的公众号首发我们关于宏观热点问题的研究文章。目前网上的公众号多如牛毛，能否吸引更多的粉丝，除了必要的推广工作外，很大程度上取决于你的公众号能否推出让网民有阅读兴趣的文章，特别是首发文章。为此，我们号召宏观论坛的研究团队成员踊跃向公众号投送文章。王晋斌教授自告奋勇，说他每周为中国宏观经济论坛的公众号提供一篇原创文章。原来我以为是说着玩的，每周写一篇几千字的文章并不是一件轻松的事情。后来连续几个月每周在公众号上都能看到王晋斌对世界金融热点问题的时评文章，甚至有时每周写两篇以上的文章。过了几个月，我以为王晋斌教授难以坚持下去，没有想到他越写兴致越高，迄今已经写了超过一百篇时评文章。他对国际金融问题的评论文章在网络上产生了越来越大的影响，很多文章被其他网站转载，头条还邀请他去开专栏。现在他把第一批的文章结集出版，他给书起名《2020 全球金融大动荡的思考》。

这次新冠肺炎疫情对世界经济造成了巨大的冲击，全球金融也出现了显著的震荡，这种震荡也波及了中国的宏观经济、金融环境、企业行为；因此，及时研究全球金融的震荡及对中国的影响是有重要学术及应用价值的。王晋斌教授的这本文集的及时出版无疑是有重要意义的。我作为中国宏观经济论坛的联席主席，平时对王晋斌教授首发在中国宏观经济论坛公众号上的时评文章也颇为关注。我过去也为媒体写过经济随笔，也曾结集出版，深知写随笔或时评并不容易。写好一篇能吸引读者的随笔或时评，一是要选题好。这需要有敏锐的眼光与独特的研究视角,紧紧抓住读者关心的热点问题。收录在这本《2020全球金融大动荡的思考》中的文章大多非常好地抓住了当时国际金融形势变化的重要热点问题展开讨论,时代脉搏的跳动在这本书中能明显感受到。二是要有扎实的理论功底。其实,在学术研究上要写出一篇让同行都看不懂的文章并不是非常难的,但要写出让不是从事学术研究的人都能看得懂的专业文章是相当难的,这要求写作者能对相关理论相当精通,并能用浅析的语言表达出来。读了王晋斌这本书,发现他对国际金融理论、汇率理论相当熟悉,对国际金融发生的事情也相当熟悉,从而能写出通俗易懂但背后具有明确的理论逻辑的时评。三是要有较好的语言表达能力。随笔或时评是专业人士写给主要是非专业人士看的文章,因此,对写作者的语言表达能力有着较高的要求。王晋斌教授这本书是能让非国际金融专业人士读得懂的一本关于全球金融动荡的书。

据王晋斌教授讲,这本书出版后,他马上要着手整理出版第二本类似的经济时评书。他在我们自己的公众号上推出了一大批热评国际金融变化大事件的文章,以及出版了这本文集,乃至于很快要出版第二本文集,无论是对于他本人,还是对于我们的中国宏观经济论坛都是一件值得庆贺的事情。即使我不是国际金融方面的研究专家,我也斗胆为我的同事王晋斌教授写了这篇序,以示庆贺。

2021 年 1 月 22 日于中国人民大学

序　三

毛振华[*]

王晋斌教授的新书《2020 全球金融大动荡的思考》即将出版，嘱我写序。

这本书收录了晋斌教授 2020 年 3 月至 7 月所写的关于全球疫情和国际金融市场的几十篇文章。一开始，晋斌教授是应中国宏观经济论坛的邀请而写的。我是索稿人，自然就成了第一个读者，有时也会把自己的一些看法同晋斌教授分享。晋斌教授的文章在我们宏观论坛的公众号发表后，很快引起了广泛的关注，其他财经媒体和公众号竞相转载，也向他约稿，促进了他的勤奋写作，有时甚至是一天一篇。他结合经济金融的基本理论，全面分析疫情期间各主要国家的应对政策以及金融市场的波动态势。现在他将这些文章结集出版，有助于向读者全面呈现 2020 年国际金融市场在疫情冲击下的风云变幻。这一系列文章的写作和结集出版，相当于晋斌教授开了一门生动的理论联系实际的课程，而我恰似这门课的忠实学生，每课必学。因此，我来写序，更恰当地说是写学习体会。

2020 年是改变世界格局的一年。突如其来的新型冠状病毒肺炎疫情以前所未有的速度席卷全球，给各国人民带来沉重的灾难和损失。在与病毒

---

[*] 毛振华，中国人民大学中国宏观经济论坛联席主席。

的斗争过程中，人们动用了所有相关的医疗和公共卫生资源来挽救生命，各国政府和央行也竭尽所能地动用了相关经济金融资源来挽救受到剧烈冲击的经济。各国几乎不约而同地采取了史上最大规模的量化宽松政策，巨量的货币在短期内投入市场，所产生的效应，除了提高市场信心之外，还带来了金融市场的短期剧烈波动，同时也伴随着专家学者对政策中长期影响的忧虑和争议。在巨量货币投放下，各主要经济体、金融市场都不可避免地受到影响，一时间，股市、债市、金市、汇市和房市同样呈现出不规则的交叉共振。在这个不确定性加大的市场变化中，要做到透过现象看本质，对今后走势和长期趋势发表明确的看法，既需要理论功底，又需要实证能力，更重要的是需要学者的勇气。晋斌教授的分析，阐述原理时像涓涓细流娓娓道来，判断趋势时则方向明确毫不含糊，而利弊分析时更是抓住要害立场鲜明。我和广大读者一样，喜欢他的这些文章，更欣赏他的风格。

如果把视角拉得更长，我们可以发现一些更有趣的现象。2008 年的国际金融危机，大体的成因是过度的货币化和金融创新，解决之策似乎应该是抑制货币创造并令金融服务实体经济。为了应对恐慌向市场投放大量的货币以维持流动性，作为短期应急政策是必不可少的，但短暂的恐慌之后似乎应该归于常态。但 2008 年金融危机后各国的货币政策则完全不是这个思路。实际上，各国都将宽松的政策维持下来，并唯恐美国利用美元世界货币的优势收取"铸币税"，即网络所说的"薅羊毛"。在这个背景下，虽然持续的过量货币投放并未引发通货膨胀和金融崩溃，各国也先后走出了金融危机的阴影，但同时也导致了全球的债务率和资产价格的持续攀升。当然，从中国的角度来看，由于当时中国并未发生金融危机，加之采取了有力的宽松政策加以应对，2008 年金融危机实际上使中国获得了一次超常规的错峰发展机会。2008 年之后，中国经济总量超越日本，成为世界第二大经济体，并大大缩小了与美国的差距；2019 年 GDP 总量达到美国三分之二的水平；2020 年更是突破百万亿人民币，超过了美国经济总量的四分之三。2020 年，在疫情全球蔓延的背景下，有效的疫情防控措施使得中国又一次赢得了错峰发展的机会，货币政策也正率先向常态化回归。研究国际金融，特别是各国的货币政策效应，学者的任务还很重，"不要浪费每一场危机"，用在这里恰如其分。

我于 2006 年加入中国人民大学经济学院，无论是带学生还是搞研究，都得到了晋斌教授的支持和帮助，我们还在中国宏观经济论坛的工作中有很好的合作。借此机会，我向晋斌教授表示谢意，并祝他的研究取得更大的成就。

2021 年 1 月 22 日于北京

目　录

双轨制：渐进稳健的中国资本账户开放顺序

1 月 1 日

资本账户开放程度被视为一国与全球金融市场整合程度的重要指标。传统的金融发展与经济理论中描述的金融开放大多是小国模型，一国开放资本账户的目的主要是为了资金跨境流动便利，为了发展中国家更好地利用国际资本，以弥补工业化进程中的资本不足。

目前，中国经济总量和资本市场总量均居世界第二。改革开放以来，中国在不断吸引国外资本。1983—2019 年，中国吸引了大约 2.5 万亿美元的外国直接投资（Foreign Direct Investment，FDI），这对于改变中国经济结构、助推产业结构升级起到了重要的作用，中国经济中进出口的大约一半是与外资有关的企业完成的。但中国是一个储蓄大于投资的经济体，资本并不短缺，吸引外资更重要的是学习国外先进技术和管理经验，促进创新，增强市场竞争性，提高整体资源的配置效率。

中国金融在国际上的影响力远小于"中国制造"在国际上的影响力。2019 年中国制造业增加值占全球制造业增加值的 28%，成为全球最大的制造业经济体，但依据 OECD（Science and Engineering Indicators 2018）的数据，2008—2016 年中国金融服务业出口在世界的年均占比为 1.38%，其中 2016 年达到 1.82%。截至 2020 年第三季度，依据国际货币基金组织（International Monetary Fund，IMF）发布的"官方外汇储备货币构成"（Currency Composition of Official Foreign Exchange Reserve，COFER）数据显示，人民币在国际货币储备中占比 1.995%。

随着外部环境的变化，全球都在积极寻求再平衡的增长模式。未来中国经常账户大规模的顺差将会有缩小的趋势。依据中国经济信息网统计数据库提供的数据，2007 年中国经常账户顺差/GDP 大约为 7.53%，贸易顺差大约 2 万亿元；2019 年中国经常账户顺差/GDP 大约为 2.95%，贸易顺差大约 2.9 万亿元。尽管贸易顺差总量在增长，但顺差/GDP 的比例是大幅度下降的。这就是说，相对于中国的经济体量，经常账户国际融资的作用下降了。

习近平总书记多次强调，"中国开放的大门不会关闭，只会越开越大"。全面提高对外开放水平，建设更高水平开放型经济新体制，形成国际合作和竞争新优势是"双循环"新发展格局的内生要求。国际合作和竞争新优势的内涵非常丰富，有一点值得关注，那就是在经常账户国际融资作用下降的同时，如何培育出新的国际融资优势。

这个新的竞争性融资优势就是人民币国际化。人民币国际化是一种新兴货币的国际化，要得到国际市场更多的认可和使用，需要一个长期的市场需求培育过程。毫无疑问，推进贸易项下的人民币结算业务是人民币国际化的重要手段，但不可能保证贸易结算的人民币始终是平衡的，贸易伙伴结算的人民币盈余要有地方去。因此，离岸人民币市场的培育和发展就是基础性的工作。

随着中国金融开放步伐的实质性加快，外资进入中国资本市场呈现出明显递增的态势。如果都是采用外币对本币结算模式，资本的跨境流动对汇率、货币政策都会造成扰动；当跨境流动的规模过大时，这种扰动势必会影响货币政策的自主性。加快人民币贸易结算以及鼓励中资银行在海外开展人民币业务是人民币国际化的重要手段，也是拓展人民币国际融资功能新优势的重要手段，更是降低上述扰动的重要举措。

要发挥人民币国际融资功能新优势，就需要给国际投资者使用人民币创造便利，资本账户下人民币业务的开放是基本措施。资本账户下人民币开放是联通在岸人民币市场和离岸人民币市场的渠道，外国投资者可以使用人民币进入中国市场，国内投资者也可以逐步使用人民币作为国际融资的货币，这样就会减轻完全依赖经常账户发挥国际融资功能的压力。

因此，中国资本账户实施"双轨制"：先实施人民币项下的开放，对外币项下实施审慎管制。这应该是一个渐进稳健的资本账户开放路径：一方面助推人民币国际化；另一方面可以依据人民币国际化程度来反向观察资本账户外币项下的开放进程和速度。当人民币国际化达到合意的水平时，即人民币的国际融资功能对经常账户外币的国际融资功能替代程度足够高的时候，外币项下的资本账户开放就是顺其自然的事情。

美元信用边界与美国财政赤字货币化

1月4日

在金本位下，美元信用边界就是美国储备的黄金数量要至少等于美元——黄金维持固定兑换价格要求的数量；在信用本位下，美元信用边界就是美元创造安全性资产的最大边界，这也是美国财政赤字货币化能力的全球边界。在美元信用的最大边界内，美元作为全球重要的安全性资产属性不发生实质性变化。一旦突破美元信用的最大边界，美元国际货币体系将发生实质性改变。

一 金本位与信用本位制度下的美元信用边界

1960年美国经济学家特里芬在《黄金与美元危机——自由兑换的未来》一书中指出，由于美元与黄金挂钩，而其他国家的货币与美元挂钩，美元取得了国际核心货币的地位。世界各国为了发展国际贸易，必须用美元作为结算与储备货币，这样就会导致流出的美元在世界各地不断累积，对美国国际收支来说就会发生长期逆差；而美元作为国际货币核心的前提是必须保持美元币值稳定，这又要求美国必须是一个国际贸易收支长期顺差国。这两个要求互相矛盾，是一个悖论，由此被称为"特里芬难题"（Triffin Dilemma）。

"特里芬难题"揭示了国际货币在金汇兑本位制度下的两难困境，是固定汇率制度下国际货币体系的永恒难题。"特里芬难题"也称为流动性和清偿性两难：一方面，维持国际流动性不出现困难；另一方面，流动性不出现困难，但会导致币值不稳定，又会导致清偿性困难。

流动性和清偿性两难的"特里芬难题"很好地解释了美元——黄金固定汇率制度的崩溃。第二次世界大战后美国一开始通过布雷顿森林体系确立了其国际货币主导地位，保持国际贸易收支顺差，在布雷顿森林体系下，西欧经济快速复苏，国际贸易发展下，各国对美元有着大量需求，美国经常账户收支差额逐步逆转为国际贸易收支逆差，国际市场由"美元荒"进入"美元过剩"，反映了国际货币格局滞后于贸易格局调整。若美国国际收支出现持续顺差，则美元供不应求，难以满足国际需求；若美国国际收支出现持续逆差，则可能导致美元贬值①，甚至出现美元危机，影响世界经济的平稳运行。因此，美元的"特里芬难题"一方面表现为国际收支赤字增加，另一方面，赤字增加减弱了投资者对美元的信心，会导致美元出现贬值趋势②。如果市场投资者对大量美元储备同时进行结构性的调整，会影响主要货币的汇率，带来外汇市场的动荡。1971年8月15日尼克松宣布关闭黄金窗口，禁止美国财政部用黄金兑换外国所持有的美元，全球进入了美元信用本位制。

在信用本位制度下，"特里芬难题"则表现为满足国际清偿性与维护美元"信心"之间的矛盾：美国以外的国家持有的美元越多，由于"信心"问题，这些国家就越不愿意持有美元，甚至会抛售美元，美元体系也会被削弱，甚至瓦解。在信用本位制下，金本位和信用本位的差异在于：金本位下美国储备的黄金是美元全球固定汇率货币体系的支撑；信用本位下美国的信用是美元主导国际货币体系的支撑，美国信用下降的过程就是美元国际货币体系逐步削弱的过程。一旦货币发行扮演弥补财政赤字角色的时候，债务就会出现急剧增长，会进一步导致美元贬值及其信用的改变。一方面，债务过度扩张会催生资产泡沫和投机行为；另一方面，美元贬值可

---

① 韩宝兴：《从"特里芬难题"看美元的扩张及其影响》，《中国金融》2009年第2期。

② 吴秀波：《当前中国面临的形势及宏观经济政策走向——写在全球金融危机爆发一周年之际》，《价格理论与实践》2009年第9期。

能会引起美元资产价格的大调整，存在引发全球性资产价格急剧调整的风险。破解"特里芬难题"，应对美元扩张及其带来的危害的直接途径是最大限度地降低美元国际储备需求，减少对美元的依存度，改善自身的国际收支平衡水平①。

综上，本文从"特里芬难题"中抽象出美元信用边界：在金本位下，美元信用边界就是美国储备的黄金数量要至少等于美元—黄金维持固定兑换价格要求的数量；在信用本位制下，美元信用边界就是美国财政赤字货币化能力的全球边界。在美元信用的最大边界内，美国国债作为全球重要的安全性资产属性不发生实质性变化。一旦突破美元信用的最大边界，美元国际货币体系将发生实质性改变。

二 美元指数强弱不能完全代表美元信用的高低

金本位的崩溃，意味着国际货币定价再也没有稳定的"锚"。在信用本位制下，美元的定价也因此没有稳定的"锚"。尽管贬值的美元在一定程度上会被国际市场看空，但这并不能完全代表美元信用的下降。

表达美元强弱的美元指数是由其他 6 种货币组成的，各种货币的占比为：欧元 57.6%、日元 13.6%、英镑 11.9%、加拿大元 9.1%、瑞典克朗 4.2% 和瑞士法郎 3.6%。目前来看，针对美元指数至少有几点值得关注。第一，在很大程度上欧元的强弱决定美元弱强。第二，美元指数的货币篮子没有发展中国家的货币。换言之，除了上述 6 种货币以外，其他货币的强弱都无法直接影响美元的弱强。第三，该指数已经不能准确衡量美元贸易汇率，因为与美国发生国际贸易的主要经济体远不止上述 6 种。第四，即使是 6 种货币组成美元指数，也不是按照贸易权重来确定货币权重的。第五，

---

① 韩宝兴：《从"特里芬难题"看美元扩张及其影响》，《中国金融》2009 年第 2 期。

现行的美元指数是在 1999 年 1 月 1 日欧元出现后，纽约棉花交易所对美元指数期货合约的标的物进行了调整，从 10 个国家减少为 6 个经济体，欧元成为权重最大的货币。尽管在 20 多年前推出的美元指数期货的计算原则是以全球各主要国家与美国之间的贸易结算量为基础，以加权的方式计算出美元的整体强弱程度，并以 100 点为强弱分界线。但今天的美元指数已经不能全部反映美国主要的贸易伙伴以及主要贸易伙伴货币的强弱。

美元指数为什么不进行调整呢？答案也许和贸易指数的设计初衷有差异。美元指数包含了当今世界最主要的国际货币。依据 IMF 发布的 COFER 数据显示，截至 2020 年第三季度，全球已分配的外汇储备中，除了美元占比 60.46% 外，欧元占比 20.53%、日元占比 5.92%、英镑占比 4.50%、加拿大元占比 2%、瑞士法郎占比 0.17%。这就是说美元和组成美元指数的货币在国际储备货币中的占比为 93.58%。进一步考虑到国际贸易结算的货币，美元和欧元的占比大约 80%。可见，美元指数本质上是一个国际货币集团，在构成上具有明显的排他性。

因此，美元指数的强弱直接对应的是欧元、日元等货币的弱强。美元指数走弱并不能代表美元货币体系受到了明显的冲击。美元强弱主要是受到美国和组成美元指数经济体的经济状况、货币和财政政策状况以及美国与其他经济体汇率政策协调的影响。从历史上的美元指数走势来看，具有很宽的域。换言之，美元指数强弱不能完全代表美元信用，世界上没有一种货币会一直走强，也没有一种货币会永远走弱。

从美元指数走势来看，历史上并不是每个加息周期美元都走强，国际清算银行（Bank for International Settlements，BIS）提供的美元名义指数和美联储提供的联邦基金实际利率的数据看不出彼此之间明确的关系，因为影响美元走势的因素众多。

本文试图讨论的问题是，美元指数强弱与美元储备在全球外汇储备中占比之间的关系，从而反映出美元强弱不能完全代表美元信用的高低。图 1 显示了美元指数波动幅度很大，即使在 1995—2020Q3 这个区间，美元指数波动的区间基本在 70—120 之间波动。在 1995—2001 年美元指数上升区间，

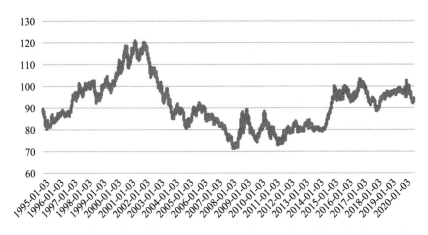

图1　美元指数走势（1995年1月3日至2020年1月3日）

资料来源：Wind 数据库。

美元外汇储备的占比有明显上升，大约上升了 10 个百分点。但在 2011 年年底到 2017 年美元指数的上升期，美元储备占比基本没有变化（详见图 2），美元占全球外汇储备基本稳定在 60% 以上的水平。2020 年第三季度美元储备占全球已分配外汇储备的大约 60.5%，这一数据处于 1995—1996 年之间

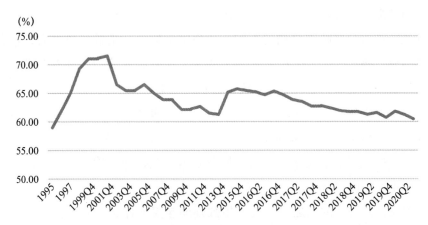

图2　美元储备占全球已分配外汇储备的比例（1995—2020Q2）

资料来源：IMF, COFER.

的水平。换言之，25 年期间美元指数呈现出较大的波动，但美元储备占全球外汇储备的比例基本没有变化。

美元指数与美元作为储备货币之间的关联性并不大。主要原因是，美元指数反映的是国际金融市场流动性的松紧，尤其是美国离岸美元市场流动性的松紧。如果市场上美元多了，投资者形成美元贬值预期，做空美元，美元指数就下降；反之，当国际金融市场上美元紧缺，投资者就会追逐美元，美元指数就会上升。不管是做多美元，还是做空美元，美元都是标的，说明了市场上投资美元的投资者很多，也体现了美元的重要性。国际市场尤其是出现金融危机或者金融市场出现大的动荡时，美元就成为追逐的对象，美元指数就会走强。

根据图 2 的趋势来看，从 2015 年开始美元储备占全球外汇储备的比例是下降的，5 年期间大约下降了 5 个百分点，这或许显示了美元正在逐步触及美元信用的最大边界。

三 信用货币制度下的美元信用边界

美元信用最大的边界是什么？很难给出准确答案，但提供安全资产的能力可以视为美元信用最重要的支撑，这与过去的"特里芬难题"中强调美元币值的稳定有明显不同。所谓安全资产是一种简单的债务工具，在出现不利的系统性事件时能保持其价值。从实际操作中来看，安全资产就是"对信息不敏感"的资产①。如果美元币值稳定，有利于稳定全球的物价水平，那么美国发行的货币就会被其他经济体更多的使用，这种"搭便车"对所有经济体都是有利的。问题在于：美国着眼于解决自身经济发展面临的问题，财政和货币政策的自主性决定了"自私性"，决定了美元作为"公

---

① Caballero, et. al. , "The Safe Assets Shortage Conundrum", *Journal of Economic Perspectives*, Vol. 31, No. 3, 2017, pp. 29 – 46.

共物品"会损害全球其他使用该货币经济体的利益，即国际货币的过度扩张不能保持其币值的稳定性。因此，在币值不能确保稳定的条件下，美元开始通过提供安全资产（美国国债、MBS 等）来帮助维持和扩大美元信用边界，但提供安全资产也面临着"新特里芬难题"①：即安全资产的短缺问题，供给多了，安全性下降；供给少了，流动性存在问题。

如何创造安全资产？需要有支撑货币体系的支柱。支撑美元体系的有四大支柱：美国的政治（军事）、经济、科技和美元的全球支付体系，这四大支柱任何一个发生变化，都会影响美元信用。为了维护支撑美元体系的军事、经济、科技和美元的全球支付体系四大支柱，维护美元霸权，美国不遗余力。军事上，不以自己国家划分战区，而是全球部署，以全球划分战区；科技上，注重创新型科技人才的培养，拥有创新能力和知识产权保护意识，是很多重大的高科技领域的领头羊，科技方面一直领先全球，先进的科技还能有效维持美军的战斗力；经济上，美国的跨国公司全球布局，获取垄断利润，增加跨国企业在全球的影响力；支付体系上，保持全球货币支付体系的垄断性。上述四大支柱的目的都是创造美元安全资产（主要是美国国债），并通过美元的供给以及具备深度和广度的美元金融市场来助推美元需求，从供给和需求两侧来维持甚至提高美元作为国际货币的重要性，维持美元国际货币体系。

2020 年以来美国财政赤字货币化越发严重。截至 2020 年 12 月 31 日，美联储资产负债表中的总资产已经超过 7.36 万亿美元，而 2020 年 1 月 2 日美联储的总资产大约 4.17 万亿美元。截至 2020 年 12 月 17 日，美联储资产负债表总资产中持有美国国债数量大约为 4.66 万亿美元，占美联储总资产的 63.3%；2020 年 1 月 2 日美联储总资产为 4.17 万亿美元，持有的国债数量大约 2.33 万亿美元，美国国债占美联储总资产的 55.8%。这意味着美联储在 2020 年大约增持了 2.33 万亿美元的美国国债。如果按照目前美国国债

---

① Davis, E. Ann, "The New Triffin Dilemma", *Review of Radical Political Economics*, Vol. 50, No. 4, pp. 691 – 698.

全年增加了 4.32 万亿美元来看，相当于美联储包揽了美国政府债务融资的 54%左右。近年来，美国政府债务正在加速积累。截至 2021 年 1 月 12 日，美国国债存量高达约 27.7 万亿美元。随着美国国债存量的不断攀升，美国以外的国际投资者持有美国国债的比例是不断下降的，2012—2014 年期间国际投资者持有美国国债的比例大约为 34%，这个时期美国国债存量大约在 16 万亿—18 万亿美元的区间。截至 2020 年第二季度美国国债存量约为 26.5 万亿美元，外国投资者持有的比例下降到 26.61%。从外国投资者持有美国国债的绝对值来看，2020 年第二季度大约为 7.05 万亿美元。2019 年年底为 6.84 万亿美元，外国投资者持有美国国债仅增加了 0.21 万亿美元，而 2019 年年底到 2020 年第二季度美国国债存量增加了 3.276 万亿美元。相比 2010 年国外投资者持有约 4.44 万亿美元的美国国债，截至 2020 年第二季度增长到 7.05 万亿美元，外国投资者持有的美国国债数量还是在上升的，但外国投资者持有美国国债的数量出现了急剧的边际递减。这也是 2020 年美联储自己大规模购买国债的原因。目前美联储的购债计划是每月 1200 亿美元，其中包括 800 亿美元的政府债券。为了防止美国国债安全资产属性出现变化，2020 年 3 月 31 日美联储允许采用国债回购的形式来缓解当时国际金融市场美元流动性不足的问题，并依此在国际金融市场上显示出美国国债可以随时换取美元的信号，来维持美国国债安全资产的性质不发生实质性变化。

从美元的供给面来看，受 2008 年美国次贷危机和 2020 年新冠肺炎疫情冲击，美元的供给迅速增长。美联储的资产负债表从 2007 年的大约 1.2 万亿美元扩张到 2021 年 6 月的约 7.4 万亿美元，这一增速远远高于美国 GDP 的增速和美国物价水平的加总。由于美元是国际货币，一方面，大量的美元流出美国，成为其他经济体借贷的资金。另一方面，大量的美元导致全球出现了金融的过度深化。金融资产数量急剧膨胀，尤其是以美元计价的金融产品数量出现了急剧增长。2008 年美国股市市值和政府债务市场规模大约都在 10 万亿美元，2021 年美国股市市值 50 万亿美元，政府债务市场规模突破 27 万亿美元。以美元计价的衍生品交易数量也是急剧增长。依据

BIS 的数据，2020 年 9 月美元计价的期货日交易量达到 4.08 万亿美元，2007 年年底为 2.7 万亿美元，2020 年 3 月高点时曾达到令人惊叹的 12.23 万亿美元。美国依靠具有深度和广度的国际金融市场，为美元的供给和交易提供了流动性平台。

从美元的需求面来看，2021 年 1 月 28 日，BIS 全球流动性指标（Global liquidity indicators）提供的数据显示，2020 年第三季度相比 2019 年年底美国以外的非银行借贷者美元借贷存量增加了 4940 亿美元。2019 年年底新兴经济体非银行借贷者的美元借贷存量为 3.818 万亿美元，2020 年第一季度为 3.92 万亿美元；2020 年第二季度有明显上涨，达到 4.0 万亿美元，2020年第三季度这一存量下降到 3.99 万亿美元。与 2019 年年底相比，2020 年第一至三季度新兴经济体非银行借贷者的美元借贷增量为 1720 亿美元。其中银行贷款增量不大，只有 80 亿美元，其余的都是通过债务证券发行来获取的，数额达到 1450 亿美元。尤其是截至 2020 年第三季度，银行借贷的年率增长只有 1.1%，但证券发行年率增长高达 11.7%，这可能与债务证券发行的低利率成本有关，也可能与当前背景下银行跨境借贷面临高风险产生的惜贷有关。总体上，截至 2020 年第三季度，新兴经济体非银行借贷者美元借贷的增长年率为 4.6%，已经低于 2019 年第四季度 4.9% 的增长年率水平，流向新兴经济体的美元信贷出现了放缓的迹象。

因此，非美元经济体对美元的持续需求是美国财政赤字货币化得以长期实施的条件。从需求侧来说，美元信用边界与美国财政赤字货币化之间的关系就是美国以外的经济体对美元需求的边界。从供给侧来说，就是美国靠政治（军事）、经济、科技和支付体系来为美元的供给增信。当美元供给的边际增信不足以弥补全球对美元需求的边际风险溢价补偿时，国际投资者对美元需求的偏好就会下降，美元信用边界就会出现，美元国际货币体系就会朝着实质性变化的方向演变。

为了缓解"特里芬难题"，扩展美元信用边界，美国其实已经做过很多尝试。布雷顿森林体系时期，美元国际储备变化量等于美国国际收支变化，当美国黄金储备增长率大于或者等于美元供给增长率时，美元国际储备具有内在稳定性。因此出现了为控制黄金需求，保持美元国际储备稳定的"十国集团"（维持美元和黄金的比价）①、与欧洲几大央行的货币互换协议（缓解"美元过剩"）、"尼克松冲击"（针对贸易逆差和美元危机）。在牙买加体系时期，美元摆脱黄金的束缚，金汇兑本位制终结，美国成为最大受益者，似乎不存在产生"特里芬难题"的根源了，但"特里芬难题"只是被暂时延缓、弱化，实际上一直存在。为了缓解国际贸易逆差，美国也采取了多种策略，包括美元贬值促进出口；通过要求对方货币升值来降低双边贸易逆差，如1985年的"广场协议"；吸引资本回流，用资本账户顺差来抵补经常账户逆差；采用多国货币互换协议来缓解金融危机带来的美元流动性压力；甚至采取贸易摩擦来试图降低双边贸易的顺逆差，如2018年中美经贸摩擦。

从长期来看，美国在全球的影响力出现加速下降的拐点，美元创造安全资产的能力就会骤然下降，国际货币体系就会发生实质性变化。但从目前来讲，美元货币体系尚没有出现重大危机，主要原因是全球其他经济体缺乏大规模提供竞争性安全资产的能力。1967年为补充美元流动性，IMF创造了多种货币组成的特别提款权（SDR），时至今日，SDR规模小，且不存在足够深度和广度的国际交易市场，这两者决定了SDR很难成为国际货币。同时美元指数中的其他货币也存在过度扩张的倾向，欧洲央行、日本央行、英国央行、加拿大央行等自次贷危机以来的扩表规模也是巨大的，尤其是2020年新冠肺炎疫情冲击下，这其中的央行总资产扩张幅度远超过美联储，比如加拿大央行，这就导致了目前美元指数仍处于不低的位置运行。主要发达经济体竞争性的扩表也减缓了美元信用的下降。尤其是欧洲央行、日本央行等采取负利率政策，导致全球负收益率国债规模急剧增长，而美元国债尽管处于低收益率，比如10年期国债收益率在1.1%左右，但是正收益，相对于负利率债券来说，仍然具有一定的吸引力。

---

① 陈建奇：《破解"特里芬"难题：主权信用货币充当国际储备的稳定性》，《经济研究》2012年第4期。

从美国采取的应对疫情大胆而激进的救助和刺激政策来看，美国很可能在全球发达经济体中率先修复经济，相对于美元指数中的其他货币来说，这反而会增加美元的信用。因此，美元信用边界的相对性，决定了当前美元主导的国际货币体系尚难以出现重大的变革。

四 总结与启示

美国的美元供给和全球对美元需求的偏好变化之间是一个长期的动态博弈过程。正如蒙代尔所说，国际货币体系存在刚性，会养成习惯性使用的倾向。习惯的改变需要长的时间，要改变习惯，直接的办法是提供可以替代的产品。从这个角度来思考，非美元经济体，要参与国际货币体系的变革，必须把提供安全性资产作为基本出发点。提供可替代美元的安全性资产越多，参与国际货币体系变革的基本筹码就越多。当其他经济体创造出更多的优质安全性资产时，其他经济体就不会再把资金都投向发达经济体，而是在全球做多元化的投资，主要经济体的外部融资就会受到约束，其财政赤字货币化也就因此受到了约束，这是收缩美元信用边界的条件，也是促进全球再平衡发展的根本措施。

此轮人民币升值的驱动力在逐步减弱

1 月 7 日

截至 2021 年 1 月 6 日中午，依据 Wind 的数据，美元兑人民币（China Foreign Exchange Trade System，CFETS）为 6.4581。从 2020 年全球金融大动荡的低点 3 月 23 日开始算起，人民币兑美元升值了 9.29%。从单一货币的升值来说，8 个月左右的时间升值幅度达到 9% 是一个不小的升值，我们认为人民币还会升值一段时间，但此轮人民币升值的驱动力在逐步减弱。

一 人民币升值幅度不算大

从全球主要货币对美元的汇率变动来看，都出现了较大幅度的升值。以 2020 年 3 月 23 日美联储开启无上限宽松的货币政策为节点，截至 2021 年 1 月 6 日中午 12 时，美元指数已经跌破 90，处于 89.5 左右的水平，这一期间美元指数下降了大约 12.58%。美元指数中的货币，欧元、日元、英镑、加元和瑞士法郎分别对美元升值了 14.56%、7.60%、17.85%、12.62% 和 10.22%，从 2020 年全球金融大动荡的低点 3 月 23 日开始算起，人民币对美元升值了 9.29%（详见图 1）。

如果进一步考虑到 2020 年中国经济在全球的突出表现以及央行适度灵活的货币政策，人民币对美元的升值幅度是相当克制的。

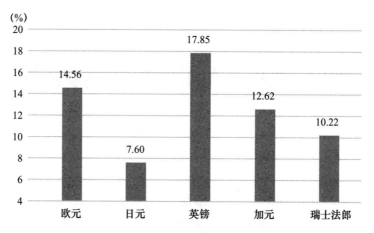

图1 全球主要货币对美元的升值幅度（2020 年 3 月 23 日至 2021 年 1 月 6 日）。

资料来源：Wind 数据库。

二 近期的对冲政策意在减缓 人民币升值的幅度和步伐

人民币升值肯定对出口有影响，只不过在新冠肺炎疫情经济条件下，这种影响被缩小了。由于海外疫情升级，2021 年中国经济相对强劲的出口仍然会保持一段时间，但毕竟不小的升值幅度对出口的影响是客观存在的。近期我们看到管理部门有 2 个对冲性的政策出台，意在减缓人民币升值的幅度和步伐。

对冲政策 1：2021 年 1 月 1 日起 CFETS 修改了篮子货币指数。从历次 CFETS 货币篮子中美元的权重来看，是逐步下降的，充分反映了中美贸易在中国所有贸易伙伴中所占的比重在逐步下降，但仍然是最大权重的货币（见图 2）。在 2021 年新版 CFETS 中，美元的权重与欧元的权重接近，美元为 18.795%，欧元为 18.15%。相对于 2020 年 CFETS 中美元权重下降了约 2.8 个百分点，也属于比较大的调整；欧元从 2020 年的 17.4% 上升到 18.15%，上升了 0.75 个百分点。这一方面反映了中欧贸易的重要性在上升；另一方面也有体现中欧经贸关系进入了新阶段的意思。经过 7 年谈判《中欧全面投资协定》终于在 2020 年年底达成，对于推动中欧经贸关系走向更加平衡和加强合作奠定了更好的基础。

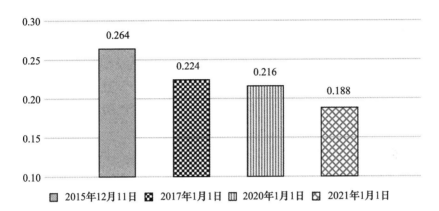

图 2　CFETS 篮子货币中美元权重的变化

注：图中数据为四舍五入保留三位小数。

对冲政策 2：2021 年 1 月 5 日中国人民银行网站上发布了一条信息："根据企业业务需求，近日，中国人民银行、国家外汇管理局决定将境内企业境外放款的宏观审慎调节系数由 0.3 上调至 0.5。政策调整后，境内企业境外放款的上限相应提高，有利于满足企业走出去的资金需求，也有利于扩大人民币跨境使用，促进跨境资金双向均衡流动。"很显然，中国人民银行一方面鼓励升值的人民币走出去，另一方面跨境资金流动的平衡也有助于抑制人民币的升值。

三　理解人民币的升值含义

要理解人民币的升值，必须要严格区分人民币的金融汇率与人民币的贸易汇率。对冲政策 1：降低 CFETS 篮子中美元的权重，人民币对美元的升值在 CFETS 指数中会有一定程度的下降，这有助于缓解人民币贸易汇率的升值，减缓汇率升值对出口的冲击。对冲政策 2：强调跨境资本流动的平衡性，有助于缓解人民币对美元双边的金融汇率升值。

从两个对冲政策可以看出，人民币汇率已经进入了贸易汇率与金融汇率相互权衡的阶段，人民币升值的空间应该不会太大了。

四 人民币升值到何时为止？

人民币到何时才能够结束这一轮的升值阶段？答案是从观察此轮助推人民币升值的因素开始。

第一，此轮人民币汇率升值带有疫情汇率的性质。由于海外生产能力尚未有效释放，新冠肺炎疫情背景下人民币汇率走强的基本格局尚没有改变。中国经济中的高出口还将持续数月，还会出现一段时间的大规模经常账户顺差。

第二，中外存在较大利差的基本格局没有变化。目前中国央行政策性利率与美欧央行政策性利率的溢价保持在 3.8 个百分点左右。中美国债市场也保持着显著的收益率差。依据 Wind 提供的数据，从 2021 年 1 月 6 日的数据来看，美国国债 1 年期和 10 年期的收益率分别为 0.1% 和 0.96%；中国国债 1 年期和 10 年期国债收益率分别为 2.415% 和 3.1775%（见图 3）。

第三，随着中国金融市场规模的迅速扩张和质量的不断提升，中国资本市场已经成为全球第二大资本市场，全球投资者都无法忽视。加上 2020 年中国金融的实质性开放，外国证券投资流入中国的渠道增多；全球股票和债券指数中包括了越来越多的中国资本市场证券，也推动了大量国外机构投资中国资本市场。

第四，从未来的经济增长预期来看，中国自 2020 年第二季度以来重新成为世界上增长最快的经济体，经济预期的基本面向好也助推了人民币升值。

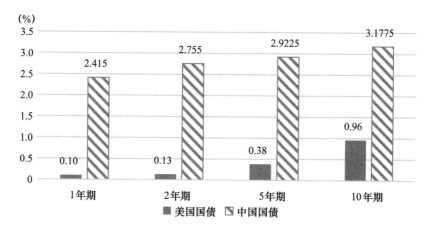

图3　2021年1月6日中美不同期限的国债收益率

　　第五，由于美元供给的不断增加，美元指数存在走软的趋势。尤其是市场普遍预期美联储的月度购债计划还会持续两年左右的时间，美元的供给会进一步增加，这也会导致其他经济体的货币升值。最后，美国金融市场虹吸效应大幅度减弱，美元流动性外溢，也会导致其他经济体的货币升值。

　　因此，从上述助推人民币升值的因素来看，2021年上半年人民币还是有升值压力的。按照目前的新冠肺炎疫苗接种情况，海外新冠肺炎疫情在2021年上半年可能还会处于比较严重的状态。在这样的背景下，短期中其他因素的趋势很难改变，只有等到海外疫情基本结束，人民币升值的压力就会明显下降，这可能要等到2021年下半年了。

未来数年中国依然会保持经常账户顺差

1 月 11 日

1994—1995 年中国对外贸易开始出现初级品贸易逆差、制造业贸易顺差的贸易结构，从此中国经济开始了依靠制造业的出口导向型增长模式，且延续至今。这一增长模式具有很强的韧性，我们认为未来数年中国经济对外贸易依然会保持顺差。

一国对外贸易是顺差还是逆差，传统分析方法是按照支出法来测算的。Y（一国收入）＝ C（私人消费）＋ I（私人投资）＋ G（政府支出）＋ NX（净出口），定义 Y－C＝S（私人储蓄），那么影响一国外部不平衡的因素包括三个部分：S－I、G－T（政府税收）和 X－M。这里面就存在多种组合，政府赤字和储蓄小于投资对应的就是经常账户逆差。在这里我们无意深刻讨论该等式在开放条件下是否具备单期或者跨期的普适性，但有几个现象值得推敲。

首先，关于财政赤字的货币化。如果财政赤字能够通过货币化来解决，那么 G－T 的情况在等式中的作用可能就完全不同。如果财政赤字能够较大程度的通过货币化来解决，由于铸币税的收入不来自生产领域，这一部分收入是通过印钞获取的，上述一国收入恒等式将发生重大变化，除非在充分就业条件下，政府支出等额挤出私人支出。尤其是对于国际货币来说，特里芬边界很宽，财政赤字的货币化是事实。

其次，"双顺差"或者"双逆差"现象比比皆是，这就导致了使用上述恒等式推出的结果可能与事实有明显差异。即使说可能在一个长期内存在回归上述恒等式的倾向，但作为中短期的政策分析，上述恒等式意义不大。这就是我们看到的，在各种货币危机中或者货币大幅度升值的过程中，我

们很难找到完整对应上述恒等式的经验证据。因此，我们更倾向于事实和
政策描述来说明未来数年中国经济对外贸易依然会保持顺差的原因。

一　中国经济具有保持顺差的、
具有竞争力的经济结构

从 1995 年开始中国对外贸易顺差开始了较大规模的累积。1994 年经常
账户顺差/GDP 大约为 0.95%，1995 年突破 2%。此后虽有波动，但基本维
持在 1.5% 以上，在 2007 年达到顶点 7.53%（详见图 1）。

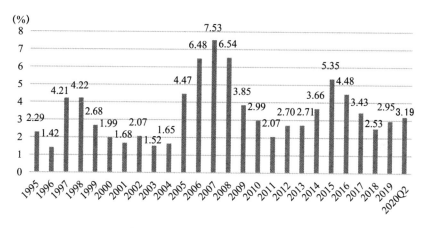

图1　中国经常账户顺差/GDP 的变化（1995—2020Q2）

资料来源：中国经济信息网统计数据库。

受美国次贷危机的影响，2007 年后经常账户顺差/GDP 的比例不断缩
小，并在 2011 年达到低点 2.06%。观察 2018 年中美经贸摩擦后的数据，就
会发现 2018 年和 2019 年中国经常账户顺差/GDP 分别达到 2.53% 和
2.95%。可见，即使是如此大规模的经贸摩擦，中国经贸顺差结构依然保持
了很强的韧性。受新冠肺炎疫情冲击，2020 年前三个季度中国贸易顺差/
GDP 为 3.19%，反而有所上升。主要原因是中国新冠肺炎疫情防控取得了

重大战略成果，生产端的恢复能力处于全球前列。2020 年 1—11 月中国贸易顺差高达 4598.98 亿美元。

因此，中国贸易顺差结构经受住了 2018 年中美经贸摩擦的冲击，这与加工贸易占一般贸易比例近些年下降有直接的关系，出口产业链的闭环程度提高了。在 2020 年新冠肺炎疫情冲击下，出口产业链表现出很强的韧性，这种具有出口竞争力的经济结构是几十年培养起来的。尽管新冠肺炎疫情冲击将会改变全球经济贸易格局，也不能在中短期内快速削弱中国有竞争力的出口经济结构。

二 中国未来数年的开放策略决定了顺差会持续

在开放条件下，对于发展中国家来说，对外开放策略大体有三种方案。

第一种方案：维持"双顺差"，采用极其稳健的发展模式。"双顺差"强调的是内敛式的发展，资金不流出或者流出规模小。这种模式强调本国经济稳健增长，培育出口竞争力，一方面获得顺差，另一方面经济增长带来的高收益率吸引外资进入。经常账户与资本账户均是顺差。这种模式的结果是，重实体经济发展，同时货币的国际化放在很次要的位置，其货币的国际化将随着经济体量增长带来的国际影响力的提高而缓慢提升，走的是自然而然的货币国际化路径。"双顺差"格局是最稳健的开放模式，因为本国经济好，又不借其他国家的钱。因此，开放条件下的资本流动带来冲击的风险低。缺点是对外部经济影响力小，难以有效整合全球资源。

第二种方案："双顺差"走向"单顺差"，即经常账户顺差、资本账户逆差。这种模式是保持出口竞争力获取顺差，同时积极寻求外部资源整合，资金外流寻求投资机会，资金外流的数量大于资金流入的数量。这种模式的结果是：产业链全球布局，产业链外部风险暴露较高；同时采取主动积极的货币国际化。是一种既重视实体经济发展，又采取积极主动的货币国际化模式，因为经常账户顺差不一定能够满足大量资金流出所需要的融资，需要推行本国货币国际化，来创造本币的国际融资能力，但大量资本流出会带来汇率过大波动的风险。

第三种是折中方案：经常账户保持较顺差、资本账户逐步持平。这种模式的好处是重视实体经济发展，培育出口竞争力；同时不透支经常账户顺差带来的外汇盈余，保留足够的外汇储备稳定市场汇率预期，是一种重视实体经济发展，同时采取审慎推进货币国际化的开放发展模式。这种模式集合了前两种模式的优点，同时规避了前两种模式中激进的产业链外部暴露和汇率过大波动的风险。

中国经济开放模式选择了第三种方案，这是一种稳中求进的开放模式。因为人民币的国际化必须依靠强大的实体经济支撑，尤其是做强、做大制造业是人民币国际化的坚实基础。"引进来、走出去"将逐步成为一种平衡发展的常态。经常账户保持顺差，就意味着具有持续开拓外部市场的能力；具有持续保持贸易项下的国际融资能力。在这样稳健的融资能力支撑下，逐步培养出人民币的国际化融资能力，反过来降低对经常账户融资的依赖，实现稳中求进的开放发展目标。

理解 2021 年国际金融市场的运行逻辑

1 月 15 日

新年伊始，美国国债收益率出现了陡峭化趋势。根据美国财政部网站公布的数据显示，2021 年 1 月 6 日，10 年期美国国债的收益率突破 1%。截至 2021 年 1 月 13 日，美国 10 年期国债收益率为 1.10%，这一收益率与 2020 年 2 月 28 日的收益率 1.13% 相近。1 年期的美国国债收益率仍处于低位的 0.12%，而 2020 年 2 月 28 日，1 年期美国国债收益率为 0.97%。10 年期美国国债收益率常被市场认为是全球无风险利率的基准利率，无风险利率的上扬无疑是 2021 年全球金融市场最大的风险点之一，所以导致当前国际市场上有预期会出现债务危机等一系列的观点。

我们的观点是：2021 年全球金融市场的运行逻辑有其特殊性，如果依然按照传统的逻辑来推测可能出现较大的偏差，我们也许需要一种超越常规的思维来理解 2021 年国际金融市场的运行逻辑。

理解 2021 年全球金融市场的运行逻辑，必须要立足以下两点：第一，2021 年国际金融市场依然是在疫情经济与疫情金融相互交织下运行的，2021 年新冠肺炎疫情能否基本消失存在很大的不确定性。第二，在百年未有之大变局下，全球竞争越发激烈，尤其是中美之间的竞争激烈程度受到全球关注。上述两点决定了即使是在 2021 年刺激性政策力度比 2020 年的刺激力度要小的背景下，政策宽松的基调不会改变。在宽松政策的支撑下，出现全球性金融危机的概率应该很小，但不排除出现局部债务危机的可能性，尤其是对债务高企的部分新兴经济体和低收入经济体来说，出现债务危机的概率并不低。

从全球最重要的金融中心美国来看，随着 2021 年 1 月 20 日民主党总统拜登上任以及民主党在参众两院具有的优势，美国出台新一轮的大规模刺激政策是大概率事件。2020 年 3 月开始的对冲疫情冲击的美国宏观经济政策与 2008 年很不相同的一点是：美国的财政政策和货币政策都是非常激进的，对冲性刺激政策的频率和力度远远超过 2008 年次贷危机时期对冲政策的频率和力度。

为什么会如此？原因很直接：美国非常渴望在主要发达经济体中率先修复经济，从而在疫情后的全球变局博弈中占据有利地位，尽力维护美元国际货币体系，尽力不降低美国在全球的领导力。因此，其政策必然是激进的，这种激进政策背后有两个重要的方面值得深入研究。

一　理解特里芬边界与美国财政刺激政策

在《特里芬边界与美国财政赤字货币化》（《人大宏观经济论坛》2021 年 1 月 4 日）一文中，我们正式从"特里芬难题"中抽象出特里芬边界：在物本位下，特里芬边界就是美国储备的黄金数量要至少等于美元—黄金维持固定兑换价格要求的数量；在信用本位下，特里芬边界就是美元信用的最大边界。在美元信用的最大边界内，美元作为全球重要的安全性资产属性不发生实质性变化。一旦突破美元信用的最大边界，美元国际货币体系将发生实质性改变。

那么问题就是，美国财政赤字货币化是不是导致了美元信用的急剧下降？从目前的情况看，应该说全球已经完全意识到美国使用美元国际货币体系，动用全球资源抗击美国新冠肺炎疫情的事实。依据美联储资产负债表持有的美国国债数量和 2020 年美国发行国债的数量，可以计算出 2020 年美联储包揽了美国财政赤字的大约 55%。美国之所以有如此规模的财政赤字货币化，是依靠了美元国际货币体系，获取全球铸币税。

非美元经济体对美元的需求极值就是美元的特里芬边界。依据 BIS 提供的全球流动性数据，截至 2020 年第二季度，美国以外的非银行美元信贷借款存量为 12.617 万亿美元，欧元区以外的非银行欧元美元信贷借款存量为 3.441 万亿欧元。与 2019 年年底相比，美国以外的非银行美元信贷借款存量增加了 0.45 万亿美元。从借贷增长率来看，2020 年第二季度美国以外的非银行美元信贷借款增长率为 5.9%，这一增长率与过去几年比起来是比较高的（见图 1）。这说明非美元经济体对美元的需求还是保持在比较高的状态。

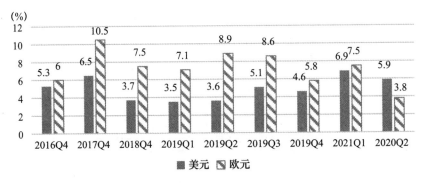

图 1　美元和欧元非本区、非银行借贷的年增长率

资料来源：BIS, Global Liquidity Indicators, Updated December 7, 2020.

从国际投资者对美国国债的需求情况来看，依据美国财政部网站的数据，截至 2021 年 1 月 12 日，美国国债存量高达约 27.7 万亿美元。随着美国国债存量的不断攀升，美国以外的国际投资者持有美国国债的比例是不断下降的，2012—2014 年期间国际投资者中持有美国国债的比例大约为 34%，这个时期美国国债存量大约在 16 万亿—18 万亿美元的区间。截至 2020 年第二季度美国国债存量达到了约 26.5 万亿美元，外国投资者持有的比例下降到 26.61%（见图 2）。

从外国投资者持有美国国债的绝对值来看，2020 年第二季度大约为 7.05 万亿美元。2019 年年底为 6.84 万亿美元，外国投资者持有美国国债仅增加了 0.21 万亿美元，而 2019 年年底到 2020 年第二季度美国国债存量增加了 3.276 万亿美元。与 2010 年国外投资者持有约 4.44 万亿美元的美国国债相比，截至 2020 年第二季度增长到 7.05 万亿美元，但外国投资者持有美

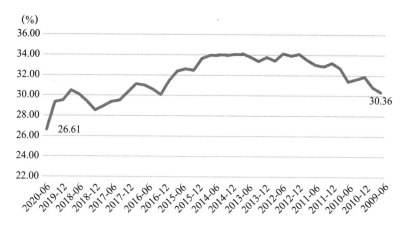

图2　外国投资者持有美国国债的比例变化

资料来源：美国财政部，Estimated Ownership of U. S. Treasury Securities.

国国债的数量出现了急剧的边际递减。因此，这也是 2020 年美联储自己大规模购买国债的原因。目前美联储的购债计划是每月 1200 亿美元，其中包括 800 亿美元的政府债券。为了防止美国国债需求端出现问题，2020 年 3 月 31 日，美联储允许采用国债回购的形式来缓解当时国际金融市场美元流动性的不足，并依此在国际金融市场上释放出美国国债可以在随时换取美元的信号。

从美国以外的非银行美元信贷借款需求较高的增长率与外国投资者持有美国国债的数量出现了急剧的边际递减来看，两者有吻合的一面：低利率导致非美元经济体对美元借贷需求增长，低利率（国债收益率低）导致国际投资者对美国国债持有比例出现了较大幅度的下降。

尽管非美元经济体对美元借贷保持着较高的热情，但外国投资者对美国国债持有数量出现了明显的边际递减，这说明了美国财政赤字货币化受到了国际社会的诟病，美国依靠不断地发行政府债券来为财政赤字融资的空间正变得越来越小。在这个意义上，可以认为美元的特里芬边界空间不大了，但考虑到外国投资者持有美国国债的增量还在增长，美国财政赤字货币化仍然具有一定的空间。

二 理解美国货币政策的新容忍度

美联储大规模购买国债是 2020 年美国财政赤字货币化得以实施的重要条件。为了实现经济的确定性修复，美联储的货币政策对通胀采取了新容忍度。美联储把绝对通胀目标制修改为弹性的平均通胀目标制，允许通胀率适度超过 2%，并且没有公布平均的期限是多久，这使得美联储的货币政策具有更大的灵活性。

从美国经济中的物价水平来看，2020 年 12 月 CPI 同比上涨 1.3%，反映消费者支出的 PCE 物价水平同比增长率从 2020 年年初的 2.1% 左右下降到 2020 年 11 月的 1.73% 左右。从就业来看，依据美国劳工部的数据，2020 年 11 月，美国经济中的失业率已经下降到 6.7%，与 2020 年 4 月的峰值 14.7% 相比，已经大幅度下降，但仍处于比较高的位置。从工业生产来看，依据美联储圣路易斯分行的数据，2020 年 11 月美国工业生产指数总指数达到 103.9818（2012 年为 100），为 2015—2019 年月度均值的 97.61%，为 2018—2019 年月度均值的 94.7%。从设备使用率来看，受新冠肺炎疫情冲击，2020 年 4—5 月是低点，月度均值为 64.52%，2020 年 11 月上升到 73.31%，相比 2015—2019 年的月度均值下滑超过 5%。与 2020 年年初 1—2 月相比也下滑了大约 5.2%。而且最近几个月生产能力的恢复出现了明显的边际递减（见图 3）。因此，与正常水平相比，美国经济目前的生产能力仍有较大幅度的下滑。

因此，2021 年美联储退出宽松货币政策的可能性极低。考虑到美国修复经济的强烈渴望，以及希望立足于经济修复和增长以便在新冠肺炎疫情后全球变局博弈中占据有利位置的心态，我们判断美联储会继续维持宽松政策，最大化的发挥宏观政策修复经济的作用。

我们也许会看到，此轮美联储宽松的货币政策在退出时，可能会采取非常规的退出方法：即使通胀在一个较短的时期内达到 2%，美联储也会采取缓慢的退出方式。美联储在没有确认美国经济已经出现了明确的修复，

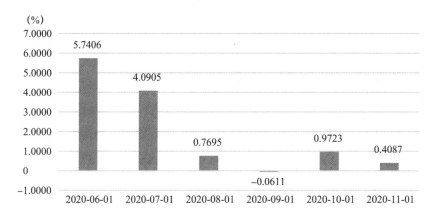

图3 美国经济中工业生产指数环比增长率的变化

资料来源：Federal Reserve Bank of St. Louis，Industrial Production：Total Index，Index 2012 = 100，Monthly，Seasonally Adjusted.

甚至出现了经济增速略超潜在 GDP 增速的情况下，还是会坚守相对宽松的货币政策，以保持经济在略超潜在 GDP 的边界外运行。

美国财政部和美联储明白，只有美国经济在发达经济体中率先修复，并取得不错的增长率，才能为美元的国际信用增信，才能在如此宽松的货币投放条件下，防止美元信用出现较大幅度的下滑。美国宽松的宏观政策目前没有退路：过早的退出，美国经济修复不足，美元信用的经济和金融基础就会削弱；不过早退出，继续采取刺激性的政策，使得美国经济在发达经济体中率先复苏，美元走软的趋势就会被遏制，宽松政策导致美元体系受损的程度会降到最低。这也许是美联储修改通胀目标值的深层次含义，是一种超越过去常态化思维的通胀目标修正。

理解了上述两点，即理解特里芬边界与美国财政赤字的货币化，理解美联储货币政策对通胀的新容忍度，有助于我们理解国际金融市场上资产价格贴现的分子与分母部分。分子部分随着新冠肺炎疫情防控的持续，应该不会变得更坏；美联储重点要考虑的是分母部分，不让无风险利率出现大幅度上扬，确保资产价格的贴现出现平滑过渡的状态，避免金融市场资产价格出现过大幅度的调整。这或许才是 2021 年国际金融市场运行的基础逻辑。

央行行为异化？还是货币理论跟不上实践？

1 月 18 日

　　2008 年国际金融危机爆发后，全球重要国际货币的央行货币政策行为发生了重大的变化，主要体现在以下三个"竞争性"的行为：一是央行存在竞争性的扩表。二是央行在竞争性比谁的利率更低。三是竞争性的在比央行和财政的配合度。对于上述三个变化，我们发现央行的行为与传统的央行货币政策理论存在不同。

　　在展开上述讨论之间，我们借用货币现实主义（Monetary Realism, MR）代表人物 Roche 给出的货币政策自主性分析框架，这将有利于我们展开分析。货币现实主义目前比较小众，不属于现代货币理论（Modern Monetary Treory，MMT），按照 Roche 的话来说，"货币现实主义是由 4 位非经济学家发起的，通过我们在银行、法律、期货市场和投资组合管理方面的专业知识，我们发现经济学家的观点严重缺乏从教科书到现实世界的实际转化方式。MR 在很大程度上，是一种试图重构经济学讨论，使其更准确地反映现实世界的尝试。在这方面，我们以更实际的方式应用经济学。不是凯恩斯主义者、货币主义者、奥地利人或任何特定的学派，MR 只是一套用来描述货币体系的理解"。

　　表 1 给出了货币自主性的分析框架。其实这一框架本身与货币现实主义倡导的核心关联性不大。货币现实主义倡导的核心之一是货币的私人部分内生性，因此永远不会把政府描述为"印钞机"，但这一框架却有助于分析 2008 年之后央行行为的变化及其可能导致后果。在这一框架下，理想情况是一个经济体将需要某种程度上的储备货币地位、浮动汇率、无外债以及中央银行和财政部共生设计的金融体系。

表1   自主发行货币的程度

	储备货币	浮动汇率	外债	央行与财政共生设计
美国	是	是	否	是
欧元区	是	是	否	部分
日本、英国、瑞士	部分	是	否	是
新兴市场经济体	否	部分	是	是

资料来源：Cullen O. Roche，"Understanding the Modern Monetary System"，*SSRN Electronic Journal*，2011.

按照上述逻辑，美国拥有理想的货币体系：是储备货币，采用浮动汇率、无外债，央行与财政是共生设计。欧洲货币联盟（European，Monetary Union，EMU）的货币设计是不完整的，欧元虽然是储备货币，没有外债，采用浮动汇率，但中央银行对欧元区任何一个经济体来说本质上是一个"外国"实体，而且没有统一的财政部。日本、英国等国的货币设计也是不完整的，因为只有部分储备货币的功能。当然，按照这一逻辑，新兴市场经济体的货币设计也同样是不完整的，不是储备货币（或者储备货币的占比过低），汇率也是部分浮动汇率，而且存在外债。

上述框架是一个极其现实主义的分析框架，这一框架本质上是依据是否是国际货币以及货币在国际货币中的重要性来划分的。如果一国的货币是国际货币，自然也是储备货币，也要求资本账户开放和汇率的浮动，但强调了一点：没有外债。事实上，这里的外债讲的是用本币发行的外债不是外债。现任美联储主席 Jerome Powell 说过，"赤字对那些可以用本币借贷的国家来说并不重要"，但这一现代货币理论的观点遭致了包括 Kenneth Rogoff 等在内的主流经济学家的强烈批判。

随着全球宏观经济体系的发展和相互交织，了解外贸要素将变得越来越重要。不同经济体之间的关系将对未来几十年全球经济的增长和繁荣起到巨大的作用，因此，我们在看待整个货币体系时，不仅要从国内的角度考虑，而且要从全球的角度考虑。

货币现实主义是通过理解特定的制度设计和存在于特定货币体系中的

关系，寻求描述货币体系运行现实的一套理解。

理想情况下，一个国家需要某种程度的储备货币地位、浮动汇率、无外债以及中央银行和财政部的共生设计。正如我之前所讨论的，这使得欧洲货币联盟内的国家成为欧元的使用者，而不是欧元的发行国。英国和瑞士通过不加入欧元区，保持了其自主货币发行国的地位。值得注意的是，并非所有国家都能出于各种原因保持自治。由于产出疲软，外汇市场对本国货币的需求可能不高，它们可能无法获得资源，它们可能更愿意将本国货币与更强大的贸易伙伴挂钩，以保持竞争力。拥有多样化的经济、外汇市场准入、无外债、发达的国内货币体系和资源可及性都涉及一定程度的过度特权。

货币现实主义受到许多学派的影响，但也为世界金融和经济提供了独特的视角和方法。在最简单的形式中，MR 方法的独特之处在于，它只是为其他人提供了一套理解，以便分析和构建他们的世界观。MR 方法基于一套特定的制度理解和会计理解。我们对待金融和经济世界的方式与工程师或科学家对待现实世界的方式大致相同——通过确定我们知道是真实的事情，然后在现实中努力确定某些事件对世界的潜在结果和影响。货币现实主义不一定是经济学的"学派"，而是从操作的角度来思考经济和金融世界的一种方式。

经济学的大部分内容都来自政策分析师和意识形态驱动的世界观。例如，大多数经济学家都有严格的政策重点。他们利用经济学来促进一种特定的政治世界观，并以一套特定的政策为后盾。因此，政策分析师在进行经济分析时往往存在不公平的偏见和矛盾。通过将经济学作为理解货币体系的实用工具，我们能够消除导致误导性结论的许多偏见和政策驱动的意识形态。在很多方面，他是非经济学家的经济学家，因此提供了一个更加开放和灵活的货币体系视角。最重要的是，正如纳西姆塔勒布所说，MR 拥有"游戏中的皮肤"，并为能够以实用的方式将经济学应用于实际的金融世界而深感自豪。毕竟，如果不能将经济学转化为准确预测和理解我们的货币世界，那么这对包括政策在内的很多方面都没有好处。

历史上，经济学中一些最重要的见解来自专业之外。凯恩斯、戈德利、斯密和马克思都是市场实践者，而不是专业经济学家。我们认为这是可以扩展的。经济学太重要了，不能被理论家和缺乏现实经验的人所主宰。是时候让市场实践者在发展经济学中发挥更大的主导作用了。

我们可能无法将政治从经济学中完全剔除，但 MR 的基础是试图从操作层面理解货币体系和经济，而不是像许多其他经济学派那样专注于提供政策解决方案。所以我们把重点放在可证实的事情上。例如，某些机构是如何在特定的货币体系中构建的，现代银行业是如何运作的，等等。所有这些都是基于这样一种观点，即对货币体系的高级理解来自对货币"机器"是如何从头开始运作的理解。

我们尽可能地不提供规定性的想法，而是提供一套理解，以便 MR 理解的使用者能够自行决定如何最好地实施政策。我们不是凯恩斯主义者、货币主义者、奥地利人或任何特定的学派。MR 只是一套用来描述货币体系的理解。

经济学倾向于关注某些政策如何解决问题。我认为经济学家应该坚持达芬奇方法。也就是说，当达芬奇研究人体时，他并不太关注如何修复人体，而是关注它是如何工作的。经济学家们花太多时间试图解决经济问题，却没有足够的时间建立一套界定经济运行方式的原则。如果更多的经济学家坚持达芬奇的方法，我认为更好的解决方案一定会到来。

这是奥巴马先生的主要优势，我们不把经济学当作一种宗教来对待。相反，我们将其视为一门不断发展和变化的科学，需要灵活性和开放的态度。据我所知，提供这种方法的经济学方法几乎没有。

他吸收了后凯恩斯主义和其他经济学派的许多观点，并在此基础上增加了一系列的观点，对货币体系形成了非常独特的看法。这就形成了一个相对独特的视角和一套理解。

他用一种独特的方法来理解现代货币。由于货币是货币体系的核心组成部分，因此对货币的确切含义有一个坚实的认识是至关重要的。MR 使用"货币规模"对货币进行了具体描述，重点是将货币作为主要由私营部门发行的交换媒介。这与政府发布的标准正统和非正统的纵向等级货币观完全不同。

这就引出了 MR 的一个核心组成部分，即银行系统，MR 称为"内部货币"（来自货币系统内部的货币）。我们主要关注现代银行业，因为我们认为货币体系由私人银行主导。大多数现代货币体系几乎完全由银行存款组成，这些存款是通过借贷过程产生的。因此，我们围绕这一非常重要的货币来理解货币，而不是像大多数其他学校那样建立以政府为中心的模式（或者更糟的是，完全忽略银行业）。这是一种极其独特的看待货币的方式，因为所有外部货币（大多数经济学家关注并设计货币乘数或其他以储备为中心的模型）都成为纯粹的货币形式，而不是货币世界的中心。

一些货币理论认为，政府赋予货币以生存能力。尽管大多数货币是以国家计价的记账单位计价的，但正是私人货币赋予了国家货币生存能力。换言之，正是私人产出和私人资金的发行使国家资金变得可行。在这种情况下，国家货币的发行主要是为了便利私人货币。

"货币规模"是关于我们在货币体系中使用的金融资产的一个完全独特和富有启发性的视角。

2021 美元指数走势：偏弱或是常态

1 月 25 日

在现有的国际货币体系下，美元汇率指数的走势可视为全球大类资产价格走势的风向标，其重要性不言而喻。2020 年 3 月开启的全球金融大动荡，以收盘价计，2020 年 3 月 18 日美元指数上 100，走出了零利率下的强美元轨迹，主要是由于国际金融市场的流动性恐慌所致。为了缓解流动性恐慌，美联储开启了"爆表"模式。2020 年 3 月 19 日美联储总资产约为 4.67 万亿美元，5 月 21 日美联储总资产约为 7.04 万亿美元，两个月的时间，美联储扩表约 2.37 万亿美元，创造了美联储扩表速度的历史之最。随着国际金融市场美元流动性紧张局面的缓解，美元指数在 2020 年 5 月 18 日跌破 100，至今美元指数再也没有触及 100（见图 1）。

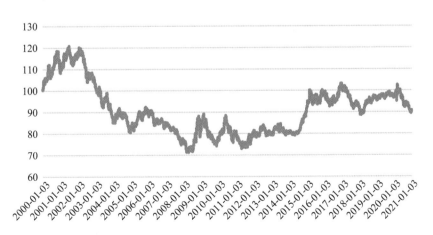

图 1　美元指数走势（2000 年 1 月 3 日至 2021 年 1 月 3 日）

资料来源：Wind 数据库。

截至 2021 年 1 月 21 日，美联储资产负债表中的总资产高达约 7.42 万亿美元，但全球央行之间的美元货币互换存量只有 98.17 亿美元，其中瑞士央行占大约 60 亿美元，欧洲央行、新加坡央行和墨西哥央行各自占大约 10 亿美元。与 2020 年 4—5 月期间高达 4500 亿美元左右的货币互换规模来说，基本可以忽略，说明这些央行对美元的互换需求急剧下降。依据 BIS 的数据显示，与 2019 年年底相比，截至 2020 年第二季度流入非美元经济体的非银行借贷增长了大约 4570 亿美元。从国际金融市场来说，美元的流动性是充裕的。

因此，全球美元流动性处于充裕状态是美元指数走软的基本原因。从 2020 年 5 月 18 日美元指数跌破 100 开始，截至 2021 年 1 月 22 日，美元指数为 90.21，跌幅接近 10%。从图 1 来看，90 左右的美元指数只能称为偏弱状态。相比 2008 年 4 月美元指数大约在 71—72 之间运行来说，现在的美联储资产负债表扩张了如此的规模，美元指数还能保持在 90 左右运行，美元走势已经不算弱了。当然，其他央行也采取了大规模的扩表，美元指数的强弱是相对而言的。

美国近期公布了 1.9 万亿美元的经济救助和刺激计划，美联储的扩表还会延续，那么美元指数一定会继续下行，持续走软吗？

我们认为，2021 年美元应该不会出现持续的、大幅度的走软。排除市场发生非预期性的动荡，美元应该不会强，但不会太软，偏弱或是常态。为什么会有这样的判断，主要原因有两点：首先，我们认为美元竞争性的贬值不符合美国当下的经济组合策略及经济利益；其次，美元指数中的其他货币也很难持续走强，或者说这些货币走太强也不符合这些经济体的出口利益，尤其是欧元区。

从美国当下的经济组合策略来说，目前的经济状态仍处于疫情救助和刺激经济修复的阶段，但股票和房价创了历史新高。因此，美联储面临着在经济修复（比如美元贬值刺激出口）、资产价格和财政刺激所需要的赤字融资上做精妙的平衡。如何平衡？理解下述三点是关键。

首先，要看刺激出口带来的经济修复成本。近期美国宣布了 1.9 万亿美元的经济刺激计划，其中大约 1 万亿美元是直接发给美国家庭和居民的，这对于刺激美国的消费至关重要。从 2020 年拉动美国经济增长的因素来看，消费起到了核心作用。依据美联储圣路易斯分行的最新数据，按照年率计算，2020 年 11 月美国居民消费支出大约 14.57 万亿美元，与 2020 年 1 月高点相比，大约为 1 月的 97.9%，消费的修复状况还是不错的。财政直接给居民发钱，会进一步刺激消费，但美国的设备使用能力还没有彻底修复。2020 年 12 月美国经济中设备使用率为 74.54%，比正常水平要低大约 3 个百分点。美国经济中消费领先于生产，导致大量的贸易逆差，2020 年 1—11 月美国贸易逆差达到 6048 亿美元，其中货物贸易逆差高达 8246 亿美元。从 2020 年 7 月开始，连续 5 个月货物贸易逆差突破 800 亿美元，2020 年 11 月再创新高，达到 863.6 亿美元。美元如果太软，一方面降低了美元的全球购买力，也就降低了财政支出给居民带来的福利改善程度；另一方面进口成本的上升会导致通胀预期提前，尽管 2020 年 12 月美国经济中的 CPI 同比只有 1.3%。贬值带来的进口物价上涨，对于处于政策救助和修复阶段的美国经济来说，应该不是好消息，会涉及货币政策对通胀的新容忍度能有多高的问题。因此，持续贬值的美元不是美国想要的。

其次，要看资产价格的变化。截至 2021 年 1 月 22 日，美国股票市值高达 58.34 万亿美元，与 2019 年年底相比增加了 11.2 万亿美元；和 2020 年 3 月低点时期的美国股市市值相比增加了 20 多万亿美元，流动性充裕导致了股市价格存在过度修复的倾向。从股票市场的 P/E 来看，目前的 P/E 显著高于 2015—2019 年时期的平均水平。值得注意的是 NASDAQ 指数在创新高的同时，当前的 P/E 比 2020 年下降了约 10 倍，这说明企业的盈利能力在改善（详见图 2）。从 P/B 来看，目前的 DJ 指数高达 6.57 倍、NASDAQ 指数达到 6.08 倍，而标普 500 指数也达到了 4.21 倍，应该说美国股市的资产价格已经很不便宜了。

美国股市是否存在很大的泡沫？我们注意到国际金融市场上出现了这样的观点：美国股市将出现巨大的下调，甚至要出现金融危机。我们也认为，美国股市存在调整的风险，但考虑到现在的低利率水平，这种巨大调整观点有可能是想做空美股投资者的看法。依据美国财政部网站的数据，截至 2021 年 1 月 22 日，1 年期美国国债收益率只有 0.10%，10 年期美国国

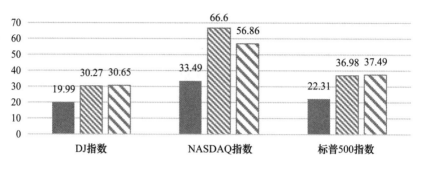

图 2　美国三大股市的 P/E（TTM）

注：2021 年是 1 月 22 日的数据。

资料来源：Wind 数据库。

债收益率为 1.10%。相比 2015—2019 年时期的美国国债收益率水平，现在的收益率是极低的。考虑到这种情况，P/E 的上涨幅度市场也许还能够接受。但如果美元持续走软，这就意味着一方面国际投资者不看好美元资产，美国股市、房市的资金就会流出，引起资产价格下跌；另一方面预期贬值的美元会倒逼美国金融市场上的利率上扬，引起资产价格下跌。因此，不管是从上面哪一个原因来看，在资产价格方面，美国也不会允许美元持续走软，形成美元持续贬值的预期。

最后，要看美国财政刺激政策需要的赤字融资安排。太软的美元遭人嫌弃。国际投资者谁也不需要太软的美元，再加上美国股指已经身处高位，赚钱的边际效应大幅度减弱；美国国债收益率处于低位，尽管目前美国 10 年期国债收益率突破 1%，在 1.1% 附近，与 2020 年 5 月曾经出现过的低点 0.54% 相比，是有很大的涨幅，但和过去基本在 2%—3% 的收益率相比还是很低的。当然，相比欧洲等地大规模的负收益率国债相比，美国国债的收益率还是要好得多。因此，为了保证美国国债还有投资者愿意持有，美元也不能走的太软。尽管 2020 年美联储购买了美国国债新增部分的大约 55%，但总不能由美联储全部购买，如果这样，会进一步导致国际市场抛售美债，引发利率的上扬。

因此，从美国面临的经济修复（比如刺激出口）、资产价格和财政刺激所需要的赤字融资三大问题来看，2021 年美国不会采取美元持续贬值的策略。但美元也很难走强，基本原因是国际金融市场上美元流动性的充裕。

从构成美元指数的货币来看，似乎也没有具备推动美元持续走软的能力。美元指数由六种货币组成，各种货币的占比为：欧元 57.6%、日元 13.6%、英镑 11.9%、加拿大元 9.1%、瑞典克朗 4.2% 和瑞士法郎 3.6%。这些经济体的经济和利率状况如何呢？依据 BIS 提供的 2021 年 1 月的每日政策性利率数据，美联储目前的政策性利率水平为 0.125%，欧洲央行为 0，日本央行为 -0.10%，英国央行为 0.1%，加拿大央行为 0.25%，瑞士央行为 -0.75%，瑞典央行为 0。可见，从美元指数中的货币央行来看，只有加拿大央行的政策性利率高于美联储的政策性利率。

从这些货币 2020 年 3 月中下旬至今的升值幅度来看，已经完全修复了 2020 年年初至 3 月 20 日左右对美元的贬值幅度。欧元在 2020 年初至 3 月 20 日对美元贬值了 5.09%，但随后至今升值了 13.86%。除了加元在两个阶段贬值和升值的幅度相当之外，美元指数中其余的货币对美元都是较大幅度升值的（详见图 3），尤其是欧元，在欧洲经济修复相对乏力的条件下，

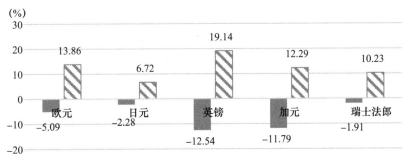

图 3　2020 年年初至今两阶段美元指数中货币对美元的贬值和升值幅度

注：欧元是在 2020 年 3 月 20 日触底，日元、英镑、加元和瑞士法郎分别在 3 月 23 日、19 日、18 日和 19 日触底（以收盘价计）。

资料来源：Wind 数据库。

欧元持续对美元升值的动力是不足的。

从经济修复来看，欧洲、日本等经济体的新冠肺炎疫情也比较严重，2021 年这些经济体的经济增长预期还不如美国经济增长预期。可以认为，美元指数中的货币代表的经济体尚不具备推动美元持续走软的能力。

因此，不论是从美国现阶段美国经济政策关注三大因素：经济修复、资产价格和财政刺激所需要的赤字融资之间的平衡来看，太弱的美元不符合美国的经济和金融利益；从目前美元指数中其他货币对美元的升值幅度来看，也缺乏助推美元持续贬值的能力。美国面临的内外因素决定了在排除非预期的冲击外，2021 年的美元指数走势偏弱或是常态。

FDI 逆势上扬彰显中国经济更加开放的决心

1 月 26 日

2015 年全球 FDI 达到 20 世纪 90 年代经济全球化以来的顶点，大约 2 万亿美元，随后 FDI 呈现出下降趋势，到 2019 年全球 FDI 数额为 1.54 万亿美元。2018 年中国吸引 FDI 数额为 1380 亿美元，2019 年为 1410 亿美元；美国依然是全球吸引 FDI 最大的经济体，2018—2019 年分别达到 2540 亿美元和 2460 亿美元。中国连续多年成为全球吸引 FDI 排名第二的经济体。

联合国贸易和发展会议发布的 2020 年《世界投资报告》预计，2020 年全球 FDI 将下降 40%。依据中华人民共和国商务部网站公布的数据，2020 年 1—8 月，全国实际使用外资 6197.8 亿元，同比增长 2.6%（折合 890 亿美元，同比下降 0.3%；不含银行、证券、保险领域，下同）。2020 年 8 月，全国实际使用外资 841.3 亿元，同比增长 18.7%（折合 120.3 亿美元，同比增长 15%），连续第 5 个月实现了单月吸收外资金额的增长。分行业看，2020 年 1—8 月，服务业实际使用外资 4766.1 亿元，同比增长 12.1%；高技术服务业同比增长 28.2%，其中，信息服务、研发与设计服务、专业技术服务、科技成果转化服务同比分别增长 24%、47.3%、111.4% 和 20.2%。中国经济中的服务业迎来了更大的开放。

可以说，中国吸引 FDI 是逆势上扬。FDI 在中国经济中的作用不言而喻：与外资有关的企业进出口占中国经济进出口的一半；技术、管理经验的溢出效益带来了更充分的竞争与激励；外资进口的中间品在某种程度上补充完善了某些产品产业链的形成等。

同时，相比世界 ODI 的大幅度下降趋势来说，中国的 ODI 表现也足够惊艳。据商务部、国家外汇管理局统计，2020 年 1—8 月，中国对外全行业直接投资 6041.4 亿元，同比增长 2.1%（折合 861.1 亿美元，同比下降 0.7%）。其中，中国境内投资者共对全球 164 个国家和地区的 4990 家境外企业进行了非金融类直接投资，累计投资 4804.5 亿元，同比下降 2.6%（折合 684.8 亿美元，同比下降 5.2%）。

从世界范围的 FDI 来看，FDI 是跨国公司形成全球成本套利的载体，也是形成全球产业链的重要力量。依据联合国《2020 年世界投资报告》中给出的数据，全球中间品贸易的 80% 是通过跨国公司完成的。而中间品贸易是形成全球产业链的基本要素，也是技术溢出和传播的重要途径，因为中间品贸易中很多部分是带有技术含量的资本品。

对于中国经济来说，"稳外资、稳外贸"是长期战略，也是更高质量开放的具体表现。首先，稳外资才能更好的稳外贸。商务部在 2020 年 4 月 1 日专门出台了《关于应对疫情进一步改革开放做好稳外资工作的通知》。依据中国经济网统计库的数据，2010 年中国进出口贸易中，一般贸易的进出口占总进出口的比例大约为 50%，到 2020 年 1—8 月，这一比例上升至约 60%；一般贸易出口占总出口的比例也从 2010 年的 45% 左右上升到目前的 60% 左右。尽管一般贸易比重在上升，但加工贸易依然是中国经济出口的重要部分。外资大多与加工贸易有关联，在这个意义上，稳外资也就是稳外贸，也是稳产业链和稳外部市场。其次，正对目前国际上流行的"三零"自贸区，中国快速加大了国内自贸区的建设，以国内"自贸区"建设对接国际"三零自贸区"。截至 2020 年 9 月 21 日，中国已经有 21 个自贸区。最后，资本在全球范围的高投资收益，仍然是驱动 FDI 和 ODI 的核心动力。

图 1 显示，从 1990 年全球 FDI 和 ODI 的投资收益来看，均远高于同期全球 GDP 的增速。即使在 2019 年，全球 FDI 投资收益率也达到 6.7%，ODI 的投资收益率也有 6.2%。因此，只要提供市场，改善营商环境，会有更多的 FDI 来参与中国经济发展。

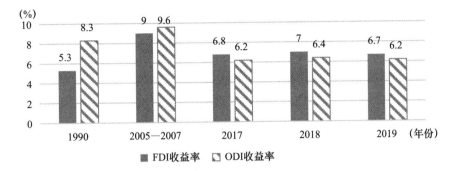

图 1 全球不同年份 FDI 和 ODI 的投资收益率

资料来源：UNCTAD，*World Investment Report 2020*.

中国股市存在泡沫？

1 月 29 日

中国股市上涨幅度超过 30%，存在泡沫，而且资产泡沫较大，货币政策要适度收紧去应对。上述说法涉及三个问题：第一，涨幅是否能够作为判断泡沫的标准？第二，市场有泡沫。第三，货币政策要重点关注资产价格，需要通过货币政策收紧去挤泡沫。对于以上三个问题，我们可以分别来看。

首先，涨幅是否可以作为判断泡沫的标准？本文认为股市涨幅太大，肯定会有泡沫。自从 2020 年全球股市在 3 月 23 日左右触底以来，均出现了大幅度的反弹，持续上演了疫情金融与疫情经济的大脱离，这主要是全球流动性充裕的结果。金融市场对流动性最为敏感，率先修复属于正常，但过于脱离实体经济的修复无疑有泡沫之嫌，经济学教材中总是说股市是经济的晴雨表，尽管常常不一定如此，因为股市不一定能够完整代表整个经济的基本面。

截至 2021 年 1 月 28 日，以收盘价计，我们对照一下中美股市的反弹幅度。由于美联储的"爆表"行为以及激进的财政刺激措施，美国股市至今的反弹幅度很大了。2020 年 3 月初开始至 2020 年年底美联储总资产增加了 3.12 万亿美元，2020 年全年美联储总资产增加了大约 3.19 万亿美元。美国三大股创了历史的新高，2020 年 3 月 23 日至今，道琼斯指数、纳斯达克指数和标普 500 指数的反弹幅度分别为 62.99%、93.43% 和 67.64%。依据央行网站提供的数据，从 2020 年 4 月开始，中国人民银行也开始了扩表，提供流动性应对新冠肺炎疫情的冲击，2020 年 4 月至 2020 年年底央行总资产也增加了 2.73 万亿元，2020 年全年扩表 1.42 万亿元，因为 2020 年 1—4

月，央行总资产减少了大约 1.31 万亿元。

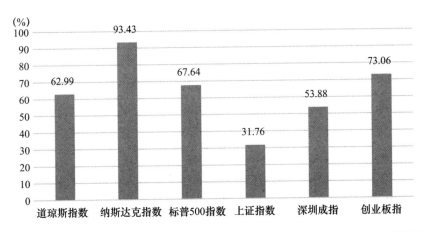

图 1 2020 年 3 月 23 日至 2021 年 1 月 28 日金融大动荡底谷后中美股市的反弹幅度

2020 年 4 月以来央行的扩表提高了金融市场的流动性，是带来股指上涨的原因之一。整体上，中国股市的涨幅要低于美国股市的涨幅。如果单从流动性角度来看，中美央行在流动性增量和流动性投放方式上存在显著的差异。美联储主要是通过购买美国债券，尤其是国债来投放流动性，2020 年全年美联储总资产增加中的接近 74% 是美国国债持有数量的增加，截至 2020 年年底美联储持有接近 4.69 万亿美元的美国国债，2019 年年初的时候这一数据大约为 2.33 万亿美元。中国人民银行总资产增加主要是通过对其他存款性公司债权来完成的，在全年扩表的 1.42 万亿元中，这一项占据了 1.25 万亿元，占比高达 88%；从 2020 年 4 月至年底扩表的 2.73 万亿元中，这一项接近 2.54 万亿元，占比高达 93%。因此，中国人民银行的扩表是通过再贷款贴现、中期借贷便利（MLF）等手段来完成的，是主要通过银行体系的信贷来支持实体经济的修复和发展，而不是主要通过市场直接买进债券来投放流动性。同时，美国依靠国际货币体系的优势，采取了大规模的财政救助计划，据一项调查表明，美国居民拿到政府的救助金后，一方面带来了储蓄率大的幅度上扬，例如 2020 年 4 月美国居民储蓄率高达 33%

左右；另一方面资金流入股市，也助推了美国股市的大幅度修复。从流动性增量和投放方式来看，这也是美国股市存在过度修复的重要原因。

其次，中国股市是不是有泡沫呢？本文认为单从股市涨幅去判断是否有泡沫尚不够全面，风险溢价应该是一个重要的参照指标，尽管泡沫很难衡量。股票作为风险资产，要求获取相应的风险溢价。本文依据当前中美股市的 P/E 做一个简单的对照，看看中国股市是否存在泡沫。依据 Wind 的数据，截至 2021 年 1 月 28 日，上证指数的 P/E 为 16.2 倍，P/B 为 1.55 倍；深圳成指的 P/E 为 33.3 倍，P/B 为 3.79 倍；创业板指的 P/E 为 69 倍，P/B 为 8.75 倍。考虑到中国 10 年期国债收益率为 3.2188%，我们大致可以看一下上述三大指数的风险溢价。图 2 显示了中美股市的风险溢价对照，其中上证指数的风险溢价是最高的，换言之，上证指数中的股票还是相对便宜的。原因可能是该指数中银行和房地产类的公司不少，为了支持实体经济的发展，2020 年全年银行业让利 1.5 万亿元，影响了银行业板块的表现；同时，"房住不炒"的理念和相关调控政策要剔除住房的投资属性，导致房地产板块难有表现。当然，"房住不炒"的理念和相关调控政策是极其正确的，高房价对中国经济造成的负面影响甚多，广受诟病。

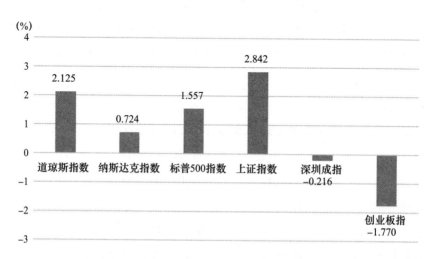

图 2　2021 年 1 月 28 日中美股市资产的风险溢价

图 2 显示深圳成指和创业板指的风险溢价是负值，因此，当风险溢价是负值的时候，整个资产价格是高的，至少不便宜，但也从另一个方面反映了投资者对科技股未来成长的期待。美国股市风险溢价均为正值，其中纳斯达克指数的风险溢价不足 1%，说明该股指处于高位运行了。美国股市资产的风险溢价均为正值，核心原因是美国国债无风险利率处于低位。从这个角度来理解深圳成指和创业板指的风险溢价是负值，其原因也可能是中国国债无风险利率较高。2020 年中国 GDP 实际增长 2.3%（目前尚未发现 GDP 平减指数的数据），在全球经济中表现亮眼，这说明全社会平均实际投资收益率为 2.3%，但政策性利率水平为 3.85%（BIS 数据），10 年期国债收益率目前约为 3.22%，从经济增速和利率水平对照来看，中国经济中的利率水平是比较高的。从这个角度来理解，股市泡沫对应的是市场上较高的利率水平。

最后，货币政策是否应该关注资产价格？这个问题在货币政策理论上充满争议。不过争议最终都会让位于现实。当一个经济体的股市资产财富占居民财富的比重越来越大时，货币政策关注资产价格的波动是必然的。反之，如果股市财富在居民财富中占比小，关不关注意义不大。因此，是否要关注股市资产价格需取决于股市在经济中的重要性。依据美联储的数据，2019 年年底非金融类企业金融资产占总资产的比例约为 45%，其中股票资产占金融资产的比例约为 11%；依据美联储发布的 *The 2019 Survey of Consumer Finances* 的数据，在收入排序底部 50% 的家庭中，金融资产占总财富的比例为 8.51%，处于中间 40% 的家庭的金融资产占总财富比例的 12.03%，处于上层 9% 的家庭的金融财富占总财富的比例 22.71%，最上层 1% 的家庭这一比例为 36.45%。资产价格的变化会通过托宾 Q 来影响投资，通过财富效应来影响消费，资产价格的变动对美国经济的影响程度很大，尤其是美国股市规模巨大，截至目前美国股市市值接近 57 万亿美元，股市价格直接关系到企业和家庭的资产负债表状况。因此，美联储的货币政策关注资产价格已经是事实。截至 2020 年年底，中国股市市值接近 80 万亿元，股市对整个经济的影响力在逐步提升，而且越来越大。有观点提出通过货币政策收紧来应对股市过大的上涨幅度，也说明了三十而立的中国股票市场取得了巨大的成长和进步。

2008 年国际金融危机后，中国经济增速也出现了放缓，潜在 GDP 水平下降是业界基本都认同的观点。依据中国经济网的数据，2010 年中国 GDP 同比增长 10.6%，2019 年这一数据为 6.1%，这说明经济中的自然利率水平在下降，但利率下降的程度似乎不及 GDP 下滑的程度。其中的原因很复杂，既涉及金融系统资金配置的效率，也涉及货币政策多目标（增长、物价甚至汇率）之间的权衡。无疑，利率水平的变动应该会带来股市资产的重新估值。

目前国际金融市场应该是处于比较平稳的阶段

2 月 4 日

2020 年 3 月中下旬爆发了国际金融大动荡，美元指数在短短的十来天时间里大幅度上涨（2020 年 3 月 9—20 日美元指数大约上涨 8%），国际金融市场流动性危机一触即发。2020 年 3 月 23 日，美联储开启无上限宽松 + 零利率的非常规货币政策，国际金融市场几乎均在 23 日左右触底，开启了国际金融市场的修复模式。从国际金融市场来说，美元流动性充裕是全球部分金融市场出现超级修复的主要原因，也是外汇市场动荡减少的原因。同时，在美元指数处于偏弱的态势下，美元债务压力暂时还未得到释放。因此，美元流动性充裕和美元指数偏弱运行是国际金融市场保持相对高位运行和暂缓债务压力的流动性基础。从这个角度看，目前的国际金融市场应该是处于比较平稳的阶段。

美元流动性是如何得到缓解的呢？回顾过去不到一年的时间，我们大致梳理一下，提供全球美元流动性的方式大概有五种。

一　货币互换

美元流动性互换额度是根据《联邦储备法》第 14 条的授权，按照联邦公开市场委员会（FOMC）制定的授权、政策和程序设立的，由纽约联邦储备银行负责操作管理，从 1962 年开始实施。从现有的操作来看，本文认为美元互换协议是一门"艺术"，也是一门"生意"（详见《美元货币互换：是门"艺术"也是门"生意"》，载 CMF，2020 年 4 月 9 日）。

正常情况下其他经济体美元互换未偿还头寸的规模不大。2020 年 3 月初到 3 月 18 日，其他经济体央行美元未偿还的互换头寸数量每天平均只有大约 4500 万美元。从 2020 年 3 月 19 日开始，连续两天美联储强调了通过货币互换来提供美元流动性。图 1 显示 2020 年 3 月 19 日当日美元互换数量就达到了 1624.85 亿美元，随后直线上升，到 5 月达到峰值，接近 4500 亿元。

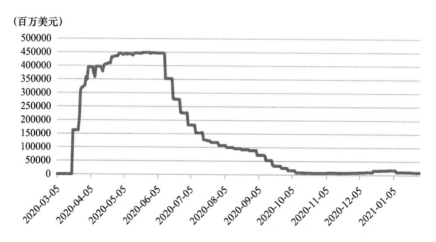

图1　2020 年 3 月 5 日至 2021 年 1 月 5 日美元流动性互换数量

资料来源：The New York Fed, Central Bank Liquidity Swap Operations.

随着互换的央行美元流动性的逐步缓解（加拿大、巴西、新西兰和瑞典央行在互换协议中，但并未实施货币互换，实施货币互换的共 9 家央行），大约从 2020 年 6 月中旬开始，美元互换存量大幅度下降，从 2020 年 10 月 8 日开始降至 100 亿美元以下。截至 2021 年 1 月 28 日，美元央行互换头寸降至 86.79 亿美元。这说明全球部分重要央行对美元流动性的需求基本回归到 2020 年国际金融大动荡之前的水平。

美元互换对于遏制全球美元流动性恐慌起到了一定的作用，对于其他央行稳定汇率也是重要的因素。从互换额度的高峰期来看，数额已经远超 SDR 创造至今的分配规模。这一次与次贷危机时期不同，美国没有采取 SDR 分配提供流动性的形式，而是直接采取了美元提供流动性的形式。

二 国债回购便利（FIMA 回购便利)

2020 年 3 月 31 日，美联储建立了临时的国债回购便利获取美元流动性的渠道，向全球央行提供美元流动性，该计划从 2020 年 4 月 6 日开始，并将持续至少 6 个月。2020 年 12 月 16 日美联储进一步延长了该计划，允许获准的 FIMA 账户持有人继续将其在美联储持有的美国国库券暂时兑换成美元，然后可以向其管辖区内的机构提供美元。按照美联储的解释，"这一机制将有助于支持美国国债市场的顺利运作，除了在公开市场出售证券外，还将提供一种替代的美元临时来源。它还和美联储与其他央行建立的美元流动性互换额度一起，帮助缓解全球美元融资市场的压力"。因此，国债回购便利与央行货币互换都是应急措施，是针对 2020 年 3 月中下旬国际金融市场出现美元流动性紧张局面出台的临时措施，但目前似乎没有该计划实施的具体数量。

三 IMF 贷款和救助

由于新冠肺炎疫情的持续冲击，部分经济体对美元的需求增加。IMF 向部分满足 IMF 贷款和援助条件的经济体提供美元流动性和债务偿还减免。自 2020 年 3 月下旬以来，IMF 通过各种贷款机制和由灾难控制和救济信托基金（CCRT）资助的债务偿还减免项下的援助。截至 2021 年 1 月 29 日，IMF 向成员国提供的资金约为 2500 亿美元，占 IMF 总计 1 万亿美元贷款能力的 1/4。

四 美国境外非银行借贷者的跨境借贷

依据国际清算银行（BIS）的全球流动性指标（Global liquidity indicators）提供的数据，2020 年第三季度相比 2019 年年底美国以外的非银行借贷者美元借贷存量增加了 4940 亿美元。2019 年年底新兴经济体非银行借贷者的美元借贷存量为 3.818 万亿美元，2020 年第一季度为 3.92 万亿美元；2020 年第二季度有明显上涨，达到 4.0 万亿美元，2020 年第三季度这一存量下降到 3.99 万亿美元。与 2019 年年底相比，2020 年第一至第三季度新兴经济体非银行借贷者的美元借贷增量为 1720 亿美元。其中银行贷款增量不大，只有 80 亿美元，其余的都是通过债务证券发行来获取的，数额达到 1450 亿美元。尤其是截至 2020 年第三季度，银行借贷的年率增长只有1.1%，但证券发行年率增长高达 11.7%，这可能与债务证券发行的低利率成本有关，也可能与当前背景下银行跨境借贷面临高风险产生的惜贷有关。总体上，截至 2020 年第三季度，新兴经济体非银行借贷者美元借贷的增长年率为 4.6%，已经低于 2019 年第四季度 4.9% 的增长年率水平，流向新兴经济体的美元信贷出现了放缓的迹象。

五 经常账户赤字

经常账户赤字是美元提供全球流动性最常见的方式，也是"特里芬两难"中强调的问题。在 2010—2019 年的 10 年中，美国经常账户赤字年度基本稳定在 5000 亿—5500 亿美元的水平。2020 年新冠肺炎疫情的冲击，在美国采取激进的财政政策刺激作用下，美国经常账户赤字明显放大（详见图2）。2020 年 1—11 月美国经常账户赤字规模高达 6048 亿美元，尤其是从2020 年 7 月开始赤字突破 600 亿美元，到 2020 年 11 月高达 681 亿美元。按

（百万美元）

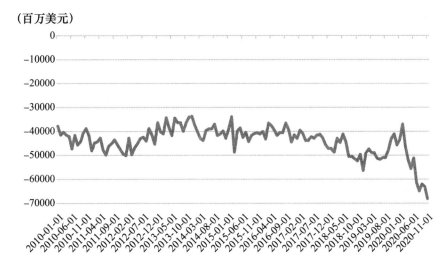

图 2   2010 年 1 月 1 日至 2020 年 11 月 1 日美国经常账户赤字的数量

资料来源：Federal Reserve Economic Data，"Trade Balance：Goods and Services，Balance of Payments Basis"，Monthly，Seasonally Adjusted.

照 2020 年 12 月是 1—11 月赤字均值的保守估计，美国全年经常账户贸易赤字达到 6600 亿美元。这就是说，与过去 10 年经常账户赤字的均值相比，2020 年美国通过贸易赤字一项向全球多供给了 1100 亿—1600 亿美元。

因此，我们可以总结一下，除了通过 IMF 提供的 2500 亿美元的信贷或者援助之外（这一部分不清楚多少来自美国），不考虑跨境短期资本流动（证券投资），美国除了采用最常见的方式：经常账户逆差向全球提供了大约 6600 亿美元的流动性以外，美联储还通过央行互换和国债回购安排为全球提供流动性。同时考虑到非美国的非银行借贷者对美元借贷的增长，全球美元流动简单加总（但可能存在重复，比如其他经济体通过美国贸易赤字获取的美元可能用作借贷），2020 年除美国之外的美元流动性增量或许突破万亿美元。即使是美联储临时性的美元流动性提供手段退出，全球美元流动性也是充裕的。

从全球汇率市场交易来看，目前处于相对平稳阶段。依据 BIS 发布的交易所衍生品市场交易情况数据，相比 2020 年 3 月的日交易量来说，截至

2020 年 9 月的日交易量大幅度下降。2019 年国际金融市场上和美元利率相关的衍生品（期货和期权）日交易量为 6.68 万亿美元（占全球的74.35%），2020 年 3 月国际金融大动荡，国际金融市场对衍生品的需求急剧上升，3 月日交易量达到创纪录的 12.16 万亿美元（占全球的 77.29%），到 9 月下降至大约 2.5 万亿美元（占全球的 52.74%）。美元利率衍生品交易量的大幅度下降，自然与国际贸易和投资的大幅度下滑有关，也说明了国际金融市场利用美元利率衍生品套利保值的机会在下降，外汇市场处于相对平稳的时期。

依据 IMF（WEO）2020 年 10 月提供的预测，2020 年全球 GDP 增速为 -4.4%。如此巨大的美元提供数量，在全球 GDP 下滑的背景下，美元的流动性存在过度充裕，这是导致全球资产价格高涨以及对通胀预期的基础因素。市场对通胀预期的形成将直接取决于主要经济体甚至全球新冠肺炎疫情防控的情况，疫情预期在很大程度上决定通胀预期。从目前的情况看，市场尚未形成一致性的通胀预期，在这个条件下，美元流动性的充裕及美元指数的偏弱运行，使得全球金融市场应该是处于比较平稳的阶段。

央行三大竞争性行为：异化的资源攫取方式

2 月 8 日

2008 年国际金融危机爆发后，全球重要国际货币的央行货币政策行为发生了重大的变化，这种变化主要体现在以下三大"竞争性"的行为：一是央行存在竞争性的扩表；二是央行竞争性表现为比谁的利率更低；三是央行竞争性表现为比和财政的配合度，或者财政赤字货币化的配合度。对于上述三个变化，本文发现央行的行为与传统的央行货币政策理论已经存在显著的不同。

本文借用货币现实主义（Monetary Realism，MR）代表人物 Cullen Roche 给出的货币政策自主性分析框架，展开问题的分析。货币现实主义目前比较小众，并不是现代货币理论（Mondern Monetary Theory，MMT）。按照 Roche 的话来说，"通过我们在银行、法律、期货市场和投资组合管理方面的专业知识，我们发现经济学家的观点严重缺乏从教科书到现实世界的实际转化方式。MR 在很大程度上，是一种试图重构经济学讨论，使其更准确地反映现实世界的尝试。在这方面，我们以更实际的方式应用经济学。我们不是凯恩斯主义者、货币主义者、奥地利或任何特定的学派，MR 只是一套用来描述现代货币体系的理解"。

表 1 是货币自主性的分析框架，但这一框架本身其实与货币现实主义倡导的核心关联性不大。货币现实主义倡导的核心之一是货币的私人部门内生性，因此永远不会把政府描述为"印钞机"，这与当前全球主要经济体央行的扩表行为完全不符，但这一框架却有助于理解 2008 年之后央行行为的变化及其可能带来的后果。在这一框架下，理想情况是一个经济体需要某种程度的储备货币地位、浮动汇率、无外债以及中央银行和财政部共生设

计的金融体系。

表1   **自主发行货币的程度**

	储备货币	浮动汇率	外债	央行与财政共生设计
美国	是	是	否	是
欧元区	是	是	否	部分
日本、英国	部分	是	否	是
新兴市场经济体	否	部分	是	是

资料来源：Cullen O. Roche，"Understanding the Modern Monetary System"，*SSRN Electronic Journal*，2011.

按照上述逻辑，美国拥有理想的货币体系，即是储备货币，采用浮动汇率、无外债，央行与财政是共生设计。欧洲货币联盟（EMU）的货币体系设计是不完整的，欧元是储备货币，没有外债采用浮动汇率，但中央银行对欧元区任何一个经济体来说本质上是一个"国外"实体，而且欧元区没有统一的财政部。日本、英国等国家的货币体系设计也是不完整的，因为只有部分储备货币的功能。当然，按照这一逻辑，新兴市场经济体的货币体系设计也同样是不完整的，不是储备货币（或者储备货币的占比过低），汇率也是部分浮动汇率，而且存在外债。

因此，上述框架是一个极其现实主义的分析框架，这一框架本质上是依据是否是国际货币以及货币在国际货币中的重要性来划分的。如果一国的货币是国际货币，自然也是储备货币，也要求资本账户开放和汇率的浮动，但强调了一点：没有外债。这里的外债指的是用本币发行的外债不是外债，外债是使用外币计价的债务。按照现任美联储主席 Jerome Powell 的说法，"赤字对那些可以用本币借贷的国家来说并不重要"，但这一现代货币理论的观点遭致了包括 Kenneth Rogoff 等在内的主流经济学家的强烈批判。

一 央行竞争性的扩表

为了简化，我们分为两个阶段来看：2008—2019 年和 2020 年至今。前一个阶段体现国际金融危机后的情况，后一个阶段体现 2020 年新冠肺炎疫情后的情况。图 1 显示，美联储在 2008—2019 年期间，12 年的时间大约扩表了 3. 24 万亿美元，主要是在 2008—2011 年之间扩表的，2014 年之后有较小程度的缩表；这一时期欧洲央行扩表了 3. 16 万亿欧元；日本央行扩表了 462 万亿日元；相比之下英国央行也扩表大约 0. 57 万亿英镑。

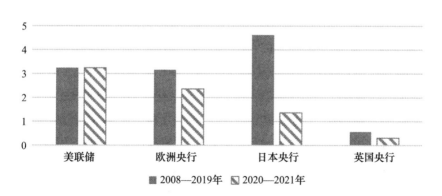

图 1　2008 年国际金融危机以来主要发达经济体央行两阶段的扩表程度

注：（1）2021 年的数据，美联储截至 2021 年 2 月 4 日；欧洲央行截至 2021 年 1 月 29 日；日本央行截至 2021 年 2 月 2 日；英国央行截至 2021 年 2 月 4 日。（2）图中单位：美联储是万亿美元；欧洲央行是万亿欧元；日本央行是百万亿日元；英国央行是万亿英镑。

资料来源：上述央行网站。

2020 年受新冠肺炎疫情的冲击，上述央行的资产负债表进一步快速扩张。在短短的差不多 1 年的时间，美联储扩表了 3. 24 万亿美元，基本等于过去 12 年扩表的总和；欧洲央行也扩表了 2. 36 万亿欧元。日本央行和英国央行此次扩表的规模要小得多，主要是经济体量无法与美国和欧元区相比，分别大约扩表了 136 万亿日元和 0.31 万亿英镑，但相对于自身的经济体量来说，其扩表的程度并不低。因此，全球主要国际货币的央行存在明显的竞争性扩表行为。

二　央行竞争性体现为比谁的利率更低

依据 BIS 提供的政策性利率数据，截至目前全球主要发达经济体央行的政策性利率水平基本都在零左右，零利率是普遍现象。图 2 显示，美联储和英国央行政策性利率尚为正值，分别为 0.125% 和 0.1%；欧洲央行为 0，日本央行为 −0.1%。

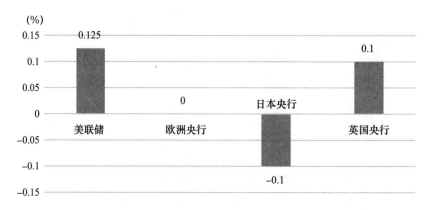

图 2　主要发达经济体央行政策性利率水平

资料来源：BIS.

从国债收益率来看，同样如此。全球无风险利率被压低在极低的水平，尤其是欧洲债券出现了大规模的负收益率债券。图 3 显示了欧元区国债 1—10 年期限的收益率均是负值；日本 1—5 年期限的国债收益率也是负值，只有 10 年期国债勉强是正收益率（0.061%）；英国只有 5 年期和 10 年期的数据，均为正值，但收益率很低。相比之下，美国国债收益率均为正收益率，尽管收益率不高，但在主要发达经济体中，其国债的收益率还是有明显优势的。比如 10 年期国债收益率达到 1.19%，相比 2020 年 5 月的低点 0.54% 来说，已经上涨了一倍。

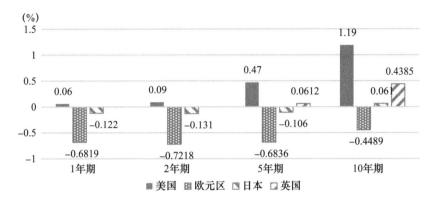

图 3　主要发达经济体不同期限的国债收益率

资料来源：Wind 数据库。

主要发达经济体央行的政策性利率基本为零，大规模的负收益率政府债券超出了传统经济学的讨论，所以称为非常规货币政策。问题是，这种非常规货币政策实施的时间过长，从 2008 年国际金融危机至今，这种低利率已经持续了十几年，活生生要把这种非常规货币政策弄成"常规性"货币政策，似乎这个世界适应了低利率，而且按照目前市场的预期，这种低利率还会持续。在技术上，低利率也让这些经济体政府债务膨胀的滚动管理成为可能。

三　央行竞争性体现为比和财政的配合度，或者财政赤字货币化配合度

"财政赤字，央行埋单"，这种行为已经成为事实。2008 年年初美联储

资产负债表中总资产不足 1 万亿美元，其中持有政府证券 0.74 万亿美元，买卖政府债券一直是美联储货币政策操作的重要手段，但已经演变为政府赤字的融资手段。2020 年全年美联储为美国财政赤字融资的比例达到约 55%。截至 2021 年 2 月 4 日，美联储总资产中国债一项高达 4.77 万亿美元。日本央行也是如此，2008 年日本央行总资产中政府债券占比为 63.31%，总资产大约 111 万亿日元；截至 2021 年 2 月 2 日，日本央行总资产高达 709 万亿日元，政府债券占比为 75.64%。

由于货币制度体系的设计，欧洲央行不会直接购买欧元区经济体政府为财政赤字发行的债券，换言之，欧洲央行不会直接实施财政赤字的货币化。但欧洲央行通过另外一种方式去配合欧元区经济体政府的融资，通过政府信贷为政府提供资金。图 4 显示了 2008 年国际金融危机以来，欧洲央行发放政府信贷的增长率变化，每一次的高点都和危机有关。国际金融危机时期以及引发的欧债危机出现了 15.7% 和 13.1% 的高增长率；2016 年也是南欧政府债务问题导致了 12.7% 的信贷增长阶段性高点；2020 年新冠肺炎疫情暴发，欧洲央行的政府信贷增长率快速上升，2020 年 12 月，政府信贷增长率高达 22.2%。

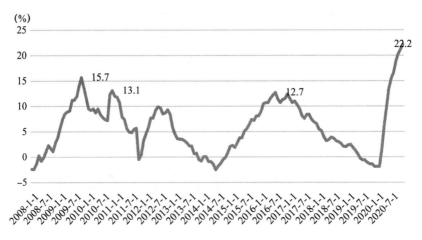

图 4　2008 年 1 月 1 日至 2020 年 7 月 1 日欧洲央行政府信贷的增长率

资料来源：欧洲中央银行。

2020 年 12 月，欧元区居民信贷总额的年增长率为 9.6%，私营部门信贷年增长率则为 5.3%，相比之下，政府信贷的增长率要远远高于居民和私营部分的信贷增长率。截至 2020 年年底，欧洲央行为欧元区政府提供的贷款存量高达约 5.93 万亿欧元，占据了欧洲央行居民信贷存量的 41.4%。

再次回到前文的分析框架，货币国际化程度越高的央行，胆子越大，越激进。与国际金融危机之前相比，美联储总资产是 2007 年年底的 700% 多。由于美元指数中的其他主要货币的扩表也是"疯狂的"，导致了国际货币没有绝对的好，只是在比谁相对较好。这种货币数量的扩张本质上是在"抢地盘"，是在抢国际货币的市场占有份额。因此，货币规模在获取国际货币体系中的位置是非常重要的，反映了通过国际货币获取全球资源的过度特权程度。

2021 年 1 月，美国总统拜登披露实施规模高达 1.9 万亿美元的新冠肺炎疫情防控、财政救助与经济刺激计划，美联储还会扩表，对其他持有美元资产的经济体来说，这种大胆而激进的方式是美元体系过度弹性的重大弊端之一。

央行三大竞争性行为表明，这些央行已经不在意传统货币理论和政策中的一些争议，如央行独立性的重要性、货币中性假说等。三大竞争性行为说明了主要发达经济体的央行转向了非常现实主义的做法：依托自己的货币是不同程度的国际货币，采取了竞争性的全球资源攫取方式，并通过政府性的资源再分配，期望尽快控制新冠肺炎疫情，并刺激经济尽快修复，从而占据全球博弈的有利位置。

从全球来说，这些行为对于合意的国际货币体系的公平性来说是异化的，这是一种提供全球公共品的不负责任的表现，也使得国际货币治理体系的改革越发艰难。

从硬"锚"到软"锚"：美元霸权体系的寻"锚"之旅

2 月 18 日

　　理解国际货币体系的寻"锚"之旅，我们会认识到国际货币体系的"锚"与我们的经济生活息息相关。美元体系从黄金硬"锚"走向国债等软"锚"，带来了信用的相对性和安全资产供给过大弹性的问题。美国依靠美元国际货币体系获取铸币税，并依靠发达的国际金融市场实现全球美元资金大循环赚取投资收益。美元主导的霸权体系是不公平的，其他经济体创造有全球竞争力的安全性资产和非美元的金融市场是约束美元霸权体系放纵的根本性措施。

一　国际货币体系中的"锚"：从布雷顿森林体系到牙买加协议

　　国际货币体系需要有一个"锚"，因为有"锚"，国际货币的价值才具有确定性，国际投资者使用该货币时不用担心该货币的价值会发生变化，从而体现出使用该货币带来的安全感。从这个角度说，"锚"在国际货币体系中扮演了"定海神针"的作用。马克思说，"货币天然不是黄金，黄金天然是货币"。1945 年布雷顿森林体系建立的时候，黄金成为全球一般等价物的"锚"，美元与黄金固定兑换比例（35 美元 = 1 盎司黄金），确定了金本位下的美元国际货币体系，黄金就扮演了国际货币体系中的硬"锚"角色，其他的货币对美元实行固定汇率，只能在法定汇率上下各 1% 的幅度内波动。美元与黄金挂钩、其他货币与美元挂钩的"双挂钩"美元体系开始运行。1958 年年底欧洲国家实施了经常账户自由兑换后，这一体制的运行弊端就慢慢暴露出来了。

由于国际贸易的不断增长，国际市场需要的美元越来越多，当外部的美元价值大幅度超越美国储备的黄金价值时，国际投资者不再相信美元与黄金之间还能够维持最初的兑换比例，美元挤兑黄金就成为现实。20 世纪 70 年代初法国等国家挤兑黄金的行为是促使金本位崩溃的重要原因。经济学家特里芬在 1960 年就预示了金本位的必然崩溃，"特里芬两难"要说的就是这个故事：任何一个主权货币充当国际货币必然面临流动性和清偿性两难。一方面要通过贸易逆差提供越来越多的国际流动性，满足国际市场对流动性的需求；另一方面作为"锚"的黄金的增长却存在重大不确定性，难以维持货币与黄金之间的固定兑换比例。

1971 年 8 月 15 日，尼克松宣布关闭黄金窗口，停止按 35 美元 1 盎司的价格兑换非储备货币国家的美元，布雷顿森林体系基本崩溃。1971 年 12 月，西方十国达成了新的国际货币制度协定，也称为《史密森协定》（*Smithsonian Agreement*）。主要内容是允许美元对黄金一次性贬值 7.89%（38 美元 = 1 盎司黄金），并允许其他货币对美元在法定汇率上下各 2.25% 的幅度内波动，扩大汇率波动范围。史密森协定是一个缓解金本位国际货币体系崩溃的协定，但无法解决特里芬两难。1973 年 2 月，美国宣布美元再贬值 10%，西方国家相继实行浮动汇率制，史密森协定终止，金本位彻底崩溃。

1973 年全球开始实施浮动汇率制，1976 年的牙买加协议是一个事后的确认。牙买加协议主要内容有三点：一是浮动汇率合法化；二是黄金非货币化；三是提高特别提款权（SDR）的国际储备地位，以替代黄金和美元。牙买加协议希望有一个新"锚"，这个新"锚"是 1968 年 IMF 依据授权，在 1969 年创造出来的 SDR（最初由 15 种货币构成，现在由 5 种货币构成），也称"纸黄金"。SDR 目的是补充流动性，是弥补 IMF 会员国之间国际收支逆差的一种账面资产。但 SDR 难以成为国际货币的主要储备资产，或者成为国际货币体系的"锚"，这与其最初设计的制度有关：只是一种账面资产，依据当时的贸易顺逆差确定的规模太小，至今也只有不足 3000 亿 SDR。正如 Rangarajan 所说，SDR 不是一种货币，而且也没有设想其成为一种货币。从实际来看，除了 SDR 本身规模小以外，更重要的是 SDR 不存在有深度和广度的交易市场，决定了 SDR 难以成为国际货币，也就难以成为国际货币体系的"锚"。至今在 IMF 的网站上 SDR 都是用美元标价的。

牙买加协议的寻"锚"之旅是失败的。因此，1973 年之后，国际货币体系从黄金"锚"走向了信用"锚"，国际货币体系也由金本位制走向信用本位制。信用"锚"我们称之为软"锚"，因为它具有相对性，或者说是弹性。

二 美元的再次寻"锚"：软"锚"之旅

（一）美元指数是货币价格"锚"?

本文认为美国与美元指数中货币经济体的经济周期非完全同步性以及金融周期的冲击，使得美元指数难以成为国际货币体系稳定的"锚"。

美国为了维持美元的信用，需要保持美元与主要货币之间相对稳定的汇率，形成美元对外的货币价格"锚"。1973 年 3 月，美元用 6 种主要货币编制了美元指数，定期 100。当时美元无疑仍然是全球主导性的货币，美元指数就成为反映全球主要货币强弱的标志，影响着全球物价（尤其是大宗商品价格）和国际金融市场的走势。

影响美元指数走势的因素众多，其货币篮子也不断的进行调整。在1999 年欧元诞生后，美元指数给了欧元 57.6% 的权重，欧元应该感到"非常满意"，毕竟世界第一大货币在其货币篮子指数中给了欧元超过一半的比例，突出了欧元作为世界第二大货币的位置，这一比例至今未变，已经远远超过了当今欧元区与美国的贸易占美国对外贸易的比例，其余 5 种发达经济体的货币分别是日元 13.6%，英镑 11.9%，加拿大元 9.1%，瑞典克朗 4.2%，瑞士法郎 3.6%；而且美元指数编制中不包括任何新兴经济体的货币。因此，美元指数不是贸易有效汇率的概念，本质上是一个排他性的货币利益集团。

不管如何，美元作为主导性的国际货币，美元确实也在再次寻 "锚"，这个 "锚" 是组成美元指数中的主要货币？1973 年美元指数为 100，今天的美元指数超过 90。仅从一个长时间序列数据的初始和现状来看，美元指数还是保持的不错的。问题就在于：波动很大，而且还是不断调整美元指数货币篮子和篮子货币权重的结果（见图 1）。同时，为了维持美元的稳定，美国曾数次与篮子中的主要货币国 "强制性" 的讨论或者 "协商" 双边汇率，如 20 世纪 70 年代的德国马克与美元的汇率争议、日元与美元的汇率问题（沃克尔等，1992）；1985 年的 G5 与日本的 "广场协议"；1987 年 G7 的卢浮宫协议采取联合措施阻止当时的美元价值下滑，保持美元汇率的基本稳定等。即使如此，1979—1989 年间美元指数波动的区间是很大的，在 80—170 之间。

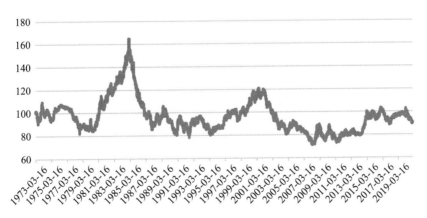

图 1　美元指数的走势（1973 年 3 月至 2019 年 3 月）

资料来源：Wind 数据库。

2008 年国际金融危机爆发后，全球宽松的货币政策导致了资金的跨境流动数量往往脱离经常账户需求的数量，金融发展存在"过度金融"的倾向，金融周期开始成为影响世界经济运行的重要因素。正如 Borio and Disyatat 所说，金融危机的根源可以追溯到全球信贷和资产价格积极冒险背后的繁荣，国际货币和金融体系缺乏足够强大的"锚"来防止这种不可持续的繁荣，从而导致"过度弹性"。可见，金融全球化背景下，全球跨境信贷逐利以及对金融资产价格的逐利行为导致了美元指数汇率也不可能作为国际货币体系的信用"锚"，一方面美元指数本身不稳定，另一方面美国货币政策外溢性带来的金融周期冲击也放大了其他经济体货币汇率的不稳定性。

因此，对美国以外来说，美国也许想用美元指数来确立美元的信用"锚"，试图维持美元的稳定性。但由于美国自主性的宏观政策等因素产生的美元汇率过大的波动性，其货币政策的外溢性也带来了全球货币汇率波动的风险，同时美元货币指数编制的排他性，导致了美元指数难以成为国际货币体系的货币价格"锚"。

（二）通胀目标制是美元的物价"锚"？

对美国而言，美联储采取通货膨胀目标值来维持美元在美国国内币值的稳定，形成美元对内的价格"锚"。由于美国是世界第一大经济体，也是最有影响力的经济体，如果美国国内物价始终保持稳定，这有助于美元的信用。但即使是国内物价稳定也不代表全球物价稳定，美元也难以作为全球物价的"锚"，因为美元升值或者贬值会通过价格传递（Pass – Through）导致美元输出通缩或者通胀，历史上美国输出通胀和通缩的例子并不少见。

从美国货币政策的历史来看，美联储从来没有公开宣称过通胀目标值，而是采取了隐含的通胀目标值，这与欧洲央行等采取明确的货币政策通胀目标值有一定的差异。图 1 显示，美元指数在 1985 年达到高点，主要原因是时任美联储主席的沃克尔为了控制通胀（1974 年、1978 年两次中东战争导致国际市场上的油价上涨了 10 倍以上，是导致美国经济"滞胀"的重要原因），把联邦基金利率提高了20%左右，导致即期金融市场美元大幅度升值，一直到通胀被完全控制住。现任美联储主席鲍威尔在2020年修改了通胀目标值，把美联储历史上隐含的2%绝对通胀目标值改为有弹性的平均通胀目标值。这给了市场预期更大的弹性，也给了美国货币政策更多的相机抉择，但如果存在确定的超过2%的通胀预期，美联储的收紧政策同样可能会带来美元汇率的升值，货币政策依然面临美国国内物价稳定和汇率稳定之间的冲突。当然，尽管没有研究能确定表明美联储加息周期必然是美元升值周期，但确实存在加息周期的美元升值和宽松时期的美元贬值现象（见图2）。

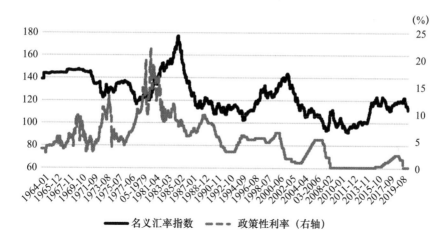

图2 历史上美元的7次加息与美元指数之间的关系（1964年1月至2019年8月）

注：美元名义指数是窄口径的美元指数，2010年=100；政策性利率是美联储联邦基金利率；所有数据均为月度数据。

资料来源：BIS.

因此，不论是用美元指数作为货币价格"锚"，还是采取通胀目标值作为美元的物价"锚"，美国对内、对外经济政策存在内在冲突：提高利率控制通胀可能导致美元升值，美元指数不稳定，也带来外部物价不稳定；反之，为了刺激经济增长，防止通缩，过于宽松的货币政策导致美元贬值，比如 2008 年国际金融危机之后的美元指数走势，曾经达到过历史的低点（见图 1 和图 2），导致大宗商品等价格高涨，给非美元经济体带来美元输出型通胀压力。

从美国的实际通胀来看，从 20 世纪 80 年代中后期"滞胀"后再也没有出现过大幅度的持续通胀，但问题是，美国的通胀率与美元指数中货币的经济体通胀率并不能很好的吻合，主要原因在于经济周期的非完全同步性。经济周期的非完全同步性进一步决定了自主性的宏观政策的差异，从而可能进一步导致彼此物价水平的波动存在差异。那么不管是自主性的短期宏观政策带来的汇率波动（比如，开放条件下的汇率平价发挥作用），还是长期中物价水平导致的汇率波动（比如，开放条件下长期的 PPP 发挥作用），都会导致美国内部稳定物价的经济政策与外部的美元指数稳定政策存在冲突，美元的物价"锚"也是不可信的。

在 2008 年之后，美国货币政策的宽松度和相机抉择度大幅度提高，货币政策规则被抛弃。著名的泰勒规则在量化宽松（QE）的货币政策和菲利普斯曲线扁平化的背景下，早已被抛弃。货币政策规则基本无迹可寻，在这种状况下，美国国内物价水平变动与美元汇率变动之间的预期关系可能更难以确定。在菲利普斯曲线表达的通胀和就业之间的稳定关系发生变异的经验条件下，美联储改为有弹性的通胀目标制，大规模实施以就业为核心目标的量化宽松的货币政策，全球过于充裕的流动性会导致美国稳定国内物价水平与全球物价水平之间存在冲突，即存在美元供给过多输出导致的全球通胀预期压力，或者说美国货币政策存在显著的外溢性。而美国经济的价格传递很小，显著低于其他经济体，尤其是显著低于发展中经济体的价格传递，这种价格传递的非对称性是导致美国国内物价稳定和美国以外物价稳定存在冲突的核心原因。这方面有大量的经验性研究提供的证据。

因此，美元指数作为对外的货币价格"锚"和美元对内的物价"锚"两者存在内生的冲突；经济周期的非完全同步性决定了美国稳定国内物价水平与全球稳定物价水平之间存在冲突，即存在经济周期不一致背景下美国货币政策的显著外溢性。这两者决定了美元的价格"锚"是不可信的。

(三) 美国国债是安全资产"锚"?

本文认为，美国国债扮演了一定的"锚"的角色，但其可信性在逐步下降，主要原因是存在供给过多的倾向。

支撑国际货币和金融体系架构的一个关键事实是，霸权货币必须向世界其他地区提供安全资产。成为世界货币霸主最重要的影响之一是在国际货币和金融体系中发行证券的能力，这些证券总是受到世界其他经济体的高度需求，这对外部调整进程、国际货币外溢以及最终对国际货币和金融体系的稳定具有深远影响。上述判断说明了一个简单的道理：美元提供的全球流动性能够有获利的地方，尤其是在金融高度发展的今天，国际贸易结算的货币量已经远小于国际金融市场的交易量，需要有金融产品对应超过全球贸易交易所需要的美元。同时，贸易交易中的美元由于汇率波动，贸易结算的跨时间、跨地域等因素需要的套期保值手段也需要有相应的金融市场来完成。

从这个角度来理解，我们就不难发现，为什么美国把自己的债市和股市规模搞得那么大！这是在为美元的全球流动提供投资平台，也反过来促进美国经济通过资本市场获取创新与增长的动能。同时，在岸和离岸美元市场为美元相关的金融产品风险管理提供了巨大的交易池。因此，高度发达的金融体系是支撑美元霸权的重要支柱之一。

为什么需要安全资产？安全资产是国际货币体系的"锚"，是货币价值的稳定器。严重的安全资产稀缺迫使经济陷入"安全陷阱"和经济衰退；安全资产的短缺会导致名义支出减少，从而影响经济复苏。那么什么样的资产才是安全资产？一般的观点认为，作为国际货币体系的储备货币，需要满足流动性、安全性和收益性三个特征。在一个充满不确定性和风险的世界上，很少有很好地满足上述三个特征的资产。如果都很好地满足了上述三个特征，我们称之为"完美资产"。现实世界中的任何资产都是在三个特征中去权衡，作为国际货币类资产最主要的特征是安全性。还有人称之为"对信息不敏感"的资产；也有人称之为在不利事件发生时想持有能够保持其价值的一种简单债券。安全性是国际储备货币的核心属性，IMF 也强调了安全资产具有金融系统基石的作用。

一般意义上说，国债是安全资产。但欧洲债务危机说明了不一定所有的国债都是安全资产，所以欧洲开始讨论通过建立在主权债券基础上的欧元区"安全资产"，即通过多样化和某种形式的优先级措施来限制主权风险。能够提供最高等级安全性的资产，其收益率应该是最低的，因为不需要风险溢价补偿，是全球金融资产底层收益率的基准。因此，从这个角度去理解，国债是安全资产的首选；其次是以主权信用或者优质资产为基础的可抵押资产，比如基于主权信用的 MBS 等。同时要求有足够大的规模和足够多的使用者，并需要一个足够广度和深度的交易市场，才能使得这种资产具备高流动性。

美元是主导性的国际货币，美国国债自然成为全球性的安全资产。但安全资产的供给必须恰到好处，即能够恰好填补全球投资者对美债的需求。换言之，安全资产要具备"恰到好处"的稀缺性，如果供给不受约束，安全的资产最终也会遭到国际市场投资者的抛弃，沦为不安全资产。这里也就面临着新特里芬两难：太稀缺不够用，导致国际流动性不足；太多会不被信任，甚至被抛弃。

那么美国国债规模和收益率如何？依据美国财政部提供的数据，截至2021 年 2 月 11 日，美国国债存量高达约 27.85 万亿美元。1993 年 4 月 1日，美国国债存量大约 4.23 万亿美元，2002 年 9 月 30 日，美国国债首次突破 10 万亿美元，大约 10 年时间，美国国债增加了近 6 万亿美元。2011 年11 月 15 日，美债存量突破 15 万亿美元，2017 年 9 月 8 日，美债存量突破20 万亿美元，2020 年 5 月 5 日，美债存量突破 25 万亿美元。可以看出美债存量上涨 5 万亿美元所用的时间越来越短。令人惊奇的是，美国国内曾在前几年广泛讨论的财政"悬崖"问题，在美债规模急剧膨胀后，现在的讨论几乎没有了。看来即使是美国国内，对美国财政赤字的不断扩大存在普遍的预期。尤其是 2020 年新冠肺炎疫情后，美国采取了激进的经济救助和经济刺激计划，加上最近美国新总统拜登公布的 1.9 万亿美元的"美国拯救计划"，财政支出的数量超过 5 万亿美元，占美国 GDP 的比例超过 20%。依据 2020 年 9 月 21 日美国国会预算办公室提供的 *The 2020 Long - Term Budget Outlook* 显示，美国公共债务占国内生产总值的比例从 2019 年的 79% 增加到 2020 年的 195%，增幅超过一倍。这明显高于美国历史上任何一次的债务负担，强制性支出（包括债务利息支付）是不断增长的债务负担的唯一驱动力，尽管目前低利率有利于美债的滚动管理。可以预计的是，美国国债供给数量还会大规模的增长。

如此增长的美债增量会被国际投资者接受吗？答案是存在一定的可能性。从目前情况看，依据美国财政部网站提供的数据，截至 2021 年 2 月 12 日，尽管美债提供了极低的收益率，比如 10 年期美债收益率为 1.20%，但相对于欧洲国债大规模的负收益率来说，还是能够吸引到国际投资者。历史上 10 年期美债大多能够提供 3% 左右的名义收益率，对国际投资者还是具有吸引力的。依据欧洲央行网站公布的数据，在新冠肺炎疫情背景下，欧元区债务证券的年净发行量再创新高，2020 年达到了 1.337 万亿欧元，2020 年的净发行量比 2019 年增长了 155%，政府部门债券占总发行量的 74%，接近 1 万亿欧元。目前欧元区 1—10 年期的政府债券都是负收益率。从这个角度来说，国际货币体系已经没有绝对的"锚"了，只有相对的"锚"。换言之，没有绝对好的信用背书，只有相对好的信用背书，这就是软"锚"。

美债作为全球安全资产，在一定程度上起到了"债锚"的作用。依据美国财政部网站提供的数据，截至 2021 年 11 月，全球投资者持有的美债数量大约 7.054 万亿美元，国际投资者持有美债的数量占总量的 26% 左右，与十年前 34% 左右的比例相比，这一比例出现了明显的下降。从边际上来说，外国投资者持有的美债数量是急剧下降的。2019 年年底国际投资者（外国政府）持有的美债数量，为 6.844 万亿美元，2020 年 11 月，美国国债数量约为 27.2 万亿美元，相比 2019 年年底增加了 4 万亿美元，国际投资者持有量仅仅增加了 0.21 万亿美元，同期美联储自己多增持了 2.3 万亿美元。因此，美债过度供给必然会导致美元的"债锚"信用效果下降，那么软"锚"或将变得更软，因为这还要取决于竞争性替代品的信用。

三 理解美元国际货币体系运行：美元国际大循环

当前的国际货币体系是一种领导价格制模型，与过去几十年相比已经发生了一些变化。1998 年亚洲金融危机之后，美国继续了 20 世纪 90 年代的强势美元政策，外部不平衡程度进一步扩大；东南亚国家经常账户迅速摆脱了危机前短暂的赤字后，贸易盈余开始加速累积。全球经济外部不平衡问题进一步加深，总体表现为以下特征：一是美元区的不平衡。美国的"双赤字"对应石油输出国的"双剩余"，美国的贸易赤字对应美元区（主要是亚洲）的贸易盈余；二是欧元区也是有一定盈余的，且欧元区内部不平衡，表现为德国的贸易盈余对应意大利、西班牙等国的贸易赤字。因此，全球不平衡主要是美国的赤字对应亚洲区的盈余。正是由于这一点，Dooley，Folkerts-Landau 和 Garbe 提出了全球不平衡的 DFG 模型——布雷顿森林体系 II。其基本含义是：新兴发展中外围国家（主要是亚洲国家）采取币值低估并钉住美元实施出口导向型的发展战略以促进增长和就业，并通过吸收 FDI 来提高资源配置效率，同时使用美元储备来干预外汇市场维持币值低估；中心国家（美国）使用外围国家大量的美元储备进行低成本融资，同时从 FDI 的高回报率中获取收益，并享受来自外围国家价格低廉的消费品。DFG 模型认为这一体系中资金是从发展中国家流向发达国家（即存在 Lucas Paradox），并符合美国的利益。因此，尽管受到金融危机的冲击，这一体系也将继续运作。

这种美元国际大循环能够成立的两个条件是：一是美国提供安全资产，能够吸引国际投资者用贸易盈余等投资这种安全资产；二是美国在全球借资金对外投资，保持负的国际投资净头寸，并且投资收益率要高于美国提供安全资产的收益率。依据美联储的数据，截至 2020 年第三季度，美国国际投资净头寸高达 −13.95 万亿美元。美国靠借钱在全球获取相对高的投资收益，能够在一定程度上弥补经常账户逆差，或者至少能够延缓美国外部不平衡调整所需要的时间。上述两个条件能够顺利形成需要一个傲视全球的美元资本市场（包括美国在岸市场和离岸市场），通过这个资本市场平台使这两个条件得以成立。

这就是现实版的美元国际货币体系运行的基本逻辑和架构，或者说是美元国际大循环的基本逻辑和架构。由于美元被视为低风险货币，美国从外部资产获得的回报高于其支付外部负债的回报。其他经济体的资产很多投资到美国等低风险国家的主权债券，回报率较低；而这些经济体的负债一部分来自外国在本国的直接投资，回报率要求较高，Gourinchas 和 Rey 把这种差异称为美元的 "过分特权"（Exorbitant Privilege）。

非美元经济体大规模的持有美债，而美债的收益率是不断下降的。2007 年之后，10 年期国债固定到期利率就没有超过 4%，截至 2021 年 1 月已经下降到 1.08%（见图 3）。截至 2021 年 11 月持有美国国债最大的国际投资者是日本，为 1.261 万亿美元，中国大陆持有 1.063 万亿美元，是全球最大的两家美债持有者。如果加上中国香港和中国台湾地区持有的 2265 亿美元和 2223 亿美元，中国是全球美债最大的持有者，持有数量高达 1.51 万亿美元，占全部国际投资者持有美债比例的 21.4%。

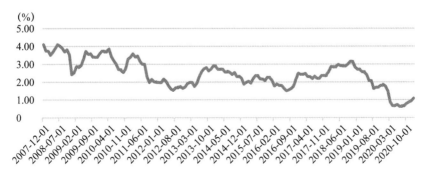

图 3 10 年期美国国债固定到期利率

资料来源：Federal Reserve Economic Data，Monthly，Not Seasonally Adjusted.

美国是一个净债务国，依靠美元国际货币体系在全球范围内借钱，投资风险资产。依据美国财政部网站提供的数据，截至 2020 年 9 月 30 日，美国净外部债务头寸 21.31 万亿美元，其中政府债务约 6.89 万亿美元。Lane 和 Milesi - Ferretti 使用 1970—2015 年度数据计算出美国持有净风险资产/GDP 的比例是正值，持有带有储备性质的安全资产/GDP 是负值；而世界其他经济体持有的净风险资产/GDP 是负值，持有带有储备性质的安全资产/GDP 是正值。因此，美国是一个全球风险资本家。

尽管美国是一个净借款国，但它的净收入一直是正值，而且还在增加。也就是说，它从资产中获得的回报高于它为负债支付的成本，美国的国际净投资流量为正。Santacreu 和 Kerdnunvong 的研究表明，2008—2014 年美国净投资收益占 GDP 的比例在 1%—1.5%。Gourinchas，Rey 和 Govillot 估计 1952—2016 年期间美国每年对外投资的实际超额回报率约为 2%。

上述美元的全球资金大循环，通俗的说就是：美元都是美国发行的，流向全球先获取全球铸币税，然后美国再从全球把这些钱借回来，而且美国借别人手上的美元比美国借给别人的钱多（净头寸为负值），美国用借来的钱再到世界各地投资，赚取比借钱成本要高的收益率。获取全球铸币税靠的是美元国际货币体系；赚取投资收益靠的是美元发达的国际金融市场。可见，美联储每发行 1 美元，美元完成从国内到国外，借回美国国内、再流到国外，美国人可以赚两遍钱！

外国投资者为什么要持有这种低收益率的安全资产？重要的原因之一是随着全球金融一体化，金融周期对世界其他经济体的外汇市场会造成动荡，对许多新兴市场来说，保持金融稳定要求拥有足够的美元储备，以支付国内金融体系的流动美元负债。或者说，新兴经济体需要外汇储备强调的是通过一种自我保险机制（Self - Insurance）来强化流动性供给，以减少汇率波动等风险，而不是等待 IMF 基于双边互换或者区域安排来提供流动性。1998—1999 年东南亚金融危机之后，累积官方储备成为亚洲经济体的普遍现象。

美元体系的非对称性带来了美元的 "过分特权"，即美国可以自行发行美元债务融资，来弥补美国的国际收支赤字，美国还可以自行发行美元来偿还外部债务。美国拥有的这种单方面特权意味着美元不是一种公正的国际交换手段，它是用一个国家的信用来替代全球信用，导致发行储备货币的国家享有超级特权：如果出现赤字，美国不必采取限制性措施，至少不必采取强制性的限制措施。这就是我们看到的美国总统拜登又要推出 1.9 万亿美元的 "美国拯救计划" 背后的逻辑。

只要上述美元运行的逻辑和架构能够成立，美元国际货币体系还会延续。

四 软 "锚" 与特里芬边界的 扩展：软 "锚" 软吗？

本义从 "特里芬难题" 中抽象出了特里分边界：在物本位下，特里芬边界就是美国储备的黄金数量要至少等于美元—黄金维持固定兑换价格要求的数量；在信用本位下，特里芬边界就是美元信用的最大边界。美元信用就是美国的信用，"美债" 就是信用 "锚"。如前文所述，美债的过度供给必然会导致美元的 "债锚" 信用效果下降，软 "锚" 会变得更软一点，但这并不意味着可以随时被替代。从目前全球货币的竞争格局来看，尚没有出现能够直接挑战美元，成为主导国际货币体系的新货币，核心原因是其他货币尚不能提供能被国际市场大规模接受，且超越美债这个软 "锚" 的国际货币体系 "锚"。

硬 "锚" 与软 "锚" 的差异在于：对美国来说，前者美元发行是硬约束，要受制于黄金的数量；后者美元发行具有软约束的倾向，取决于提供安全资产数量上限，即国际投资者能够接受的安全资产数量，具有一定的相对性和弹性。

在这里我们不去全面讨论美元霸权的政治、经济、科技和金融四大支柱。我们仅从金融视角出发，讨论美元体系具备的刚性，因为安全资产的背后是几大支柱在共同起作用，但安全资产是金融投资行为，构成了全球资金大循环体系的基础，因此有必要看一下全球金融市场的情况，美元利用金融比较优势创造出来有深度和广度的金融市场是美元特里芬边界扩展的平台。

与传统的比较优势理论和动态比较优势理论不同，美元金融市场的比较优势是利用有深度和广度的金融市场实现风险管理和资金跨时空、跨区域的配置能力，在金融的功能上具备比较优势，从而实现美国的正净投资收益。传统的比较优势强调生产率差异下的成本差异，从而实现提高双边福利的分工；动态比较优势理论把跨国公司对经济增长的推动作用与开放经济发展理论结合在一起，强调国际直接投资产生的积极影响，为技术相对落后的发展中国家提供了赶超机会。对照之下，发展中经济体利用外资带来技术进步，创造动态比较优势，恰恰也是发达经济体的金融比较优势的运用：美国通过在发展中国家的对外直接投资（FDI）获取高收益，发展中国家通过吸收 FDI 提高技术水平，来实现实体经济的动态比较优势。其中或许存在"不对等"的交换，但这应该是一个"双赢"的结果，或者说是一个帕累托改进。换言之，发展中经济体利用 FDI 创造动态比较优势与发达经济的金融比较优势在此处是"耦合"的。

这里要强调的是，不管是比较优势，还是动态比较优势，都有成本的比较，而在某种意义上，金融比较优势没有成本比较，因为储备国家货币发行的成本是几乎可以忽略的。在这个意义上，金融资本主义获取的是金融霸权垄断利润。

依据 BIS 的研究，美元在国际货币金融体系中起着核心作用。它是最重要的融资货币，约有 50% 的跨境贷款和国际债务证券以美元计价；大约 85% 的外汇交易是对美元进行的（注：双边计算总比例为 200%）；它是世界主要储备货币，占官方外汇储备的 61%；大约 50% 的国际贸易是用美元计价的，大约 40% 的国际付款是用美元支付的。从美国国内金融市场来看，美国拥有全球最大的股票市场，市值占全球股票市场市值的一半以上；美国拥有全球最大的债券交易市场，其中政府债券规模高达27万亿美元。美国境内发达的金融市场打破了投资证券的 "本土偏好" 倾向，也使得大量的美元能够回流美国本土金融市场，找到投资的机会。发达的债券市场、发达的股票市场、发达的在岸和离岸美元货币市场，构成了全球金融市场复杂的美元资产交易网络，美元金融资产成为全球最重要的金融资产，美元成为润滑全球金融市场运行最重要的货币。

如此巨大的美元金融市场，为全球提供了流动性支持。一方面拓展了美元的特里芬边界，可能会促使美国在财政赤字货币化的路上越走越远，提供更多的国债安全资产；另一方面也有可能会促使美国金融市场更加创新和发达。因为相当一部分美元储备资产投资于美国金融市场上美国国债以外的工具，美元储备管理人在超国家机构、国家机构甚至大型银行发行的债券中找到了安全资产，这些银行都得到了不同程度的政府支持。

五　多重货币体系与软 "锚" 的
　　约束：创造替代品

美元是美国的，问题是世界的。美元体系的弊端已经被世界充分认识到，但现有美元国际货币体系似乎依然很强，根本原因在于其他经济体尚不具备提供大规模的、被国际市场普遍接受的安全性资产。换言之，其他经济体尚不具备提供强大的国际货币体系 "锚" 的能力。如果从历史和经济金融关系看，还有以下几个原因值得思考：其一，大国总是拒绝国际货币体系改革以免丧失国际货币的垄断权，并总能在实践中通过修修补补来维持现有体系，如增加SDR来增加国际流动性；通过债务减免或债务延期安排等措施来缓解债务危机；有限提高全球经济新兴增长极在IMF中的话语权等。又比如，Facebook 计划发行的"天秤币"由于采取一篮子货币挂钩，冲击美元体系，被美国管理机构否决，美联储允许的两家数字货币也是发行 1 单位相当于 1 美元，是和美元直接挂钩的。其二，国际货币体系演变史表明，政府总是不愿意看到国际货币关系的剧烈变化带来的不确定性冲击，换言之，人们对国际货币体系的使用具有惯性。其三，当前国际货币体系作为美元体系，当美元走强时，其他国家没有改革国际货币体系的强烈意愿。美元走强降低了外围国家美元计价的贸易品价格，提高了外围国家产品出口的竞争力；当外围国家累积的外汇储备越来越多时，美元贬值带来的央行资产负债表上的美元资产损失可能是巨大的，这已经成为减缓国际货币体系巨变的重要因素。而当美元走弱时，美国没有足够的筹码来减少国际货币体系改革的成本。美元走弱降低了美国外债的美元价值，估值效应使得不需要原来数量的资本流入就能够维持外贸账户赤字的可持续性；美元走弱本身也有利于调整美国经常账户的不平衡。而从其他国家来说，由于大多贸易以美元计价，弱势美元有助于提高外围国家之间的贸易增长。因此，从美元对其他货币币值的走势来看，似乎很难找到国际货币体系改革的最佳窗口和时间。即使是美国不愿意对自身的财政赤字政策施加约束，由于国际分工的刚性和现有格局下带来的不平衡的结果惯性，以美元为主导的国际货币体系本身难以在短期中发生巨变。

目前，美元的软"锚"所具有的弹性，导致了"美国印钞花钱，全世界埋单"，美元铸币税是一个典型。2020 年美联储资产负债表扩大了约 3.2 万亿美元，美国使用全球资源抗击新冠肺炎疫情，其他经济体分担成本，这就是霸权货币的特权。除了铸币税之外，在美元主导的国际货币体系下，美国不用担心汇率的错配，进出口都用美元计价，全球投资也用美元计价，而非美元计价的经济体则面临着汇率波动带来的各种汇率暴露风险。浮动恐惧（Fear of Floating）成为新兴经济体外汇市场管理的常态行为，这反过来要求新兴经济体通过累积外汇储备来干预市场，进一步强化了美元储备的作用。只要美元汇率是全球最主要的金融汇率，其他经济体外汇市场的动荡以及对美元的流动性需求就会持续。2020年3月全球金融大动荡，美联储再次与近10家央行启动美元货币互换，提供美元流动性，平抑外汇市场的剧烈波动。

安全资产能够提供市场动荡条件下的安全溢价，动荡时期美元指数都会上涨；同时国际金融市场会追逐美债，导致美债收益率下降，安全资产具有明显的避险资产特征，国际金融市场每一次的动荡都强化了美债作为安全资产的特征，这非常类似于美元在向世界其他地区提供保险。令人惊讶的是，美元的主导地位并没有随着时间的推移而显著下降，这种美元主导地位对货币政策从中心向外围的传导有着至关重要的影响，无论是通过改变进出口价格和数量，还是通过影响大型企业的资产负债表，作为主要储备货币的发行国和流动性的全球提供者，美国的外部资产负债表表现出非常特殊的特征：除了跨境头寸总额庞大，反映了美元在国际投资组合和支撑中的重要作用外，美国在风险证券方面有着长期的地位，以外国直接投资和股权的形式进行海外投资，长期持有高风险的外国资产。美国通过持有"安全"证券的空头头寸，发行大量债券，特别是美国国债，这些债券被世界其他国家作为"安全资产"持有，美国历史上一直扮演着世界银行家的角色。

其他经济体为什么需要这么多美元安全资产，来为美国经常账户赤字融资？Bernanke提出了储蓄过度（Saving Glut）假说，认为新兴经济体，尤其是亚洲经济体存在过度储蓄行为导致了美国经常账户赤字。进一步引申，这就意味着美国需要提供金融资产来吸收这些盈余，这听起来似乎是亚洲经济体的储蓄倒逼了美国提供安全资产来满足亚洲经济体的需求。为什么不是美元发行过度（Dollar Glut）？

随着经济发展的多极化，当今世界要强化对美元发行软"锚"的约束，就必须找到可以替代的、竞争性的安全资产。当其他经济体以各种货币累积的外贸盈余不再投资美国国债或者美元资产时，美债的发行就受到了严格的约束，美债作为美元体系"债锚"的作用就会大幅度下降。当然，非美元经济体采用双边货币互换，双边货币结算，而不采用美元结算，可以在边际上降低美元在国际货币体系中的地位，但难以对美元国际货币体系造成实质性的冲击，因为这面临着两个问题：其一，并没有创造出安全资产，也就没有创造出具备强竞争力的国际货币体系的"锚"；其二，基于贸易基础上的货币互换面临着恰好的"对等双边需求"的约束，其数量是有限的，而且形成了多种货币之间的协议，交易成本相对比较高。

对其他经济体来说，重要的是提供竞争性的安全资产和培养非美元交易的国际金融市场网络。值得注意的是科技金融中的数字货币和区块链技术能否做到去中心化是一个亟待深入研究的问题。从目前央行数字货币的发行来说，集中化管理模式并未改变，选择能够去中心化区块链技术发行的少之又少，因为这对任何一个经济体的货币政策本身就是冲击性的挑战。数字货币是技术变革，不是信用变革，数字货币使用的背后依然是国家主权信用。换言之，数字货币技术可以降低交易成本，但不能替代主权货币信用。相信没有任何一个经济体在没有获得政府许可的条件下允许民间大规模发行数字货币，冲击国家主权信用货币。但不排除金融市场上出现小规模投资性的"货币"。比如虚拟加密数字货币的比特币，这种非官方数字货币引入去中心化及共识机制，与现有主权信用货币体系有本质的不同，但其本身就是以货币计价交易的（比如美元计价），由于其稀缺性，本身的价格波动幅度巨大，而不是一般等价物，难以成为真正意义上的货币，更难以成为国际货币体系一般等价物的"锚"。

当前的国际货币体系已经具备了向多极化演变的趋势，多极化的国际货币体系能够减少霸权货币系统的不对称性调整与发行储备资产的"过分特权"，货币权利应该得到更广泛的分享。多极化的国际货币体系和多币种有全球竞争力的金融市场会为世界提供安全资产需求的多样性和选择性，也将迫使美国约束财政赤字的货币化，不去承担过多的财政债务，反过来也在一定程度上有利于美元作为国际货币的事实。美元主导性的国际货币体系，软"锚"的相对性和弹性决定了"特里芬两难"从稳定系统到不稳定系统的清晰交叉点很难被识别，因为无法计算全球投资者还能需要并接受多少美国国债，也不知道美国金融市场还能创新出多少基于国家信用或者优质资产抵押信用的安全资产来满足国际投资者的需要。如果只有美国拥有这种不对称性的特权，美国政府债务的累积必将导致全球金融体系的高风险性和脆弱性；或者美国金融市场始终傲视全球，美国金融市场的风险将给全球经济金融带来巨大的潜在风险，一旦出现金融危机就是全球性灾难。全球其他经济体创造以安全资产和金融市场为依托的多重货币体系，一方面可以创造出相对平衡、公平的国际货币体系；另一方面可以约束单一美元软"锚"特权的放纵，降低美元霸权体系给世界经济金融带来的巨大潜在风险。

理解国际货币体系的寻"锚"之旅，我们会认识到国际货币体系的"锚"与我们的经济生活息息相关。"锚"直接影响汇率这个最重要的国际相对价格，从而影响着跨境投资、跨境贸易的所得和所失，影响企业盈利和政府税收，也因此影响着我们每一个人的福利状态。

表1　　　　　　　　　　**国际货币体系演变的历史重大事件**

	国际货币体系	"锚"	目标	工具	机制	参与主体	变迁的原因
1879—1914年	国际金本位	黄金	价格稳定	1盎司黄金=20.67美元	物价流动机制或利率平价机制	世界上7个大国，英国略强一些，不存在独特的主导性	金本位内生或外生的流动性紧缩；第一次世界大战的冲击

续表

国际货币体系	"锚"	目标	工具	机制	参与主体	变迁的原因
1914—1935 年	盯住美元本位向金本位的短暂恢复	美元走向黄金	物价稳定	由 1 盎司黄金 = 20.67 美元上升至 1934 年的 35 美元	黄金—货币关系的重新设定	美、英、德、荷兰等	内外部目标的冲突；大萧条的冲击
1936—1944 年	金本位过渡到钉住美元本位制	黄金	无单一目标	美元钉住黄金，其他货币钉住美元	协议贬值	美、英、法等	美元贬值和第二次世界大战冲击带来的黄金流动
1945—1970 年	美元本位制（布雷顿森林体系）	黄金	价格稳定	美国黄金储备；美元供给	黄金—美元信用机制	美国主导，多国参与	"特里芬两难"；越南战争、朝鲜战争和20世纪60年代美国的社会改造等因素
1971—1973 年	纯粹美元本位制	黄金	价格稳定	美元供给和收缩	美元信用机制	美国单方行动	美国输出通货膨胀
1973—1984 年	浮动汇率制	无"锚"	阻断通胀输入	名义汇率变化	央行干预机制	各自为政	美国外部不平衡
1985—1998 年	美元干预制	美元或是美债	降低外部不平衡	美元贬值	"协议性"干预	美、日、德等	美国外部不平衡和打击日元

续表

	国际货币体系	"锚"	目标	工具	机制	参与主体	变迁的原因
1999 年至今	美元领导价格制：美元主导，欧元跟随	美债为主，其他高质量债券为辅	消除不平衡	汇率操控、贸易摩擦	无多边机制	美、日、欧元区、中国等	外部不平衡、新"特里芬两难"、经济以及货币竞争

国际金融市场：政策未动，市场已起涟漪

2 月 22 日

目前的国际金融市场状态用一句话去表达就是：政策未动但市场已起涟漪。为什么会这样？答案也许是：本身股指就高位运行，对通胀的预期强化了市场可能调整心态。

最近几件事情引发了国际投资者对市场调整的担忧。一是通胀预期在上扬；二是美国 10 年期国债收益率创 1 年以来的新高；三是大宗商品尤其是油价上涨，对经济修复的预期变得强烈起来。此外，像日本出现了央行减少购买交易型开放式指数基金（ETF）的讨论，也是导致市场出现涟漪的原因。把这些事情连在一起，根本的原因只有一条：通胀预期的变化。

从通胀来看，依据美联储圣路易斯分行的数据，2021 年 1 月，美国经济中的 CPI 只有 1.4%。从通胀预期来看，截至 2021 年 2 月 19 日，市场参与者预计未来 10 年的平均通胀率达到 2.14%。实际上 2021 年 1 月 4 日市场参与者预期未来 10 年的平均通胀率已经超过 2%，为 2.01%（见图 1）。图 1 中这一轮预期的通胀率最低点是 2020 年 3 月 19 日，恰好是 2020 年 3 月金融大动荡美国股市最后一个熔断日。此后，随着大规模刺激性政策的陆续推出，美国经济中预期的通胀率也在不断上升。尽管美联储将货币政策目标修改为弹性的平均通胀目标值，但当市场预期通胀率突破 2% 的时候，难免会产生政策可能在未来某个时期突然转向的担忧。

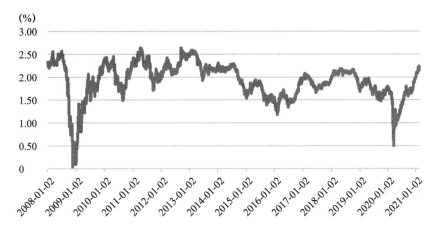

图1 美国经济中的通胀预期

资料来源：Federal Reserve Economic Data, 10 - Year Breakeven Inflation Rate, Percent, Daily, Not Seasonally Adjusted.

　　从长期国债收益率来看，截至 2021 年 2 月 19 日，美国 10 年期国债收益率 1.34%，相对于 2020 年 8 月 4 日的低点 0.52% 已经上涨了 1 倍多（见图 2）。但从一个相对长些的时期来看，这个收益率还是较低的。在新冠肺炎疫情大流行之前，以 2020 年 1 月作为参考的日均收益率大约在 1.8%；以 2019 年年底为参考的日均收益率大约在 1.9%。

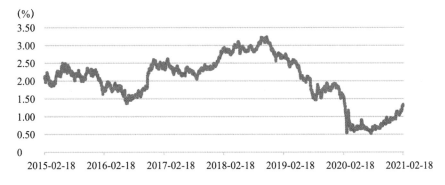

图2 美国 10 年期国债收益率

资料来源：Federal Reserve Economic Data, 10 - Year Treasury Constant Maturity Rate, Percent, Daily, Not Seasonally Adjusted.

从美国短期国债收益率来看，1 年期国债收益率和 10 年期国债收益率走势呈现了相反的趋势，1 年期国债收益率是下降的。截至 2021 年 2 月 19 日，1 年期国债收益率只有 0.07%，跌破 0.1%；3 个月期限的国债收益率只有 0.04%。一般来说，长期利差的扩大并不是坏消息，这预期未来经济会有更好的修复。

那么美国短期国债和长期国债收益率变化趋势相反，是不是美联储购买债券结构调整所致？依据美联储网站公布的最新数据，截至 2021 年 2 月 18 日，美联储持有短期国债的数量大约 3260 亿美元，持有中长期国债的数量大约 4.122 万亿美元。2021 年 1 月 6 日美国 10 年期国债收益率突破 1%（1.04%），1 月 7 日美联储持有短期国债大约 3260 亿美元，持有中长期国债为 4.007 万亿美元，这说明美联储一个多月增持了 1150 亿美元的中长期国债。美联储增持中长期国债本应导致中长期国债收益率下降，市场上中长期国债收益率反而上升了，说明市场上关于经济修复以及通胀预期的形成应该是推动中长期债券利率上扬的主要因素。当然，由于无法及时找到国际投资者持有的中长期债券的头寸变化，我们这里只好假定不存在国际投资者抛售美国中长期国债的情形。如果国际投资者存在抛售中长期美国国债的情形，也会导致中长期国债收益率的上扬。

从最近大宗商品的价格来看，确实存在普遍的上扬。包括油价的上涨，当然极端暴雪严寒天气导致美国原油产量意外下降（每天下降幅度高达 400 万桶）无疑是推高油价的重要因素。随着天气的逐步好转，美国原油产量也会恢复到日产 1000 万桶以上的规模。一些金属价格，包括铜等也会因为供需问题带来价格上涨，但相对于风险资产的涨幅来说，大宗商品的涨幅还是相当克制的。这符合市场资产价格上涨的轮动节奏：货币宽松首先带来风险资产价格的修复和上涨，在经济修复的预期下自然也会轮到大宗商品价格的修复和上涨。同时，在国际金融市场宽松货币的条件下，市场投资者关于某一方面一点"希望"或者"失望"都会带来市场资产价格的过度反应。换言之，在宽松货币带来资产价格高位运行的条件下，投资者对资产价格的信息可能存在"过度敏感"的倾向。

从美国股市资产的价格来看，处于高位运行，美国三大股指均创了历史新高。截至 2021 年 1 月 19 日收盘，美股三大股指中 DJ 和标普 500 的 P/E 再创新高。NASDAQ 的 P/E 高达 55.1 倍，这意味着 NASDAQ 风险投资的收益率为 1.81%，与 1 年期国债收益率相比仍然具有 1.74% 的风险溢价，主要原因在于 1 年期国债收益率被压低在很低的位置。应该说，美股在相对高估值的市场状态下能够高位运行，对应的是低利率。

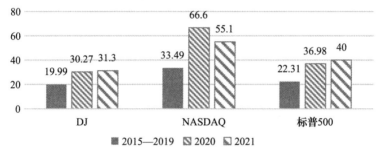

图 3　美股三大股指的 P/E（TTM）

注：2021 年的数据是 2 月 19 日的数据。

资料来源：Wind 数据库。

从其他股市来看，差异很大。上证指数的 P/E 是图 4 中最低的，只有

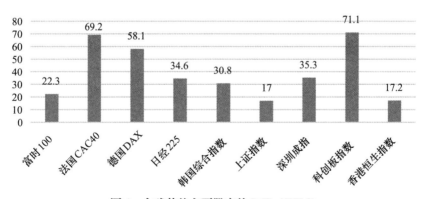

图 4　全球其他主要股市的 P/E（TTM）

注：截至 2021 年 2 月 19 日的收盘数据。

资料来源：Wind 数据库。

17 倍，香港恒生指数的 P/E 也只有 17.2 倍。考虑到利率差异，香港恒生指数应该具备更大的上涨空间。但科创板指数的 P/E 高达 71.1，考虑到中国经济中的无风险利率水平，风险溢价是负值，股指难免存在过高估值的倾向。

从美国经济基本面来看，2020 年第四季度，美国实际国内生产总值（GDP）增速年率 4.0%，2021 年 1 月美国经济中失业率仍然达到 6.3%，这与美联储希望的 4.5% 左右的失业率还有不小的差距。失业率已经成为美联储最关注的政策目标，在失业率尚未达到美联储希望的目标时，美联储收紧政策的可能性很小。近期美联储也表态，维持月度的购债计划 1200 亿美元不变，并没有消减资产购买的计划（Tapering）。而且如果快的话，新一轮大规模的刺激计划也许在 2021 年 2 月底就能获得通过。

总体上，国际金融市场的风险资产到了对"信息敏感"的时期，只要出现美联储讨论 Tapering 的字眼，市场就会出现调整。即使政策未动，市场关于通胀的焦虑也会引发利率调整预期，进而引发市场估值的调整。毕竟美股整个市场高估值对应的是低利率，利率上扬无疑会带来资产价格的调整，而这将取决于美联储眼中的就业水平和通胀水平，这恐怕还需要 1 年甚至更长一点的时间。这样的判断，一个基本逻辑是：除了新冠肺炎疫情本身以外，美国宏观政策与过去相比发生了巨大的变化，经济政策已上升到经济战略层面，美国会把金融比较优势的利用推向极限，这恐怕是与美联储过去实施 Tapering 不同的地方。

人均 GNP 达到高收入国家标准，意味着什么？

2 月 24 日

2019—2020 年中国人均 GNP 连续 2 年突破 1 万美元，按照 2020 年世界银行的标准，一个国家的人均 GNP 超过 12535 美元，就进入高收入国家的行列。未来不久，中国的人均 GNP 将达到高收入国家的入门标准，跻身于高收入国家，社会主义现代化建设事业取得历史性的成就。我们也要认识到高收入国家并非是发达国家，远不能自满。目前大家认同的国际上发达国家人均 GNP 都在 3 万美元以上，高收入国家和发达国家之间还有很大的差距。发达国家不仅有经济方面的要求，同时还要具备高水平的制造业、现代化的服务业、高标准的环境与社会治理水平以及人类发展指数等其他指标，而高收入国家仅仅只有收入指标。《中华人民共和国国民经济和社会发展第十四个五个规划和 2035 年远景目标纲要》中指出，到 2035 年基本实现社会主义现代化，人均国内生产总值达到中等发达国家水平，中等收入群体显著扩大，基本公共服务实现均等化，城乡区域发展差距和居民生活水平差距显著缩小。可见，中国要达到中等发达国家还需要十几年的艰苦努力和奋斗。

人均 GNP 达到高收入国家标准，意味着什么？

首先，人均 GNP 达到高收入国家标准意味着中国人民的生活水平得到了显著的提高，社会主义现代化事业迈上了新台阶。人均 GNP 达到高收入国家标准同时也意味着劳动力成本的上升。要培养国际竞争力，就必须提高生产率，技术进步和创新成为经济高质量发展的关键。在百年之未有大变局下，逆全球化趋势不会停止，技术封锁和技术禁售严重阻碍了国际分工的深化与发展，也降低了发展中经济体利用发达经济体知识外溢缩小南北差距的机遇。只有坚持创新在中国现代化建设全局中的核心地位，把科技自立自强作为国家发展的战略支撑，坚持走科技强国，发挥科学技术是第一生产力的作用，才能够实现从高收入国家逐步迈向发达国家的目标。技术创新是"双循环"新发展格局的核心，是保证国家产业链、供应链安全的基础，也是推进中国经济结构优化，保障经济高质量发展再上台阶的关键。

其次，人均 GNP 达到高收入国家标准意味着消费升级时代正式来临，增强消费对经济发展的基础性作用变得现实而重要。要坚持供给侧结构性改革，提供多元化、高质量的产品；要坚持需求侧有效管理，激发有效需求潜力，实现供给和需求的高水平匹配。因此，培育国内超大市场的发展，提升有效需求是实现"双循环"新发展格局中以国内大市场为主体的根本举措。推进要素市场化的改革和深化，挖掘要素收入潜力；加大收入分配体制改革，强化财税制度在调节收入分配中的作用；在积极涵养中产阶级的同时，大力推进乡村振兴战略，加大社会主义新农村的建设力度，提高农村居民收入，缩小城乡差距；科学规划区域发展战略，推动西部大开发形成新格局，推动东北振兴取得新突破，利用好中国南方发展、长三角发展等经验，帮助西部、东北地区的经济发展，缩小区域分化的程度，做到南北相对平衡发展。全方位提高居民收入和需求水平，培育和创造出城乡协调、南北相对平衡的国内大市场，促进消费的全面升级。

再次，人均 GNP 达到高收入国家标准意味着中国参与国际竞争将秉持更开放的态度、更高的标准。历史表明，封闭不可能成为强国。在中国即将进入高收入国家行列的同时，也将承担更多的参与国际治理的责任和义务。"双循环"新发展格局是双赢格局，鼓励外国投资者参与中国经济建设，按照公平待遇准则，分享中国国内大市场的机遇和利益；中国也积极参与国际分工，参与国际经贸、投资等规则的制订，发挥一个经济大国应有的责任，打造更加公平、公正、透明的国际经济环境，促进世界经济健康而有序发展。中国对外开放的大门只会越开越大，参与经济合作和竞争的标准只会越来越高，越来越透明。核心是要推动贸易和投资自由化便利化，推进贸易创新发展，增强对外贸易综合竞争力。经贸负面清单管理、资本账户开放成为未来中国开放制度改革，打造高水平新型开放经济体的核心内容，也是建设高标准市场体系的重要内容。

最后，人均 GNP 达到高收入国家标准意味着中国居民的需求处于从物质需求转向精神需求的关键期。经过几代人的艰苦努力，在习近平总书记的领导下，中国人民终于打赢了脱贫攻坚战，全面建成小康社会。随着居民收入的增长，中国人民的精神需求进入新阶段。繁荣发展文化事业和文化产业成为国家战略。随着居民人均可支配收入的提高，尤其是城市居民的恩格尔系数显著下降，家庭文化消费量将会持续增长，更多的支出将用于与文化相关的发展，如旅游、健身、线上线下影院等方面。文化事业的发展一方面可以满足居民的精神需求，提高居民文化素质和文化底蕴，提升居民的幸福感；另一方面可以提高国家文化软实力，让世界更加充分认识中国文化的精髓和魅力，实现世界文化的交融与发展。深化文化体制改革，完善文化产业规划和政策，加强文化市场体系建设，扩大优质文化产品供给是新时代文化建设的重要内容，也是提高社会文明程度的基础工作。

因此，中国人均 GNP 达到高收入国家标准，意味着更高的起点、更紧迫的责任和更清晰的发展远景；也意味着中国人民自信而不自满的行进在向第二个百年奋斗目标进军的路上。

目前国际金融市场不具备较大级别下行的条件

3 月 3 日

我们认为，目前国际金融市场的运行环境并未恶化，不具备较大级别下行的条件，控制利率的安全边际应该是 2021 年美联储货币政策工作的要点。国际金融市场如果出现较大级别的下行，应该是由债市利率的持续上扬引起的。原因是：股票估值分子部分随着疫情防控和经济刺激计划的推进，起码不会变得更差，重点在分母的贴现率，而分母的贴现率首先会在债市上反映出来，而这取决于货币政策的变化，而美联储货币政策的变化又取决于就业变化和对通胀的新容忍度（弹性均值通胀目标）。因此，控制利率上涨的安全边际将成为美联储稳定国际金融市场或者平滑股市调整的工作要点。

截至 2021 年 2 月 24 日，美国股票市值高达约 59.5 万亿美元，股票市值/GDP 远超 200%，按照这一指标衡量，投资股市风险资产就是在"玩火"。股市的估值极其复杂，我们认为上述指标是一个带有"保守"性质的资产化指标。在全球开启长期 QE 带来的资产化大时代，不应机械套用这一指标来衡量股市的风险。

图 1 显示 2019 年年底到 2020 年年底，美国股市股票市值上涨了约 9 万亿美元，2020 年 3 月的金融大动荡低点时期美国股市市值大约 36 万亿美元。换言之，2020 年美国应对新冠肺炎疫情和金融大动荡大规模的 QE 导致美国股市市值从低点上涨了约 20 万亿美元；而 2020 年年底至 2021 年 2 月 24 日美国股市市值再次上涨了 3.44 万亿美元。如果从 2020 年 3 月金融大动荡的低谷至今，美国股市市值大约上涨了 24 万亿美元，已经超过了 2020 年美国的 GDP。依据国际金融研究所（Institute of International Finance）报告提供的数据，2020 年新冠肺炎疫情导致全球债务增加 24 万亿美元。但我们

也要看到 2020 年美国股市市值增量大体是全球债务增量的 37.3%，考虑到全球股权价值增长的规模更大，债务增长的风险在一定程度上会被对冲。因此，在当前情况下，股市处于较高位置对于防止债务风险也具有重要作用。

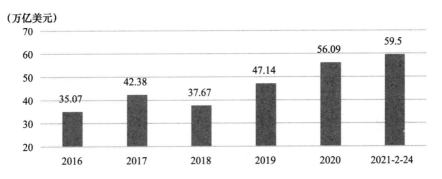

图 1　美国股票市场市值的变化（2016 年至 2021 年 2 月 24 日）

资料来源：Wind 数据库。

2016 年美国上市公司 4544 家，2021 年 2 月 24 日为 5416 家，增量为 872 家；而 2019 年年底至 2021 年 2 月 24 日增量为 621 家。这就是说过去大约 1 年的时间，美国上市公司家数的增量占到了 2016 年以来的 71.2%，美国股市资产化的速度明显加快。

国际金融市场状况如何？我们先看几个反映市场底层状态的数据，我们就会发现市场不具备较大规模调整的条件；然后我们简单讨论一下美联储货币政策可能的重点。

一　国际金融市场的基本状况

（一）波动与风险溢价状况

截至 2021 年 1 月 24 日，VIX 指数为 21.34，基本和 2020 年年底的水平差不多，处于 2020 年 2 月以来的低值，但仍明显高于新冠肺炎疫情大流行之前的数值（2019 年年底 VIX 指数大约为 13—14）。从目前全球疫情状况和艰难的经济修复来看，这一数值应该属于正常。

从股息率来看，2020 年年底标普 500、纳斯达克和道琼斯的股息率分别为 1.48%、0.76% 和 1.61%；截至 2021 年 2 月 24 日，标普 500、纳斯达克和道琼斯的股息率分别为 1.41%、0.67% 和 1.62%。由于美国 1 年期的国债收益率目前处于很低的位置，2021 年 2 月 24 日为 0.08%，比 2020 年年底的 0.10% 左右还要低。因此，美国股市的股息率相对于美国国债收益率来说，依然保持着正的风险溢价。

从穆迪 Aaa 级公司债券收益率与 10 年期美国国债收益率对比来看，依然保持着正的风险溢价。和过去相比，图 2 显示这一风险溢价基本保持在正常区间。因此，整个市场的波动和风险溢价尚处在正常范围内。

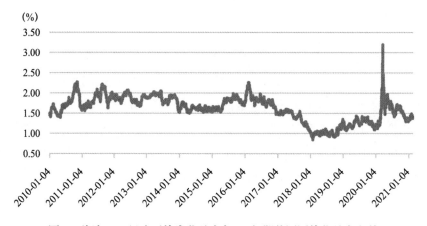

图 2　穆迪 Aaa 级公司债券收益率与 10 年期美国国债收益率之差

资料来源：Federal Reserve Economic Data，Moody's Seasoned Aaa Corporate Bond Yield Relative to Yield on 10 - Year Treasury Constant Maturity，Percent，Daily，Not Seasonally Adjusted.

（二）利率期限结构收益率状况

美国 10 年期债券收益率与联邦基金利率并未出现倒挂迹象。截至 2021

年2月18日，美国10年期债券收益率与联邦基金利率之差为1.22，2020年3月16日（2020年美国股市的第三个熔断日）两者之差开始变正，之后是不断扩大的。一般来说，两者之间利差倒挂，往往是市场会出现剧烈动荡的前兆或者就是市场本身出现了剧烈动荡。图3中2007年开始爆发的次贷危机以及2020年3月的金融大动荡等，都是典型的历史案例。

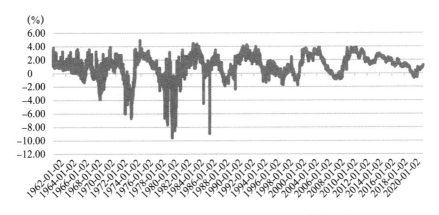

图3　美国10年期债券收益率与联邦基金利率之差

资料来源：Federal Reserve Economic Data, 10 - Year Treasury Constant Maturity Minus Federal Funds Rate, Percent, Daily, Not Seasonally Adjusted.

长期利率与短期利率未出现倒挂迹象。从美国10年期国债和2年期国债收益率之差来看，目前处在1.2个百分点左右，而且基本处在平稳上升的通道中（见图4）。

（三）国际金融市场的流动性状况

从国际金融市场流动性来看，流动性充裕，甚至有些担心银行间市场是不是会出现美元负利率。从Libor – OIS利差来看，图5显示Libor – OIS利差处于历史的最低位置。目前基本处在0.07个百分点左右，这一利差比2020年12月（约为0.08%）还要低。

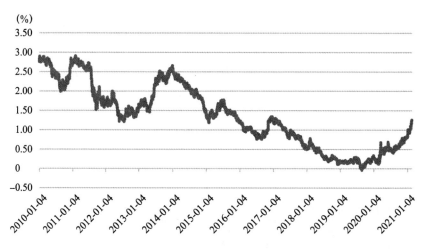

图4　美国10年期国债和2年期国债收益率

资料来源：Federal Reserve Economic Data, 10 - Year Treasury Constant Maturity Minus 2 - Year Treasury Constant Maturity, Percent, Daily, Not Seasonally Adjusted.

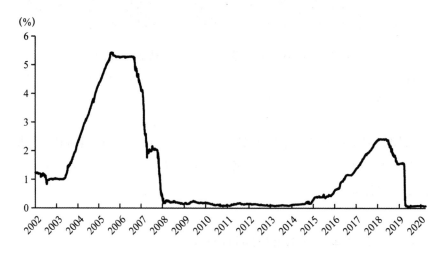

图5　Libor - OIS 利差

资料来源：Bloomberg.

从 TED 利差来看，截至目前，图 6 显示 TED 利差处于历史的最低位置。TED 利差基本在 0.15 个百分点左右，与 2020 年年底相近，大约是 2020 年年初新冠肺炎疫情大流行前的 50% 左右。

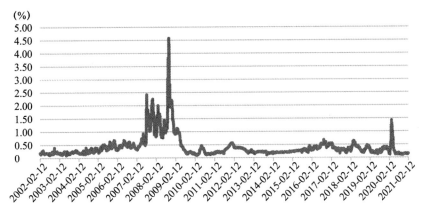

图6 TED利差

资料来源：Federal Reserve Economic Data，TED Spread，Percent，Daily，Not Seasonally Adjusted.

因此，不管是从波动性、流动性、利率期限结构收益来看，都尚属于正常区间。市场的波动唯一能够解释的就是大宗商品价格的上涨，反过来强化了通胀预期，进一步强化了利率上涨的预期，市场似乎想完成"自我设想"的调整。

二 从全球竞争层面理解美国的货币政策：加息尚早

拜登选择性的多边主义行为，说明了美国政府重返的多边主义框架并不是完整意义上的多边主义框架，决定了美国的宏观政策具有很强的针对性和竞争性。目的只有一个：利用美国能够动用的全球资源使美国经济能够在疫情后的世界经济中取得合意的地位。其中，动用美元国际货币体系的资源就成为美国现实的选择。

维持全球竞争力，最基本的是生产率的高低，或者说是由成本竞争决定。在具有成本竞争性质的领域，或者说是在具备同质产品性质的领域，美国由于成本高，劳动生产率不具备明显的竞争优势。从20世纪80年代美国制造业的"外包",再到奥巴马时期开始的制造业回归,都是从成本竞争的视角去看待竞争的。成本涉及众多因素,但有两个基础因素需要重点关注:一是劳动力成本;二是资金成本。与中国相比,美国劳动力成本具备明显的劣势,但资金成本具有明显的优势。这个简化的两要素成本视角说明中国经济成本组合是:低劳动力成本 + 高资金成本;美国经济成本组合是:高劳动力成本 + 低资金成本。

从上述这个简化的两要素成本视角,也许有助于我们理解美国采取的激进大胆的货币政策。我们也许需要换一个视角来看待利率:美国以及相当大部分发达经济体的低利率、甚至负利率政策是一种要素低成本竞争政策,这些经济体把货币本身做成了世界上最便宜的生产要素。尤其是美国的财政赤字货币化政策,是在过度使用美元主导的国际货币体系的权力。美联储印钞的成本几乎可以忽略不计,但从全球购买商品和交易却发挥了价值尺度、交易媒介和货币储藏的功能。2020 年新冠肺炎疫情大流行后,美国在最大限度地发挥金融领域具有的比较优势,不再有任何遮掩。

鲍威尔在昨天的美国国会证词中说,美国的通货膨胀仍然"温和",经济前景仍然"高度不确定",暗示将坚持宽松的货币政策。但最近几周以来,美国长期国债收益率上涨,截至 2021 年 2 月 24 日,10 年期美债收益率上涨至 1.38%;加上美国大概率实施新一轮大规模的疫情救助和经济刺激计划,投资者对通货膨胀率上行的担忧也有所增加,也带来了市场的"恐高"情绪,这进一步自我强化了流动性拐点即将到来的预期。

我们认为市场也许存在过度反应。国际金融市场在未来一段时间应该不会出现流动性拐点。长期国债收益率一定幅度的合意上涨也许是美联储愿意看到的,但美联储依然会压低短期利率。长短期利差的扩大一方面有利于增加经济修复的信心;另一方面美国长期国债收益率一定程度的提高,可以增加美债吸引力,有利于美国国债的进一步发行,毕竟美国财政还要靠大规模的长期国债发行来为赤字融资。

大规模长期的 QE 难以导致利率大幅度持续上涨,提高了市场对资产价格上涨的支撑。目前国际市场借助各种题材(美国突发的极寒天气导致原油产量大幅度下跌等），针对大宗商品的"炒作"成分也许强化了市场本身对通胀的预期，利率成本的大幅度上升会降低美国经济的竞争力，融化企业融资环境，这在经济修复充满高度不确定性的条件下，是美联储不愿意看到的。因此，对美联储来说，控制利率的安全边际应该是 2021 年货币政策工作的要点。

鲍威尔为什么要让金融市场失望？

3 月 5 日

2021 年 2 月中旬以来，美国 10 年期长期债券收益率的快速上涨引发了国际金融市场股票估值的重新调整，市场出现了连续多个交易日的下挫，尤其是依靠长期增长率估值的科技股，调整幅度不算小。依据 Wind 的数据（以收盘价计），截至 2021 年 3 月 4 日，NASDAQ 指数从 2 月 12 日的高点下跌了 9.73%。国际金融市场本来对美联储主席鲍威尔的线上访谈寄予厚望，但鲍威尔在 2021 年 3 月 4 日的访谈中，既没有谈及金融市场关注的"扭曲操作"，也没有谈到金融市场关注的即将到期的 SLR 豁免，也没有提及延长资产购买的加权平均期限，市场表示失望。截至昨天的收盘，DJ 指数下跌 1.11%，标普 500 指数下跌 1.34%、NASDAQ 指数下跌 2.11%。

金融市场对鲍威尔线上访谈的期望与实际结果的差距，显示了美联储眼中当前的金融市场形势和市场投资者眼中的金融市场形势是不同的。与 2020 年 3 月中下旬的金融大动荡时期相比，现在的美联储和市场投资者之间的目标存在分歧。在金融大动荡时期，美联储和投资者目标一致，希望资产价格进入上涨修复通道，避免出现流动性危机；而现在，美国三大股指都创了新高，目前风险溢价仍处于正值水平，但资产价格无疑处于历史的高位运行，尽管上市公司盈利预期不错，美联储也不愿意看到金融市场出现明显的"泡沫"。

从美国 10 年期国债收益率来看，2021 年 2 月以来出现了大幅度的上涨。依据美国财政部网站上的数据，2021 年 2 月 1 日美国 10 年期国债收益率为 1.09%，2 月 12 日达到 1.20%，2 月 16 日达到 1.30%，2 月 25 日达到 1.54%，后有所下降，到了 3 月 4 日又重回 1.54%，这一水平与 2020 年 2

月上旬新冠肺炎疫情大流行之前的水平大体相当。2021 年 2 月以来 10 年期美国国债收益率上涨幅度高达 50%，这是一个短期中的大幅度上涨。

鲍威尔强调了他非常关注国债利率的上扬，但重申了宽松货币政策不变。他认为利率上扬是经济向好的预期，也没有透露任何有关要控制利率上扬的信息，而且美国 30 年期限固定抵押贷款利率上涨至 3%，这可能会影响到美国房市的价格向下调整。应该说，鲍威尔的这次线上访谈态度一方面维持了鸽派，另一方面相当强硬：美联储暂时不会被金融市场预期变化改变现有货币政策的节奏。

鲍威尔的线上访谈信息透露出，美联储不会被暂时的市场预期调整所绑架，坚持认为 1000 万的失业是美联储关注的重点（目前的失业率6.3%），坚持认为通胀预期及通胀压力是暂时性的，背后的逻辑是就业、消费的不稳定性。事实也是如此，2021 年 1 月美国居民在新一轮的财政刺激政策下，居民可支配收入有较大幅度的增长，但居民支出占可支配收入的比例约 79.6%，这一比例大大低于疫情前的 92% 左右的水平，谨慎性消费行为应该是尚未见到持续通胀压力的根本原因。

鲍威尔的强硬也反映了另外一面，就是资产价格修复的超预期，也给了鲍威尔线上访谈讲话的底气。截至 2021 年 3 月 4 日，与金融大动荡低点相比，美国三大股指出现了超级修复，出现了大幅度的上涨，尤其是 NAS-DAQ 指数上涨幅度高达 85.46%（见图 1）。近期的下跌只是将 2021 年以来

图1　美国股市金融大动荡低谷至今的涨幅

（2020 年 3 月 23 日至 2021 年 3 月 4 日）

的涨幅基本抹平。截至 2021 年 3 月 4 日，年初以来 DJ 指数、NASDAQ 指数和标普 500 指数的涨幅分别为 1.04%、－1.28% 和 0.33%。

10 年期美国国债收益率上扬的同时，相对短期国债收益率依然被压在很低的位置。截至 2021 年 3 月 4 日，1 年期和 2 年期国债收益率只有 0.08% 和 0.14%，很低的短期利率也保证了股息率处于一个尚可以被接受的正的风险溢价区间。

最后总结一下鲍威尔线上访谈透露出的信息，主要有五点：第一，不是市场想要什么就有什么，现在已经不是金融大动荡需要资产价格修复的时期了，美联储有自己的节奏。换言之，到了市场适应美联储节奏的时候了？第二，金融市场投资者的预期不一定是美联储的预期，美联储预期通胀是暂时性的，而非持久的通胀预期压力。至于市场怎么调整，那是市场的事情，先看看再说。第三，长期国债和短期国债利率的扩大不是坏事，反映了经济预期的向好。第四，长期债券收益率上扬有助于美债的发行，而且在短期利率很低的情况下，美元指数年初以来上涨了 2.02%，这对于美元资产的吸引力是好事。第五，金融市场资产价格不能只涨不跌，金融大动荡以来的资产价格超级修复的惯性思维需要改，尽管货币环境依然很宽松。

未来一段时间怎么变化，那得看金融市场和美联储之间谁更有定力，谁更能扛得住了。

稳中偏弱：未来一段时间人民币
汇率可能的走势

3 月 8 日

我们认为，未来一段时间人民币汇率走势会呈现出稳中偏弱的态势。自 2020 年 5 月以来此轮人民币对美元汇率的升值阶段已经结束，转而可能会进入稳中偏弱的阶段，且会保持人民币汇率的基本稳定。

图 1 给出了 1 年多以来美元指数和美元兑人民币的汇率走势。人民币采取的是一篮子货币稳定基础上的汇率，人民币和美元之间的汇率走势与美元指数走势之间有一定吻合度，并不能很好吻合。尤其是在新冠肺炎疫情冲击下，中美之间的经济和金融条件发生显著差异的背景下，在特定阶段人民币汇率走势在某种程度上会脱离美元指数走势。依收盘价来计，从 2020 年年初至今，美元指数贬值了大约 4.69%，人民币对美元升值了大约 6.36%；如果以此轮人民币最低点 2020 年 5 月 27 日的数据来看（美元兑人民币汇率为阶段性的高点 7.1766），截至 2021 年 3 月 5 日，美元指数贬值了 7.07%，人民币对美元升值了 9.19%；如果以此轮人民币最低点到这一阶段人民币汇率的高点来看（2021 年 2 月 15 日美元兑人民币为 6.4062），人民币对美元升值了大约 10.74%，这期间美元指数贬值了大约 9.55%。因此，从美元指数贬值幅度和人民币升值幅度的对照来看，人民币表现出了阶段性强势货币的特征。相对于美元指数的走势，人民币汇率的阶段性强势体现了中国疫情防控取得了战略性成果，复工复产全球领先的基本事实。

截至 2021 年 3 月 5 日，从 2021 年 2 月 15 日至今人民币对美元的汇率贬值了大约 1.73%，这期间美元指数大约上涨了大约 1.81%，表现依然较

美元兑人民币 --- 美元指数(右轴)

图1 美元兑人民币汇率以及美元指数的走势

资料来源：Wind 数据库。

为强势。从未来一段时间的趋势看，由于中美疫情经济和金融条件的对比会发生一定的变化，过去接近 8 个月的单边升值阶段结束了。主要原因有以下几点：

一 中国和美国经济增长率的预期差可能会缩小

2020 年中国 GDP 增长 2.3%，在全球大经济体中是唯一实现正增长的经济体，2021 年 3 月 5 日的《政府工作报告》将 2021 年 GDP 经济目标设定在 6% 以上。考虑到基数效应和国内外复杂的经济形势，6% 的增长率下限要的是高质量增长，包含了结构性调整的成本和灵活性。3.2% 的财政赤字率低于 2020 年的 3.6%，也意味着 2021 年的中国经济追求稳中求进的高质量增长。按照 CBO 近期的预计，2021 年美国经济增速为 3.7%，考虑到拜登新一轮接近 2 万亿美元的经济救助和经济计划大概率实施，考虑到基数效应，按照美联储圣路易斯分行给出的数据，2020 年美国实际 GDP 同比 −3.5%，美国 2021 年的 GDP 增速应该会超过 3.7%，那么 2021 年中美经济增长率的预期差距会缩小。

二　未来一段时间美元指数走势应该不会弱

2021 年以来美元指数上涨了大约 2.0%，主要原因还是经济修复的预期带动了长期利率的上扬，从而导致了美元一定幅度的升值。美元指数中占比最高的前三位是欧元（57.6%）日元（13.6%）和英镑（11.9%），这三种货币占比高达 83.1%。从经济修复的情况来看，美国经济修复要好于欧元区、日本和英国。欧洲还在考虑进一步的政策宽松，日本的货币政策已经很宽松了，英国也在考虑进一步的宽松，再加上英国脱欧带来的成本（比如金融准入等问题的讨价还价成本），目前 10 年期美国国债收益率达到了 1.56%，与上述经济体的长期国债收益率差有扩大的趋势。因此，上述三种货币对美元难有持续走强的机会。在这样的背景下，美元持续走弱的可能性很小。

三　疫情经济带来人民币升值的驱动力可能会减缓

2020 年中国贸易顺差高达 3.7 万亿元，同比增加 27.4%。2021 年 1—2 月延续了上年的高顺差态势，依据中华人民共和国海关总署的数据，2021 年 1—2 月顺差 6758.6 亿元（2020 年 1—2 月为逆差 433 亿元），但有两个因素可能会导致 2021 年下半年中国贸易顺差的收窄。第一，随着疫情防控的推进，海外生产能力会逐步得到恢复，尤其是发达经济体的生产能力修复，供给能力的上升使得进口的数量相对会下降。第二，随着海外疫苗接种的推进，新一轮的开放概率在上升，那么中国服务业贸易的逆差会逐步显示出来。在上述双重因素的作用下，2021 年下半年开始中国贸易顺差的规模可能会收窄。

四 中国的金融资产仍具有吸引力，但吸引力会边际递减

从央行政策性利率来看，目前中美政策性利率仍然保持了比较大的利差。依据 BIS 提供的数据，3.725% 的政策性利差保持了相当长一段时间，目前这一政策性利差没有变化。3 月 5 日《政府工作报告》在 2021 年重点工作中强调了"优化存款利率监管，推动实际利率进一步降低，继续引导金融系统向实体经济让利"。因此，政策性利率提高的可能性很小。按照目前美联储的表态，美联储的政策性利率也大概率不会提高。因此，中美政策性利差仍然会保持显著的差异。

从国债收益率来看，即使美国长期利率上扬，中国国债收益率和美国国债收益率保持明显的溢价，但随着美国长期利率，尤其是近期 10 年期美国国债收益率的上涨至 1.56%，中美长期国债的利差在缩小。

从股市的资产价格来看，中国股市在此轮全球股市的修复中，已经有不错的修复。从 2020 年 3 月 23 日国际金融市场低点算起，依收盘价计，截至 2021 年 3 月 5 日，上证指数、深圳成指和创业板指的涨幅达到了 31.65%、48.71% 和 57.19%（见图 2）。尽管涨幅不及美国股市，但考虑到美国激进宽松的货币政策，中国股市的涨幅已经相当可观。

随着股市资产价格上涨，从常用的指标 P/E 和 P/B 来看，中国股市资产的吸引力可能会边际递减，资金流入的速度会放缓。图 3 显示了中美股市主要股指的 P/E 和 P/B 对照，可以发现，仅从这两个基本指标来看，上证指数具备明显的投资价值，深圳成指也具备一定的投资价值，创业板指的 P/E 和 P/B 都是图 3 中最高的，一方面反映了市场投资者对中国科技公司高增长的预期；另一方面也反映了高风险。依据 Wind 提供的 2021 年 3 月 5 日中国 1 年期国债 2.639% 的收益率来看，创业板指数高达 65.7 倍的 P/E 意味着 1 年期的风险溢价是负值，估值的吸引力会下降。

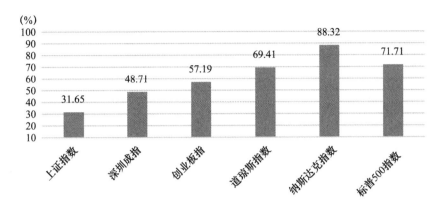

图 2 中美股市的涨幅（2020 年 3 月 23 日至 2021 年 3 月 5 日）

资料来源：Wind 数据库。

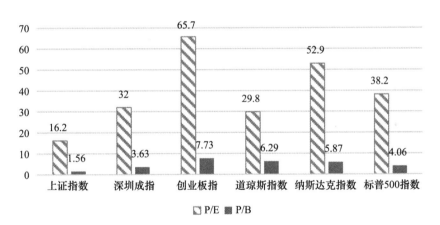

图 3 中美股市的 P/E 和 P/B（截至 2021 年 3 月 5 日）

五 FDI 和 ODI 会基本保持动态平衡

2020 年中国首次超过美国成为全球最大的吸引 FDI 的国家，按照联合国贸发会发布的信息，2020 年中国经济中 FDI 的数额达到了 1630 亿美元。依据商务部网站提供的数据，2020 年中国对外全行业直接投资 9169.7 亿元人民币，同比增长 3.3%；折合 1329.4 亿美元，同比增长 3.3%。随着海外疫情逐步好转，2021 年中国对外直接投资的数量有望继续保持增长。因此，从长期资本流入和流出来看，基本会保持一种动态平衡。

综合以上中美经济金融的基本面来看，不考虑不可预期的因素，基本可以认为此轮人民币对美元汇率的单边升值趋势结束了。2021 年 2 月中旬 1 美元兑人民币 6.40 元的收盘价汇率可能是此轮人民币对美元汇率的高点。没有货币一直是升值的，也没有货币一直是贬值的，有升有贬才是常态。未来一段时间人民币对美元汇率可能出现稳中偏弱的走势，但人民币汇率维持基本稳定仍然是主基调。

"过渡期"的信息敏感与资产价格的试探性调整

3 月 11 日

随着全球新冠疫苗接种的推进，世界经济正处于疫情经济向疫情后经济的"过渡期"，"过渡期"时间的长短将直接取决于疫情的变化以及全球的重新开放度。依据约翰斯·霍普金斯大学提供的数据，截至 2021 年 3 月 10 日，全球新冠肺炎病毒感染者超过 1.17 亿人，其中美国突破 2900 万人，印度和巴西均突破 1100 万人。从全球趋势来看，整体感染人数出现了边际递减的趋势，目前全球每天感染人数大约是 2020 年 10 月至 2021 年 1 月每日感染人数的一半；美国每天新增确诊的人数也似乎接近拐点。

由于美国新冠肺炎疫苗接种推进的速度较快，在一轮接一轮的大规模刺激下，国际金融市场关于美国经济修复的预期突然变得强烈起来，预期出现了"悸动式"的变化。这种变化主要体现在通胀预期的升温以及美国 10 年期国债收益率的大幅度上涨上。长期无风险收益率的上扬直接导致了国际金融市场风险资产价格的重估，投资者开始调整自己的估值思维，这种调整也导致了市场上风险资产估值的结构性变化。疫情期间具备"科技抗疫"类的公司估值过大的增长也同样出现比较大的下跌，国际金融市场资产价格结构性的调整和波动充分反映了"过渡期"的特征：结构性估值的变化。

金融市场对信息是最敏感的，尽管不一定总能够与经济走势相吻合。通胀预期、市场"凸性对冲"行为、美联储持有过多的 TIPS 债券以及实际利率上扬等因素共同助推了美国 10 年期国债利率的快速上涨。依据美国财政部网站提供的数据，2021 年 1 月 6 日美国 10 年期国债收益率突破 1%，为 1.04%，2 月 12 日为 1.20%，2 月 16 日达到 1.30%，2 月 25 日达到 1.54%，阶段性的高点是 3 月 8 日为 1.59%，3 月 9 日下降至 1.55%，3 月 10 日进一步下降至 1.53%。而 1 年期国债收益率 3 月 10 日为 0.08%，依然保持在超低的位置。

在 10 年期国债收益率 2021 年年初至今已经上涨了大约 66%，考虑到只有 2 个多月的时间，这是一个相当大的上涨幅度。2021 年 2 月 12 日收益率到 1.20% 后，上涨的速度更快，截至 3 月 8 日的阶段性高点，上涨了 32.5%，但只用了 16 个交易日。伴随着 10 年期美国国债收益率的快速上涨，国际金融市场开始调整，股市出现了一定程度的下跌。

2020 年 3 月全球金融大动荡的低点基本在 3 月 23 日左右触底，随着美联储推出救市政策，全球股市随之开始了反弹，出现了近一年时间的全球疫情经济与疫情金融大脱离的现象。图 1 给出了 2020 年 3 月低点到此轮调整的高点全球主要股票市场的最大涨幅。以收盘价计，涨幅排名前三位的是韩国综合指数、美国的 NASDAQ 指数和中国的创业板指数，涨幅分别高达 116.46%、105.45% 和 86.85%，涨幅前三位的有两个基本是科技板的指数（NASDAQ 指数和创业板指）。其中，上证指数在图 1 中处于倒数第二

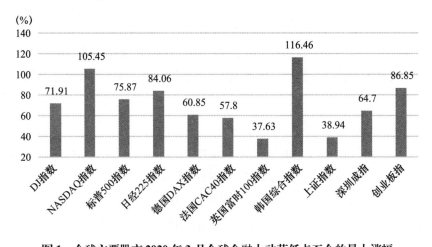

图 1 全球主要股市 2020 年 3 月全球金融大动荡低点至今的最大涨幅

资料来源：Wind 数据库。

位，涨幅仅高于英国富时 100 指数。但相对于经济的修复来说，股票市场普遍存在过度修复的嫌疑，这与全球流动性宽裕和主要经济体利率处于低位直接相关。

从 2021 年 2 月开始，随着 10 年期美国国债收益率的快速上扬，全球股票市场出现了一波调整，调整的时间大多发生在 2021 年 2 月中旬以来。图 2 给出了此轮全球股市下跌的幅度。以收盘价计，图 2 中下跌最大的三个指数分别是创业板指、深圳成指和 NASDAQ 指数，下跌幅度分别达到 22.86%、15.58% 和 10.55%。法国 CAC40 指数在此轮调整中没有下跌，反而一直在涨。在跌幅最大的前三个指数中，两个是与科技相关的板块指数（创业板指和 NASDAQ 指数）。这是典型的结构型调整，科技抗疫股的优势在疫情逐步好转的背景下，慢慢会下降，这应该属于正常的调整，符合市场估值投资风格预期的转变。

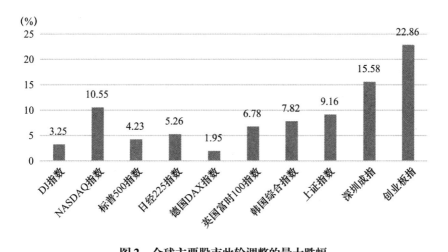

图 2　全球主要股市此轮调整的最大跌幅

注：DJ 指数调整时间 2.24—3.4；NASDAQ 指数调整时间 2.12—3.8；标普 500 指数调整时间 2.12—3.4；日经 225 指数调整时间 2.16—3.5；德国 DAX 指数调整时间 2.8—2.26；英国富时 100 指数调整时间 1.8—1.29；韩国综合指数调整时间 1.25—3.10；上证指数调整时间 2.19—3.10；深圳成指调整时间 2.10—3.9；创业板指调整时间 2.10—3.9。

资料来源：Wind 数据库。

图 2 也显示了在此轮调整中，中国股市下跌的幅度最大。中国 2021 年 GDP 目标增长率 6% 以上，是全球疫情防控最成功的经济体之一，美国长期利率的上扬引发的美国股市的调整导致中国股票市场出现了较大的跌幅。应对疫情冲击，中国坚守了正常的货币政策，在全球流动性过于充裕的背景下，股市取得不错的涨幅。但由于利率水平一直比较高，中美政策性利率差基本保持 3.725 个百分点的水平；截至 2021 年 1 月 10 日，1 年期国债收益率差保持在 2.5375 个百分点的相对高位，10 年国债收益率差有所缩小，从相对高位的 2.5 个百分点下降至 1.69 个百分点。中美 10 年期国债收益利差这样一个缩小，应该不至于导致中国股市出现了这样规模的快速下跌？

究其原因，还在于流动性差异。美国新一轮的 1.9 万亿美元大规模的刺激不久就会开始，流动性会保持充裕的状态，尤其是短期利率被压低在很低的水平，保持了市场正常的风险溢价。DJ 指数和标普 500 指数此轮下跌的幅度在 5% 以内。中国货币政策坚持"不急转弯"，市场也许过度解读了这一表达。"不急转弯"意味着可以"转弯"，只是不那么急而已。同时在利率较高的条件下，按照 P/E 计算的创业板指的风险溢价是负值。依据 Wind 提供的数据，以 2021 年 3 月 10 日的收盘价来看，创业板指的 P/E 达到了 60.6 倍。在这种背景下股票市场进行了试探性调整，只不过事后看，中国股市这么短的时间，下跌的幅度超过 20%，是有点大了。

美联储政策的模糊性导致市场猜测，会想的很多，也是导致市场试探性调整的原因。由于美联储并没有对 10 年期国债利率的上扬表达直接看法，鲍威尔只是说，关注到近期 10 年期国债利率的上扬。而且美联储官员表态，起码近期不在意长期利率的上扬。美联储的风格有些重返格林斯潘时代的风格，回答问题没有明确的结论，甚至不回答市场普遍关注的收益率曲线控制、SLR 等问题，只是强调了继续保持宽松的货币政策。这也和市场的分歧相一致，目前市场关于未来的经济预测呈现多样化，有讲通胀风险的、有讲"滞胀"风险的，关于 GDP 的预测也是不断变化，这反映了新冠肺炎疫情依然存在不确定性的客观事实。在某种程度上，可以认为市场自己都不知道该怎么走了。因此，杀跌也很可能是导致中国股市较大幅度下跌调整的重要原因。

在这一"过渡期"，新冠肺炎疫情依然存在不确定的背景下，政策难以给出金融市场想要的确定性。那么，从金融市场的政策来说，首先不要过于超前，因为不确定可能会导致超前的政策出现反向偏差；其次，政策预期引导本身不用刺激性的字眼，比如泡沫。"过渡期"的金融市场对信息敏感，说一句话就有可能导致市场出现过度反应，反而达不到想要的平滑调整的效果。

美联储应该会较大幅度提高对通胀的容忍度

3 月 15 日

相对于过去美联储隐含的 2% 的通胀目标值，在美联储修改为弹性目标通胀制度后，我们认为此轮货币政策的调控会较大幅度提高对通胀的容忍度。比如允许通胀率在 2% 的基础上阶段性上涨 20% 或者更多，美联储也不愿意调整宽松的货币政策。之所以有这样的判断，有两个主要原因可供参考。

一　美联储或许在做一次新的宏观调控实验

2008 年国际金融危机之后，很多研究表明传统的通胀与就业之间的关系发生了一定的改变，主要的现象就是菲利普斯曲线的扁平化。究其原因，有多种解释，在此我们并不讨论。仅从美国的通胀、就业与增长关系的数据来看，国际金融危机以来的十几年，美国经济中的物价水平一直处于比较低的位置。2010 年 1 月至 2021 年 2 月，美国经济中月度 CPI 同比平均值为 1.8%，不包含食品和能源的月度 CPI 同比平均值为 1.7%，没有出现过通胀压力（见图 1）。

从就业来看，在国际金融危机时期，2009 年 10 月美国经济中的失业率达到了阶段性高点 10%，随着奥巴马政府的经济刺激计划逐步发挥作用，美国经济中的失业率开始下降。2019 年 9 月美国经济中的失业率达到最低点，为 3.5%。在新冠肺炎疫情暴发前，2020 年 1—2 月美国经济中的失业率也维持在历史低位 3.5%。疫情暴发后，短短 2 个月时间，随着"封城"

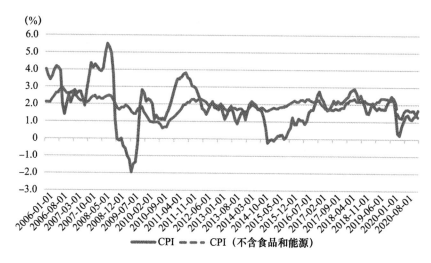

图1　美国经济中 CPI 的变化（季节调整同比）

资料来源：Federal Reserve Bank of St. Louis，Federal Reserve Economic Data，Consumer Price Index for All Urban Consumers.

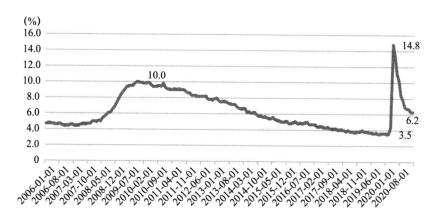

图2　美国经济中失业率的变化（月度）

资料来源：Federal Reserve Bank of St. Louis，Federal Reserve Economic Data，Unemployment Rate，Percent，Monthly，Seasonally Adjusted.

等疫情防控措施的实施，2020 年 4 月美国经济中失业率达到高点 14.8%，随后也随着"解封"和大规模的经济救助和刺激计划，美国经济中的失业率开始下降，到 2020 年 2 月降至 6.2%，但远高于新冠肺炎疫情前的 3.5%。

对照图 1 和图 2 的关系，可以清晰地看出，美国经济中的通胀和失业率不再有明确的传统菲利普斯曲线表达的关系。最直观的就是 2009 年 10 月之后，美国经济中的失业率一路下降到 2021 年的 2 月，但不管是通胀率，还是不包含食品和能源价格的核心通胀率均维持在低位波动，并未出现通胀趋势。

在这样的背景下，可能意味着两点：首先，即使通胀上行，美国经济中的失业率也不一定会显著下降；其次，随着新冠肺炎疫苗接种的推进，全面开放会立即助推服务业的修复，就业的改善和通胀之间的关系也可能是不对称的。或者说，通胀波动的幅度可能要大于就业改善的波动幅度。这两种情况都决定了美联储在坚持就业第一目标的条件下，对通胀的容忍度会较大幅度的提高，这也许是美联储将货币政策目标的绝对通胀目标制修改为弹性目标通胀制的基本原因。

二 "过渡期"的通胀预期与经济增长的竞赛

目前美国经济处于疫情经济向疫情后经济的"过渡期"。从美国经济目前的通胀来看，2021 年 2 月 CPI 同比 1.68%，不包含食品和能源的核心 CPI 为 1.28%，还处于一个比较低的位置。当然，从美国经济中长期预期通胀率来说，用美国 10 年期国债收益率减去 10 年期通胀指数收益率表达的长期通胀预期在 2021 年年初已经超过 2%，2021 年 1 月 4 日为 2.01%，到 2021 年 3 月 11 日达到了 2.28%。

图 3 提供了未来 10 年金融市场预期平均通胀率的衡量标准，通胀预期的上扬也是导致近期 10 年期美债收益率上扬的重要因素。同时，美联储也有自己的通胀预期测算，美联储货币政策委员会预期未来几年的通胀率似

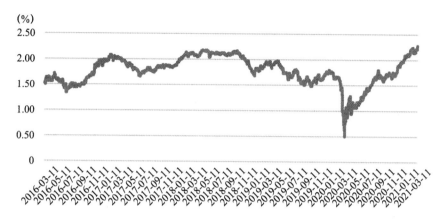

图3　美国经济中长期通胀预期

资料来源：Federal Reserve Bank of St. Louis, Federal Reserve Economic Data, 10 – Year Treasury Constant Maturity Rate, Percent, Daily, Not Seasonally Adjusted; 10 – Year Treasury Inflation – Indexed Security, Constant Maturity, Percent, Daily, Not Seasonally Adjusted.

乎并不高。依据 2020 年 12 月 16 日美联储圣路易斯分行提供的数据，图 4 显示不包含食品和能源的 CPI 在高值情形下，2021 年同比为 1.8%，2022 年和 2023 年分别为 2.0% 和 2.1%；而在中值情形下，2021—2023 年的没有剔除食品和能源的 CPI 分别为 1.8%、1.9% 和 2.0%。

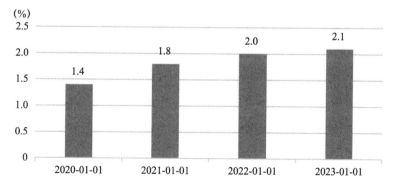

图4　美联储货币政策委员会预期的通胀率（年率同比）

资料来源：Federal Reserve Bank of St. Louis, FOMC Summary of Economic Projections for the Personal Consumption Expenditures less Food and Energy Inflation Rate, Central Tendency, High, Fourth Quarter to Fourth Quarter.

因此，美联储 2020 年年末预测的通胀率并不高。但由于最近几个月大宗商品价格的快速上涨，通胀率的水平或将高于美联储的预测值。从目前美国经济中设备使用率来看，2021 年 1 月达到了 75.55%，与 2010 年至 2019 年的月度均值 76.73% 差异不大；与疫情前最低失业率 3.5% 的 2020 年 1—2 月的 76.90% 差异也不大。相对于 2020 年 4 月设备使用率的低点 64.24%，2021 年 1 月的设备使用率已经上涨了 11.3 个百分点，美国经济中的生产能力基本接近正常状态。随着疫苗接种的加快，再加上近期通过了 1.9 万亿美元的大规模救助和刺激，美国经济出现超预期的修复可能是大概率事件，美国经济将在全球主要发达经济中率先修复，通胀率未来几个月超过 2%，甚至更高，是很有可能的。

问题就在于：这种通胀的短期走高是否具备可持续性。因此，最终还是要看就业情况，看消费情况。从美国目前的消费情况看，救助性的收入带来了美国居民可支配收入较大幅度的增长，但这种收入并不是持久性收入，对居民支出的显著影响尚未显现，这反映在美国居民的高储蓄率和谨慎性消费行为上。根据美国经济分析局（BEA）2021 年 2 月 26 日公布的数据，2021 年 1 月美国个人收入增加了 10.0%，个人可支配收入增加了 11.4%，而个人消费支出仅增加了 2.4%。2021 年 1 月居民支出占居民可支配收入的比例 79.6%，远低于 2019 年的大约 92.5%。

如果就业数据不出现明显的改善，通过持久性收入带来的消费增长对通胀的拉动作用就会存在不确定性。因此，不排除出现阶段性的通胀高企，但美联储不会因为暂时的通胀而改变宽松的货币政策。

由于宽松的货币政策带来全球美元流动性充裕，美国财政赤字货币化行为已经影响到了美元的国际声誉，影响到了美元主导的国际货币体系。因此，对美国来说，要维持美元体系，美国的经济修复必须足够好，美元资产具备足够的吸引力，那么美联储的工作就是要充分恢复就业，在"过渡期"以及疫情后的全球竞争中获取经济增长的竞争力。这种全球经济增长的竞赛也决定了美联储会提高对通胀的容忍度。

保护投资者利益是完善证券市场基础制度建设的核心

3 月 17 日

保护投资者利益是证券市场健康持续发展的基石。2021 年的《政府工作报告》中强调了要完善资本市场基础制度，稳步推进注册制改革，完善常态化退市机制。这表明一方面是要做大做强中国证券市场，另一方面强调了保护投资者利益。中国证券市场已经"三十而立"，在各个方面取得了显著的成就。中国证券市场已经成为金融市场价值发现和财富管理、全社会金融风险意识的培养、完善现代公司治理结构、信用塑造以及中国金融国际化的平台，正在逐步形成法治化、市场化和国际化的证券市场。

与发达经济体证券市场相比，中国证券市场在保护投资者利益上还存在几个不足。第一，大股东约束不足，导致信息披露的内容规则和赔偿责任不匹配。对于上市公司信息披露的"奇葩"理由，甚至失真，大多采取行政警告和罚款，而且顶格处罚的成本太低。信息披露是上市公司监管的核心内容，投资者获取真实信息决策是保护自身利益的基础性工作，过低的行政处罚以及没有相应的赔偿责任机制难以从根本约束上市公司在信息披露时，把信息披露的客观性和严肃性视为上市公司声誉的生命线。第二，投资者利益保障和赔偿机制不足。发达经济体的证券市场对中小投资者利益保护有详尽的赔偿条例，甚至有专门的投资者利益保护机构，如美国国会建立的非营利公司——证券投资者保护公司（SIPC）。日本证券市场建立了完整的股东诉讼制度来保护投资者利益。第三，上市公司退市的比例太低。退市的比例太低导致财务作假、信息披露失真等破坏资本市场底层生态结构恶劣行为的上市公司依然存活在证券市场上，降低了风险资产的质量，损害了投资者利益。

因此，保护好证券市场投资者利益，要做好三个基本环节。一是要优化证券市场底层生态结构，提供市场认同的优质上市公司，为投资者提供优质资产。因此，注册制全面市场化是大势所趋。二是约束大股东行为，规范上市公司治理，通过加大处罚和赔偿制度建设，提高上市公司信息披露的严肃性。三是降低现有的退市标准，加大退市力度，提高上市公司的退市比例。

注册制全面市场化是一个成熟市场的重要标志之一，但仍需要时间。在证券市场基础制度建设尚不完善的条件下，注册制全面市场化可能带来更多非优质的公司进入证券市场，恶化证券市场的质量生态。因此，注册制的第一步就是要确保上市公司来源的优质性。证券市场是资本市场的重要组成部分，高水平的证券市场需要高质量的公司，注册制必须严把注册门槛，不同的行业将有一个基本的标准，只有行业里具有优势的、或具有硬核技术带来高成长性的公司才具有注册资格。注册制的第二步就是严格约束大股东行为，规范上市公司的治理，严肃上市公司信息披露的真实性及其非真实性披露带来的严重后果。注册制的第三步就是要建立注册制和退市制的匹配性机制。注册和退市必须保持适度的动态平衡，退市制本质上是对注册制中的错误进行矫正，把不能给投资者带来回报的上市公司淘汰出市场就是对投资者利益的重要保护措施。

强化投资者利益保护中的重要内容是强化中小投资者利益保护机制，推进市场持续健康发展。中国的股票市场投资者 99% 以上是散户，在这样一个市场投资者结构下，保护中小投资者利益是重中之重。中小投资者在公司治理、信息获取等方面具有天然的不足，证券市场基础制度建设要围绕保护中小利益投资者展开。通过优化资本市场的投资者结构，强化投资者教育来培养市场理性的投资风格也是重要的环节。要鼓励社保、保险和养老金等中长期资金入市，优化投资者结构。通过优化投资者结构和强化投资者教育来逐步形成资本市场理性、稳定的投资风格，减少市场上的

"羊群效应"所致的"追涨杀跌"行为给市场带来的过大波动风险。

强化投资者利益保护要强化上市公司治理的规范性和长期性，其中重要的内容是要约束、规范大股东行为。大股东是公司治理权的主角，要把做强做优企业作为大股东的核心理念。这就需要设计长期机制来助推大股东做强做优企业的长远行为，约束大股东在二级市场的减持行为是核心。上市公司是一个国家优质公司的代表，如果大股东在上市后几年就套现走人，这个市场就可能变成一个大股东套现的市场，而不是一个大股东把企业做成长期发展的市场。因此，锁定大股东持股，延长大股东可以减持的时间以及规定通过二级市场减持的比例是完善上市公司治理的关键内容之一。只有树立大股东对企业发展的长期理念，就会内生出优化公司治理的行为，而不是仅仅靠外部制度去约束。

强化投资者利益保护，要强化上市公司的分红机制。稳定、可观的分红机制一方面给了投资者回报，另一方面可以树立投资者长期投资的理念。一个上市公司几乎不分红，市场投资者只能靠不停的买卖股票来试图获得收益，加大了市场的波动性。分红机制是证券市场的重要内容，一家上市公司多年不分红，这样的上市公司就不具备上市公司的基本特征。

最近几年，监管机构下大力气推动股票市场的健康发展。强化资本市场基础建设，积极落实资本市场"建制度、不干预、零容忍"的方针，体现了资本市场法治化、市场化的建设方向，构建以制度规则为依据、信息通畅、高效的监管模式。持续加大对欺诈发行、财务造假、内幕交易、操纵市场等恶性违法犯罪案件的打击力度，推动建立打击资本市场违法活动协调机制。抓好证券集体诉讼制度落地实施等措施，无疑是保护投资者、推动资本市场高质量发展的基础制度建设。只有设计出更多的保护投资者利益的制度安排，这个市场的发展才有更好的基础性根基。监管机构的基本职责就是设计保护投资者利益的市场制度安排，平衡大股东和小股东的利益关系。

未来3—5年是中国证券市场能否上大台阶的关键期。外部环境和"双循环"新发展格局赋予了中国证券市场大发展的历史性机遇。在全球货币宽松、流动性充裕的条件下，新一轮的全球资产化时代已经来临。在坚持"房住不炒"的正确政策下，在金融开放越来越大的背景下，证券市场只有打破既有的利益格局，设计出立足于保护投资者利益的基础性制度安排，才能把握住这难得的历史性机遇，在推动中国金融国际化和资本市场大发展上作出自己应有的重大贡献。

"过渡期"的平衡：美国国债
收益率与美元指数

3 月 18 日

　　美国国债收益率和美元指数是影响当前全球金融市场资产价格波动和大宗商品价格波动的两个重要变量。美国国债收益率上涨，美元指数走强，这是美国经济预期向好的标志：美元资产吸引力增加，但强势美元对美国经济的出口有负面影响。当前的美国经济正处于疫情经济向疫情后经济的"过渡期"，尚不具备同时美国国债收益率持续上涨和美元持续走强的明确预期。美国国债收益率不上涨也不行，一是不能反映美国经济修复的预期；二是过于宽松的货币政策在美国国债收益率不涨的背景下，外部经济的修复会导致美元走弱，会影响美元资产吸引力，从而影响美国国债持续为财政赤字融资。美国国债收益率上涨的太快也不行，因为会引起金融市场短期估值向下的较大幅度调整，甚至市场动荡。

　　因此，美国财政与货币政策要规避的风险是：要么 10 年期美国国债收益率继续上涨的单边风险，要么美元走弱的单边风险。美联储和美国财政部要做的就是在美国国债收益率上涨风险和美元指数走弱风险之间寻找一种想要的平衡。"过渡期"的金融市场对信息非常敏感，如何说服金融市场理解美联储的新政策框架，弥合金融市场与美联储关于未来预期的差异，成为美国短期宏观政策的要点，这是一种"过渡期"的平衡。

　　在"过渡期"的金融市场，不会出现美联储继续扩表而美元指数持续走强的态势，这与 2020 年 3 月全球金融大动荡时期完全不同。金融大动荡时期，即使零利率和低的美国国债收益率，但国际金融市场流动性紧缺和避险情绪的上扬对美元指数形成了向上的支撑，走出了零利率下的强美元轨迹。目前全球金融市场美元流动性保持充裕，这一点也可以从央行美元货币互换规模的急剧缩小得到证实。图 1 显示了截至 2021 年 3 月 11 日，全球部分央行美元互换货币存量只有 14.46 亿美元，这与 2020 年 5—6 月的高点大约 4500 亿美元相比，数额小到基本可以忽略了。

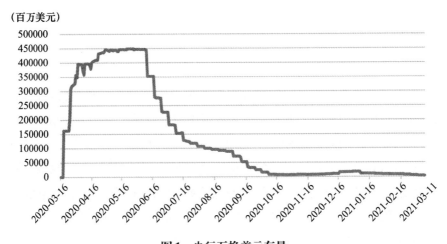

图 1　央行互换美元存量

资料来源：New York Fed, U. S. Dollar Liquidity Swap – Amounts Outstanding.

从美国 10 年期国债收益率最近的变化来看，依然处于上涨的通道中，依据美国财政部网站的数据，截至 2021 年 3 月 15 日，美国 10 年期国债收益率上涨至 1.63%，与 2021 年年初相比，美国 10 年期国债收益率的上涨幅度超过了 60%（详见图 2）。

从美元指数走势来看，截至 2021 年 1 月 2 日，美元指数较 2020 年年初上涨了大约 2.2%（详见图 3），这与 10 年期国债收益率上扬有直接关系。目前，美元指数在 92 左右，与 100 的强弱临界线相比，美元指数是偏弱的。但与更长时间的美元指数相比，当前的美元指数并不弱。图 3 显示了在 2008—2012 年期间美元指数平均只有 79.13，而目前的美元指数仍然超过 91，这还是在美联储经过 2020 年至今大规模扩表情况下发生的。

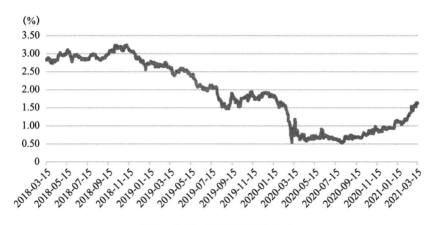

图 2　美国 10 年期国债收益率

资料来源：Federal Reserve Economic Data, 10 – Year Treasury Constant Maturity Rate, Percent, Daily, Not Seasonally Adjusted.

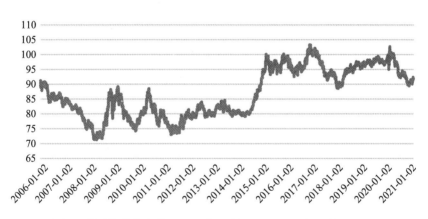

图 3　美元指数的走势（2006 年 1 月 2 日至 2021 年 3 月 17 日）

资料来源：Wind 数据库。

也许我们会对美元指数目前这么高的点位有点惊讶：美联储大规模的扩表、低利率还有这么高的美元指数。我们认为，有两个主要的因素可供参考。首先，美元主导的国际货币体系还是决定了美元具备安全资产的属性，美元储备占全球外汇储备的 60% 以上说明了这一点。其次，美元指数中包含的 6 种货币的央行也实施了大规模的扩表，尤其是欧元、日元在美元指数中的占比达到了 71.2%，欧洲央行和日本央行的扩表幅度不逊于美联储的扩表幅度；在美元指数中占比达到 11.9% 的英镑，英国央行还在考虑实施负利率；在美元指数中占比达到 9.1% 加元，加拿大央行本轮扩表的幅度比美联储扩表幅度还要大。这就是美元指数的相对性。在美元主导、欧元跟随的现有国际货币体系下，不是美元有多强，而是其他的货币也弱，结果导致了美元指数仍处于 90 以上的位置。

从未来一段时间看，美联储货币政策的变化主要取决于美国经济中的就业和通胀状况，美联储会提高对通胀的容忍度来重点关注就业第一目标。从金融市场流动性看，流动性是充裕的。一方面美联储维持每月1200 亿美元的购债计划不变；另一方面美国财政部一般账户上尚有 1 万亿美元左右的现金需要花掉，截止时间是 2021 年 8 月。因此，未来几个月金融市场上美元充裕的流动性也限制了短期利率的上扬，美元指数不具备走高的内因。

"过渡期"的美国国债收益率变化和美元指数之间的变化会寻求一种平衡，因为任何一个单向的变化风险都是美联储不愿意看到的。从趋势上来说，随着新一轮的大规模刺激，美国经济处在修复的通道上，中长期国债收益率会上扬，但相比年初至今，10 年期美国国债收益率上扬的幅度和速度会减缓。因为过快的上扬会引起资产价格的剧烈调整，这是美联储需要避免的。如果收益率不上扬，新一轮的刺激带来的过于宽松，会带来美元指数的走软，影响美元资产的吸引力，这对美国进一步的国债发行和经济修复并不是好消息。

我们要充分认识到：美国的财政和货币政策是关注美国国内经济的！尽管是美元主导的国际货币体系，美国不可能为其他经济体改变自己的政策节奏。"过渡期"的美国国债收益率与美元指数走势之间的平衡，可以起到三个方面的作用：第一，可以确认美债收益率的"可控"上扬是经济修复预期导致的；第二，在一定程度上去防止或者避免国际金融市场出现较大级别的动荡；第三，继续维持美元资产的吸引力，防止美元资产吸引力出现大幅度的下滑，从而影响美债的发行。

因此，"过渡期"的国际金融市场由于对信息具有敏感性，美债收益率和美元指数之间的平衡或许也决定了国际金融市场资产价格会出现较为频繁的上下调整，但不至于出现太坏的结果。等到"过渡期"的尾部或者结束，随着美联储政策的收紧，新一轮国际金融市场资产价格的调整或许会如期而至。

美国金融资产价格过度修复开始逐步让位于实体经济修复

3 月 22 日

　　2020 年 3 月中下旬以来，发达经济体采取了大规模的经济救助和经济刺激计划来对冲新冠肺炎疫情对经济的冲击。极度宽松的货币政策和刺激性的财政政策导致了美国金融资产价格率先取得了超级修复，而实体经济的修复至今也初见曙光。美国金融经济和实体经济的大脱离上演了大约 1 年的时间，而最近美联储的行为表明：金融经济与实体经济的大脱离应该开始收敛，而不是继续放大。美国金融资产价格的过度修复开始逐步让位于实体经济的修复。

　　美联储近期的行为显示出金融过度修复让位于实体经济修复的明确信号。首先，补充杠杆率（SLR）不延期。2021 年 3 月 19 日美国联邦银行监管机构宣布 2020 年 5 月 15 日发布的 SLR 临时变动将于 2021 年 3 月 31 日如期到期。其次，美联储允许 10 年期国债收益率上扬。美联储关注到了 10 年期国债收益率的上扬，但并未对 10 年期国债收益率的上扬感到不安，认为 10 年期国债利率上扬是经济预期向好的信号。同时，美联储坚决表态不加息，将短期利率保持在 0—0.25% 的区间，加息可能要到 2023 年。因此，如果中长期债券利率继续上扬，短期利率不变，长短利差会进一步扩大。从利率的预期理论来说，这应该是未来经济向好的信号。

　　美联储的上述行为肯定是依据数据仔细考量后决定的，也态度强硬的表明了美联储有自己的政策节奏，不会被金融市场的某些期望所困惑。这非常类似于 2020 年 3 月中下旬的全球金融大动荡时期，美联储坚决卖出人类历史上最大的看跌期权，挡住了金融资产价格"泥沙俱下"式的下跌。只是时过境迁，现在的美联储想要的东西和金融市场期望的东西存在分歧：美联储更希望实体经济的修复带来就业的增长，而不是金融资产价格继续一路上扬，从而催生、放大泡沫。在这一点上，美联储所做的工作就是在流动性盛宴上先撤走部分酒杯，尽力避免出现普遍的"醉卧沙场"的景象。

从美国金融资产价格的修复与实体经济修复来看，疫情金融与疫情经济的大脱离是非常明显的。2020年美国 GDP 同比增长 -3.5%，但金融资产价格不断创新高，充裕的流动性使得金融资产价格率先取得了超级修复，因为流动性的松紧都会首先在金融市场资产高流动性的性质上体现出来。

从美国股市价格来看，图 1 给出了 2020 年年初至今、金融大动荡低点（2020 年 3 月 23 日）至今的最大涨幅以及 2021 年年初至今的涨幅。从 2020 年 1 月初新冠肺炎疫情还没有暴发开始至今（截至 2021 年 3 月 21 日），美国三大股市 DJ 指数、NASDAQ 指数和标普 500 指数的涨幅分别达到了 13.02%、45.35% 和 20.11%，而 2020 年美国 GDP 的同比增速是 -3.5%。对比 2020 年 3 月金融大动荡的低谷至今的最大涨幅来看，美国三大股市 DJ 指数、NASDAQ 指数和标普 500 指数的涨幅分别达到了 77.58%、105.45% 和 77.62%，因此，可以认为是金融大动荡后，美联储超级宽松的流动性带

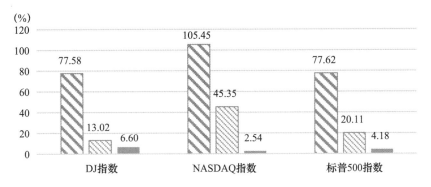

图1　美国股市不同时间段的上涨幅度

资料来源：Wind 数据库。

来了股市资产价格的过度修复，导致了美国股市在经济深度下滑的背景下，即使与新冠肺炎疫情前相比，也出现了相当大的涨幅。

从美国房地产价格走势来看，由于 30 年期抵押贷款利率处于低位，加上美国几轮的经济救助计划带来居民临时性收入的增长和谨慎性消费行为带来居民资产负债表的改善，导致了美国房地产资产价格同样出现了超级修复。图 2 显示，美国家庭债务支出占可支配收入的比例在 2007 年次贷危机时期达到高点 13.22%，随后是下降的，到 2020 年第一季度末为 9.78%，到 2020 年第三季度末进一步下降到 9.13%。

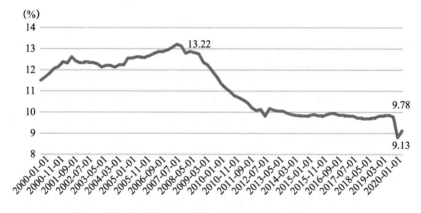

图 2　美国家庭债务支出占可支配收入的比例（DSR）

资料来源：Federal Reserve Bank of St. Louis, Household Debt Service Payments as a Percent of Disposable Personal Income, Percent, Quarterly, Seasonally Adjusted, December 21, 2020.

图 3 显示了 2005 年至 2020 年年底美国房价指数的变化。在次贷危机前期的高点，美国房价指数也只有 380.72，次贷危机爆发后，房价一路下跌到 2012 年第二季度的 308.55，随后一路上扬。截至 2020 年第四季度，美国所有交易的房价指数高达 474.60，开启了一个接近 10 年的房地产景气周期。相比 2019 年年底，2020 年年底美国房价指数涨幅达到了 6.01%，这与此轮美国大规模宽松货币政策密切相关。

美联储 2021 年 3 月 19 日决定 SLR 不延期，这可能会导致美国大型银行

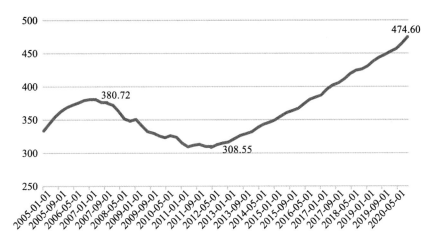

图3 美国房价指数的变化

资料来源：Federal Reserve Bank of St. Louis，All – Transactions House Price Index for the United States，Index 1980：Q1 = 100，Quarterly，Not Seasonally Adjusted.

出售持有的美债，推高10年期美国国债的收益率。但美联储似乎不太在意，认为这对银行资本要求只需要微调就可以。截至2021年3月19日，美国10年期国债收益率达到了1.74%，与2021年年初相比10年期国债收益率上涨

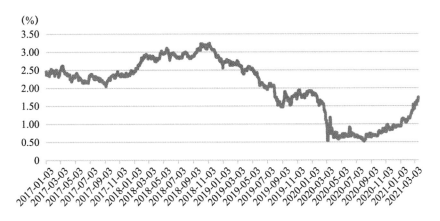

图4 美国10年期国债收益率的变化

资料来源：Federal Reserve Bank of St. Louis，10 – Year Treasury Constant Maturity Rate，Percent，Daily，Not Seasonally Adjusted.

的幅度达到了约 87.1%，上升的速度是相当快的。但短期国债收益率，比如 1 年期国债仍然处于非常低的水平，依据美国财政部网站上的数据，2021 年 3 月 19 日 1 年期国债只有 0.07%，这比 2021 年年初的 0.10% 还要低。

进一步从不同期限美债收益率变化来看，与 2021 年年初相比，呈现出明显的分化。1 年期及 1 年期以下的美国国债收益率都出现了明显的下降，而 3—10 年期的涨幅是最大的，尤其是 5 年期国债收益率涨幅达到了 150%；20—30 年期长期国债收益率的涨幅要明显小。因此，短期流动性还是非常充裕的，中长期利率上涨的幅度呈现出 curvature 的形状，对长期风险利率上扬的压力要小一些。

总体上，由于短期利率处于非常低的水平，尤其是在财政部一般账户未来几个月要花掉近 1 万亿美元现金的支持下，市场流动性应该不会受到影响，在美联储维持每月购买债券规模不变的情况下，短期流动性可能会更加充裕。因此，对股市资产价格向下调整的风险应该还是可控的；长期国债收益率上扬的幅度相对平缓，对长期抵押贷款利率上扬的压力也相对可控；中长期国债收益率大幅度上涨对于中长期借贷的风险利率上扬会形成助推力，这也表明市场投资者对未来一个时期经济的修复持有较为明确的预期。

利率上扬会带来风险资产估值的调整。利率上扬影响资产价格的向下调整程度还要取决于经济修复带来企业盈余改善的幅度。金融资产价格的向下调整或者涨幅放缓，而经济修复向上调整或者边际修复提速，对应的都是逐步收敛疫情金融与疫情经济的大脱离。从这个意义上去理解美国中长期国债收益率的大幅度上扬，就是美国金融资产价格的超级修复开始让位于实体经济的修复。

加息是否意味着部分新兴经济体
两难问题的到来?

3 月 24 日

最近一段时间，三个较大的新兴经济体的央行分别上调了政策性利率水平。2021 年 3 月 17 日巴西央行决定将政策性利率（基准利率）从 2.0% 上调至 2.75%。2021 年 3 月 19 日俄罗斯央行公布了关键性利率（公开市场操作利率）上调的决定，从 2021 年 3 月 22 日开始利率由 4.25% 上调至 4.50%。土耳其 2021 年 3 月 19 日将政策性利率（一周回购利率）由 17% 上调至 19%。

如何看待上述新兴经济体上调政策性利率水平？当前部分新兴经济体可能面临着两难问题：第一，通胀率压力上扬并面临资本外流。通胀率上扬导致其货币面临贬值，如果政策处理不当，这会导致资本外流，从而进一步带来本币贬值和通胀压力的进一步上升。第二，经济修复不理想。经济在疫情防控不够理想的状态下，经济的修复存在难度。依据霍普金斯大学提供的数据，截至 2021 年 3 月 23 日，巴西、俄罗斯和土耳其新冠肺炎病毒感染人数分别达到 1200 万人、440 万人和 300 万人。

上述新兴经济体选择加息或许是应对上述两难的开始，对于为什么要加息，主要包括以下两个方面的原因。

一 实际通胀率已经超过了目标通胀率

从巴西央行网站公布的数据来看，巴西央行实施区间通胀目标制，围绕 3.75% 上下 1.5 个百分点波动，通胀率的上限是 5.25%，确定了未来 12 个月的通胀率为 5.20%。巴西经济中的通胀率从 2020 年阶段性低点 1.88% 一路上扬，2021 年 2 月巴西经济中的通胀率是 5.20%，达到了未来 12 个月预期的通胀率。依据俄罗斯央行网站公布的数据，2021 年俄罗斯通胀目标为 4.0%，而 2021 年 2 月通胀率为 5.70%。依据土耳其央行网站的数据，土耳其经济阶段性通胀率的低点是 2019 年 10 月，为 8.55%，此后一直上涨到 2021 年 2 月的 15.61%。2021 年其通胀目标 5%，但土耳其的通胀目标制实施的情况不太好，目标通胀率和实际通胀率之间存在较大的差距，波动性也比较大（见图 1）。

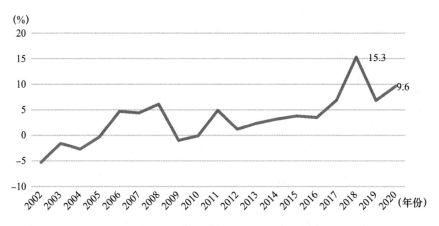

图1　2002—2020 年土耳其央行的目标通胀率—实际通胀率

资料来源：土耳其央行网站。

因此，上述三个新兴经济体的实际通胀率已经达到或者超过了目标通胀率，结构性的通胀食品价格上涨是导致这些经济体通胀率上扬的主要原因。土耳其此轮已经是第 4 次上调政策性利率水平，土耳其央行政策性利率在 2020 年 5 月达到阶段性低点 8.25%，此后一直是上升的，其间经过 4 次上调，一直到 2021 年 3 月 19 日上调至 19%。

二 美国金融市场利率政策的外溢性

由于上述经济体与美国经济修复的非同步性，在美国 10 年期国债利率 2021 年大幅度上涨以来，对部分新兴经济体资金的外流产生了一定的压力。依据国际金融协会公布的跨境资金流动数据，2021 年 3 月的第一周出现了 2020 年下半年资金向新兴经济体流动后的首次资金外流。外汇市场出现了动荡的迹象。2021 年 3 月，土耳其里拉在出现了比较大的波动，土耳其里拉贬值也带来股市的下挫。依据 Wind 的数据，2021 年年初至 2021 年 3 月俄罗斯股市（MOEX）也下跌了接近 20%；巴西股市（BOVESPA）也下跌了大约 8%。新兴经济体股市的下跌是在（芝加哥期权交易所）波动率年初至今（截至 3 月 22 日）下跌了 17.01% 的情况下发生的，2021 年 3 月 22 日 CBOE 波动率只有 18.88，说明部分新兴经济体是在全球金融市场波动率下降的背景下，出现了自我调整，背后的理由很可能是这些经济体面临着两难问题。

可见，由于新冠肺炎疫情的冲击，推高了食品等因素的价格，上述新兴经济体面临着通胀压力，实际通胀率已经超过目标通胀率；同时由于新冠肺炎疫情防控的压力，经济修复状态又不理想，在美国 10 年期国债收益率不断上升的态势下，相对于这些经济体的资产，美元资产的吸引力增加，带来资本外流压力，两难的选择使得上述经济体选择了加息。未来如何变化，一方面取决于这些经济体通胀控制的水平，另一方面也受到美国金融市场利率的影响。上述新兴经济体是否会继续加息，会在上述两难中权衡，至于这些新兴经济体是否会再次出现资本市场的动荡，还需要观察。

美国激进的宏观政策是想"独享"全球通胀形成的好处吗?

3 月 26 日

2020 年新冠肺炎疫情的暴发是百年来全球发生的最严重的传染病大流行，疫情冲击导致了 2020 年全球经济的深度下滑，或者说是全球经济的通缩。为了应对疫情冲击，部分发达经济体依靠国际货币的优势，尤其是美国，依靠美元主导的国际货币体系优势，超常规、大幅度扩张其央行的资产负债表，实施一轮接一轮的大规模刺激政策来修复经济。我们要充分认识到：从通缩到通胀形成过程的珍贵性。因为这个过程决定了宏观政策修复经济的时间和空间，也决定了就业水平的改善程度和经济增长率的高低，也因此决定了一国经济福利的改善程度和在疫情后全球经济发展中位置的变化。

令人遗憾的是，这本该是全球宏观经济政策开展大合作的好时期，但似乎还没有看到全球货币和财政政策的高度协同和合作。依据 IMF 的 Policy Tracker 的数据，我们发现发达经济体都是依据自己面临的情况，尽力实施了扩张性的刺激政策，而全球宏观政策的协同和合作并不充分。因此，在此轮全球经济修复的进程中，全球经济修复利益的分享是不平等的。

本文认为，基于发达经济体经济修复的分化和近期部分新兴经济体金融市场出现的动荡，美国继续采取激进宏观政策的可能性会加大。换言之，经济修复的分化加大了美国激进宏观政策延续的可能性，美国似乎想"独享"全球通胀形成的好处。主要有两点：第一，由于新冠肺炎疫情的反复，欧洲等经济体经济修复的预期出现了波动；同时近期部分新兴经济体金融市场出现了动荡导致全球通胀预期压力有一定阶段性的减缓；第二，美联储会较大幅度提高对通胀的容忍度。据彭博社 2021 年 3 月 26 日的简报报道，美联储主席鲍威尔称，在美国经济"接近完全"恢复前，美联储不会停止非常规的货币政策支持；美联储芝加哥联储行长也称美联储应该能接受 2.5% 的通胀率持续 1 年。

从欧洲的情况看，由于新冠肺炎变异毒株传播等因素，欧洲许多国家新冠肺炎疫情出现了反弹，一些国家重新开始实施封城等防疫措施。2021年 3 月 24 日，欧洲疾病预防与控制中心数据显示，截至 2021 年第 10 周欧洲经济区累计报告新冠确诊病例 2400 多万例。欧洲新冠肺炎疫情的反复无疑为欧洲经济的修复带来了负面影响。比如，德国总理的顾问小组下调了德国经济增长预期至 3.1%，并就经济复苏发出了警告。欧洲央行为了对冲新冠肺炎疫情冲击，支持欧元区经济的修复，从 2020 年 3 月 18 日开始实施紧急抗疫购债计划（PEPP），初始规模 7500 亿欧元，2020 年 6 月扩大了6000 亿欧元，2020 年 12 月再次扩大了 5000 亿欧元，使得整个 PEPP 计划达到了 1.85 万亿欧元，超过了新冠肺炎疫情流行前欧元区 GDP 的 15%。如果新冠肺炎疫情持续反复，欧洲央行还会继续实施宽松的货币政策。依据欧洲央行网站 2021 年 3 月 22 日公布的数据，尽管通胀存在不确定性，但预期欧元区的通胀率水平在 2023 年只有 1.4%。

从近期部分新兴经济体的加息来看，尽管美联储淡化 10 年期国债收益率的上涨，但还是对一些新兴经济体产生了冲击。土耳其、巴西以及俄罗斯的实际通胀率已经超过目标通胀率，在新冠肺炎疫情依然比较严重的背景下，加息无疑对这些经济体的经济修复产生负面影响。这些新兴经济体或许开始面临两难问题：一方面，通胀率压力上扬并面临资本外流；另一方面，经济修复不理想。选择加息是美国金融市场利率外溢因素和内部通胀因素共同作用的结果。无论如何，加息对这些经济体的通胀有一定的抑制作用。因此，这也会降低阶段性的全球通胀率上扬的压力。

可见，欧洲的低通胀及通胀预期和部分新兴经济体的加息，使得全球通胀预期压力会出现阶段性的减缓。在这样的背景下，为美国财政和货币政策的扩张提供了空间，美国继续采取激进宏观政策的可能性加大。

从美国经济的修复情况来看，在主要发达经济体中是比较好的。从美国经济近期的失业率来看，依据美国劳工部网站公布的数据，在截至2021年3月20日的一周内，经季节性调整的申请失业金的人数为68.4万，比前一周的修订水平减少9.7万人，就业状况在逐步改善。

从物价水平来看，美国经济目前的物价水平2021年2月同比达到1.7%，物价还处于不高的水平，长期通胀预期在2021年年初已经超过2%，2021年1月4日为2.01%，到3月25日达到了2.32%（见图1）。物价水平的高低将取决于美联储政策新框架对通胀的容忍度到底能提高到什么水平。

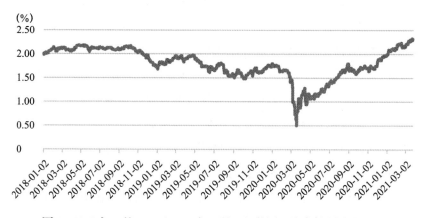

图1　2018年1月2日至2021年3月2日美国经济中长期通胀预期

资料来源：Federal Reserve Bank of St. Louis，Federal Reserve Economic Data，10 - Year Breakeven Inflation Rate，Percent，Daily，Not Seasonally Adjusted.

对通胀的容忍度将取决于鲍威尔所说的美国经济"完全恢复"的标准。美联储在多次场合给出了说明，认为美国现在还有900万失业人数，这应该是按照美国过去几十年的最低失业率3.5%来测算的标准。按照这个高就业标准来简单推测，即使美国申请失业金的人数每周减少10万人，仍需要90周的时间，也就是大约1年半的时间，这要到2022年年底了。

从美国金融市场来看，10 年期美国国债收益率近期有所下降，从 2021 年 3 月 19 日的阶段性高点 1.74% 下降至 3 月 25 日的 1.63%。市场阶段性的调整很难阻挡 10 年期美国国债收益率的上扬。2021 年 3 月 24 日，美联储表示将在 6 月 30 日结束对多数华尔街银行的股息限制，这说明美国银行资产负债表的健康状况还是可以的，再加上美国居民在财政救助的刺激下，居民负债率处于国际金融危机以来的低点。金融市场股市和房市的资产价格处于历史高位，美国经济未来的修复本该不需要进一步大规模的激进刺激政策，但美国依然在继续实施激进的刺激性政策。

可见，美国依靠美元主导的国际货币体系的优势，采取了激进的连续刺激性宏观政策，美国宏观政策的自私性在新冠肺炎疫情经济的修复过程中表现得淋漓尽致。目前市场预期美国还要实施大规模的基建计划，计划的规模市场预期在 2 万亿—4 万亿美元。如此激进的宏观政策，美国是想"独享"全球通胀形成的好处，获取美国经济推高全球通胀的利益，在推高通胀的过程中去修复美国经济。一旦美国经济完全修复，进入收紧的货币政策周期，美国货币政策的外溢性，对于世界其他经济体来说，就面临着美国货币政策再次调整带来的成本。

可能先是区域而非全球重新开放是
部分新兴经济体面临的挑战

3 月 31 日

为了抗击新冠肺炎疫情和修复被新冠肺炎疫情冲击的经济，各个经济体采取了对冲性的财政和货币政策，但不同经济体在应对新冠肺炎疫情和修复经济的政策力度上存在显著差异。这将导致各个经济体新冠肺炎疫情防控和经济修复的显著差异，全球性重新开放的时间仍然存在重大不确定性，更有可能的是，先出现区域性的重新开放，而不是全球性的重新开放，这将使得世界经济在修复的过程中会不停地出现局部性风险。

依据 IMF 提供的数据，截至 2020 年 12 月 31 日，全球用于抗击新冠肺炎疫情、修复经济的资金数量达到了 7.833 万亿美元。G20 中的 10 个发达经济体占 77.07%，G20 中的 10 个新兴经济体占 13.29%，G20 用于抗击新冠肺炎疫情和修复经济的资金占据了全球的 90.36%。26 个其他发达经济体投入资金占比为 5.85%，82 个其他新兴经济体投入资金占据了 3.36%，59 个低收入发展中经济体投入资金约占 0.45%。可见，全球用于抗击新冠肺炎疫情和修复经济的资金投入占比严重不平衡（见图 1）。

从 G20 的 10 个发达经济体来看，总共花费了 6.037 万亿美元，其中美国花费了 3.503 万亿美元，占比为 58.03%；从 G20 的 10 个新兴经济体来看，总共花费了 1.04 万亿美元，占发达经济体的 17.23%。其中，中国投入了 0.711 万亿美元，在 G20 的 10 个新兴经济体总投入中的占比高达 68.3%。在 G20 的所有经济体中，美国、日本和中国是抗击新冠肺炎疫情和修复经济投入最多的三个国家，分别达到了 3.503 万亿美元、0.782 万亿

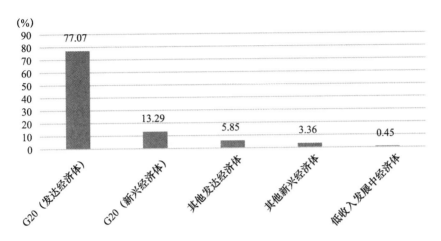

图1 全球不同经济体应对新冠肺炎冲击和修复经济的投入资金占比

资料来源：IMF，Fiscal Monitor Database of Country Fiscal Measures in Response to the COVID‐19 Pandemic，January 2021.

美元和0.711万亿美元。英国和德国排在第四和第五位，分别为0.441万亿美元和0.418万亿美元。

按照IMF的分类来看，全球投入与新冠肺炎疫情防控健康有关的支出占总投入的13.2%，数量为1.034万亿美元，86.8%的投入是非健康领域，主要是用于经济修复，包括失业救济等与就业相关的领域。可见，新冠肺炎疫情对世界经济造成了严重冲击。在健康与非健康领域的投入来看，由于新冠肺炎疫情初始防控措施的差异和效果的差异，美国是投入最多的，达到了0.484万亿美元，英国也达到了0.145万亿美元，成为全球新冠肺炎疫情防控在健康部门花费最多的两个国家。

更令人担忧的是，目前全球新冠肺炎病毒感染人数较多的部分新兴经济体，在新冠肺炎疫情防控和经济修复上的投入不足。依据约翰斯·霍普金斯大学提供的数据，截至2021年3月31日上午10时26分，巴西新冠病毒的感染人数超过1265万，处于全球第1位；印度超过1209万人，处于全球第3位；俄罗斯超过448万人，处于全球第5位；土耳其超过327万人，处于全球第9位；阿根廷超过233万人，处于全球第12位；墨西哥超过222万人，处于全球第 14 位；南非超过 154 万人，处于全球第 17 位；印度尼西亚超过 150 万人，处于全球第 20 位。除了中国新冠肺炎疫情防控取得了战略性成果外，在 G20 的 10 个新兴经济体中沙特阿拉伯的新冠病毒感染者不足 40 万人。因此，G20 中 80% 的新兴经济体都出现了百万级以上的、大规模的新冠病毒感染人数。

从这些新兴经济体抗击新冠肺炎疫情和修复经济的投入来看，并不乐观。除了中国以外，G20 中其他 9 个新兴经济体的资金投入为 0.331 万亿美元。这一数量只占发达经济体的 5.47%，占美国的 9.42%，但这 9 个新兴经济体新冠肺炎病毒感染人数已经超过 4000 万人，比美国的感染人数多出大约 1000 万人。

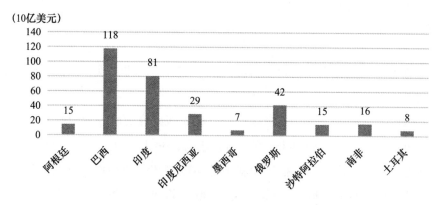

图 2　G20 新兴经济体的资金投入（除中国）

资料来源：IMF, Fiscal Monitor Database of Country Fiscal Measures in Response to the COVID – 19 Pandemic, January 2021.

从直接投入到抗击新冠肺炎疫情的健康部门的资金来看，上述 9 个新兴经济体总计投入了 550 亿美元，只占总投入的 16.57%。美国在抗击新冠肺炎疫情的健康部门投入的资金为 4840 亿美元，占总投入的 13.81%。尽管上述 9 个新兴经济体在健康部门投入占比高于美国，但绝对数量存在巨大的差距。在新冠病毒感染人数超过美国约 1000 万的情况下，在健康部门投入的资金数量只有美国的 11.36%。因此，全球新冠肺炎疫情防控未来更大的不确定性和风险点在这些新兴经济体。

目前部分新兴经济体已经出现了两难：通胀压力与经济修复不足。一方面，巴西、俄罗斯和土耳其由于实际通胀率超过了目标通胀率，在近期开始加息，也减缓资本外流的风险。但土耳其里拉在近期还是出现了动荡，外汇市场面临的潜在风险不小。另一方面，由于上述经济体新冠肺炎疫情依然比较严重，出现了大规模的新冠病毒感染人数，但用于新冠肺炎疫情防控上的投入存在不足。

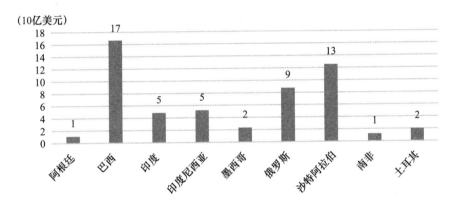

图3 G20 中新兴经济体在健康部门的资金投入（除中国）

资料来源：IMF，Fiscal Monitor Database of Country Fiscal Measures in Response to the COVID – 19 Pandemic，January 2021.

除中国以外 G20 中的 9 个新兴经济体在健康部门的投入最多的是巴西，为 170 亿美元，巴西新冠病毒感染人数超过了 1265 万。按照 IMF 提供的截至 2020 年 12 月 31 日健康部门投入和目前的感染人数之比来看，人均健康部门投入最多的为美国，大约 8.4%，但仍不足 10%。投入最少的阿根廷和南非只有 10 亿美元，但这两个经济体新冠病毒感染人数分别超过 233 万和 154 万，人均健康部门投入分别只有美国的大约 2.7% 和 4.1%。可见，在抗击新冠肺炎疫情健康部门的人均投入上存在巨大的差距。

上述经济体基本都存在外部债务压力，尤其是阿根廷债务已经多次违约。在此轮全球低利率的环境下，这些新兴经济体借入的美元和欧元外债数量在增长。依据 BIS 提供的最新数据，截至 2020 年第三季度，流入新兴经济体非银行部门的信贷达到了 3.983 万亿美元，在 2020 年第三季度流入新兴经济体非银行部门的信贷增长率达到 6.1%（年率），部分新兴经济体的外部债务风险并不低。

除了中国以外，G20 中的发达经济体和新兴经济体在抗击新冠肺炎疫情健康部门投入差异巨大，这可能将导致新兴经济体新冠肺炎疫情持续的规模和时间要长于发达经济体，未来全球可能难以出现全面的同时开放，更可能是区域性的局部开放。而部分新兴经济体在新冠肺炎疫情冲击下，或由于生产体系不完备、生产供给不足，或由于供应链问题等原因导致了通胀压力，被迫加息，但经济修复又不足。同时，在新冠肺炎疫情防控巨大的压力下，局部性的开放进一步加剧了世界经济修复的不平衡，这种不平衡又会进一步恶化这些经济体在全球金融和贸易中所处的环境，导致全球经济修复可能会出现大分化。应对这种可能的大分化是部分新兴经济体宏观政策面临的挑战。

美联储是要形成通胀预期及通胀的
阶段性"超调"吗?

4月2日

2020 年 8 月美国经济中长期通胀预期水平基本回到新冠肺炎疫情暴发前的水平,大约 1.7% 左右,这一状况一直持续到 2020 年 11 月底。从 2020 年年底开始,美国经济中的通胀预期再次出现了明显的上扬趋势。依据美联储圣路易斯分行提供的数据,截至 2021 年 4 月 1 日,美国经济中的长期预期通胀率达到 2.35%。

图 1 显示几个主要发达经济体通胀预期形成的变化。可以看出,美国经济中的通胀预期形成了明确的"V"形反转,通胀预期已经明显超过新冠肺炎疫情之前的水平。尽管英国经济中的通胀预期高于美国经济中的通胀预期,但英国通胀预期没有太多的变化,且经济体量只有美国的 1/7 左右,对发达经济体,乃至全球通胀预期形成的推动作用有限。欧元区的长期通胀预期仍处于比较低的位置,2021 年 3 月初只有 1.15% 左右,日本基本还处于通缩阶段,长期通胀预期在 2021 年 3 月初只有 0.23% 左右。因此,从长期通胀预期的形成来看,美国正在引导发达经济体长期通胀预期的形成。

从美联储资产负债表来看,依据美联储网站公布的数据,在美联储"爆表"之前,2020 年 3 月 5 日为 4.24 万亿美元,2021 年 4 月 1 日达到了约 7.69 万亿美元,1 年多的时间,美联储总资产增加了 3.45 万亿美元。从美国经济中的货币存量 M2 来看,新冠肺炎疫情之前的 2020 年 3 月 2 日为 15.525 万亿美元,到了 2021 年 2 月 1 日达到 19.418 万亿美元,不到 1 年的时间,美国经济中 M2 的存量增长率高达 25.08%(见图 2)。

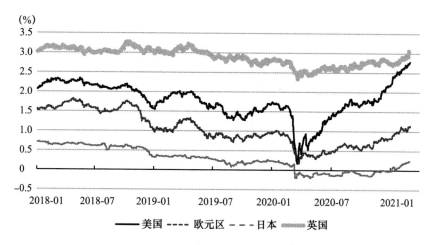

图1 主要发达经济体的长期通胀预期

注：Expected inflation implied by the yield differential between 10 – year government benchmark bonds and 10 – year inflation – indexed bonds.

资料来源：OECD，*OECD Economic Outlook.*

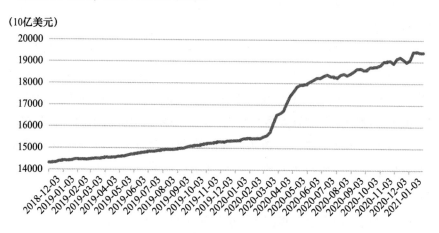

图2 美国经济中 M2 存量

注：周数据，季节调整。

资料来源：Federal Reserve Bank of St. Louis，Federal Reserve Economic Data，M2 Money Stock（Discontinued），Billions of Dollars，Weekly，Seasonally Adjusted.

　　从财政救助和财政刺激政策来看，美国的财政救助和刺激政策是非常激进的。从本轮对冲新冠肺炎疫情的财政政策来看，美国政府净贷款/GDP

的比例在 2020 年年底之前达到了 4.89%，而在 2020 年 2 月已经达到了 GDP 的 8.20%，这不包括拜登政府近期正在酝酿的超过 2 万亿美元的、为期 8 年的大规模基建计划。图 3 显示了美国财政政策对冲新冠肺炎疫情影响的支持力度要远远大于欧元区和日本的财政政策对冲力度。

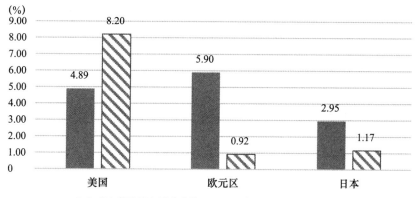

图 3　美国、欧元区、日本完成的和宣布的财政支持占 GDP 的比例

注：Fiscal support is measured as the change in net government lending as share of GDP. Data reflects December 2020 *OECD Economic Outlook* projections and has been updated to reflect fiscal measures announced until February 2021.

资料来源：OECD，*OECD Economic Outlook*.

美联储在 2020 年 8 月通过了一个新的货币政策框架，改变了应对通胀的方式，把 2% 的绝对通胀目标修改为弹性平均通胀目标。货币政策目标的修改给了美联储更大的货币政策操作空间，美联储或许会允许一个阶段的通胀率超过 2.5%，如果真的如此，这是对过去美联储货币政策目标的重大修改：美联储允许通胀预期或者通胀率出现阶段性"超调"。

从现实情况来看，美联储要形成通胀预期及通胀的超调，也存在一定的不确定性。首先，从过去的通胀规律来看，大宗商品，尤其是原油价格与发达经济体的通胀趋势相对一致。2021 年以来，大宗商品价格的涨幅是比较大的。截至 2021 年 4 月 2 日上午 11 时，ICE 布油、NYMEX 原油从

2021 年年初至今分别上涨了 25% 和 26.48%，目前的价格均超过了 60 美元/桶。但我们也要看到，在货币政策如此宽松的条件下，除了通胀及经济修复的预期以外，原油价格上涨与产油国产量的减少有直接的关系，目前国际市场上原油产量大约减少了 8%，油价的上涨也会同时伴随着 OPEC + 的增产计划。油价上涨的幅度在一定程度上决定了通胀来临的速度。其次，全球经济修复很不平衡。这主要有以下几个原因：一是取决于新冠肺炎疫苗接种速度和新冠病毒变异速度之间的竞赛；二是取决于全球新冠肺炎疫苗接种的情况。目前部分发达经济体禁止新冠肺炎疫苗出口，部分新兴经济体以及低收入发展中国家在新冠肺炎疫情防控上的投入不足，新冠肺炎疫苗的"民族主义"使得部分经济体在疫苗获取上存在困难。再次，新冠肺炎疫情冲击导致了居民谨慎性消费行为，需求端的修复需要时间，导致 PPI 传递到 CPI 的程度存在不确定性。如果原材料价格上涨，尤其是大宗商品价格的上涨，但由于封锁（欧洲等）措施的延期，企业一方面面临需求市场存在的不确定性，另一方面面临投入品成本上涨，生产函数可能会表现出"凸性成本"，导致企业利润下降，这会反过来约束原材料价格的持续上涨。最后，新冠肺炎疫情冲击导致物价上涨存在严重的不对称性。消费者支出行为的变化会导致整体商品价格上涨存在严重的结构性不对称，这和整个经济的需求提升带来的整体物价水平上涨存在明显的差异。

从 OECD 近期的预测来看，2021 年全球经济增长 5.6%，比 2020 年 12 月的预测上涨了 1 个百分点，而美国的 GDP 增长率将达到 6.5%，在发达经济体中预测增长率是最高的。当然，美国经济 2021 年预期高增长率的一个原因是美国 2020 年 GDP 出现了 -3.5% 的深度下滑。从 OECD 提供的截至 2021 年 3 月 5—6 日的新冠肺炎疫苗接种数据来看，美国每百人中有 17 人至少接种了 1 次，低于英国的 32 人和以色列的 57 人，但明显高于德国、法国和巴西等经济体。

因此，如果美国新冠肺炎疫苗接种速度加快，美国在激进的财政政策刺激下，尽管全球经济修复存在显著的不平衡，通胀预期也存在不确定性，但不排除美联储要形成通胀预期及通胀的"超调"的可能性。

谨防发达经济体产出缺口较快
收敛中的债务风险暴露

4 月 6 日

我们认为，此轮全球发达经济体产出缺口较快收敛与政府债务的爆炸式增长紧密相关，这与国际金融危机后的产出缺口缓慢收敛与政府债务温和增长存在显著差异。这种差异决定了债务杠杆风险防范成为全球经济修复中重要的关注点，对于新兴经济体来说尤为如此。避免债务杠杆不出现系统性风险的要点在于：宏观审慎监管和市场金融条件之间如何取得令人满意的平衡，严厉的宏观审慎监管尚需搭配适度宽松的融资条件。

2020 年新冠肺炎疫情给世界经济带来了巨大的负面冲击，全球 GDP 深度下滑。依据 IMF 的 Policy Tracker 提供的数据，全球 187 个经济体都采取了不同程度的宏观政策对冲新冠肺炎疫情冲击带来的经济衰退。但这一次的新冠肺炎疫情负面冲击导致的产出缺口与 2008—2009 年国际金融危机导致的产出缺口存在明显的不同：首先是产出缺口的程度不同。依据 IMF 的 WEO 2020 年 10 月提供的数据，2009 年 G7、发达经济体和欧元区的产出缺口分别为 5.803、4.943 和 2.842 个百分点，而 2020 年 G7、发达经济体和欧元区的产出缺口分别为 3.574、3.798 和 5.077 个百分点。除了欧元区以外，2020 年 G7 和发达经济体的经济产出缺口明显小于 2009 年时的经济产出缺口。其次是产出缺口收敛的速度存在重大差异。2009 年国际金融危机导致的产出缺口收敛时间很长，直到 2018 年 G7、发达经济体和欧元区的产出缺口才分别转正为 0.202、0.243 和 0.177 个百分点。换言之，从 2009 年的深度衰退走到 2018 年的产出缺口轻微转正，发达经济体经过了近 10 年的时间其增长才达到潜在 GDP 水平。而按照 IMF 的预测，2020 年新冠肺炎疫情冲击导致的 G7 和欧元区经济衰退基本在 2024—2025 年得以修复，经济基本重返潜在 GDP 水平，这个修复时间差不多是 2008—2009 年国际金融危机冲击后潜在 GDP 缺口修复时间的一半。

从单个经济体的状况来看，图 1 显示了 2020 年美国和日本经济的产出缺口水平明显小于 2009 年的产出缺口水平，2020 年德国经济的产出缺口水平也小于 2009 年的产出缺口水平；2020 年英国、法国和意大利经济产出缺口水平明显高于 2009 年的产出缺口水平。造成这种差异的主要原因之一是美国次贷危机，与美国经济金融关系紧密的日本经济也出现了深度衰退，而这一次新冠肺炎疫情冲击是全球性的。

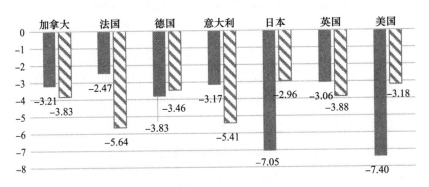

图1　G7 经济体两次大冲击产出缺口水平

资料来源：International Monetary Fund，World Economic Outlook Database，October 2020.

从 2009 年国际金融危机时期的深度衰退开始，一直到 2018 年达到并略超潜在 GDP 水平，发达经济体的政府净债务增长了多少？图 2 显示了 2009—2021 年 G7、欧元区和发达经济体政府净债务/GDP 的扩张程度。可以看出，2009—2018 年大约 10 年的时间，G7、欧元区和发达经济体政府净债务/GDP 分别上涨了 13.80、7.59 和 11.57 个百分点，这是一种相对缓和的政府净债务扩张模式。而 2019—2020 年期间的扩张是急剧的扩张，在 1

年的时间里，G7、欧元区和发达经济体政府净债务/GDP 的比例分别上涨了
21. 62、15. 90 和 19. 15 个百分点。

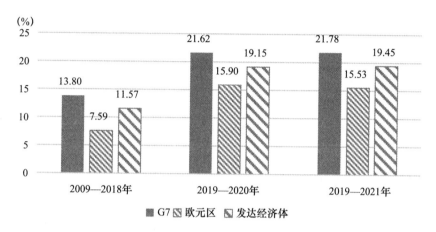

图 2 G7、欧元区和发达经济体政府净债务/GDP 的扩张幅度

资料来源：International Monetary Fund，World Economic Outlook Database，October 2020.

从政府总债务量/GDP 的比例来看，2009 年 G7、欧元区和发达经济体
政府总债务/GDP 的分别为 103. 70%、80. 22% 和 91. 17%，2018 年分别上
涨至 117. 31%、85. 73% 和 102. 92%。因此，国际金融危机后的大约 10 年
时间，发达经济体潜在 GDP 水平的修复伴随着政府债务相对温和的增长。
2019 年 G7、欧元区和发达经济体政府总债务/GDP 的分别为 118. 50%、
83. 98% 和 104. 21%，而到了 2020 年年底分别上涨至 141. 18%、101. 14%
和 124. 13%。可见，2020 年新冠肺炎疫情冲击导致发达经济体政府总债务/
GDP 出现了爆炸式的增长。应该说，发达经济体政府债务爆炸式的增长是
2020 年产出缺口小于 2009 年产出缺口的重要原因，激进的财政和货币刺激
性政策是产出缺口较快收敛的重要原因。

尤其是美国激进的财政和货币政策可能导致美国经济产出缺口在发达
经济体中最快收敛，进一步考虑到拜登政府即将实施的大规模基建计划，
美国经济产出缺口的收敛速度可能会比 IMF 预测的更快。美国财政部和美
联储不达目标、不松油门的"高压经济学"政策甚至会导致美国经济产出

缺口收敛的速度超预期。

从欧元区来说，由于新冠肺炎疫情反复，缺乏统一的财政政策，2020
年经济产出缺口高达 5.077 个百分点。除了德国经济产出缺口为 3.455 个百
分点以外，法国和意大利经济产出缺口高达 5.637 个百分点和 5.406 个百分
点，而且 2021 年收敛的幅度有限。因此，尽管欧元区实施了零利率甚至负
利率政策，欧洲央行也大规模购买了欧元区居民发行的证券，改善了欧元
区的融资条件，但欧元区经济产出缺口的收敛幅度和速度要慢于美国。因
此，这在经济的基本面上决定了 2021 年欧元相对于美元来说不具备走强基
础，最近两个月美元指数上涨了大约 4% 是明显的证据。

由于美元指数中的欧元、日元、英镑以及加元所代表的经济体 2021 年
经济产出缺口的收敛幅度整体上明显小于美国经济产出缺口的收敛幅度，
2021 年的美元指数应该不会弱。美元指数强弱是相对的，相对于欧元、日
元等应该会强，但并不代表美元本身有多强。图 3 给出了美元指数构成占比
超过 90% 的 5 个重要经济体的 2020—2021 年的产出缺口情况，可以看出除
了加拿大经济产出缺口在 2021 年的收敛幅度大于美国经济产出缺口的收敛
幅度外，2021 年欧元区、日本和英国经济的产出缺口收敛幅度均不及美国

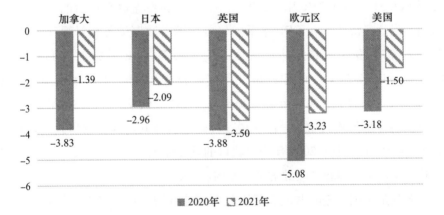

图 3　美国及美元指数构成中重要经济体的产出缺口（2020—2021 年）

注：图中数据为四舍五入保留两位小数点后的值。

资料来源：International Monetary Fund, World Economic Outlook Database, October 2020.

经济产出缺口的收敛幅度，而且收敛幅度的差距不小。这基本决定了 2021 年美元相对于这三个货币走强的概率要大于走弱的概率。

依据 IMF 最近公布的 WEO 预测来看，与国际金融危机前的预测相比，中期（4 年）新冠肺炎疫情对发达经济体造成的产出损失明显小于对新兴市场和发展中经济体以及低收入经济体造成的产出损失（见图 4）。这也说明了发展中经济体和低收入经济体产出缺口的收敛速度整体上要慢于发达经济体。

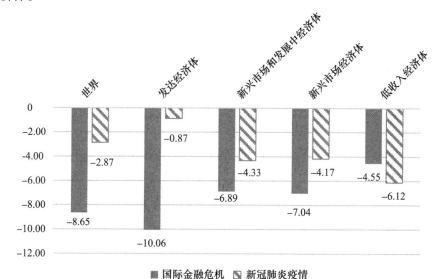

图 4 中期产出损失（4 年平均，与国际金融危机前预测的百分比差异）

资料来源：IMF.

从非金融部门信贷/GDP 缺口来看，为了应对新冠肺炎疫情的冲击，所有经济体的信贷/GDP 缺口都有明显的收窄或者信贷/GDP 出现了更大的正缺口，这说明了相对于 GDP 的水平信贷都有明显的增长。依据 BIS 提供的最新数据，与 2019 年第四季度相比，截至 2020 年第三季度，美国经济中信贷/GDP 缺口由 -5.7% 上升至 4.9%；欧元区也由 -11.9% 上升至 -0.3%；日本由 13.0% 上升至 27.1%；发达经济体中英国的信贷/GDP 缺口在 2020 年第三季度还处于 -3.7%，这也是英国要进一步加大货币政策支持力度的原因。在 G20 的新兴经济体中，除了印度的信贷/GDP 缺口依然处于 -6.7% 外，其余经济体的信贷/GDP 全部是正值。中国、俄罗斯和土耳其经济中的信贷/GDP 缺口分别由 2019 年第四季度的 -1.2%、-9.4% 和 -7.4% 上升至 2020 年第三季度的 10.7%、2.2% 和 4.5%（见图 5）。因此，在这一轮增加就业和经济修复的过程中，信贷增长起到了至关重要的作用。信贷增长也意味着非金融部门债务的增长，经济修复总体上伴随着债务的增长。

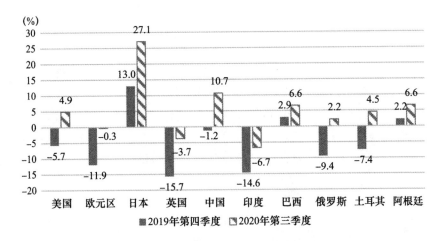

图 5　G20 中部分经济体的信贷/GDP 缺口

资料来源：BIS, Credit - to - GDP gaps（actual - trend），based on total credit to the private non - financial sector, as % of GDP.

综合各个经济体产出缺口收敛信息和债务信息，可以看出，一方面世界经济在修复的过程中会面临经济周期的分化。这种经济周期的分化会体现在三个方面：发达经济体内部会出现分化、新兴经济体内部会出现分化、发达经济体和部分新兴经济体会出现分化。另一方面在金融全球化背景下，具有较多以非本币计价的外部债务在经济周期的分化助推下会由于债务货币错配带来债务风险，也会带来资金跨境的无序流动，导致汇率超调、甚至会有货币危机的潜在风险。尤其是对经常账户赤字又具有较大规模外债的经济体来说，具有明显的潜在系统性风险。

我们要认识到：美国依靠美元主导的国际货币体系霸权，采取激进的宏观政策带来经济产出缺口的较快收敛，其进口的增加带来了全球经济总需求的上扬，具有正外溢性；另一方面更应该关注美国产出缺口收敛中引发的利率上扬带来的外部债务风险暴露和资金跨境流动带来的汇率波动风险。

因此，防范和化解美国宏观政策的负外溢性成为新兴经济体面临的现实问题。如何防范和化解美国宏观政策及金融市场带来的负外溢性？基本的思路是：强化宏观审慎监管，及早梳理和处理可能会出现系统性潜在风险的债务问题；同时尽量确保宏观审慎监管不会导致实体经济融资条件的下降，从而有助于经济的持续修复。这是目前政策制定者面临的两难问题：融资条件改善为经济增长提供支撑，但会导致债务杠杆率的上升。避免上述两难问题需要一种高超的宏观政策平衡艺术，包括强化金融体系的宏观审慎管理；分类梳理和处理有潜在系统性风险的债务问题；加大引入社会资本，通过股权注入和市场重组解决企业债务问题；通过精准的货币政策降低实体经济的融资成本问题等。把握宏观政策平衡艺术，才能确保防范和化解发达经济体宏观政策的负外溢性，并保持持续的经济修复状态，从而进一步增强抵御外部风险的能力。

蒙代尔与欧元

4月6日

1999 年诺贝尔经济学奖得主罗伯特·蒙代尔（Robert A. Mundell）去世，享年 88 岁。蒙代尔是他所在时代全球最著名的国际贸易和国际金融专家，也是一位作品质量高又高产的著名经济学家。在贸易理论、开放宏观理论、最优货币区理论和国际货币体系方面均有很深入的研究，中国金融出版社 2003 年就整理出版了《蒙代尔经济学文集》六卷，比较系统性地介绍了蒙代尔的经济学作品。蒙代尔是对国际金融领域政策制定影响力最大的经济学家，基于蒙代尔——弗莱明模型基础之上的"不可能三角"理论以及最优货币区理论成为开放条件下宏观政策制定的基础模板。本篇通过回顾蒙代尔重要经济理论贡献中的一个，最优货币区理论与欧元，纪念这位世界著名的经济学家。

理论的创新总是来源于现实的观察。按照蒙代尔自己的话来说，最优货币区的思想产生于 1955—1956 年，蒙代尔认为，"为什么正在组建的欧洲共同市场的各个国家要自找麻烦，让汇率不确定性成为新的贸易障碍？" 5 年后的 1961 年《美国经济评论》发表了蒙代尔的最优货币区理论。蒙代尔一直对浮动汇率持保留态度，这与他的导师米德（J. E. Meade）教授坚持浮动汇率调节国际收支的观点不同。蒙代尔认为，如果浮动汇率的基本理论有效，应该在货币区运行时最有效。组成货币区可以带来显著的规模经济，包括政策制定的规模经济、抵御内外部冲击的规模经济、货币使用的规模经济等。在 1969 年《支持欧洲货币》论文的基础上，1973 年蒙代尔写下了《欧洲货币计划》，这是欧元诞生前最早的、影响力最大的关于建立欧洲统一货币的计划书。蒙代尔也因为最优货币区理论在欧洲货币中的实践被尊称为"欧元之父"。

把理论变成现实需要经历不断的探索。1970 年"魏尔纳报告"（Werner Report）提出了欧洲经济共同体（EEC）的货币联盟主张，但这一目标因为 20 世纪 70 年代早期的货币混乱和"蛇形"汇率浮动制度［欧洲货币制度（EMS）的前身］的崩溃，在 1976 年被迫放弃。1979 年欧洲创建了欧洲货币制度（EMS），建立了一个稳定的汇率区域，并在 1987—1992 年期间取得了一定的成功，但 1992 年的英镑危机（也称为"欧洲货币危机"）导致英国和意大利退出了欧洲货币制度。1989 年的"德格尔报告"（Delors Report）再次提出了货币联盟计划，1991 年欧共体采纳这一计划，1993 年欧盟《马斯特里赫特条约》批准了这一建议，并在 1997 年通过了欧盟《稳定与增长公约》。1999 年 1 月 1 日欧元诞生，并在 2002 年 1 月 1 日开始全面取代欧盟各国货币成为统一货币。2002 年 1 月 4 日，欧元正式登场国际金融市场，11 个欧洲国家承认欧元为官方货币，到今天逐步发展为 19 个欧盟国家的官方货币，成为国际货币体系中仅次于美元的国际货币。截至目前，欧元在全球外汇储备中占比 20% 左右，在国际贸易结算中占比 37% 左右。

欧元的成功不是偶然的。从设想到真正流通，欧元经历了大约 30 年的时间。欧元能够诞生，除了具有经济理论的支撑之外，还有两个重要因素。首先，欧洲本身具备良好的基础是欧元具备规模经济的前提条件。依据 BIS 的数据，1998 年德国马克在全球外汇交易占比就达到 30.5%（双向计算，总计 200%），仅次于美元的 86.8%。20 世纪 90 年代马克在全球外汇储备中的占比也高达 7%—8%。德国作为欧洲经济的领头羊，再加上法国、意大利等，导致了欧元一诞生就是国际货币。由于当时欧洲的主要经济体是发达经济体，所以欧元是"出身豪门"。其次，欧洲经济一体化的逐步深入决定欧洲必须用政治一体化来保障经济的一体化。在这个意义上，欧洲政治一体化是决定欧元诞生的政治条件，这也是欧元抗击各种冲击的政治基础。美国次贷危机后，2010 年欧洲爆发了欧债危机，国际上就开始讨论欧元区是否会解体，主要原因是欧洲缺乏统一行动的财政政策框架，单一的货币和分散的财政之间存在财政政策"搭便车"的行为，财政赤字融资导致成本上升及风险由整个欧元区来分担。未来不久，欧元区可能会逐步形成统一的财政政策框架，避免欧元区成员的财政"搭便车"行为带来的风险。

欧元的诞生，一方面是欧洲经济和政治一体化的内在需求，另一方面也在实践中践行了蒙代尔的最优货币区理论。最优货币区理论在某种程度上指导了欧元的创建，欧元的成功也成就了蒙代尔在全球的学术影响力，两者相得益彰。能对世界货币区以及开放宏观政策产生如此巨大影响的经济学家很少，蒙代尔在开放经济中的经济理论贡献很难被超越，这是一个时代的产物。蒙代尔走了，但他在开放宏观经济管理中提出的创新性重要理论并未离开，相信他的最优货币区理论会继续给世界创造和发展货币区以深刻的启迪。

"双循环"新发展格局决定了中国
货币政策的独立性

4月9日

随着中国经济总量的不断增长，庞大的经济体量和"双循环"新发展格局决定了中国的货币政策已经具有了明显的独立性。欧元区的货币政策与美国货币政策也存在一定的分离。在金融高度融合和经济相互依存的世界经济中，当前中美欧三大经济板块应对新冠肺炎疫情冲击的货币政策出现了明显的差异，尤其是中国货币政策坚持以自我为主，不搞宽松，货币政策表现出了较高程度的独立性。

中美欧是当今世界最大的三个经济体。依据 IMF 2020 年 10 月提供的数据，以当前美元价格计算，2007 年中美欧加总的 GDP 占全球 GDP 的 53.04%，2020 年占全球 GDP 的 57.70%。从中美欧 GDP 的对比来看，2007 年中国的 GDP 只有美国 GDP 的 24.6%，欧元区 GDP 的 27.63%，到了 2020 年中国的 GDP 占美国 GDP 的 71.42%，是欧元区 GDP 的 116.90%，2018 年中国经济总量已经超过了欧元区经济总量。

2008—2009 年国际金融危机导致世界经济深度下滑，依据 2020 年 10 月 IMF 的 WEO 提供的数据，2009 年发达经济体经济的产出缺口为 4.943 个百分点；2020 年新冠肺炎疫情的突然暴发，发达经济体经济的产出缺口也达到了 3.798 个百分点，为了对冲新冠肺炎疫情的冲击，中国并没有像美欧那样采取宽松的货币政策，而是采取了稳健的货币政策，坚持总量适度、降融资成本、支持实体经济三大确定性方向，货币政策展现出较大程度的独立性。

简要回顾 2020 年新冠肺炎疫情冲击以来三大央行的货币政策，可以从以下四个方面看出中美欧货币政策的相对独立性。

一 政策性利率水平

依据 BIS 提供的数据，可以看出，为了应对新冠肺炎疫情冲击，美联储的政策性利率水平出现了急剧下调，欧元区政策性利率一直是维持在 0 的水平，而中国央行的政策性利率水平有一定幅度的下调，但仍保持在 3.85% 这一比较高的水平。从本轮政策性利率的高点 2019 年 7 月开始，截至 2021 年 1 月中国央行政策性利率下调的幅度只有 11.5%，美联储政策性利率下调的幅度高达 94.7%。欧洲央行自 2010 年欧洲主权债务危机爆发后，政策性利率就一直是下调的，由 2011 年 10 月 1.5% 的高点一直降到 2016 年 3 月的 0，此后一直维持在 0 的水平，也没有随着此阶段美联储政策性利率的变动而变动（见图 1）。

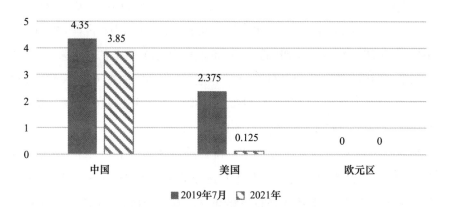

图1 中国、美国、欧元区央行政策性利率水平的变化

注：美欧政策性利率水平截至 2021 年 2 月。

资料来源：BIS, Central Bank Policy Rates.

由于新冠肺炎疫情防控取得了战略性成果，中国的政策性利率水平坚持了以我为主，在外部需求急剧下降的条件下，政策性利率水平保持在比较高的位置。依据 2021 年 3 月 WTO 的最新数据，2020 年全球商品贸易量同比下降了 5.3%；依据 IMF（WEO）最近公布的数据，2020 年全球 GDP 深度下滑 3.5%。2020 年中国 GDP 同比增长 2.3%，是全球唯一保持正增长的主要经济体。在稳外贸、稳外资的前提下，释放内需成为拉动中国经济增长的核心动力，2020 年国内需求拉动 GDP 增长 1.7 个百分点。2021 年 2 月 8 日国家统计局发布的《中华人民共和国 2020 年国民经济和社会发展统计公报》中指出最终消费支出拉动国内生产总值下降 0.5 个百分点，资本形成总额拉动国内生产总值增长 2.2 个百分点，货物和服务净出口拉动国内生产总值增长 0.7 个百分点，内需拉动的增长率占总增长的约 74%。这给了中国保持正常性货币政策的底气，政策性利率保持了较大程度的独立性。

二 国债收益率水平

以 10 年期国债收益率为代表做简单的对比分析。图 2 显示了 2019 年年底至 2021 年 4 月 8 日中美欧 10 年期国债收益率的走势。欧元区 10 年期国债一直处于负利率状态，且波动幅度比较大。美国国债从 2019 年年底大约 1.8%—1.9% 的收益率一直下降到 2020 年 8 月 6 日最低点 0.52%，然后上升到 2021 年 4 月 7 日的 1.68%。中国 10 年期国债保持着相当稳健的收益率，波动相对小，2020 年 4 月底达到最低点，大约 2.5%，目前在 3.2% 左右。

从趋势来说，中美国债收益率的变动并不完全同步。2019 年年底至 2020 年 4 月中美 10 年期国债收益率都呈现出下降趋势，但 4 月之后，中国 10 年期国债收益率开始上涨，而美国国债收益率的最低点出现在 2020 年 8 月。2021 年 1 月开始美国 10 年期国债收益率开始加速上涨，收益率上涨幅度高达 60%，但中国 10 年期国债收益率并没有发生太多的变化，基本维持

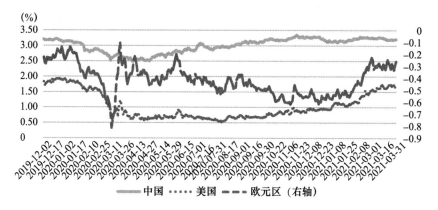

图2 中国、美国、欧元区10年期国债收益率走势

资料来源：Wind 数据库。

在 3.2% 左右。换言之，中国 10 年期国债收益率并没有因为美债收益率上扬而出现上扬，表现出了较高程度的独立性。换言之，国际金融市场没有过分在意这期间中美 10 年期国债利差的扩大与缩小，中国金融市场保持了相当好的稳定性。欧元区 10 年期国债收益率与美国 10 年期国债收益率之间的趋势也是不完全同步的，图 2 显示美国国债收益率在 2020 年 8 月触底后上扬，欧元区 10 年期国债收益率仍在下降，直到 2021 年 1 月底后两者呈现出上升趋势。

三 央行资产负债表

为了应对新冠肺炎疫情冲击，美欧央行资产负债表都出现了大规模的扩表。依据美联储网站公布的数据，2020 年 3 月 5 日美联储资产负债表总资产为 4.24 万亿美元，2020 年年底为 7.36 万亿美元，增加了 3.12 万亿美元；截至 2021 年 4 月 1 日，美联储总资产达到约 7.69 万亿美元。欧洲央行总资产 2020 年年底约为 6.98 万亿欧元，比 2020 年 2 月 28 日的 4.69 万亿欧元增加了 2.29 万亿欧元；2021 年 3 月 31 日达到了约 7.51 万亿欧元，这说

明 2021 年前 3 个月又增加了 0.53 万亿欧元。可见，美欧央行资产负债表在
2020 年都经历了急剧的扩张，并且在进入 2021 年后，欧洲央行扩表的幅度
还要大于美联储的幅度（欧洲央行扩表 0.53 万亿欧元，美联储扩表 0.33 万
亿美元），这与欧洲央行 2021 年讨论的要提高购债计划速度直接相关。依
据 ECB 的数据，2021 年 2 月，欧元区的失业率达到 8.3%，3 月的通胀率
（HICP）为 1.3%。欧元区的整体经济修复水平和通胀水平均不及美国。图
3 显示了 2020 年 4 个季度中美欧 GDP 的同比增长率，可以看出欧元区的经
济修复尚早，2020 年第四季度的 GDP 同比年率仍然是 -4.9%。

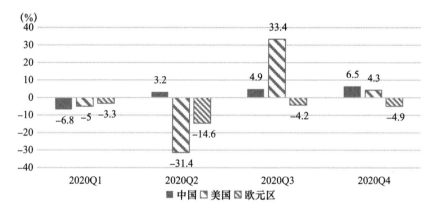

图3 中国、美国、欧元区 2020 年 Q1—2020Q4 GDP 同比增长率

注：美欧是同比年率，中国是季度同比。

资料来源：中国 GDP 数据来自国家统计局；美国数据来自美国商务部经济分析局，欧元区数
据来自欧洲央行。

中国央行资产负债表也经历了扩表。依据中国人民银行网站公布的数
据，2020 年 3—12 月中国央行总资产仅扩张了 2.24 万亿元；进入 2021 年，
央行资产负债表规模由 1 月的 38.9 万亿元减少为 2 月的 38.3 万亿元。这就
是说，2020 年 3 月至今中国央行资产负债表仅增加了约 1.64 万亿元。

因此，从央行的总资产扩张来看，美欧央行属于"爆表"，中国央行的
总资产规模的增加是很稳健的。

四　人民币汇率走势

从 2020 年 3 月的金融大动荡开始，在流动性恐慌的驱使下，美元指数快速走强。依据 Wind 提供的数据，2020 年 3 月 9—19 日，短短 9 个交易日美元指数上涨了 8.03%，而同期人民币只贬值了 2.03%。从 2020 年 7 月 31 日开始，美元兑人民币开始进入 6 的区间，一直升值到 2021 年年初的 6.46 左右，升值幅度达到了 7.8%。而同期美元指数贬值了大约 4.9%。其中，2020 年 7 月 30 日至 10 月 9 日人民币对美元升值了 4.18%，而同期美元指数基本没有变化，说明人民币出现了脱离美元指数的单边升值现象。而且进一步观察美元指数中的其他货币和部分新兴经济体的货币，就会发现人民币对美元之间的汇率是大经济体中其他货币对美元汇率波动性最小的之一。上述现象说明"双循环"新发展格局下人民币汇率呈现出自己的节奏：一是与美元指数的变化不完全同步；二是走势稳健，在新冠肺炎疫情冲击下表现出了一定的强势货币特征。

因此，不管是从政策性利率水平、10 年期国债收益率、央行扩表，还是汇率的走势来看，中美欧央行货币政策的相对独立性已经形成。尤其是中国央行坚持正常的货币政策，与美欧非常规货币政策相比，表现出了明显的独立性，这是由中国经济庞大的体量和"双循环"新发展格局决定的。

近期的"爆仓"现象可能难挡美国股市泡沫的扩大

4 月 12 日

近期的 Archegos Capital "爆仓"事件在一定程度上揭示了美国股市在持续上涨过程中高杠杆交易导致的高风险。但我们认为 Archegos Capital "爆仓"事件可能难挡美国股市泡沫的扩大，美股应该还会涨。

美国股市资产价格何时逼近持续做多或持续做空阈值的临界点以及美国经济产出缺口收窄的可能超预期是未来国际金融市场爆发风险点的两大核心问题。前者可能主要取决于美联储的政策表态，后者主要取决于美国新冠肺炎疫情防控的进展和激进宏观政策的持续性。

近期国际金融市场出现了一些事件也印证了上述两大核心问题。首先是由于美国股市创新高导致风险偏好上涨。美国金融市场投资者情绪依然高亢，VIX 恐慌指数 2021 年年初至今下跌了 26.64%，快要回到新冠肺炎疫情流行前的水平。2021 年 3 月底，高杠杆交易导致了 Archegos Capital "爆仓"事件，导致了华尔街"史上最大单日亏损"事件。以高杠杆闻名的 Archegos 因无力补缴保证金，银行开始清算其持有的股票，导致短期抛售压力剧增，最终导致"爆仓"，该基金市值在当天回撤超过 100 亿美元。野村、瑞信等遭受了惨重损失。其次是美国经济产出缺口收窄的可能超预期会通过金融市场外溢影响到其他经济体，尤其是新兴经济体的金融市场。近期土耳其里拉的剧烈贬值是一个例证。

Archegos Capital "爆仓"事件是高杠杆交易的高风险事件。美国股市在一路上涨的过程中，股市屡创新高，整个市场风险情绪上扬，加杠杆可能成为暴利的来源。有媒体报道，Bill Hwang 在 2021 年前两个月获得了 200% 的收益率，基金净资产峰值达到 150 亿美元，加上杠杆后总资产高达 800 亿美元。Archegos 类似于家庭作坊类的基金，监管并不严格。Archegos Capital 出现的"爆仓"事件，由于其总资产规模相对不大，对国际金融市场造成的震动可能很快就过去了。事后看，美国股市没有出现明显的回调，反而继续向上，DJ 指数和标普 500 指数再创新高。

从目前的情况，美国股市可能还会进一步上涨，美国股市资产价格的泡沫还会进一步扩大。主要原因有以下几点。

一 美联储淡化通胀预期及美债收益率的上涨

依据美联储圣路易斯分行的数据，2021 年 4 月 9 日美国经济中的长期通胀预期已经达到了 2.31%，处于 2014 年以来的高点。4 月 9 日 10 年美国国债的名义收益率也达到了 1.67%，但与 2021 年 3 月 19 日的高点 1.74% 相比有所下降。

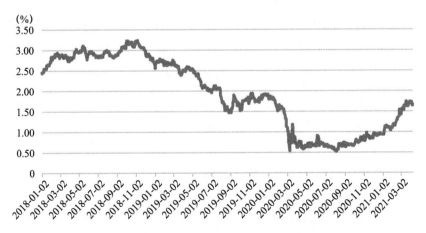

图1 2018 年 1 月 2 日至 2021 年 3 月 2 日 10 年美国国债收益率的变化

资料来源：Federal Reserve Bank of St. Louis.

在美国经济中长期通胀预期率超过 2%，美债收益率超过 1.7% 以后，美联储关注了通胀预期的上扬，但认为通胀压力可能是暂时的，并给市场美联储加息还早的预期。2021 年 4 月 8 日，美国劳工部公布的报告显示美国 2021 年 3 月生产者物价指数（PPI）的增幅超过预期，同比增幅达到 4.2%，创下了 2011 年以来的最大同比增幅，该报告也指出 2021 年 3 月生产者物价指数上涨的大部分原因是能源价格上涨，涨幅达到了 5.9%。美联储将允许通胀率出现阶段性的超调，这将使得美国股市权益资产的价格具有进一步上涨的政策允许空间。

二 反复强调就业的货币政策将使得宽松的货币政策延续

依据美联储圣路易斯分行的数据，2021 年以来美国的失业率一直是下降的。2021 年 3 月美国经济中的失业率为 6.0%，比 2021 年 2 月的失业率下降了 0.2 个百分点，比 2021 年 1 月的 6.3% 下降了 0.3 个百分点。依据美国劳工部公布的数据，2021 年 3 月美国非农就业人数录得 91.6 万人，大幅超过市场预期的 66 万人，而失业率相较 2021 年 2 月则小幅下跌至 6%。虽然美国新冠肺炎疫苗接种速度加快，但新冠肺炎疫情还是会出现不确定性，而且也导致了明显的结构性失业，失业率能否持续下滑还需要观察。同时，涉及失业是否导致政策转向的另一个方面就是美联储心目中美国经济潜在产出的失业率标准到底是多少，目前并没有给出具体的数据。

三 新兴市场股市表现欠佳反而会助推美股进一步上涨

美国股市资产价格持续做多或者持续做空的阈值具有相对性，在很大程度上也取决于全球其他重要股市的表现。全球其他的重要股市表现好，就会降低美国股市持续做多的倾向；反之，则会提高美国股市持续做多的倾向，进一步推动美股上涨。由于美债收益率上扬和美元走强，最近一段时间我们看到一些新兴经济体的加息行为以及外汇市场的剧烈波动，这反而会助推资金流向美国，推动美国股市进一步上涨，美股的虹吸效应可能会再次显现出来。

从 2021 年以来全球主要股市的涨幅来看，新兴经济体的股市表现不如发达经济体，主要原因是美元 2021 年以来的意外走强提升了美国金融资产的吸引力。依据 Wind 提供的数据，截至 2021 年 4 月 11 日，2021 年以来美元指数上涨了 2.47%，欧元对美元贬值了 2.58%，日元对美元贬值了6.15%。美元的走强主要是由于欧元区、日本等发达经济体新冠肺炎疫情的反复，甚至加重，被迫采取新一轮的隔离措施，从而推高了美元走势。另一方面也由于对通胀预期的压力或者对美联储货币政策不确定的担忧，导致新兴经济体的金融市场对本经济体货币政策是否转向存在担忧。这两者导致了部分重要新兴经济体 2021 年以来的股市表现不及发达经济体，图 2显示了 2021 年以来（截至 2021 年 4 月 11 日）全球部分重要股市的涨跌幅度，发达经济体的股市基本出现了普涨，中国的股市出现了幅度不大的下跌，而俄罗斯股市出现了接近 20% 的大幅度下跌。

发达经济体股市的上涨导致的高市盈率是当前国际金融市场中的普遍现象（见图 3）。截至 2021 年 4 月 11 日，美国股市上 DJ 指数、标普 500 指数和 NASDAQ 指数的 PE（TTM）分别是 2015—2019 年均值的 1.62、1.87和 1.92 倍。当然，这种高市盈率对应的是低利率。极低的利率水平、甚至负利率下权益资产的估值是否会出现超调，市场很难有一致性的意见。

总体上，在美联储淡化通胀预期及美债收益率的上涨，强调就业第一的政策背景下，美国经济产出缺口收敛速度的可能超预期带来美元意外走强，导致新兴经济体股市表现欠佳，这种跨国股市的"跷跷板"效应也会导致美元股市资产吸引力增加，美元资产的虹吸效应可能会再次显现出来。同时，欧洲新冠肺炎疫情的反复和加重也使得未来一段时间美元具备相对走强的基础。因此，尽管美国股市上出现了"爆仓"事件，但可能难挡美国股市泡沫的进一步放大，美股应该还会涨。

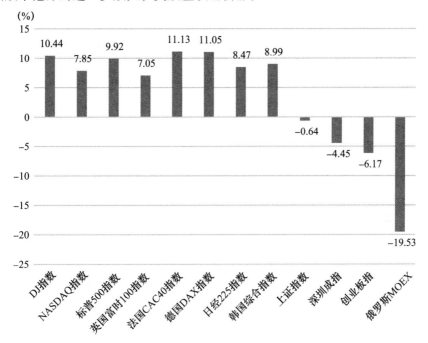

图 2　2021 年以来全球部分股市的涨跌幅度

资料来源：Wind 数据库。

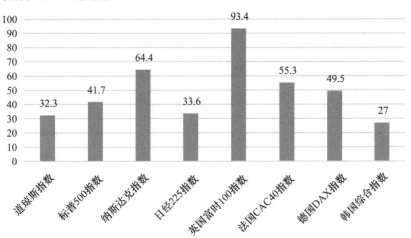

图 3　全球主要发达经济体股市的 PE（TTM）

资料来源：Wind 数据库。

美联储为什么会允许通胀出现阶段性的超调?

4 月 13 日

本文认为,此轮美国经济中的通胀预期及通胀在较大程度上是激进的刺激性财政政策所致,居民收入增长相当大的部分来自转移支付,并非持久性收入。同时,美国居民支出结构变异带来的 PPI 上涨导致通胀预期及通胀的上升是否具有可持续性值得怀疑。因此,总需求导致的通胀预期及通胀可能具有暂时性,这也许是美联储允许通胀出现阶段性超调的核心原因。

2021 年 4 月 8 日,美国劳工部公布的报告显示美国 2021 年 3 月 PPI 的增幅超过预期,同比增幅达到 4.2%,创下了 2011 年以来的最大同比增幅。依据美联储圣路易斯分行公布的数据,2021 年 2 月美国经济中 CPI 为 1.7%。在 PPI 大幅度上涨的态势下,可以预期 2021 年 3 月美国经济中的 CPI 可能会突破 2%,超过美联储货币政策旧框架中 2% 的通胀目标。

这一轮通胀的主因是什么?主要是美国激进的刺激性财政政策,当然,这种激进的刺激性政策是在美联储资产负债表"爆表"的支撑下完成的。换言之,是依托美元主导的国际货币体系来完成的。

从美国居民的收入来源来看,居民收入增长率还是比较快的,且波动很大。2020 年在美国 GDP 下滑 3.5% 的情况下,美国居民个人收入同比增长了 6.1%。2021 年 1 月由于新一轮的财政刺激再次导致了居民可支配收入出现了 13.3% 的增长率。与此同时,居民支出并不乐观,截至 2021 年 2 月,居民支出仍然是同比负增长(见图 1),这说明新冠肺炎疫情导致了美国居民的谨慎性消费行为。

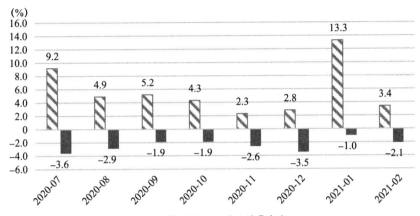

图1 美国经济中个人可支配收入和支出的同比增长

资料来源：BEA，Real Disposable Personal Income and Real Personal Consumption Expenditures：Percent Change from Month One Year Ago.

美国居民的谨慎性消费行为的另一个证据是居民的高储蓄率。从居民拿到财政转移支付开始，美国经济中的储蓄率出现了急剧的上升。2020年4月美国居民储蓄占个人可支配收入的比例高达33.7%，即使到了2021年2月，美国经济中的私人储蓄率也达到了13.6%，这比新冠肺炎疫情之前的2020年1—2月的储蓄率要高出5—6个百分点（见图2）。

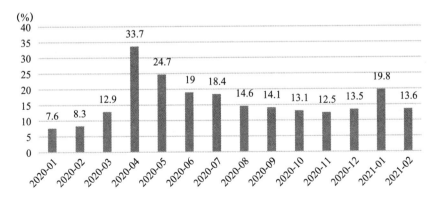

图2 美国经济中居民的储蓄率

资料来源：BEA，Personal Income and Its Disposition，Monthly，Release Date April 30，2021.

从收入来源来看，财政转移支付在个人收入中的占比明显提高。从2020年4月开始，随着激进的刺激性财政政策的推出，美国居民财政转移支付占个人收入的比例突然上升。2020年4月达到了31.3%的高点，2021年1月随着新一轮财政转移支付的实施，这一比例又从2020年年底的19.5%上升到26.9%（见图3）。从薪酬占个人收入的比例来看，2021年1—2月要低于新冠肺炎疫情前2020年1—2月的水平，2021年1—2月分别比2020年1—2月占比少6.5和2.5个百分点，这和2021年3月美国经济中6%的失业率相一致。

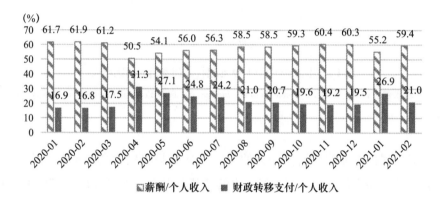

图3　2020年1月至2021年2月美国居民薪酬收入和财政转移支付占个人收入的比例

资料来源：BEA，Personal Income and Its Disposition，Monthly.

由于财政转移支付导致美国居民可支配收入出现较大幅度增长后，可能出现三种结果：第一，由于谨慎性消费行为提高了个人储蓄率；第二，提高了居民参与金融资产投资的程度；第三，增加了居民消费，尤其是耐用品的消费。第三种结果与通胀预期及通胀直接相关。图4显示了2020年7月以来美国居民实际可支配收入支出中消费的增长率。消费分为商品和服务消费两大类，可以看出，商品消费保持了不错的增长率，但月度之间波动很大。比如，2021年1月商品消费同比增长率达到了12.2%，2021年2月也达到了9%。由于新冠肺炎疫情依然较为严重，服务业的消费依然处于低谷，即使是2021年1—2月也只有−7.0%左右。值得关注的是耐用品消费的增长，保持了相当高的增长速度，2021年1—2月分别为20.3%

和 16.1%。

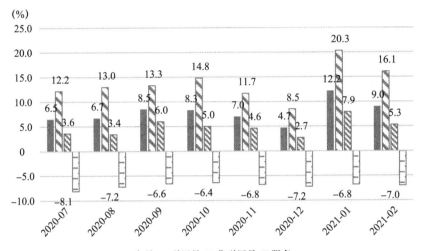

图4 2020年7月至2021年2月美国经济中各种消费的同比增长率

资料来源：BEA，Real Disposable Personal Income and Real Personal Consumption Expenditures：Percent Change from Month One Year Ago.

对比 2019 年和 2020 年数据，我们就会发现，耐用品支出成为美国居民支出中增长最快的。依据 BEA 提供的 2012 年用美元计算的同增长率，2019年美国居民实际可支配收入支出中，耐用品支出的增长率为 4.8%，2020 年达到了 6.3%；2019 年非耐用品支出增长率为 3.1%，2020 年非耐用品支出增长率为 2.6%，非耐用品支出增长率不及 2020 年的增长率；2019 年服务支出增长率为 1.8%，2020 年服务支出增长率为 -7.3%，服务业支出出现了较大程度的下滑。

因此，从消费来说，首先是消费不均衡，服务业消费的较大幅度下滑反衬出商品消费的较快增长，物价变化是不平衡的。有理由考虑存在这种可能性：这种短期消费种类的挤压是否会带来被更多消费的商品物价边际的超调。其次，耐用品成为整个消费支出中增长最快的。

从美国经济私人消费支出中的物价水平来看，2021 年 2 月能源价格开始转正，2 月不包括食品和能源的 PCE 价格同比增长 1.4%，在食品价格同比下降到 3.3%的情况下，能源价格无疑是推高 2 月物价水平的重要因素（见图 5）。

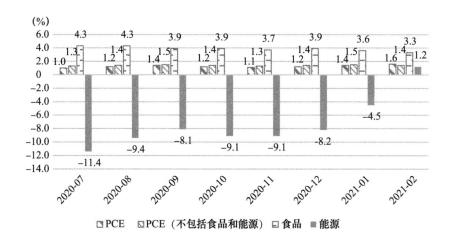

图 5　2020 年 7 月至 2021 年 2 月美国经济 PCE 月度同比增长变化

资料来源：BEA，Price Indexes for Personal Consumption Expenditures：Percent Change from Month One Year Ago.

总体上，可以考虑以下逻辑：财政转移支付导致了美国居民收入较大幅度增长，但这种收入并非持久性收入，消费对物价的持续影响存在不确定性。同时，新冠肺炎疫情导致了居民消费结构出现了变异：耐用品支出在居民支出中的增速超预期，耐用品支出的增长很明显会带动 PPI 的上涨，这背后的逻辑就是大宗商品价格的上涨。

非持久性收入的增长和支出结构的变异带来的通胀预期和通胀的上升是否具有可持续性是值得怀疑的。这也许是美联储认为通胀预期及通胀压力是暂时的原因，也是美联储允许通胀阶段性超调背后的逻辑。

不宜收紧货币政策对冲美国产出缺口快速收敛的外溢性

4 月 16 日

本文认为，美国经济产出缺口快速收敛对全球经济修复的挑战源自美国宏观政策自主性、自私性与以美元为主导的国际货币体系之间存在的内生风险：经济周期的不一致性会通过通胀的外溢性带来部分经济体存在输入通胀的风险；金融周期的不一致性会通过金融的外溢性导致部分新兴经济体外汇市场存在出现动荡的风险。由于新冠肺炎疫情存在不确定性，决定了这种外溢性可能具有间歇脉冲式的特征，因此，货币政策不是应对此轮美国宏观政策负外溢性的理想工具，合意的应对政策取向应该是围绕降成本、降潜在债务风险的"双降"措施进一步提高中国内部经济的稳健性，达到自然对冲美国宏观政策负外溢性的效果。

一　美国经济产出缺口的快速收敛

依据 IMF 近期发布的数据，可以看出美国经济的产出缺口快速收敛。2021 年 G7 经济体中只有美国经济的产出缺口转正，达到 0.59 个百分点（见图 1），美国经济似乎正在步入快速修复的轨道。与 2009 年 G7 经济体的产出缺口相比，2020 年美国经济的产出缺口明显要小，不到 2009 年的一半，这主要是美国激进的对冲性宏观政策所致。

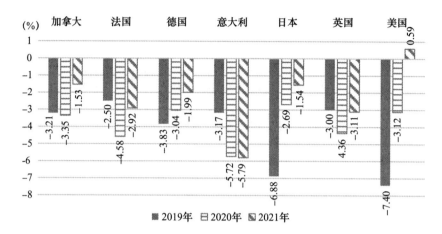

图 1　G7 经济体产出缺口的变化

资料来源：International Monetary Fund，World Economic Outlook Database，April 2021.

从 IMF 提供的预测数据来看，G7 中除了加拿大经济的产出缺口在 2022 年转正、德国经济产出缺口收敛大约在 2024 年，其他经济体产出缺口的收敛要等到 2025 年以后了。这说明发达经济体在此次新冠肺炎疫情冲击下经济产出缺口的修复将出现明显的分化。

G7 各个经济体产出缺口收敛的分化可能比 IMF 预测的还要严重，主要原因是美国的宏观政策表现得异常激进，而且这种激进的政策可能还要延续。美联储主席鲍威尔 2021 年 4 月 12 日表示，美国经济正处于拐点，并认为通胀有暂时性，在 2022 年之前提高利率的可能性非常小，主要风险是由于可能更难治疗的病毒毒株导致新冠感染病例再次激增。依据约翰斯·霍普金斯大学网站提供的数据，截至 2021 年 4 月 15 日中午，美国新冠肺炎病毒感染人数突破 3140 万，2021 年 3 月下旬以来每日新感染人数有明显的增加（见图 2）。但不管如何，产出缺口快速收敛也不紧缩应该是美联储未来一段时间的政策基调。

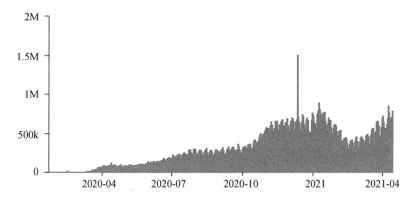

图2 美国新冠肺炎病毒感染人数（每日）

资料来源：https：//coronavirus.jhu.edu/map.html.

二 美联储货币政策新框架与价格稳定的新解释

美联储副主席克拉里达在对美联储货币政策新框架和价格稳定的解释中，提出了五点解释性的说明。第一，联邦公开市场委员会（FOMC）希望推迟启动联邦基金利率有效下限（ELB），直到个人消费支出（PCE）通胀率上升到2%，其他与持续实现这一目标相一致的补充条件也要得到满足。第二，随着通货膨胀率持续低于2%，美联储将致力于在一段时间内实现适度高于2%的通货膨胀率，以使长期通胀预期牢牢固定在2%的长期目标上。第三，联邦公开市场委员会预计在满足开始政策正常化的条件后，适当的货币政策将在一段时间内保持宽松。第四，一旦政策正常化的条件得到满足，政策会逐步将通胀率恢复到长期目标，即保持在2%，但不低于2%。第五，长期平均2%的通胀率代表了FOMC事前的愿景，但不是一个事后承诺的时间不一致性（即在通胀率持续低于2%的时期之后，采取适当的货币政策很可能在一段时间内实现通胀率适度高于2%的目标）。

美联储对上述新框架的说明可以简单归纳为一句话：允许通胀阶段性的超调，要看到实实在在的通胀，并有其他一致性的补充条件（应该是就业）满足后，美联储货币政策才会正常化，而且正常化后还要保持一段时间的宽松，但保留货币政策的相机抉择权（货币政策的时间不一致性问题）。

综合上述信息，我们可以得到这样的推断：美国激进的宏观政策是明确的，希望长期通胀率保持在 2%，但不低于 2%，而且是消费者支出价格水平，强调的是需求拉动的通胀，而不仅是供给导致的通胀。

美国次贷危机后，其宏观政策偏好已经发生了实质性的改变。美国次贷危机后，美国经济产出缺口花了 8 年的时间，直到 2018 年美国经济的产出缺口才转正。而现在依据 IMF 的预测，2021 年美国经济产出缺口就会转正，激进的宏观政策还会延续，美国宏观政策的偏好已经变为极度的通缩风险厌恶者：允许通胀的阶段性超调，要长期平均通胀率达到 2%，但这个平均期限是多少并未透露。2013 年当美联储开始收紧货币政策时，美国经济中的通胀率只有不到 1.5%。这背后的逻辑可能是，全球经济进入了经济增长的竞赛期，美国的宏观政策只视美国经济状况而调整的历史进入了新阶段，自主性、自私性的宏观政策将发挥到极致。

三 美国激进宏观政策导致的外溢性风险

美国宏观政策的自主性、自私性与美元主导的国际货币体系之间存在的内生风险，将在这一轮全球经济抗击新冠肺炎疫情的修复过程中重复过去的故事：经济周期的不一致性会通过通胀的外溢性使部分经济体存在输入通胀的风险；金融周期的不一致性会通过金融外溢性导致部分经济体外汇市场出现动荡的风险。发达经济体的货币大多具有国际货币的特征，整体上动用资源的能力要强于新兴经济体、发展中经济体和不发达经济体，受到美国激进政策的负外溢性要小一些。据彭博环球财经 2021 年 4 月 15 日的报道，欧盟出台规模近 1 万亿美元的五年发债计划，一方面筹集资金；另一方面提供欧洲的安全资产，试图稳固、提升欧元在国际货币体系中的地

位。相比较而言，部分新兴经济体和欠发达经济体受到的负外溢性要大
一些。

从目前美国国债收益率来看，并不是所有期限的国债收益率都出现了
上涨，短期国债的收益率是下降的。依据美国财政部网站公布的数据，2021
年1月4日至4月14日期间，1年期及1年期以下期限的国债收益率出现了
大幅度的下降。其中，1年期国债收益率下降幅度最小，但也达到40%。2
年及2年期以上期限的国债收益率都出现了大幅度的增长，尤其是3—7年
期国债收益率的涨幅均超过100%，10年期国债收益率上涨了76.34%，而
30年期国债收益率的涨幅最小，但也达到了39.76%，但绝对收益率水平并
不高，截至2021年4月14日只有2.32%。美国国债利率期限结构的变动表
现出了明显的曲率形状，这不是一个货币政策收紧带来的结果。

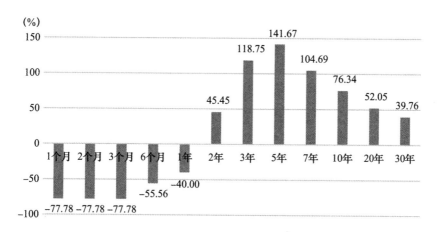

图3 美国不同期限国债收益率的涨跌幅度

资料来源：美国财政部。

从金融市场美元短期拆借利率来看，创了新低。主要原因是美联储的
资产购买，美国财政部现金余额不断减少等因素导致短期美元流行性过于
充裕。目前联邦基金利率维持在0.07%左右，尽管仍在0—0.25%的区间，
基本接近目标下限，货币市场资金呈现出超级宽松的状态。

可见，短期拆借利率和短期国债收益率的大幅度下降表明美国金融市场短期流动性很充裕。中长期收益率的上涨导致了中长期和短期债券收益率差的进一步扩大，这一方面意味着经济修复的预期向好，另一方面可能会推高中长期融资成本。从实际情况来看，也确实推高了企业中长期融资成本。依据美联储圣路易斯分行提供的数据，与 2021 年 1 月 4 日相比，截至 4 月 13 日穆迪 Aaa 级和穆迪 Baa 级债券市场收益率分别上涨了 26.8% 和 15.7%，但和过去几年的平均水平相比，仍处于比较低的位置，两种债券的收益率大约是前 3 年均值的 80% 左右。值得关注的是，尽管融资成本出现了修复性的上涨，但风险溢价是下降的。通过穆迪 Aaa 级和穆迪 Baa 级债券市场收益率和美国 10 年期国债收益率的差（见图 4），可以看出自 2020 年 3 月爆发金融大动荡之后，随着美联储零利率 + 无上限宽松货币政策的推出，债券收益率的风险溢价基本一直是下降的，目前的风险溢价水平基本和新

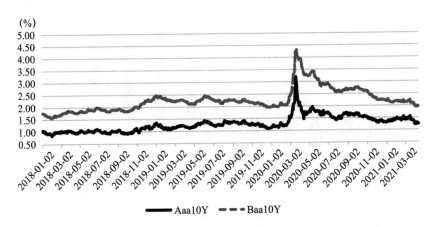

图 4　2018 年 1 月 2 日至 2021 年 3 月 2 日穆迪 Aaa 级和
穆迪 Baa 级债券与 10 年期国债收益率差

资料来源：Federal Reserve Bank of St. Louis, Moody's Seasoned Aaa Corporate Bond Yield Relative to Yield on 10 - Year Treasury Constant Maturity, Percent, Daily, Not Seasonally Adjusted; Moody's Seasoned Baa Corporate Bond Yield Relative to Yield on 10 - Year Treasury Constant Maturity, Percent, Daily, Not Seasonally Adjusted.

冠肺炎疫情暴发前一致，这说明了美国金融市场的风险偏好基本恢复到了正常状态。美联储圣路易斯分行提供的金融压力指数也显示了目前美国金融市场的压力处于过去几年的低点位置，美国金融市场的融资条件得到了明显的改善。

因此，从目前美国经济产出缺口的快速收敛、金融市场资产价格的超级修复、金融市场融资条件的改善和市场风险偏好提升来看，美联储本不应该还在走"鸽派"路线，但事实上还在释放"鸽派"信息，这进一步确立了美国宏观政策要持续推高美国经济中的通胀。那么，美国宏观政策的自主性、自私性与美元主导的国际货币体系之间存在的内生风险就必然会出现。

美国激进的宏观政策导致产出缺口快速收敛，带来了两大外溢性风险。第一，经济周期的非同步性会在多大程度上推高国际大宗商品的价格，从而给其他经济体带来输入通胀的风险？第二，美债收益率的上涨增加了美元资产的吸引力，引发的资本外流和债务风险等问题对其他经济体外汇市场会造成何种程度的影响？

四　美国激进宏观政策外溢性风险程度的考量

2021 年以来，国际金融市场大宗商品价格上涨的幅度比较大，甚至出现了价格超调。依据 Wind 提供的数据，截至北京时间 2021 年 4 月 16 日上午 8 时 35 分，2021 年年初至今，在美元指数上涨接近 2% 的背景下，ICE布油和 ICE WTI 原油分别上涨了 29.39% 和 30.56%，分别为 66.89 美元/桶和 63.45 美元/桶，基本达到了新冠肺炎疫情暴发前的水平；LME 铜、铝上涨了大约 20%，与新冠肺炎疫情暴发前相比，上涨幅度分别超过了 50% 和30%，出现了明显的价格超调。

与经济修复相比，某些大宗商品价格的走势出现的价格超调，主要原因有两点：第一，发达经济体，尤其是美国极度宽松的货币政策导致了全球流动性过于充裕（对应的是美国大规模的贸易逆差等）；第二，生产和消费之间存在脱节，由于新冠肺炎疫情导致生产端产量下降，在经济修复的过程中会出现价格超调。比如，铜矿价格出现的涨幅超调与主要产铜的经济体因新冠肺炎疫情导致生产不足直接相关。问题在于：因新冠肺炎疫情导致的生产供应链问题会持续多久？又比如，大宗商品之王的原油价格已经突破 60 美元/桶。未来还有多大的上涨空间？在新冠肺炎疫情还在延续的特殊时期，虽然说原油价格走势涉及美元指数走势、经济修复状况和三大原油供给方（OPEC、非 OPEC 和美国）之间的供给博弈三大因素，但在新冠肺炎疫情背景下影响大宗商品价格的因素具有更大的不确定性，也更为复杂。但只要经济修复带来的需求边际对价格的拉动作用超过了供给带来的边际价格下降作用，大宗商品的价格就会继续上涨，当然这中间还涉及美元指数的走势。

从需求来说，总部位于巴黎的国际能源署近期上调了全球石油需求数量至 9670 万桶/天，当前的石油产量水平是完全可以满足的，这要取决于主要石油供应方之间的博弈和协调。从美元指数走势来看，由于美联储保持了市场短期极度宽松的货币条件，长期利率再次上涨的边际动力会减弱，美元持续走强的可能性不大。综合美元指数、供给与需求因素，当前大宗商品的超调是否具备可持续性值得怀疑。从目前全球经济的修复和价格上涨来看，"滞胀"风险的出现还差很远，这一点从 IMF 等国际性机构的分析和预测报告中也可以看出来。

五　不宜收紧货币政策对冲美国产出缺口快速收敛的外溢性

利用货币政策来对冲外部带来的外溢性，其基本条件是小型开放经济体。尽管有部分新兴经济体，如巴西、土耳其、俄罗斯等开始通过加息来应对通胀和资本外流的压力，但中国的经济体量和"双循环"新发展格局决定了中国货币政策具有相对的独立性。从此轮 10 年期美国国债收益率大幅度上涨，而中国 10 年期国债收益率保持基本稳定的情况看，虽然中国也是新兴经济体，但在新兴经济体债券收益率的走势中保持了相对的独立性。

货币政策要关注输入性通胀，要回答三个基本问题。一是 PPI 传递到 CPI 是否已经出现？二是 PPI 对 CPI 的传导是否持续可信？三是 PPI 对 CPI 持续可信的传导程度有多大？从技术上说，需要充分了解汇率传递的系数以及该系数的稳定可信性，汇率政策才可谨慎用之应对。从目前的情况看，PPI 上涨已经开始传递至 CPI。依据国家统计局公布的数据，2021 年 3 月 PPI 同比上涨 4.4%，涨幅比 2021 年 2 月扩大 2.7 个百分点。其中，生产资料价格上涨 5.8%，涨幅扩大 3.5 个百分点。在 2021 年 3 月 4.4% 的同比涨幅中，2020 年价格变动的翘尾影响约为 1.0 个百分点，新涨价影响约为 3.4 个百分点。由于国际大宗商品价格上涨等因素，PPI 环比上涨了 1.6%，涨幅比 3 月扩大 0.8 个百分点。

2021 年 3 月，CPI 同比转正，CPI 由 2021 年 2 月下降 0.2% 转为上涨 0.4%。非食品价格由 2 月下降 0.2% 转为上涨 0.7%，影响 CPI 上涨约 0.56 个百分点。非食品行业中，工业消费品价格上涨 1.0%，为近 1 年来同比首次上涨，主要原因是汽油和柴油价格分别上涨了 11.9% 和 12.8%。因此，可以看出，CPI 的同比转正，既带有经济向好需求所致的价格上涨，也带有强烈的结构性特征，大宗商品价格开始传导到 CPI。

由于 CPI 同比依然较低，而且存在结构性上涨驱动的因素，不可能收紧货币政策去对冲这种结构性的通胀输入，而且从技术上来说，当汇率传递系数达不到某种程度的高系数时，汇率政策的作用是很有限的，也因此是不合适的。

从金融市场来说，尽管中美 10 年期国债收益率利差收窄，但仍然保持着显著的收益率差。从股市来看，截至 2021 年 4 月 16 日，中国股市开盘前，2021 年以来美国的 DJ 指数、NASDAQ 指数和标普 500 指数分别上涨了 11.21%、8.93% 和 11.03%，中国股市上证指数、深圳成指和创业板指分别下跌了 1.9%、5.2% 和 5.55%，股市的估值处于相对健康的状态。

更重要的是，目前中国经济处在清理控制债务风险、夯实金融基础和支持实体经济再出发的新阶段。在清理控制债务风险的时期，需要稳健灵活的融资环境来支持各种兼并、重组事宜。同时，实体经济修复不均衡，还需要降低融资成本来支持实体经济的均衡发展，这也需要稳健灵活的货币政策创造出更好的融资环境。较好融资环境匹配的稳中偏弱人民币汇率走势也有助于经济的出口。

不可否认，国际大宗商品价格的上涨会对企业盈利造成负面影响。消除这种负面影响，主要是要通过降低成本的措施来实现，比如有可能就采用人民币计价、利用金融市场对大宗商品价格采取套期保值手段等，要通过市场风险管理行为来应对这种成本冲击，而不是依靠货币政策。

目前国际金融市场还是相对平稳的。VIX 恐慌指数年初至今下跌了25.32%，快要回到新冠肺炎疫情流行前的水平，当然也存在一些不确定性。在这样的背景下，稳健灵活的货币政策聚焦金融市场融资条件的改善，降低融资成本，降低债务风险，支持实体经济的发展应该是主线。围绕降成本、降低潜在债务风险的"双降"措施可以进一步增加中国内部经济的稳健性，来自然对冲美国宏观政策的负外溢性，同时获取经济持续健康增长的动力。

美联储上轮 Taper 的背景信息对此轮
调整的参照意义可能有限

4 月 20 日

本文认为，2013 年本·伯南克时期美联储的缩减购债规模（以下简称 Taper）对于此次美联储调整货币政策转向的参考意义可能有限。原因在于：首先是"人变了"；其次是经济竞争的全球态势变了；最后是货币政策框架变了。

一 "人变了"

和上一届美联储相比，本届美联储最大的变化是猛，而且是非常猛。政策的激进超出了绝大多数市场投资者的预期。这种激进政策的来源可能有两个方面：一是或许美联储在实施现代宏观经济学的大实验，这种实验的理论基础也许是现代货币理论（MMT）。二是吸取了反次贷危机政策迟缓的经验教训。伯南克在《行动的勇气》中提及当年反次贷危机时期政策的力度和及时性都留有遗憾。与以往相比，本届美联储的政策"判若两人"，具有超常的迅猛度。新冠肺炎疫情对经济的负面冲击是巨大而深远的。2020年美国经济增长率 -3.5%，而依据 IMF 2021 年 4 月发布的数据来看，美国经济产出缺口也达到了 -3.12 个百分点，但远不及 2009 年产出缺口 -7.4 个百分点。同时，2020 年全球金融大动荡持续的时间很短，但美国股市出现了 4 次熔断，占美国股市历史熔断次数的 80%。从 2020 年 3 月 9 日暴跌开始一直到 2020 年 3 月 23 日的触底，仅仅只有 11 个交易日。当时金融市场上很多人预期即将爆发全球性金融危机，美联储"All in"的时候，全球金融大动荡却戛然而止。在流动性充裕和美联储坚定做多的条件下，美国金融市场出现了资产价格的过度修复。

与美国次贷危机相比，2020 年美国经济产出缺口并不大，产出缺口的快速收敛以及全球金融大动荡的"昙花一现"，相信会留给现代宏观经济学及政策制定者很多思考，美国激进的宏观政策背后是"人变了"。但美联储这种自私的激进政策释放过多流动性给世界经济的修复与增长带来了诸多潜在风险。

二　经济竞争的全球态势变了

美国次贷危机对美国经济造成的负面冲击是巨大的。依据 IMF 2021 年 4 月提供的数据，直到 2018 年美国经济产出缺口才开始完全收敛并转正。美联储 2013 年 5 月开始讨论 Taper，2015 年年底开始加息。2015 年年底，美国经济中的失业率大约是 5%，PCE 大约为 1.2%。这个失业率和通胀水平放在今天，美联储是不会加息的。原因有四点：一是现在美国经济中失业率为 6% 左右，与美联储可能希望的 4%—4.5% 的失业率有差距，尽管 PCE 已经在 1.5% 左右，在目前就业第一的原则下，美联储会考虑物价的上涨。二是 2018 年中美经贸摩擦之后，中美经济竞争上升到从未有过的层面，美国需要快速收敛经济中的产出缺口，并全面提升经济竞争力。最近讨论的拜登政府的大规模基建计划又是一个典型的信号。三是美国希望自己成为大经济体中能充分享受通胀溢价好处的经济体，美联储已经变成极度的通缩厌恶者。从通缩到通胀的形成过程具有珍贵性，这个过程决定了宏观政策修复经济的时间和空间，也决定了就业水平的改善程度和经济增长率的高低。四是美联储的"爆表"是动用全球资源（表现为美国经常账户大规模逆差等），导致美元信用的下降。美国希望通过加强经济竞争力来减少或者延缓美元信用的下降，那么也需要经济的足够修复来支撑。

三　货币政策框架变了

美联储副主席克拉里达针对美联储货币政策新框架和价格稳定给出了五点解释性的说明。一是联邦公开市场委员会（FOMC）希望推迟启动ELB，直到 PCE 通胀率上升到 2%，其他与持续实现这一目标相一致的补充条件也要得到满足。二是随着通货膨胀率持续低于 2%，美联储将致力于在一段时间内实现适度高于 2% 的通货膨胀率，以使长期通胀预期牢牢固定在2% 的长期目标上。三是美联储预计在满足开始政策正常化的条件后，适当的货币政策将在一段时间内保持宽松。四是一旦政策正常化的条件得到满足，政策会逐步将通胀率恢复到长期目标，即保持在 2%，但不低于 2%。五是长期平均 2% 的通胀率代表了 FOMC 事前的愿景，但不是一个事后承诺的时间不一致性（即在通胀率持续低于 2% 的时期之后，采取适当的货币政策很可能在一段时间内实现通胀率适度高于 2% 的目标）。

基于上述信息，可以得到这样的推断：美联储将允许通胀出现阶段性的超调，希望长期通胀率保持在 2%，但不低于 2%，而且是消费者支出价格水平，强调的是需求拉动的通胀。

激进的刺激性财政政策导致居民收入增长中相当大的部分来自转移支付，并非持久性收入。新冠肺炎疫情暴发前，财政转移支付占美国居民个人收入不足 17%，而新冠肺炎疫情后这一比例提高了差不多 5 个百分点。尽管非持久性收入获得了增长，但在预期不确定性的情况下，美国居民的消费行为仍然具有比较强烈的谨慎性消费特征。2021 年 2 月还有接近 14%的居民储蓄率就是例证，这是新冠肺炎疫情暴发前美国居民储蓄率的一倍左右。在新冠肺炎疫情防控措施的影响下，服务业消费依然疲软，2021 年1—2 月同比增长也只有 −7.0% 左右，而耐用品消费保持了相当高的增长速度，2021 年 1—2 月分别为 20.3% 和 16.1%。因此，这种消费结构的变异会在一定程度上带来 PPI 上涨，但能否导致持续的通胀预期及通胀需要观察，因为新冠病毒的变异还存在不确定性。

因此，依据 2013 年美联储缩减购债规模的背景信息来推测这次美联储的政策转向作用可能有限。"人变了"、经济竞争的全球态势变了以及货币政策框架变了，可能会导致参照 2013 年美联储 Taper 背景信息来推测下一轮政策转向的作用有限。

美元和欧元在国际货币体系中角色上的分化

4 月 22 日

本文认为，2020 年新冠肺炎疫情的冲击，使美元和欧元在国际货币体系中角色上出现了分化。美国经常账户巨大的逆差和金融账户巨大的盈余（负头寸）表明，美国在扮演全球风险资本家角色的道路上越走越远；欧元经常账户顺差和首次出现金融账户赤字（正头寸）表明，欧元更多依靠经常账户融资来对外进行投资，欧元区不是全球风险资本家。从这个角度来说，美欧货币政策外溢性存在显著的不对称性：与过去相比，美联储货币政策的外溢性会强于欧洲央行货币政策对全球的外溢性。

从美国经常账户的顺逆差来看，2015—2019 年美国服务业贸易顺差大约能抵补美国货物贸易逆差的 35%，2020 年这一比例下降到 25.5%。2020 年美国一方面在激进财政政策的刺激下，另一方面在新冠肺炎疫情约束生产能力释放的背景下，对外货物贸易逆差创历史新高，达到了 9155.7 亿美元。2020 年美国对外服务贸易顺差的下降和货物贸易逆差的增长，导致美国经常账户逆差高达 6817 亿美元，贸易逆差总量仅次于 2005—2006 年美国次贷危机之前和 2007—2008 年美国次贷危机爆发时期，这 4 年美国贸易逆差都超过了 7000 亿美元。与 2019 年相比，2020 年的贸易逆差增加了 1048.4 亿美元。

2020 年美国对外贸易近 7000 亿美元的贸易逆差说明，在美联储"爆表"的同时，有大量的美元通过贸易渠道流出美国，流向对美国有贸易顺差的经济体。

从金融账户来看，1999 年美国国际投资净头寸大约为 -1 万亿美元，美国次贷危机爆发之前的 2007 年也只有 -1.28 万亿美元。次贷危机爆发后，

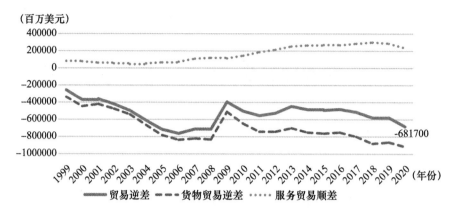

图1 1999—2020 年美国经常账户顺逆差的变化

资料来源：美国商务部经济分析局。

美国国际投资净头寸的绝对值迅速扩大。2008 年达到 – 3.99 万亿美元，2020 年高达 – 14.09 万亿美元。次贷危机之后的十来年，美国国际投资净头寸增加了大约 – 10 万亿美元，这相当于美国金融账户从全世界多借入了 10 万亿美元。

从历年的变化来看，图 2 给出了 1999 年以来美国国际投资净头寸的年

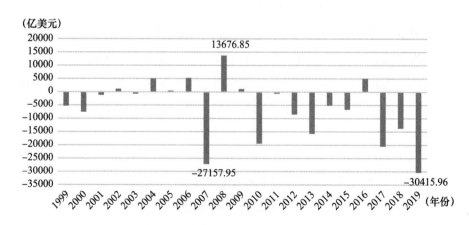

图2 美国国际投资净头寸的年度变化

资料来源：美国商务部经济分析局。

度变化情况。可以看出，除了 2016 年以外，2010 年之后美国国际投资净头寸的年度变化大都是负值。尤其值得关注的是，2019 年，美国国际投资净头寸变化量高达 -3.04 万亿美元左右，创历史新高。相当于 1 年的时间里美国的金融账户从全世界净借入了 3.04 万亿美元。

欧元区表现出了不一样的情形。从欧元区的贸易顺差来看，2019 年欧元区贸易顺差为 2800 亿欧元，占欧元区 GDP 的 2.3%，2020 年欧元区顺差依然高达 2500 亿欧元，占欧元区 GDP 的 2.2%（见图 3）。2020 年欧元区的贸易顺差主要来自英国和美国，顺差来源非常集中，来自英国和美国的贸易顺差分别占欧元区贸易顺差的 60.4% 和 31.6%。因此，从经常账户来说，欧元区并没有净输出欧元。

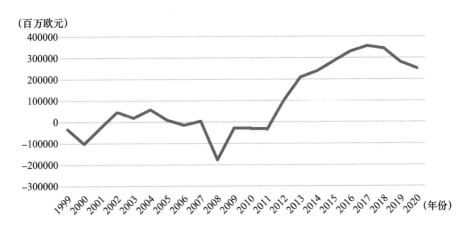

（百万欧元）

图 3   1999—2020 年欧元区经常账户顺逆差变化趋势

资料来源：ECB.

从金融账户来说，2020 年欧元区的国际投资净头寸超过 910 亿欧元，占欧元区 GDP 的 0.8%（见图 4）。因此，欧元区是经常账户顺差 + 金融账户逆差，但经常账户顺差的数量要大于金融账户的逆差（净头寸为正）。从 2020 年第四季度来看，欧元区直接投资资产中的 44% 投资在美英，直接投资中负债的 46% 来自美英。组合投资中资产的 56% 在美英（英国 16%、美国 40%），其中股票组合中的 47% 投资在美国，10% 投资在英国；债务证券中的 55% 投资在美英。组合投资中负债的 40% 来自美英,其中股票和债务证券来自美英的比例分别为 52% 和 24%。因此,相对于股权投资,欧元区债务证券对美英投资者的吸引力不及股权对美英投资者的吸引力。

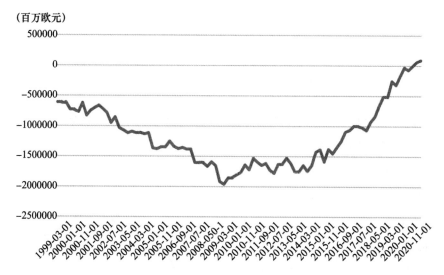

图4 1999年3月1日至2020年11月1日欧元区国际投资净头寸变化趋势
资料来源: ECB.

从 1999 年以来欧元区国际投资净头寸变化的趋势来看,2020 年新冠肺炎疫情冲击使得欧元区金融账户发生了一个重要的改变:从 2020 年第三季度开始欧元区的国际投资净头寸变成了正值,2020 年第四季度的数额达到了 911.2 亿欧元。欧元区开始进入了对外投资大于外国在欧元区投资的时期,这也说明欧元区新冠肺炎疫情的反复影响了国际投资者对欧元区的投资情绪。从长期趋势来看,差不多从 2013 年开始,欧元区金融账户净头寸的变化清晰地显示了外国投资者对欧元区的投资和欧元区对外投资之间的差距有明显的缩小趋势,这说明欧元区在全球经济中的投资吸引力有明显的下降趋势。

从经常账户和金融账户的资金来说,欧元区还是很稳健的。经常账户盈余远大于金融账户赤字,这为欧元区对外投资提供了经常账户的融资支持。因此，可以判断，2020年欧洲央行大规模的"爆表"，基本有两个结果：第一，欧洲央行增发的欧元基本留在了欧元区，对其他经济体的溢出效应并不大；第二，欧元短期资本流出的大约50%是流向美英，依靠美英发达的金融体系再进一步进入国际资金循环。

可见，2020年新冠肺炎疫情的冲击，使美元和欧元在国际货币体系中的角色出现了分化。美国经常账户巨大的逆差和金融账户巨大的盈余（负头寸）表明，美国在扮演全球风险资本家的道路上越走越远；欧元经常账户顺差和首次出现金融账户赤字（正头寸）表明，欧元区更多地依靠经常账户融资来对外进行投资，欧元区不是全球风险资本家。从这个角度来说，美欧货币政策外溢性存在显著的不对称性：与过去相比，美联储货币政策调整的外溢性会强化欧洲央行货币政策对全球的外溢性。

多种因素共同导致了美债收益率
近期盘整性下调

4 月 26 日

本文认为，2021 年 4 月以来美国 10 年期国债收益率出现的盘整性下调是多种因素共同作用的结果，主要包括：实际利率下调、短期债券收益率大幅下降的抑制作用、跨境资本套利行为以及宽松的预期。但近期的调整与通胀溢价基本无关。

美国 10 年期国债收益率在 2021 年 4 月出现了明显的盘整性下调，阶段性地改变了 2021 年以来收益率持续上涨的态势。2021 年 4 月 1—23 日 10 年期美国国债收益率下降了 11 个 BP，收益率下跌幅度为 6.51%，4 月 23 日的收益率为 1.58%，相比 2021 年 3 月 1.74% 的阶段性高点大约下降了 16 个 BP，下跌幅度达到 9.2%（见图 1）。2021 年 1—3 月美国 10 年期国债收益率的月度增加幅度分别达到了 18 个、35 个和 29 个 BP，每个月都出现较大幅度的增长。2021 年 1—3 月 10 年期美国国债收益率总体上涨了 82 个 BP，出现了巨大的涨幅，而截至 2021 年 4 月 23 日，涨幅为 69.9%，大约上涨了 70 个 BP。

美国 10 年期国债名义收益率近期的下降，主要原因是实际利率的下降所致。从通胀预期来看，2021 年 2 月到 4 月 23 日，美国经济中的通胀率基本稳定在 2.2%—2.4%，尤其是 2021 年 4 月以来，从美国 10 年期国债盈亏平衡通胀率来看相当稳定，在 2.31%—2.36%，长期通胀预期并没有出现什么变化。图 2 显示了美国经济中的实际利率水平的变化，可以看出图 1 中 2020 年 4 月以来 10 年期美国国债名义收益率的下降与图 2 中 2020 年 4 月以

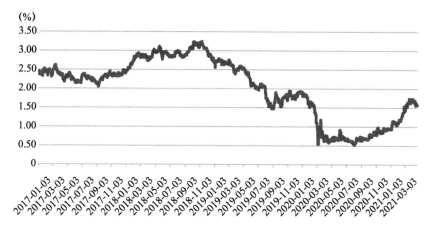

图1　美国10年期国债收益率的变化

资料来源：美国财政部。

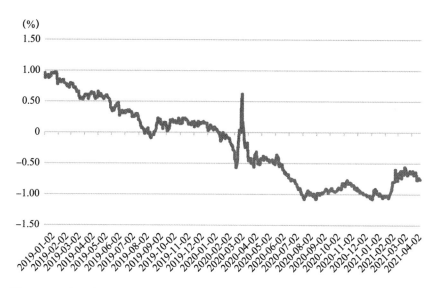

图2　2019年1月2日至2021年4月2日美国10年期通胀指数国债收益率的变化

资料来源：10 – Year Treasury Inflation – Indexed Security，Constant Maturity，Percent，Daily，Not Seasonally Adjusted.

来实际利率的下降基本是一致的。实际利率的下降也表明了金融市场对未来经济修复的预期尚存在不确定性。

从通胀率来看，2021 年 3 月美国经济中的 CPI 同比达到 2.6%，相比 2021 年 2 月的 1.7% 出现了跳跃性的上涨。但美联储的货币政策强调需求型物价水平的上涨，尤其是重点关注不包括食品和能源的核心 PCE。相比核心 PCE，图 3 显示了不论是 CPI 还是 PCE，同比变化波动幅度都很大，难以作为货币政策重点关注的物价目标。只有核心 PCE 波动幅度是最小的。以图 3 中 2013 年 1 月 1 日以来的月度数据为例，CPI 和 PCE 的月度波动标准差分别是核心 PCE 月度波动标准差的大约 3.03 倍和 2.45 倍。

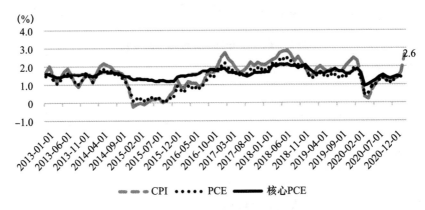

图 3   美国经济中的 CPI、PCE 和核心 PCE 同比变化趋势

资料来源：Federal Reserve Bank of St. Louis, Consumer Price Index for All Urban Consumers; All Items in U. S. City Average, Percent Change from Year Ago, Monthly, Seasonally Adjusted.

依据美国商务部经济分析局公布的最新数据，2021 年 2 月美国经济中的核心 PCE 同比增长 1.4%，比 2021 年 1 月下降了 0.1 个百分点，与 2020 年 10 月的同比增速相同。从环比来看，2020 年 10—11 月，PCE 和核心 PCE 环比增长率为零，2020 年 12 月至 2021 年 2 月 3 个月的环比增长率分别为 0.4、0.3 和 0.2 个百分点；而核心 PCE 这 3 个月的环比增长率分别为 0.3、0.2 和 0.1 个百分点，环比增长呈边际递减。从核心 CPI 的环比增长来看，2021 年 1 月比较大的增长与美国居民可支配收入由于财政转移支付带来的收入较大幅度增长有直接关系。2021 年 1 月美国居民可支配收入环比增长 11.4%，而 2021 年 2 月环比增长 -8.0%。

从欧元区情况看，按照欧盟统计局（Eurostat）2021 年 3 月的最新估计，3 月欧元区 CPI 同比增长率为 1.3%，相比 2021 年 2 月 0.9% 的同比增长率有明显的上涨。其中，2021 年 3 月能源价格年率同比增长 4.3%，相对于 2021 年 2 月的 -1.7% 出现了跳跃式的上涨。但剔除能源的消费者物价调和指数（HICP）在 2021 年 3 月为 1.0%，剔除能源和食品的 HICP 只有 0.9%。因此，欧元区的核心 CPI 也处于比较低的位置。

因此，目前的物价上涨及通胀预期带有明显的结构性特征。图 4 显示了美国、OCED 国家和欧元区的能源 CPI 年度同比增长率，可以看出 2020 年 12 月之后，由于国际金融市场原油等价格的较大幅度上涨，能源价格走出低谷，出现了同比的正增长。

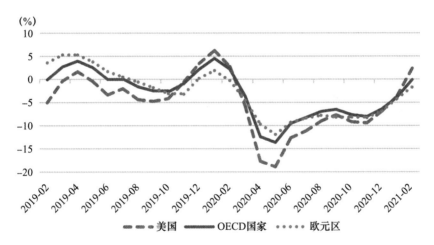

图 4　2019 年 2 月至 2021 年 2 月美国、OECD 国家和欧元区的
CPI 变化趋势（能源，年率）

资料来源：OCED, Consumer Prices, OECD - Updated：April 6, 2021.

图 5 显示了美国、OCED 国家和欧元区的食品 CPI 年度同比增长率，可以看出新冠肺炎疫情暴发后的一段时间食品价格有一个明显的上涨，与能源价格走势基本相反。但这些发达经济体的食品价格从 2020 年中期开始就

出现了涨幅放缓的趋势，但同比增长率仍然保持在较高水平，美国和 OECD 国家近期的食品同比涨幅在 3% —4% 的区间。

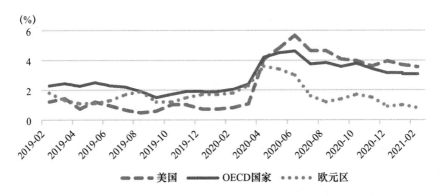

图 5 美国、OECD 和欧元区的 CPI（食品，年率）

资料来源：OCED, Consumer Prices, OECD – Updated：April 6, 2021.

对于 2021 年 4 月以来美国 10 年期国债收益率的下降，我们也要关注美国国债不同利率期限结构的变化情况。图 6 显示了 2021 年以来 1 个月至 30 年期限的美国国债收益率的变化幅度。1 年期及 1 年期以下的国债收益率均出现了不同幅度的下跌，而且基本是持续下跌。期限越短，下跌的幅度越

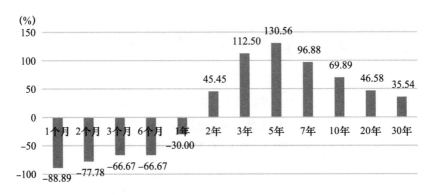

图 6 美国不同期限国债收益率变化幅度的分化

资料来源：美国财政部。

大。比如 1 个月的国债收益率下降了 88.89%，1 年期国债收益率下降了 30%，这说明美国金融市场的短期流动性非常充裕。2 年期及以上期限的国债收益率出现了不同幅度的增长，其中 5 年期国债收益率上涨幅度最大，达到了 130.56%，10 年期国债收益率上涨幅度也达到了近 70%。

最后，我们需要关注跨境套利和资本流动对美国国债收益率的影响。由于 2021 年以来 10 年期美国国债收益率上涨幅度要大于欧元区 10 年期国债收益率，这会导致美国国债需求的增加，从而压低美国国债收益率的上涨。另外由于部分新兴经济体，比如印度，受新冠肺炎疫情的影响会导致资本回流，增加美债投资的吸引力，也会降低美债的收益率。

因此，10 年期美国国债收益率的阶段性下降可能有多个原因：首先是实际利率的下降；其次，短期债券收益率的大幅度下降也会抑制长期债券收益率的上涨；再次，跨境套利对美国中长期国债的需求也会抑制美国国债收益率的上涨；最后，美联储维持每月购债的规模不变，也强化了继续宽松的预期，有助于抑制利率的上涨。

2021 年以来，美国长期利率的逐步上升反映出美国经济预期修复的速度会比较快。同时，长期利率上扬还将有助于遏制激进刺激性政策带来资产价格过度修复导致的资产价格风险。由于收益率曲线较长的一端会受到美联储资产购买的重要影响，作为主要的非常规货币政策工具，这种操作方式压缩了风险溢价，在获得宽松金融条件的同时，支撑风险资产价格的上涨，这也是美国金融市场资产价格出现过度修复和上涨的重要原因。

货币投放方式不同，宽松货币政策的
结果也可能不同

5月1日

为应对新冠肺炎疫情冲击，美欧都采取了极度宽松的货币政策，但金融体系的结构性差异使得美欧央行采取了不同的货币投放方式。美联储基本采取购买债券投放货币的方式，欧洲央行采取购买证券和信贷"双管齐下"投放货币的方式。货币投放方式的差异是否会带来不同的经济金融修复结果？在银行主导型金融体系的背景下，欧洲央行越来越重视通过购买证券直接投放货币，或许凸显了证券类资本市场在现代经济运行和宏观调控体系中的重要性。

2020年3月以来，美联储和欧洲央行都采取了激进的刺激性政策，这种激进的货币政策都表现在央行资产负债表的急剧扩张，都是宽松，但美欧货币投放结构存在明显的差异，这是由金融体系结构性的差异所决定的。

一 美欧央行都是宽松的货币政策

从央行资产负债表来看，2020年3月金融大动荡前夕至2021年5月，美联储和欧洲央行的扩表幅度是巨大的。截至2021年4月22日，美联储总资产高达约7.82万亿美元；截至2021年4月27日，欧洲央行总资产高达约7.56万亿欧元。与2020年3月初相比，截至目前，美联储和欧洲央行的总资产扩表幅度分别达到了84.39%和61.09%，扩表幅度中的大部分是在

2020 年完成的（见图 1）。

图 1 美联储和欧洲央行的扩表幅度

注：美联储两个阶段是 2020 年 3 月 5 日至 2020 年 12 月 31 日；2020 年 12 月 31 日至 2021 年 4 月 22 日。欧洲央行两个阶段是 2020 年 3 月 3 日至 2020 年 12 月 29 日；2020 年 12 月 29 日至 2021 年 4 月 27 日。

资料来源：美联储，欧洲央行。

依据 IMF 2021 年 4 月提供的数据，欧元区 2020 年经济产出缺口高于美国经济产出缺口，2020 年美国经济和欧元区经济的产出缺口分别为 - 3.12 个百分点和 - 4.35 个百分点。在欧元区产出缺口稍大的背景下，欧洲央行扩表的程度明显要小于美联储扩表的程度，主要因为当前是美元主导、欧元跟随的国际货币体系。美国出现大规模的贸易逆差，2020 年美国经常账户逆差高达 6817 亿美元；欧元区出现相当规模的贸易顺差，2020 年欧元区顺差为 2500 亿欧元，占欧元区 GDP 的 2.2%。美国国际投资净头寸是负值，2020 年美国国际投资净头寸变化量高达 - 3.04 万亿美元，而欧元区国际投资净头寸是正值，2020 年欧元区的国际投资净头寸超过 910 亿欧元，占欧元区 GDP 的 0.8%。因此，经常账户和金融账户的差异在相当程度上应该约束了欧洲央行的扩表幅度，但即使如此，新冠肺炎疫情暴发以来欧洲央行的扩表幅度也是巨大的。

二 宽松的货币投放结构存在
明显差异，也存在趋同

美联储资产负债表的扩张是通过市场购买债券（国债和抵押支持债券）来实现的。这就是说美联储把货币直接投向市场，而不是通过商业银行来投放货币，通过增加金融市场资金量来提高流动性，商业银行在不缺乏流动性的情况下，按照自身的风险管理要求来融资并提供信贷。从 2020 年 3 月 5 日至 2021 年 4 月 22 日，美联储资产负债表增加了约 3.56 万亿美元，其中，国债增加了约 2.5 万亿美元，抵押支持债券增加了约 0.88 万亿美元，两项合计约 3.37 万亿美元，占美联储资产负债表扩张的 94.7%。欧洲央行表现出类似的情况，但存在明显的差异。从 2020 年 3 月 3 日至 2021 年 4 月 27 日，欧洲央行资产负债表增加了约 2.87 万亿欧元，其中欧元区居民发行的证券增加了约 1.33 万亿欧元，向欧元区信贷机构提供与欧元货币政策操作相关的贷款增加了约 1.49 万亿欧元，两项合计约 2.82 万亿欧元，占欧洲央行资产负债表扩张的 98.2%。

美联储与欧洲央行货币投放方式的差异，本质上是美欧金融体系的差异所致。美国是以市场主导的金融体系，货币投放以金融市场投放为主，因此，购买债券几乎成为美联储投放货币的唯一方式。欧元区是以银行为主导的金融体系，因此，向信贷机构投放资金依旧是重要的货币投放方式。从 2020 年 3 月 3 日至 2021 年 4 月 27 日欧洲央行货币的投放结构来看，向信贷机构投放资金占据了资产负债表扩张的 51.92%，同时，欧洲央行通过购买债券的形式向市场投放的货币占据了资产负债表扩张的 46.34%。

尽管这一轮救助和刺激性货币政策中，欧洲央行更多的是通过信贷扩张来完成的。但从历史的视角来看，我们发现欧洲央行货币的投放也逐步在向资产购买这种直接性投放演变。图 2 显示了从欧洲央行的货币投放方式来看，尽管欧洲的金融体系是以银行为主导的金融体系，但也在高度重视金融市场的发展，近几年货币的投放几乎采取了市场购买债券和银行信贷并重的方式。2008 年年初欧洲央行购买欧元区居民发行的证券只占总资产的 6.36%，美国次贷危机后的 2010 年年底证券占总资产的比例达到了 23.86%。欧债危机的爆发使得欧元区从 2013 年年底开始了又一轮扩表，到了 2016 年欧洲央行资产负债表中证券占总资产比例达到了 53.78%。2019 年年底达到高点 60.83%。截至 2021 年 4 月 27 日证券占总资产的比例也高达 55.56%。

图 2 欧洲央行总资产和证券占总资产的比例

注：图中的 2008 是指 2008 年 1 月 9 日；2010 是指 2010 年 12 月 28 日；2013 是指 2013 年 12 月 31 日；2016 是指 2016 年 12 月 28 日；2019 是指 2019 年 12 月 31 日；2021 是指 2021 年 4 月 27 日。

资料来源：ECB，weekly financial statements.

因此，从历史的视角来看，欧洲央行也在逐步重视通过市场购买证券来直接投放货币。为了应对新冠肺炎疫情的冲击，欧洲央行出台了大规模的资产购买计划（PEPP）。这种方式的好处是：金融市场流动性充裕，会迅速降低金融市场的压力指数，改善市场融资条件。当流动性充裕，利率被压到很低的水平时，市场融资条件的改善是迅速的。从政策性利率水平来看，依据 BIS 提供的数据，截至目前美联储和欧洲央行的政策性利率水平分别是 0.125% 和 0。

三 货币投放结构不同可能会导致
金融市场的几大差异

首先是经济中微观主体的杠杆率会存在差异。美联储和欧洲央行资产负债表如此扩张肯定会带来信贷的增长，但存在一定的差异。图 3 显示了 BIS 提供的美国和欧元区信贷缺口的变化，可以看出美国经济从 2020 年第二季度开始，信贷缺口已经转正，到了 2020 年第三季度信贷缺口为 4.9%；相比之下欧元区的信贷缺口也出现了快速收敛，2020 年第三季度信贷缺口只有 -0.3%。依据 BIS 的数据，2020 年第三季度美国和欧元区所有非金融部门的信贷/GDP 比例为 161.5% 和 176.3%，相比 2019 年年底分别上涨了 11.2 个百分点和 12.3 个百分点。

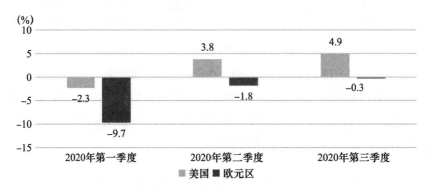

图3　美国和欧元区信贷缺口的变化

资料来源：BIS，Credit – to – GDP gaps（actual – trend）– United States – Credit from All sectors to Private non – financial sector；Credit – to – GDP gaps（actual – trend）– Euro area – Credit from All sectors to Private non – financial sector.

尽管美国经济信贷缺口在 2020 年第三季度已经转正，但从信贷缺口的变化幅度来看，欧元区信贷缺口的收敛幅度还是大一些。从 2020 年第一季

度的 −9.7% 收敛到第三季度的 −0.3%，收敛幅度为 9.4 个百分点；而同期美国经济的信贷缺口从 −2.3% 变为 4.9%，变化幅度为 7.1 个百分点。从这个角度可以认为银行主导型的金融体系在信贷推动的经济修复上要更快，但会导致经济中的杠杆率也会相应的上升比较快。

其次是经济中风险溢价可能会存在差异，这会导致金融市场的融资条件（金融压力指数）存在一定的差异。把货币直接投向市场，金融市场融资条件的改善可能更为迅速。

再次是资产价格的上涨幅度会出现差异。金融市场流动性的改善会助推资产价格出现快速、甚至过度的修复。通过银行信贷来改善流动性对金融市场资产价格的修复速度要慢一些。在宏观审慎的监管下，通过银行资金来间接入市存在确定的限制，尤其是在分业监管的背景下，银行持有的证券比例较低。从 ECB 公布的数据来看，也体现了这一点。

当然，上述三个差异是货币投放方式不同在市场上能够直接显示出来的，包括杠杆率、风险溢价（金融压力指数）以及资产价格的变化。但我们很难在短期变化中去评价这种货币投放方式差异的优劣，美欧货币政策的目标也是提高就业和保持物价稳定，而这两个目标与上述几个差异之间存在复杂的关系，作用机制一直是货币政策效率研究关注的重点。但不管如何，有一点值得我们关注：在银行主导型金融体系的背景下，欧洲央行越来越重视通过购买证券直接投放货币，这或许凸显了证券类资本市场在现代经济运行和宏观调控体系中的重要性。

对"稳增长压力较小的窗口期"的几点理解

5 月 6 日

2021 年 4 月 30 日，中共中央政治局会议强调"要用好稳增长压力较小的窗口期"。"稳增长压力较小的窗口期"是建立在中国新冠肺炎疫情防控取得战略性成果基础之上的，是建立在复工复产走在全球前列的基础之上的，是建立在供给侧结构性改革持续深化基础之上的。重要经济数字、增长动能和外部贸易金融环境三大方面显示了中国经济处于"稳增长压力较小的窗口期"。用好"稳增长压力较小的窗口期"强调了在严控新冠肺炎疫情的前提下，"用好外势、优化内势"，推动中国经济稳中向好。

一　从重要经济数字看"稳增长压力较小的窗口期"

2021 年中国经济增长目标是 6% 以上，2021 年第一季度 GDP 同比增长 18.3%，比 2019 年第一季度增长 10.3%，两年平均增长超过 5.0%。IMF 在 4 月的《世界经济展望》中预测中国 2021 年 GDP 增速 8.4%。从增长率角度来看，6% 的增长目标保留了相当余地的回旋空间。从就业目标来看，城镇新增就业 1100 万人以上，城镇调查失业率 5.5% 左右。2021 年第一季度城镇调查失业率平均为 5.4%，同比下降 0.4 个百分点，略低于 5.5% 左右的预期目标。从物价来看，2021 年居民消费价格涨幅 3% 左右。2021 年第一季度居民消费价格同比持平，1 月、2 月同比分别下降 0.3% 和 0.2%，3 月转为上涨 0.4%，价格同比增速温和上涨，但处于低位；PPI 出现结构性上涨,2021 年第一季度 PPI 同比上涨 2.1%,PPI 上涨多集中在上游生产资料行业,这与国际市场大宗商品 2021 年以来较大幅度的上涨密切相关。总体上,无论是从增长、就业还是从物价水平来看,稳增长处于压力较小的窗口期。

二 从增长动能看"稳增长压力较小的窗口期"

依据国家统计局网站公布的数据,2021 年第一季度全国居民人均可支配收入同期名义和实际增长均为 13.7%,比 2019 年第一季度增长 14.6%,两年平均增长 7.0%,扣除价格因素,两年平均实际增长 4.5%。2021 年第一季度全国居民人均消费支出同期名义实际增长 17.6%,比 2019 年第一季度增长 8.0%,两年平均增长 3.9%,扣除价格因素,两年平均实际增长 1.4%。2021 年第一季度社会消费品零售总额同比增长 33.9%,两年平均增长 4.2%。从收入和消费的实际增长率对比来看,消费支出增长率落后于收入增长率,居民出现了一定的谨慎性消费行为。谨慎性消费行为是新冠肺炎疫情冲击后全球居民消费存在的普遍现象,主要是全球新冠肺炎疫情仍然具有较大的不确定性,但全国居民收入的增长保留了消费的潜在能力。

2021 年第一季度全国固定资产投资同比增长 25.6%,两年平均增长 2.9%。其中,高技术产业投资同比增长 37.3%,两年平均增长 9.9%,快于全部投资 7 个百分点。社会领域投资同比增长 31.7%,两年平均增长 9.6%。高新技术和卫生、教育等社会领域投资呈现出较快的增长,显示了投资动能的结构在持续优化,高科技和民生领域的投资成为拉动投资的重要力量。2021 年第一季度规模以上高新技术制造业增加值同比增长 31.2%,两年平均增长 12.3%,为高新技术的持续投资奠定了自身的财务基础。

2021 年第一季度对外贸易结构在继续优化。一般贸易进出口占进出口总额的比重为 61.2%,比 2020 年同期提高 1.3 个百分点。这说明中国参与全球贸易的产业链的闭环越来越大,抗击外部供应链问题冲击的压力越来越强。

三 从外部贸易金融环境看"稳增长 压力较小的窗口期"

　　未来几个月出口会继续保持较高增长。按照海关总署网站提供的数据，以人民币计价，2021 年第一季度出口同比增长 38.7%，贸易顺差 7593 亿元；以美元计价，2021 年第一季度出口同比增长 49%，贸易顺差 1163.5 亿美元，出口延续了较高增长的态势。2021 年第一季度国内工业企业产能利用率为 77.2%，比 2020 年同期上升 9.9 个百分点。制造业产能利用率为 77.6%，同比上升 10.4 个百分点。工业产能和制造业产能利用率已经达到了新冠肺炎疫情前的水平，生产端恢复常态化运行，有效的疫情防控带来的高复工复产是出口取得较高速增长的基础。

　　从美国经济生产能力恢复情况来看，依据美联储圣路易斯分行的数据，美国工业产能利用率 2021 年 1—3 月均值 74.4，较 2020 年 4 月的低点上升了 10.1 个百分点，但与 2018—2019 年的月度均值相比仍然相差接近 4 个百分点，与 2020 年 1—2 月相比也相差 2.5 个百分点。美国采取了激进的宏观刺激政策，生产能力不匹配消费的增长，导致贸易逆差不断扩大，2021 年第一季度美国经常账户逆差 2127.9 亿美元。从 2020 年 2 月开始，美国经常账户月度贸易逆差不断扩大，贸易逆差从 2020 年 2 月的 380.1 亿美元一直扩大到 2021 年 3 月的 744.5 亿美元。美国生产能力的逐步恢复反而伴随着美国经常账户贸易逆差的扩大，主要原因是激进的刺激政策导致美国货物贸易逆差大规模增长。2020 年 2 月美国货物贸易逆差约为 604 亿美元，到 2021 年 3 月货物贸易逆差高达 915.6 亿美元。依据海关总署的数据，以人民币计价，2021 年第一季度中国出口到美国的商品为 7746.9 亿元，约占总出口的 16.8%，贸易顺差 4721.6 亿元，占第一季度贸易顺差的 62.2%，这还是中国加大从美国进口的背景下出现的，2021 年第一季度中国从美国的商品进口同比增长了 57.9%。

因此，美国激进的刺激政策导致在美国经济产能不断扩大的背景下，从中国的进口出现了明显的增长。考虑到目前全球新冠肺炎疫情依然严重，尤其是印度、巴西等新兴经济体的疫情压力很大，未来几个月中国经济的出口会继续保持较高的增长率。

人民币汇率会基本保持稳定，波动幅度不会太大。2021 年以来，国际金融市场收益率出现了明显的上涨。比如 10 年期美国国债收益率上涨了 60 多个 BP，收益率上涨幅度超过 65%，但总体上未来一段时间发达经济体依然会保持宽松的货币政策。2020 年年初中美 10 年期国债收益率大约为 125 个 BP，随着美联储采取激进的货币政策，10 年期美国国债收益率快速下降，中美 10 年期国债收益率在 2020 年 9—10 月超过 240 个 BP。随着 2021 年年初以来 10 年期美国国债收益率的上涨，中美债券收益率的利差有所缩小。截至 2021 年 4 月底保持在超过 150 个 BP 的水平，仍然高于 2021 年年初的水平，也高于 2018—2019 年的收益率差的水平。中国股票市场整体资产价格的估值处于健康水平，主板的 P/E 等财务指标显示具备投资价值。较大规模的贸易顺差基本能够涵盖资本流出，资本双向流动会保持动态平衡。同时，中国保持了常态化的货币政策，货币政策具备调整的空间。在这样的背景下，人民币汇率在未来几个月保持相对稳定具备良好的经济和金融基础。

因此，中国经济重要的经济数字、增长动能的优化和外部贸易金融环境三大方面显示了中国经济处于"稳增长压力较小的窗口期"。在严防新冠肺炎疫情的前提下，抓住稳增长压力较小的窗口期，"用好外势、优化内势"定能推动中国经济稳中向好。"优化内势"就是要凝神聚力深化供给侧结构性改革，在保持宏观政策连续性的背景下，提振制造业投资、优化民营经济环境促进民间投资、强化地方财政金融风险防范与控制、加强和改进平台经济监管等，使经济在恢复中达到更高水平的均衡。

区分金融汇率与贸易汇率是理解汇率
制度选择及其调整的基础

5月7日

从历史的视角来看，布雷顿森林体系确立了美元与黄金挂钩，其他国家货币与美元挂钩的国际货币体系。在通过黄金硬"锚"钉住的固定汇率制度下，美元稳定了金融汇率，也相应地稳定了贸易名义有效汇率。但由于一国价格水平的变动与名义汇率之间的变动并不能很好地实时吻合，因此，即使在贸易名义有效汇率稳定的情况下，贸易实际有效汇率还是具有一定的不稳定性。在浮动汇率制度下，上述情况会发生明显的改变。

一 一般情况下，美国不在意美元汇率的变化

布雷顿森林体系崩溃后，在浮动汇率制度下，美元不再具有稳定的定价"锚"作用，美元名义价值本身就是变化的，这个变化就是美元指数的变化。美元指数衡量的是美元相对于美元货币篮子的其他货币美元名义价值的变化。这里有两个问题需要清晰：首先，美元指数是一个选择性的货币利益集团。美元指数构成中仅包括 6 种货币，其中，欧元占 57.6%、日元占 13.6%、英镑占 11.9%、加拿大元占 9.1%、瑞典克朗和瑞士法郎分别占 4.2% 和 3.6%。其次，美元指数初始的编制是为了考虑美国主要贸易伙伴的"贸易名义汇率"，但实际上美元指数并不是一个贸易汇率。因为美元指数中的货币既不能较好地反映美国对外贸易的伙伴关系，更不能反映美

国贸易伙伴的贸易权重。可见，现在市场上交易的美元指数本质上更接近美元的金融汇率：衡量美元对 6 个货币的相对名义价值。BIS 提供的两年一次调整权重的广义和狭义美元汇率指数是美元的贸易有效汇率指数。因此，纽约期货交易所交易的美元指数本质上是一个金融汇率，衡量美元相对于美元指数篮子中 6 种货币的强弱程度，只能间接的、不完整的反映美国的出口竞争能力和进口成本的变动情况。

可以认为，在美元主导的国际货币体系下，金融市场关注的是美元的金融汇率。这是由美元作为国际主导货币的属性决定的，由国际金融市场的供需来决定美元的汇率。进一步具体说，国际金融市场美元资产的投资相对收益率基本决定了美元金融汇率的相对走势。由于美元指数货币篮子中的货币都是发达经济体的货币，这些经济体资本账户的开放程度相对较高，开放条件下的利率平价在一定程度上决定了短期美元指数的走势。美联储可以通过加息或者降息来影响美元指数的走势，尽管历史上并不是美联储每一次加息周期就一定能带来美元的强势周期，这是因为美元指数中其他经济体的利率水平也会影响美元指数的走势，不仅仅取决于美国金融市场上的利率水平。美联储是否加息或者降息其依据是美国国内的经济状况，因此，美联储的工具很直接：主要通过利率工具（流动性）来影响金融市场的市场收益率，从而影响美元指数的走势。同时由于主导性货币具有安全资产的避险属性，在国际金融市场动荡时期，美元指数都会走强，2020 年 3 月爆发了全球金融大动荡，美元走出了零利率下的强美元轨迹就是例子。

一般情况下，美国也不太关注由于美元本身走势导致美元贸易汇率的变化，或者说，在美国国内经济状况不允许调整货币政策时，美联储基本是无力影响美元汇率的，国际金融市场上每天几万亿美元利率衍生品的交易量决定了美元的汇率，其中大部分的市场交易还在美国境外。但在经常账户逆差扩大的情况下，美国会关注与主要贸易伙伴的双边金融汇率。如果美国出现了过大的贸易逆差，美国主要通过美元霸权来试图解决美国可能由于美元相对贸易伙伴货币走强导致的经常账户逆差。在解决美国贸易逆差方面，美元霸权主要体现在以下三个方面：一是定向发起汇率摩擦。在 20 世纪 70 年代左右，由于德日对美国有大规模的贸易顺差，美国就要求德日的货币升值；20 世纪 80 年代中期由于控通胀，美国联邦利率上升得很高，美元很强，由于日本对美国有大量的贸易顺差，1985 年的广场协议就是在美国主导下，通过 G5 要求日元大幅度的持续升值，从而降低美国对日本的贸易逆差。1977 年 4 月 IMF 通过了一项旨在避免操纵汇率的决议，但现在美国财政部自己定期评估贸易伙伴的汇率状态，单方面按照自己的标准确定贸易伙伴是否存在汇率操纵。二是定向发起贸易摩擦。典型的是2018 年美国前总统特朗普主动发起的对中国的贸易摩擦。三是汇率摩擦和贸易摩擦相结合。历史上美国往往把汇率摩擦和贸易摩擦结合起来降低美国经常账户逆差，像 20 世纪 70—80 年代美国要降低与德日的贸易逆差都是两者结合的例子。

一般情况下，美国不在意美元汇率的变化也印证了那句话：美元是美国的，问题是世界的。

二　不同汇率制度安排下的金融汇率与贸易汇率

对于非美元经济体来说，汇率问题就变得重要得多。世界上有多种汇率制度。但非美元经济体都面临两个汇率：一是和美元的双边汇率，即金融汇率，主要涉及跨境资金的流动和跨国资产价值的变化。二是贸易汇率，即一篮子贸易伙伴贸易权重加权的汇率，主要涉及出口竞争力。因此，非美元经济体的汇率制度就意味着在金融汇率与贸易汇率之间权衡取舍，或者在两者之间平衡。

IMF 关于汇率制度有多种分类。我们简洁地说一下固定汇率和浮动汇率中间的两种形态。第一种是联系汇率制度（货币局制度），属于硬盯住汇率制度中的一种。联系汇率制度要求放弃货币发行权，与美元的汇率保持基本恒定。中国香港特别行政区是代表性的联系汇率制度。联系汇率制度的好处是：金融汇率基本保持不变，贸易汇率随着贸易伙伴兑美元或者兑港币的变化而变化，当然也取决于货币篮子中贸易权重的变化。这种汇率制度追求的是金融汇率的稳定，从而打消了跨区域资金由于汇率套利的可能性，有助于金融的稳定。但在市场投资者认为基本是固定的本币与外币兑换比例不可信时，也会遭受卖空性投机性行为的冲击。第二种是有管理的浮动汇率制度。这类有管理的浮动汇率制度定义范围较广，属于固定汇率和浮动汇率之间比较有弹性的一类汇率制度安排。这类有弹性的汇率制度安排也同样面临着金融汇率与贸易汇率之间的权衡。

本篇以人民币汇率为例简要说明。人民币汇率同样面临着两个汇率：与美元的金融汇率以及和贸易伙伴的一篮子货币贸易汇率。人民币汇率关心什么取决于不同的经济发展阶段及面临的现实问题。2005 年之前人民币基本是单一盯住美元的，这意味着人民币汇率只有稳定的金融汇率，不重视贸易汇率的稳定性。2001 年中国加入 WTO 后到 2005 年 7 月，盯住美元的好处是，美元处于下行区间，人民币盯美元带来了人民币名义有效汇率和实际有效汇率的下降，促进了出口，但贸易汇率是不稳定的。依据 BIS 提供的广义人民币有效汇率指数，2001 年 1 月至 2005 年 7 月人民币名义有效汇率贬值了 11.2%，实际有效汇率指数贬值了 13.8%。2005 年汇率改革的背景是国际金融市场流动性充足，资本流入，导致了人民币汇率出现了升值压力，继续单一盯住美元很难。2005 年 7 月 21 日人民币汇率实施了重大改革，人民币汇率实行以市场供求为基础、参考一篮子货币进行调节、有管理的浮动汇率制度。人民币不再单一盯住美元，并根据对汇率合理均衡水平的测算人民币对美元即日升值 2%，即 1 美元兑 8.11 元人民币。说明中国开始重视贸易汇率的稳定性。

每一次的人民币汇率改革都是为了解决汇率制度出现了不能适应国内外经济金融发展形势的问题。随着美联储从 2014 年逐步退出美国次贷危机时期的宽松政策，美元指数开始走强，如果美元大幅度升值，维持人民币和美元之间的金融汇率不变或者变化过小，那么人民币兑其他货币就会大幅度升值，人民币贸易汇率的大幅度升值不利于出口。依据 BIS 提供的广义人民币有效汇率指数，从 2010 年到 2015 年 7 月，人民币名义和实际有效汇率指数都升值了大约 30%。2015 年 8 月 11 日的 "8·11" 汇率改革标志着 1994 年开始的人民币汇率中间价形成机制市场化改革迈出了重要一步，央行将当日人民币兑美元汇率中间价一次性贬值约 2%，人民币贸易汇率出现了稳中有降。同时在 2015 年 5 月中国银行间市场交易商协会就宣布将在中间价公式中加入逆周期因子，这背后主要体现央行的逆周期调节意愿。2015 年 12 月 11 日中国外汇交易中心正式发布了 CFETS 人民币汇率指数，稳定贸易汇率成为人民币汇率政策的重要取向。由于美元走强，2017 年 5 月 26 日，在人民币持续贬值的大背景下，央行首次宣布加入逆周期因子，将人民币兑美元汇率中间价机制调整为 "前一交易日汇率收盘价 + 夜间一篮子货币汇率变化 + 逆周期因子"。逆周期因子是防止人民币兑美元金融汇率出现明确的贬值趋势，从而进一步引发资本外流。而当人民币兑美元汇率处于持续升值时期，逆周期因子则会逐步淡出，2020 年 10 月 27 日中国外汇交易中心发布公告称，会陆续主动将人民币对美元中间价报价模型中的逆周期因子淡出使用，人民币金融汇率的定价机制进一步市场化。

因此，可以看出，人民币汇率制度十几年的市场化改革进程，都是围绕着平衡人民币金融汇率的稳定性和贸易汇率的稳定性来展开的。当然，CFETS 指数编制中美元占比的逐步下降，一方面反映了中美贸易在中国对外贸易中权重的下降，另一方面也突出了人民币金融汇率的变动可能允许有更大的浮动区间，这也体现了中国经济金融发展到今天的自信。因为要维持一篮子货币贸易汇率的相对稳定性，美元权重的下降也意味着可能需要有更大浮动区间才能满足人民币贸易汇率定价稳定的公式要求。

激进刺激后的轮回（I）：
美联储又担心资产价格了

5 月 10 日

本文认为，激进的刺激性政策是导致美联储对 2020 年 3 月资产价格暴跌的担忧迅速转变为当前对资产价格过高担忧的主因，但美联储两次担忧的心情不同。2020 年 3 月是担忧国际金融市场资产价格暴跌演变为全球性的金融危机，而这一次是担忧资产价格较大幅度下跌打破美国经济走出"大停滞"的愿景。虽然说美联储对资产价格的担忧出现了迅速的轮回，但两次政策的力度和节奏有显著不同：2020 年 3 月是毫不含糊，坚决做多；现在是用词含糊，但力求合意的愿景。

当前美国经济金融面临的突出问题是：金融周期已经显著超前于经济周期，疫情金融与疫情经济的大脱离能否缓和收敛，避免出现资产价格较大幅度调整带来金融动荡成为美联储货币政策必须关注的问题。这是美国激进刺激性宏观政策带来的轮回，只是这个轮回的时间有点短：2020 年 3 月美联储对资产价格暴跌的担忧迅速演变为当前对资产价格过高的担忧，仅仅过了 1 年多的时间。2021 年 5 月，美联储发布的半年度《金融稳定报告》（*Financial Stability Report*）强调了金融市场上资产估值压力，鲍威尔也几次发表了关于公司现金流与资产价格之间可能不匹配的言论。

从 1 年多的时间来看，刺激政策带来的风险偏好上升是推动资产价格上涨的重要因素，但风险偏好的改变可能主要取决于国际金融货币形势是否会出现变化，直接的表现是美国激进的宽松政策何时出现"逆向性"的拐点，而这主要取决于美联储对美国经济是否取得了"实质性的进一步进展"

的判断。在美联储给出相对明晰的信号之前，美国金融市场资产价格出现较大幅度向下调整的可能性较小，甚至还会上涨。美国劳工部 2021 年 5 月 8 日公布的数据显示 2021 年 4 月美国失业率飙升至 6.1%，比 2021 年 3 月上升了 0.1 个百分点，2021 年 4 月非农就业数据大幅不及预期，但道琼斯指数和标普 500 指数紧接着就创了历史新高。截至 2021 年 5 月 7 日收盘，道琼斯指数和标普 500 指数分别高达 34777.76 点和 4232.60 点。美联储宽松政策预期的延长刺激了资产价格进一步上涨。

鲍威尔以及部分美联储官员强调"实质性的进一步进展"，但并未给出具体的定义或者解释，说明美联储认为美国经济已经取得了进展，只是还缺少进一步的实质性进展。美国经济实质性进展主要表现在经济产出缺口的快速收敛以及失业率的不断下降上，淡化持续的通胀及通胀预期成为美联储近期阐述货币政策的基本基调。美联储眼中美国经济"实质性的进一步进展"含义是什么？本文认为，允许通胀"超调"是"实质性的进一步进展"的重要内容。

我们一直认为，允许通胀"超调"是美联储眼中美国经济取得"实质性的进一步进展"的抓手。目前美国经济中的通胀率已经突破 2%，CPI 在 2021 年 3 月同比增长率为 2.6%，核心 CPI 同比增长率也达到 1.8%（见图 1）。美联储允许通胀"超调"的原因在于：2021 年 3 月美国经济中的失业率仍然在 6% 左右，而 2021 年 4 月的失业率上升至 6.1%，但这与 2020 年金融大动荡之前的 3.5% 的失业率相比，仍然有很大的差距。按照 6% 的失业率水平来简单推算，美国经济中失业人数还有 850 万人左右。

允许通胀阶段性"超调"已经是事实。2021 年 4 月美国经济中的 CPI 和核心 CPI 还会进一步上涨。问题在于：美联储允许通胀阶段性"超调"的期限到底有多长？本文认为这个阶段性可能会比较长，而且长度可能会超出市场的预期。

首先，美联储货币政策新框架需要一场宏观经济学的大实验来检验。按照美联储副主席克拉里达对美联储货币政策新框架和价格稳定解释中的第 4 点，"一旦政策正常化的条件得到满足，政策会逐步将通胀率恢复到长

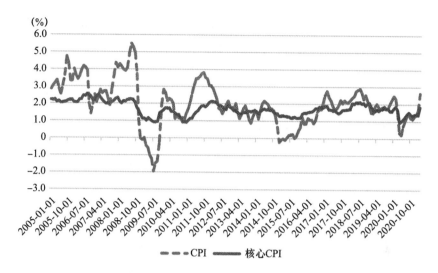

图1 美国经济中 CPI 和核心 CPI 的同比变化

资料来源：CPI：Consumer Price Index for All Urban Consumers：All Items in U. S. City Average，Percent Change from Year Ago，Monthly，Seasonally Adjusted. 核心 CPI：Personal Consumption Expenditures Excluding Food and Energy（Chain – Type Price Index），Percent Change from Year Ago，Monthly，Seasonally Adjusted. Federal Reserve Bank of St. Louis.

期目标，即保持在2%，但不低于2%"。这说明美联储可能在做一个打破近些年来的菲利普斯曲线扁平化经验现象的实验：只有允许通胀"超调"才能持续降低失业率，这与美国次贷危机后的低失业率与低通胀相伴的菲利普斯曲线扁平化现象存在差异。

其次，美国经济中的通胀具有一定的阶段性。与 CPI 相比，PCE 更具稳定性，PCE 或者核心 CPI 成为美联储货币政策目标，那么非核心的 CPI 只能做参照。从 PCE 来看，2021 年 3 月美国 PCE 物价指数同比 2.3%，剔除食品和能源的 PCE 物价指数为 1.8%，但比 2021 年 2 月的 1.4% 有明显上涨。从食品价格来看，美国具备发达的农业体系，食品价格上涨的幅度是可控的，尽管国际上食品价格出现了比较大的涨幅。依据 BEA 的数据，2021 年 3 月食品价格环比涨幅 0.2 个百分点，与 2021 年 2 月持平；但能源及能源服务价格环比涨幅较大。2021 年 1—3 月能源及能源服务价格环比涨幅分别为 3.5、3.9 和 4.9 个百分点，尤其是 2021 年 3 月出现了接近 5% 的环比涨幅。进一步从能源价格来看，以原油为例，在此轮价格上涨中，国际市场原油价格在 3 月是阶段性的高点，比如 ICE 布油在 3 月曾突破了 70 美元/桶，而目前的价格在 68 美元/桶，因此，能源价格 2021 年 4 月以来的环比涨幅会大幅度收窄。当然有些大宗商品价格，比如铁矿石价格创历史新高，超过 200 美元/吨。在当前全球经济修复的水平下，明显带有垄断定价和投机的成分。这种脱离实体经济需求的价格上涨是否具备可持续性值得怀疑。

从 PCE 来看，主要是与 2021 年 2 月相比，2021 年 3 月美国居民收入出现了较大幅度的增长。依据 BEA 的数据，按照年率计算，2021 年 3 月美国居民总收入增长了 4.213 万亿美元，而就业工资性收入仅增长了 0.115 万亿美元，个人转移支付收入高达 3.986 万亿美元，占个人总收入增长的 94.6%。可见，2021 年 3 月美国居民个人收入环比增长 21.1%，消费也会相应增长，2021 年 3 月的 PCE 环比增长高达 4.2%，2021 年 2 月的环比增长为 -1.0%。但这种收入并非是持久性收入，能够持续通过消费拉动物价的上涨尚存在不确定性。2021 年 3 月美国居民高达 27.6% 的储蓄率就证明了谨慎性消费行为依然比较严重（见图 2）。

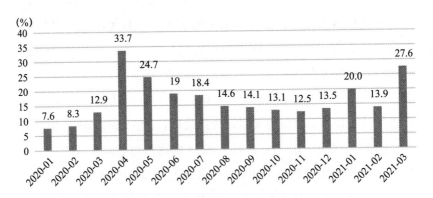

图 2　美国经济中私人储蓄率

资料来源：BEA, Personal Income and Its Disposition（Months）.

从消费者价格指数中的住房价格指数来看，尚未发现明显的从房地产价格快速上涨传递到 CPI 指数中的证据。图 3 显示了 CPI 中住房价格指数和 S&P/Case－Shiller 房屋价格指数的同比变化率，可以看出，美国房价上涨幅度较大，2021 年 2 月同比涨幅高达 12%，但 2 月 CPI 中住房价格指数同比涨幅只有 1.8%，2021 年 3 月也只有 2.1%，而且这个涨幅表现一直很平稳。

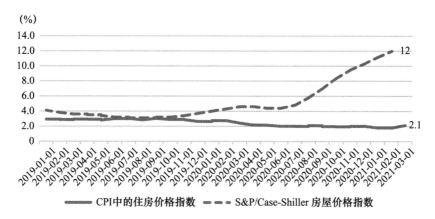

图 3　美国经济中 CPI 住房价格和 S&P/Case－Shiller 房屋价格的变化（同比）

资料来源：Federal Reserve Bank of St. Louis, Consumer Price Index for All Urban Consumers: Housing in U. S. City Average, Percent Change from Year Ago, Monthly, Not Seasonally Adjusted; S&P/Case－Shiller U. S. National Home Price Index, Percent Change from Year Ago, Monthly, Not Seasonally Adjusted.

因此，房租收益率远低于住房投资的收益率，说明了住房价格的上涨传递到房租的上涨通道并没有确立，也就说明了投资性住房的比例不高，只有在这种情况下才会出现房租收益率和住房投资收益率涨幅之间的明显背离。

再次，美联储需要配合拜登政府的经济发展计划。拜登执政百日，连续抛出大规模的经济救助和刺激计划。至今实施的和公开讨论的有三个：第一个为 2021 年 2 月的 1.9 万亿美元的救济法案；第二个为 2021 年 4 月初抛出的分 8 年实施的 2.3 万亿美元的基建和税改方案"美国就业计划"，至少为美国基建筹集 2 万亿美元的资金；第三个是 2021 年 4 月 28 日晚公布的缩小贫富差距的"美国家庭计划"。上述计划尽管有明确的收支预案，但美国财政赤字总量已经达到了历史新高。美国债务上限一再被突破，按照美国财政部的数据，截至 2021 年 5 月 6 日，美国国债存量接近 28.18 万亿美元。不论是从债务滚动管理（借新债还旧债）的成本来看，还是从经济修复尚存在不确定性的角度看，利率过快的上扬无疑是不利的。如果拜登决意要通过经济偏热来打破美国次贷危机以来的"大停滞"现象或者"长期停滞"的现象，政策性的低利率会延续比较长的时间。

美联储允许通胀比较长时间的"超调"将决定激进刺激性政策导致美联储重新关注资产价格的压力会更大。资产价格较大幅度的向下调整已经成为影响美国金融体系风险的重要因素。在部分新兴经济体新冠肺炎疫情大暴发的背景下，全球经济修复的不平衡问题更加凸显，同时，大宗商品价格不断上扬，这将如何影响美联储眼中美国经济"实质性的进一步进展"？美联储的政策如何能够让市场投资者风险偏好不出现较大幅度的下降，在实体经济继续修复的支撑下去缓和收敛金融周期和经济周期，避免资产价格出现较大幅度的下调？上述两大问题与本文提出的通胀"超调"一起，构成了激进刺激政策导致轮回关注资产价格的三大重要问题。至此，美联储的政策真正进入了同时关注实体经济修复和金融市场资产价格调整的时期。

激进刺激后的轮回（II）：通胀理解差异导致股市跌了、美联储笑了？

5月13日

本文认为，投资者担心通胀，而美联储不太在意通胀或刻意淡化通胀，说明国际金融市场投资者预期与美联储政策引导之间产生了重大分歧。在美联储政策未变动的情况下，美国股市投资者的内生担忧引发的市场自我调整或许是美联储想看到的。一方面可以降低未来政策转向时资产价格过高所致的较为剧烈调整的风险；另一方面为美联储允许阶段性的通胀"超调"来降低失业率，甚至为想打破美国次贷危机以来经济"大停滞"困境所需的政策刺激提供了时间窗口。当然，如果出现通胀预期存在持续的上扬压力，美联储也将被迫改变政策的引导方式。

美国劳工部2021年5月12日公布了4月美国经济中的通胀率，CPI同比增长率4.2%，核心CPI同比增长率3%，均超出市场预期。超预期的通胀率使得市场投资者产生了对美联储政策转向的担忧，直接导致了美国股市一定幅度的下调，依据Wind提供的数据，2021年5月12日道琼斯指数下跌了1.99%、纳斯达克指数下跌了2.67%、标普500指数下跌了2.14%。从这轮美国股市的调整来看，截至2021年5月12日的3个交易日道琼斯指数和标普500指数分别下跌了3.42%和4.01%，而纳斯达克指数在9个交易日中下跌了7.46%（见图1）。

对于2021年4月超预期的通胀率，美联储基本不太关心。美联储副主席克拉里达表示，坚持就业第一，相对于通胀而言，他更担心美国劳动力市场的健康状况，并重申物价上涨将是一次性的，通胀的影响是暂时的，

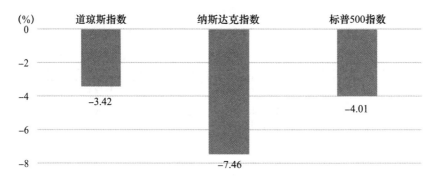

图 1　近期高点美股的下调幅度

资料来源：Wind 数据库。

克拉里达延续了鲍威尔淡化通胀及通胀预期的政策取向。

美国股票市场因通胀及通胀预期而自我调整和美联储淡化通胀及通胀预期之间的行为形成了鲜明对比，说明了国际金融市场投资者预期与美联储政策引导之间产生了重大分歧。这就是说，在通胀及通胀预期形成框架的理解上，市场投资者和美联储的看法是不一致的。

本文认为当前的通胀及通胀预期的形成是复杂的。随着新冠肺炎疫苗接种人数的不断上升，全球经济修复的大趋势不会改变。但过程可能比较复杂，这主要取决于通胀及通胀预期形成和反馈机制的理解。要比较全面理解当前的通胀及通胀预期，至少包括以下 6 个方面：

第一，基数的问题。2021 年 4 月美国经济的 CPI 和核心 CPI 都出现了跳跃性的增长（见图 2）。2020 年 4 月美国经济中 CPI 和核心 CPI 同比分别为 0.3% 和 0.9%。其中，核心 CPI 是 2011 年以来同比增速的最低值。较低的基数是导致 2021 年 4 月通胀率较高的原因之一。

第二，流动性问题。由于美联储维持每月购债 1200 亿美元的计划不变，市场流动性充裕，美国金融市场的金融压力指数处于低位。依据美联储圣路易斯分行的数据，截至 2021 年 4 月 30 日该指数为 -0.926；截至 2021 年 5 月 5 日 TED 利差为 0.15 个百分点，处于历史的低位，国际金融市场的流动性也是充裕的。

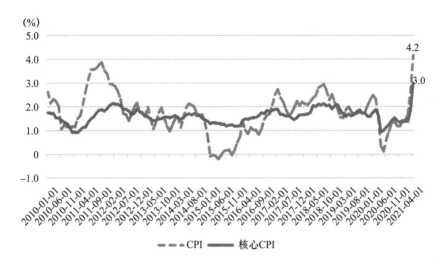

图 2　2010 年 1 月 1 日至 2021 年 4 月 1 日美国经济中的 CPI 和核心 CPI 同比变化

资料来源：Federal Reserve Bank of St. Louis.

第三，大宗商品供需错位问题。2021 年以来大宗商品价格上涨的幅度较大。DCE 铁矿石涨幅 28.16%、LME 铜和铝涨幅分别为 34.70% 和 26.43%、ICE 布油涨幅为 33.14%。铁矿石价格还创造了历史新高。近期铁矿和铜矿的价格上涨斜率陡峭，这与垄断定价和新冠肺炎疫情导致的供给不足直接相关，过高价格上涨斜率类似于短期供给严重不足，导致价格配给制出清市场。价格过快的上涨其实也是在透支经济修复后的商品的价格，从这个角度看，价格的迅猛上涨终会遇到金融市场做空行为的出现。

第四，金融市场定价问题。供需错位导致的价格上涨，在宽裕流动性驱使下，金融市场上的定价容易出现偏离或者放大。尤其是在信息敏感期的金融市场，应该有存在定价过度反应的倾向。

第五，谨慎性储蓄行为是否改变的问题。由于美国多轮的财政刺激，美国居民收入有较大幅度的增长，但收入增长的边际来源相当大的部分来源于个人的转移支付。依据 BEA 的数据，以年率计算，2021 年 3 月美国居民总收入增长了 4.213 万亿美元，而就业工资性收入仅增长了 0.115 万亿美元，个人转移支付收入高达 3.986 万亿美元，占个人总收入增长的 94.6%，

3月个人储蓄率高达27.6%。只有等到薪酬收入出现稳定的增长，那么消费才可能会出现较大幅度的增长，通胀才具有持续性。居民消费的持续回暖决定了成本上涨能否最终转嫁成消费品价格的持续上涨，这恐怕还需要一段时间。

第六，政策的反馈机制问题。如果美联储立即对当前的通胀做出反应，这会导致市场理解政策的正反馈机制，进一步推动通胀预期的上扬；如果美联储淡化通胀及通胀预期，至少在政策层面给了市场逆反馈机制，这有助于市场进一步思考通胀以及通胀预期的逻辑。

如果我们进一步看美国新一届政府的宏观政策，拜登上任100天就实施或者抛出了三大计划：《2021年美国救助计划法案》、"美国就业计划"和"美国家庭计划"，涉及的资金量在6万亿美元左右，这是在2020年大规模刺激救助计划基础上的，政策很激进。因此，有学者称之为"高压经济学"：美国经济不修复，刺激誓不罢休。拜登想用激进的刺激和结构性的经济调整计划并重的方式，使美国经济走出次贷危机以来的经济"大停滞"困境，并不仅是一个单纯的经济修复。

如果美国的宏观政策目标不仅仅是修复经济，而是抱有打破美国次贷危机以来经济"大停滞"的愿景，那么金融市场与美联储在通胀及通胀预期上的分歧还会持续。市场通胀及通胀预期导致美国股市投资者内生的担忧引发的市场自我调整也许是美联储希望看到的，这降低了美国金融市场资产价格过高未来可能会出现较大幅度调整的风险，而美联储只是口头说了说。从这个角度看，股市跌了，美联储应该是笑了。当然，如果出现通胀预期存在持续的上扬压力，美联储也将被迫改变政策的引导方式。

深度理解美联储货币政策新框架
及其潜在的风险（I）

5 月 17 日

    本文认为，允许通胀较长阶段的"超调"是美联储货币政策新框架的核心，允许"超调"的目的在于改变本文提出的通胀预期顺周期反馈机制，从而助推美国经济由修复阶段进入扩张阶段，从而创造出货币政策正常化的空间，摆脱利率有效下限（ELB）约束所致的政策非对称性风险。美国经济一旦进入扩张阶段，走出低通胀环境下的"大停滞"，并导致过热，美联储货币政策收紧的力度将会比较大，才有可能实现通胀预期顺周期反馈机制向逆周期反馈机制的转变，这是未来几年美联储货币政策调整给全球经济金融带来的重大潜在外溢性风险。

    深度理解美联储的货币政策新框架是前瞻性地判断美联储货币政策取向、变化以及给其他经济体带来重大潜在风险的基础之一。在美国经济产出缺口快速收敛的过程中，美国宏观刺激政策一个接一个，这说明了什么？我们需要从哪里去寻找答案？本文认为：寻找答案的方向包括两个部分：从政治上说，是美国急剧膨胀的全球竞争意识，美国经济想打破次贷危机以来的"大停滞"周期；从技术上讲，是美联储货币政策的新框架——弹性平均通胀目标制，允许通胀出现较长的阶段性"超调"。我们重点讨论后者，后者是为前者服务的，但会受到前者的影响，尽管美联储始终强调其货币政策的独立性。

一　货币政策新框架

货币政策新框架是要在货币政策相机抉择与规则之间取得平衡，是一种务实的货币政策新框架，不再单边倾向于恪守货币政策规则或拥有货币政策的相机抉择权。新框架的重要目的是要打破美国过去十几年以来通胀预期顺周期反馈机制，走出低通胀环境下的"大停滞"。

弹性平均通胀目标制与过去的通胀目标制之间存在重大差异：通胀目标制意味着当通胀达到货币政策设定的通胀目标值（一般是2%）时，货币政策就会启动事前的承诺，采取紧缩措施来抑制通胀，确保货币政策的可信度和央行的声誉；而弹性平均通胀目标允许通胀阶段性"超调"，即使在设定长期平均通胀目标2%的情况下，由于并未给出平均期限的年限，货币政策具有很大的相机抉择权，同时由于承诺了长期通胀目标值，因此也具有相对规则性，但也不是货币理论和政策中的泰勒利率规则、名义收入规则等。

从货币政策理论上说，与传统的通胀目标值相比，弹性平均通胀目标制最大的特点在于淡化了货币政策的时间不一致性问题，同时兼顾了央行行为的可信度（声誉）以及对事先承诺的能力。时间不一致性是指 t 期为 $t+i$ 期制定的行动方案，在 $t+i$ 期到来时实施该行动方案将不再是最优的，央行相机抉择性的政策选择不同于预先承诺下的政策选择会导致时间不一致性，在理性预期的条件下，一家能够预先承诺去实行目标的央行比一家在每个时期都重新最优化的相机抉择的央行能够产生更好的政策效果。如果没有对采取特定政策措施事先做出保证，比如严格的通胀目标承诺，那么央行可能会产生不按原来计划行事的动机，这就导致了货币政策的"时间不一致性"或"动态不一致性"，损害央行可信度或者声誉。

从理论上说，严格的通胀目标值承诺会为央行赢得良好声誉，克服货币政策的时间不一致性问题。但客观事实是：严格按照绝对的通胀目标制，结果可能会导致在长期低通胀的环境下，投资者对通胀的预期越来越低，甚至会出现放大通胀预期下行的情况。这也许是美联储淡化货币政策"时间不一致性"带来的理论上非最优货币政策效果的重要现实原因，转而采取了一种务实的货币政策新框架。

从美国经济中的通胀预期数据来看，次贷危机以来，美国经济中的通胀预期始终处于不高的位置。2010 年 1 月至 2021 年 4 月，美国经济中 10 年期国债隐含的平均通胀预期为 1.95%，5 年期国债隐含的平均通胀预期为 1.72%，均在 2% 的通胀率以下（见图 1）。图 1 还揭示了一个重要的信息：从 2010 年 1 月至 2020 年 12 月总计 11 年的时间里，5 年期国债隐含的通胀预期值始终低于 10 年期国债隐含的通胀预期值。这表明了通胀的期限溢价为正值，也说明了相对短期通胀预期始终低于长期通胀预期会放大通胀预期的下行倾向。因为在相对短期的通胀预期不高的背景下，长期通胀预期也会不高，这是一种顺周期的反馈机制：从经济周期的角度看，如果现在通胀不高，未来就应该高；但事实是反向的，短期低，未来也低。图 1 也显示了自 2010 年 1 月至 2020 年 12 月长期的预期通胀率和相对短期的通胀预期率之间的差越来越小，这就是前文说的，相对短期的通胀走低也带着长期的通胀走低，从而进一步加剧了长期的低通胀环境。本文称之为通胀预期的顺周期反馈机制。

值得关注的是，从 2021 年 1 月开始，美国经济中 5 年期国债隐含的通胀预期为 2.1%，超过了 10 年期国债隐含的通胀预期 2.08%，连续 4 个月 5 年期国债隐含的通胀率超过了 10 年期国债隐含的通胀率，这也许正是美联储希望看到的。

对比美国经济中的核心通胀率（PCE），可以发现在美联储隐含的通胀目标制下，美国经济中的 PCE 明显低于美联储 2% 通胀目标值的要求。2010 年 1 月至 2020 年 12 月美国经济中的 PCE 均值为 1.6%，由于 2021 年 3—4 月核心 CPI 的较大涨幅，2021 年 1—4 月均值提高为 1.9%。从 1 年的期限来看，2021 年 4 月美国经济中核心 CPI 大幅度上涨至 3.0%，最近 12 个月

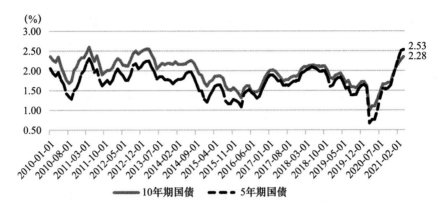

图1 2010 年 1 月至 2021 年 2 月美国经济中的中长期通胀预期

资料来源：Federal Reserve Bank of St. Louis，10 - Year Breakeven Inflation Rate，Percent，Month-ly，Not Seasonally Adjusted；5 - Year Breakeven Inflation Rate，Percent，Monthly，Not Seasonally Adjus-ted.

的均值也只有 1.5% ，而 24 个月的移动均值从未触及 2% 的通胀目标（见图 2）。

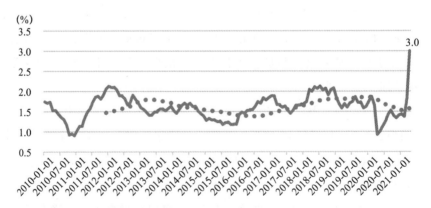

图2 2010 年 1 月至 2021 年 1 月美国经济中核心 CPI 同比变化趋势

注：图中的虚线是 24 个月的移动均值。

资料来源：Federal Reserve Bank of St. Louis，Personal Consumption Expenditures Excluding Food and Energy（Chain - Type Price Index），Percent Change from Year Ago，Monthly，Seasonally Adjusted.

因此，弹性平均通胀目标制是一种务实的货币政策新框架，其目的是打破美国过去十几年以来的通胀预期顺周期反馈机制，走出长期低通胀的"大停滞"，没有任何一种货币政策理论能够单独且完整的解释，它处于政策理论中相机抉择和货币规则两个极端货币政策行为的中间形态。

二　货币政策需要正常化，需要降低有效利率下限（ELB）的潜在非对称性风险

国际金融危机后，2014 年欧洲经济政策研究中心（CEPR）专门出版了《大停滞：事实、原因和疗法》（*Secular Stagnation：Facts，Causes，and Cures*）一书，以萨默斯（Summers）为代表的经济学家对国际金融危机以来的增长模式和宏观政策进行了研究，尽管存在分歧，但得出了三个供参考的基本结论：第一，"大停滞"的一个可行定义是，负实际利率与充分就业下储蓄与投资的含义相一致。第二，"大停滞"使得在低通胀和利率零下限（ZLB）的情况下实现充分就业变得更加困难。第三，判断"大停滞"是否是旧范式的缓慢增长，还为时尚早，但经济学家和决策者应该开始认真思考如果"大停滞"成为现实，未来应该怎么办？旧的宏观经济工具是不够的。

从发达经济体的货币政策实践来看，负利率已经成为现实。不仅是央行政策性名义利率为负值，而且金融市场上国债名义收益率也出现了负值，比如在欧元区和日本。第一个结论也是对国际金融危机后欧洲一些央行采取负利率的经验描述。第二个结论也是事实，不管是货币政策性利率零下限（ZLB），还是货币政策性利率有效下限（ELB），都存在一个潜在的巨大风险，即货币政策操作中存在的非对称性风险：当经济进一步衰退时，缺乏利率工具来刺激经济的恢复。或者说，国际金融危机以来的非常规货币政策缺乏货币政策空间去刺激经济恢复。

美联储如何实现货币政策的正常化？2007 年年底，美联储总资产只有

大约 0.9 万亿美元，次贷危机后到 2014 年年底美联储总资产大约有 4.51 万亿美元。2014 年开始美联储逐步缩减资产负债表，到 2019 年年底缩减至大约 4.17 万亿美元。2015 年年底美联储实施了第 1 次加息，经过 9 次加息，到 2019 年上半年维持在接近 2.5% 的阶段性高点水平，此后开始降息，在 2020 年新冠肺炎疫情暴发前基本维持在 1.5%—1.6% 的水平。2020 年新冠肺炎疫情暴发后引发的国际金融大动荡使得美联储再次把联邦基金利率维持在 0—0.25% 的水平，实际的结果是基本在 0.1% 以下，或称为零利率。

零利率再次使美联储充分意识到 ELB 潜在的非对称性风险。但问题在于：如果美国经济修复不足，美联储无法提高政策性利率来克服这种潜在的非对称性风险。如何修复经济？这就是我们看到的，在利率政策基本没有下行空间时，靠激进的财政刺激政策来拉动总需求。从特朗普到拜登，财政刺激政策不断加码，截至目前，总计花费了大约 6 万亿美元，美国经济靠财政刺激的消费支撑较为快速地收敛其经济的产出缺口。在菲利普斯经验曲线的扁平化背景下，美联储把提高就业作为优先的货币政策目标，这就导致了如果没有通胀的阶段性"超调"，失业率的下降可能很难。美联储强调货币政策要实现最大限度的就业，而有些结构性的失业本来靠货币政策是很难克服的，比如社区低收入群体的就业率，再比如，如果财政发放的失业补贴比就业工资还要高，那么低收入阶层就会选择失业。

因此，美联储可能认为只有允许通胀的阶段性"超调"，以通胀"超调"为抓手，美联储才能弥补政策利率降至零后的持续低通胀，并降低失业率。弹性平均通胀目标制不是通过将通胀率推至目标水平以下来弥补高通胀期，而是要实现通胀的"超调"期来弥补过去持续的低通胀期。

从 2012 年美联储的 "Longer – Run Goals and Monetary Policy Strategy" 到 2020 年 8 月的 "Federal Open Market Committee announces approval of updates to its Statement on Longer – Run Goals and Monetary Policy Strategy"，美联储货币政策目标在继续强调最大限度的就业是一个基础广泛和包容性的目标外，把通胀目标改为寻求实现长期平均 2% 通胀率的新目标，明确承认持续低利率环境将为货币政策带来挑战。2021 年 4 月 14 日美联储副主席克拉

里达在对美联储货币政策新框架和价格稳定解释的第 4 点上，认为"一旦政策正常化的条件得到满足，政策会逐步将通胀率恢复到长期目标，即保持在 2%，但不低于 2%"。这里明确说明了不低于 2%。因此，可以认为，至少存在一个当通胀持续超过 2% 的阶段，美联储不会通过将通胀率推至目标水平以下来反向弥补高通胀期。

在上述逻辑下，可以看出美联储的内心是渴望适度通胀的，这也是对美国次贷危机以来"大停滞"反思的结果。以 PCE 来衡量的 2% 的通胀率，从长期来看与美联储的法定任务最为一致。按照美联储货币政策委员会的判断，如果长期通胀预期能很好地固定在 2% 的水平上，就能促进价格稳定和长期利率的适度性，并增强货币政策委员会在面临重大经济动荡时促进最大就业的能力。由于过去的通胀率持续低于 2%，货币政策就会在一个阶段内实现通胀率在 2% 以上的"超调"。

可见，美联储当下的行为已经明确表示，之前坚持多年的提前加息以抵御更高通胀的货币政策操作被放弃了。美联储要看到实实在在的核心通胀（PCE）在一个比较长的阶段超过 2%，美联储才会收紧货币政策来抵御通胀。这种货币政策操作行为的转向，其背后的逻辑就是低通胀会带来更低的通胀预期，因此要打破这种低迷的通胀预期反馈循环机制。2021 年 1 月以来美国经济中 5 年期国债隐含的通胀预期超过 10 年期国债的通胀预期就是一个现实版的打破过去低迷通胀预期反馈循环机制的实验。通过短期通胀的"超调"来实现相对短期的通胀预期对长期通胀预期的逆周期反馈机制。即短期通胀高，长期通胀应该下行。

这样的货币政策操作也是美联储近几个月以来坚持认为通胀是暂时的重要原因之一。除了 2021 年 4 月的通胀以外，美国的通胀不高，未来也不高的这种顺周期的反馈机制也许是"大停滞"时期低通胀持续的重要原因之一。美联储现在推高短中期的通胀，未来长期通胀会下行，实现这种逆周期的通胀反馈机制，才能使得美联储提高利率，实现货币政策的正常化，确保货币政策在未来不受 ELB 的严重制约。

三 从通胀顺周期反馈机制到逆周期反馈机制转变面临的重大风险

为了实现持续的通胀，美国采取了激进的宏观政策。利率放到零，无上限宽松。即使在 2021 年 4 月核心 PCE 同比 3% 的增长率背景下，美联储依然没有改变每月 1200 亿美元的购债计划，持续向市场投放流动性。

由于多种原因，在流动性充裕的背景下，2021 年以来大宗商品价格出现了较大幅度的上涨，导致 PPI 同比出现了较高幅度的增长。当然存在一些特殊性因素，比如芯片短缺导致二手车价格较大幅度上涨，由于新冠肺炎疫情导致了铜等供需错配等。如此一来，问题就出现了：美联储眼中大宗商品价格较大幅度的上涨，是被为经济修复总需求引起的，还是被视为流动性充裕条件下特殊因素导致的价格扰动？还是美国有信心通过地缘政治关系来确保以原油为代表的大宗商品价格不至于持续上涨（比如伊朗增加原油产量）？

从目前美联储传递的信息来看，价格扰动也许占据了一定的比例。进一步考虑到美国经济的现状，美联储对通胀的短期上涨将具有较大的容忍度。

从 GDP 来看，美国经济仍然处于修复阶段，尚未进入扩张阶段。图 3 显示，按季节调整的年率计算，2020 年第一季度美国经济实际 GDP 为 19.1 万亿美元，仍未触及新冠肺炎疫情前的高点。

从就业来看，依据 BEA 的数据，2021 年 4 月美国经济失业率从 2021 年 3 月的 6.0% 上升至 6.1%。依据美国劳工部的统计数据，2021 年 4 月所有私人部门雇员的平均每小时所得为 30.17 美元，创了历史新高，但全员周总工作时数指数显示 2021 年 4 月为 107.8，为 2020 年 2 月的 96.25%。因此，整个劳工市场在比较强劲的恢复，但仍未达到新冠肺炎疫情前的水平。

从生产来看，美联储圣路易斯分行提供的美国经济设备使用率显示，

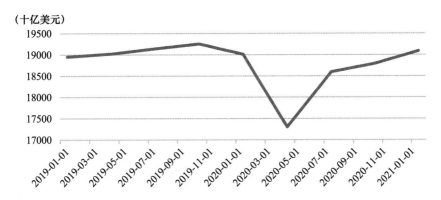

（十亿美元）

图 3　2019 年 1 月至 2021 年 1 月美国经济中实际 GDP

资料来源：BEA，Real Gross Domestic Product，Billions of Chained 2012 Dollars，Quarterly，Seasonally Adjusted Annual Rate.

2021 年 4 月为 74.87，尚未恢复到 2020 年 2 月的 76.93；2021 年 4 月工业生产总指数为 106.31，也尚未恢复到 2020 年 2 月的 109.30。

从个人收入和支出来看，2021 年 3 月美国居民个人支出环比增加 4.2%，但 2020 年 3 月环比增长 -1.0%；2021 年 3 月个人支出同比增长 11%，但 2020 年 3 月同比增长 -3.4%。考虑到 2021 年 3 月是美国居民收入由于个人转移支付较大幅度增长的月份，2021 年 3 月个人可支配收入环比增长了 23.6%（2021 年 2 月环比增长率 -7.9%），但 2021 年 3 月私人储蓄率高达 27.6%，远高于 2021 年 2 月的 13.9%，这说明美国居民个人谨慎性消费行为并没有显著改变。

由此可以判断：美国经济尚处于修复阶段，并未进入扩张阶段。在这种情况下，美联储不会采取紧缩措施来应对这种美联储认为的是暂时的通胀压力。

美联储大概率会允许通胀出现一个较长阶段的"超调"，助推美国经济进入扩张阶段。那么，通胀预期的反馈机制可能会出现变化，实现通胀预期由顺周期反馈机制转变为逆周期反馈机制，问题就出现了：按照过去的经验，允许通胀"超调"的阶段越长，那么累积的通胀预期反转的动力就会减弱（因为存在顺周期反馈机制），而某一天美联储要实现这种通胀预期的反转就需要借助于较大力度的货币政策引导，而这种较大力度的货币政策收紧将给全球金融市场带来显著的潜在动荡风险。

接下来有两个问题：一是判断美联储允许的通胀"超调"阶段到底有多长？二是其他经济体如何在美联储货币政策收紧之前夯实经济的基本面，降低美联储货币政策负面外溢性的风险。

对于第一个问题，本文认为美联储会允许通胀比较长时间的"超调"，这个时间阶段应该不会短于 1 年。2020 年 1 月至 2021 年 4 月核心 PCE 价格月度均值为 1.5%，按照两年的移动平均来看，2021 年 5—12 月的月度核心 PCE 均值要达到 3% 才能够满足两年 PCE 达到 2%。如果允许核心 PCE 的两年均值达到 2.5%，那么 2021 年 5—12 月的月度核心 PCE 必须要达到 4.5% 的同比增长率才能满足。从这个简单的推算中可以得出，在允许通胀"超调"的 1 年之内美联储通过加息收紧货币政策的概率不大。即使是在 2021 年第三至第四季度美联储出现缩减购债规模的行为，本质上也是降低宽松的程度，不代表严格意义上的货币政策收紧，这会导致市场收益率的上扬，但金融市场利率上扬的幅度可控，毕竟美联储政策性利率为零，货币政策的负外溢性应该不会强。

在大概率不短于 1 年的期限内，美联储不会加息，这是一个窗口期。在这个窗口期内，受美国货币政策外溢性比较大的经济体，何种政策才是比较妥当的？

这需要审视这一轮全球受到新冠肺炎疫情冲击后经济修复的措施。这一轮的修复一个基本特征是经济的杠杆率上升了。货币政策要提前紧缩吗？排除已经面临高通胀和资本外流导致压力的情形，答案或许是否定的，因为紧缩状态下的去杠杆或清理风险资产是一种高成本的处理方式。窗口期处理风险的低成本方式或许是：宽社融、紧清理、严处置。

深度理解美联储货币政策新框架及其潜在的风险（II）

5 月 20 日

本文认为，美联储就业优先的货币政策，允许通胀较长时间的"超调"来促进就业的持续改善，一旦美国居民消费潜力得到释放，通胀就会出现持续的压力，随之而来的紧缩政策会带来资产价格向下较大调整的风险以及引发主权债务违约风险。同时，美国就业优先的货币政策带来全球大宗商品价格上扬，会导致全球通胀和再分配不公平的传递，对大宗商品进口国来说，会出现昂贵的成本分担及潜在的物价上涨压力。

就业优先的货币政策取向使美联储不断淡化通胀及通胀预期，希望以通胀"超调"为抓手来实现最大限度的就业。这一政策的风险可能会导致美联储面临两难局面：第一，如果通胀过快上扬，突破美联储的容忍度，美联储将被迫实施紧缩，那么美国经济走出"大停滞"的愿景将会破灭；第二，如果通胀是暂时的，美联储会提高对通胀的容忍度，允许通胀更长时间的"超调"，政府债务会进一步累积，宽松的流动性会导致资产以及大宗商品的价格出现过大上涨的压力。允许通胀"超调"带来的就业持续改善与资产价格过高可能引发的较大调整风险之间如何平衡就成为现实，同时也带来了由于推高大宗商品价格所致的全球利益再分配的通胀传递成本问题。

从美国就业市场条件指数来看，2019 年 1 月至 2021 年 2 月为 1.06，目前为 0.09，就业条件指数尚未恢复到新冠肺炎疫情前的水平。按照美联储的表态就是需要观察到经济取得进一步的实质性进展。从就业条件动能指数来看，从 2021 年 3 月的 1.29 下降到 4 月的 0.68。就业指数动能有所下降，但仍然处于改善状态。按照 BEA 提供的数据，美国 2021 年 4 月的失业率为 6.1%。依据美联储官员最近的表态，大约还需要减少 800 万失业人口。即使按照每月平均新增 50 万—100 万就业人口，仍需要 8—16 个月的时间。

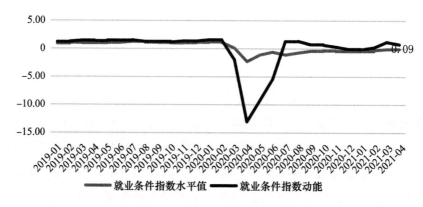

图 1 美国劳动力市场就业条件指数及动能的变化

资料来源：Federal Reserve Bank of Kansas City, May 12, 2021.

持续的宽松导致了物价较大幅度的上涨。依据美国劳工部的数据，2021 年 4 月美国经济中 CPI 同比增长 4.2%，这是美国次贷危机以来的最高水平，当然也与 2020 年同期较低的基数有一定的关系；核心 CPI 同比也达到了 3%。2021 年 4 月美国经济中 PPI 同比上涨 6.2%（2020 年 4 月同比上涨－8.2%），剔除食品和能源的 PPI 同比上涨也达到了 2.3%（2020 年 4 月同比上涨 1.3%），尚未恢复到 2019 年 1 月的高点 2.9%。

在物价上涨中，大宗商品价格出现了跳跃性上涨。2021 年 4 月大宗商品的 PPI 同比增长高达 17.3%，尽管 2020 年 4 月同比上涨－8.2%，但这一涨幅也说明了国际市场上大宗商品的涨幅是相当大的。因此，PPI 的上涨具备典型的结构性物价上涨特征，但这种结构性的上涨会导致一个重大问题：在开放条件下，会带来通胀利益和成本的再分配。大宗商品进口国，比如中国将会承担部分大宗商品价格上涨所致的成本。

美联储就业优先的货币政策使得财政赤字货币化问题越发严重。依据美国财政部网站 2021 年 3 月 21 日公布的数据，美国应对新冠肺炎疫情的预算资金为 4.2 万亿美元，目前已完成支出的数额为 2.6 万亿美元，已承诺的（法律规定的支出）大约 3 万亿美元，预算资金还剩下大约 1.3 万亿美元的额度。而大量的资金需要通过美联储不断购买债券去筹集。截至 2021 年 5 月 13 日，美联储总资产中持有的国债数量约为 5.05 万亿美元，而在 2020 年 3 月 5 日持有的国债数量约为 2.5 万亿美元。也就是说，美联储在大约 14 个月的时间里，为美国财政融资了 2.55 万亿美元。

财政赤字货币化，使得财政救助成为美国家庭和个人收入的重要来源。美国政府至今已经出台了三轮经济刺激措施和一项追加计划。依据美国财政部网站提供的信息，2020 年 3 月《新冠病毒援助、救济和经济安全法案》（*The CARES Act*）为符合条件的成人支付高达 1200 美元的经济影响费，为 17 岁以下符合条件的儿童支付 500 美元的经济影响费。2020 年 12 月下旬颁布的《2020 年 COVID – 19 相关税收减免法案》授权对符合条件的个人支付高达 600 美元的额外款项，对 17 岁以下符合条件的儿童支付高达 600 美元的额外款项。2021 年 3 月初颁布的《2021 年美国救援计划法案》（*American Rescue Plan Act*）规定，符合条件的个人最高可获得 1400 美元的经济影响费，已婚夫妇共同申请的可获得 2800 美元的经济影响费，每个符合条件的受抚养人（包括成年受抚养人）可获得 1400 美元的经济影响费。

由于非持久性收入的增长，居民消费在增长的同时，累积了大量的储蓄。2021 年 3 月美国居民储蓄率高达 27.6%。因此，一旦随着美国的新冠肺炎疫情防控进入尾声，美国就业市场恢复到接近目标值，美国居民改变了谨慎性消费行为，消费就有可能成为引发进一步通胀的"火药桶"。

因此，在美元主导的国际货币体系下，美联储就业优先的货币政策是一种自私不负责任的货币政策。大宗商品的价格已经存在脱离实体经济需求的价格水平，因为目前经济的修复状态是不能支持如此之高的价格的，不管是美国、欧洲还是中国 2021 年第一季度的 GDP 增速是不支持大宗商品价格出现"超调"式上涨的。但在宽松流动性的助推下，新冠肺炎疫情所致供应链带来的供给不足会导致大宗商品价格随着经济预期的变化出现间歇性的炒作，价格较大幅度的波动或成为常态。如果通胀仅仅因大宗商品价格上涨所致，将会延长全球经济修复的时间，使得全球经济的修复陷于新冠肺炎疫情与通胀的双重压力之下。

总体上，美联储就业优先的货币政策将允许通胀"超调"持续比较长的时间。持续的流动性释放带来的宽松货币环境将导致三大风险：一是大宗商品价格上涨倒逼部分经济体由于通胀超过目标值而加息（巴西、俄罗斯等），减缓经济修复的程度；二是大宗商品价格"超调"式上涨带来全球通胀成本的转嫁，出现通胀利益和成本再分配不公的问题；三是允许通胀"超调"的时间越久，未来的紧缩带来的波动性可能更大，这包括资产价格调整与债务的风险问题。

美联储允许通胀"超调"导致
人民币有一点升值压力

5 月 24 日

美联储的货币政策取向继续淡化通胀及通胀预期，并允许通胀在一个较长阶段内"超调"，这将导致美元的购买力对内持续贬值，在美国金融市场利率水平依然处于相对低位的态势下，也将导致人民币有些升值压力。人民币升值有助于降低进口物价水平，尤其是大宗商品的进口成本，但由于人民币一篮子货币贸易汇率的升值，会对中国的出口产生一定的负面影响。

一　美元汇率指数与人民币兑美元的
金融汇率（双边汇率）

图 1 显示了 2021 年以来的美元指数走势和美元兑人民币双边汇率走势。从 2021 年 4 月开始，美元指数有一个明显的走软阶段，而人民币汇率也有一个明显升值阶段。值得关注的是，2021 年 4 月美元指数走软与美联储的货币政策新框架直接相关。2021 年 3 月美国经济中 CPI 同比增速达到 2.6%，核心 CPI 同比增速达到 1.8%，到了 2021 年 4 月美国 CPI 同比上升 4.2%，核心 CPI 同比增速达到 3.0%，但美联储从 2021 年 2 月开始一直在淡化通胀及通胀预期。在美联储允许通胀"超调"的背景下，随着美国经济中物价水平的上涨，美元开始对内、对外双重贬值。从 2021 年 4 月初到 5 月 21 日，美元指数贬值了 3.08%，人民币兑美元升值了 2.12%。相对于

美元指数，人民币兑美元的金融汇率继续保持了相对稳健的升值态势。

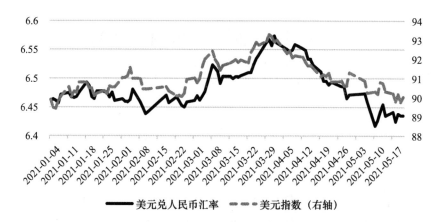

图1　2021 年 1 月 4 日至 2021 年 5 月 17 日美元指数与美元兑人民币双边汇率

资料来源：Wind 数据库。

二　人民币贸易汇率比金融汇率要稳定，贸易汇率稳定性优先

依据中国外汇交易中心提供的最新数据，截至 2021 年 5 月 14 日，CFETS 人民币汇率指数为 97.34，较 2021 年 4 月 2 日上升了 0.63%，BIS 货币篮子人民币汇率指数上升了 0.50%；同期人民币兑美元的双边金融汇率升值了 1.93%。

进一步对照 2020 年 3 月金融大动荡以来的数据，我们可以从图 2 看出两点：首先，人民币兑美元升值的幅度比美元指数贬值的幅度要大一些。这主要是由中国经济良好的基本面决定的，中美利差处于较高位置、贸易顺差以及资本流入等因素助推了人民币升值。这一方面说明金融大动荡以来，人民币汇率对美元指数的变化出现了相对较大的波动，人民币对美元的双边汇率出现了更大的波动区间，人民币汇率形成机制越来越市场化；另一方面对比 2021 年 4 月初以来人民币对美元升值幅度小于美元指数的贬值幅度，可以发现人民币升值的驱动因素出现了边际递减趋势，这也说明人民币未来升值的空间在减少。其次，人民币兑美元双边金融汇率的变动幅度要明显大于人民币一篮子货币汇率的变动幅度。这一点与2021年4月以来的情况类似，说明人民币汇率形成机制中贸易汇率的稳定性优先。

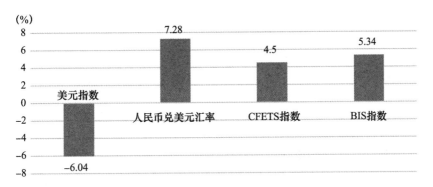

图2　2020年金融大动荡以来美元指数及人民币贸易和金融汇率的变化

注：数据区间为2020年3月6日至2021年5月14日。

三　人民币贸易汇率（出口）与进口物价水平（金融汇率）

人民币贸易汇率2021年以来保持得相当稳健，从2020年7月31日的低点至2021年5月14日上升了7.48%，而且上升趋势明显。人民币兑美元汇率升值了7.80%。贸易汇率在不到1年的时间里升值幅度接近7%，这是一个不小的升值幅度。尽管这段时间中国经济的出口表现相当不错，但也与成功的新冠肺炎疫情防控直接相关，国内基于新冠肺炎疫情防控成果基础上的复工复产带来的产能释放起到了重要的作用。

2021年以来，国际市场上大宗商品价格出现了较大幅度的上涨，导致进口通胀成为政策关注的重要问题。由于进口的大宗商品大多以美元计价，涉及人民币兑美元的双边汇率（金融汇率）。国际市场大宗商品价格的上涨可能是多种因素综合作用的结果。包括新冠肺炎疫情防控带来的经济修复

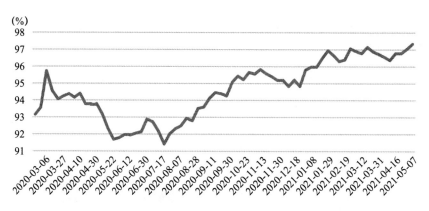

图3　2020年金融大动荡以来人民币贸易汇率的变化

资料来源：中国货币网。

预期、美联储允许通胀"超调"的持续宽松流动性，新冠肺炎疫情导致的供给不足等因素。由于大宗商品的上涨仍然具有多种因素的支撑，这就面临一个问题：人民币升值有助于降低进口成本，但会降低商品出口的竞争力。在这个问题上，通过汇率升值来降低进口成本，从而降低进口物价水平，可能是划不来的。主要理由是：进口通胀的压力可控，而且主要集中在大宗商品价格的上涨，不宜采取人民币升值的办法去应对具有多重因素导致的大宗商品价格具有某种"超调"特征带来的进口物价上涨。

从未来一段时间看，人民币对一篮子货币升值对出口的负面影响会逐步显示出来。如果一篮子货币汇率始终保持在比较高的位置，在海外经济不断修复的过程中，同时美联储又允许通胀"超调"的时间比较久，在国际金融市场利率又保持在低位的情况下，人民币金融汇率的升值带来的人民币对一篮子货币升值所致的贸易成本是需要考虑的问题。

人民币汇率制度是以市场供求为基础、参考一篮子货币进行调节、有管理的浮动汇率制度，在一篮子货币不断升值的情况下，尤其是美联储允许通胀"超调"的背景下，可能需要考虑人民币对一篮子货币汇率升值带来的出口成本，可以考虑通过适度降低人民币兑美元升值的空间及幅度来解决一篮子货币贸易汇率的持续升值。

人民币贸易汇率和金融汇率近乎完美的平衡

5 月 26 日

本文认为，从 2020 年 3 月金融大动荡开始至今，人民币贸易汇率和金融汇率取得了近乎完美的平衡：人民币基本实现了一篮子货币汇率稳定的目标，同时兼顾了人民币兑美元金融汇率的相对稳健性。从人民币贸易汇率和金融汇率的阶段变动幅度来看，贸易汇率的稳定性要优先于金融汇率的稳定性，这也充分彰显了中国经济和金融发展良好的基本面。人民币兑美元金融汇率走势相对稳健的过程中需要关注的重要问题是：人民币汇率阶段性走势的趋势要比美元指数走势的趋势明显，这可能会增加金融市场阶段性的做多或者做空人民币的风险，不利于人民币兑美元金融汇率的稳定性。

在美元主导的国际信用货币体系下，对任何经济体来说，都存在两个汇率：多边贸易加权的贸易汇率和双边货币换算的金融汇率，本文分别称之为贸易汇率和金融汇率。前者主要涉及一国或者地区商品出口的竞争力；后者主要涉及跨国套利资金的流动，也因此直接涉及一国的金融稳定。

理想状态下，任何一个经济体都希望有稳定的贸易汇率和稳定的金融汇率，保持实体经济出口的实际竞争力和金融稳定。问题在于：贸易伙伴的重要性会随着时间的变化而变化，贸易一篮子货币权重会出现不断的调整；而由于存在美元主导性的国际货币体系导致金融汇率的调整要慢得多，或者说，在美元主导全球金融市场资产交易和贸易结算的背景下，金融汇率大多是本币和美元之间的兑换比例。因此，在维持本币和美元之间金融汇率的相对稳定与维持一篮子货币贸易汇率的稳定之间可能会存在冲突。

一般情况下，美元的强弱是通过美元指数走势来表达的。美元指数

（USDX）期货的计算原则是以全球各主要国家与美国之间的贸易结算量为基础，以加权的方式计算出美元的整体强弱程度。目前美元指数中欧元占57.6%、日元占13.6%、英镑占11.9%、加拿大元占9.1%、瑞典克朗占4.2%、瑞士法郎占3.6%。因此，从美国目前的贸易伙伴及其权重来看，美元指数已经不是一个贸易结算量为基础的汇率指数。美元指数既不能整体反映美国的贸易伙伴，也不能反映美国贸易伙伴在美国贸易中的权重。美元指数表达的是一个发达经济体的货币利益集团。在这个意义上，美元指数更像是一个全球金融市场上的金融汇率，因为美元指数的强弱与全球跨境资金流动和全球大宗商品价格的定价直接关联，也与其他货币对美元双边金融汇率直接相关。

2020年新冠肺炎疫情暴发，金融市场流动性恐慌导致美元指数走出了零利率下的强美元轨迹，随着美联储的"爆表"，导致美元供给的快速增长，全球美元流动性得以缓解，2020年5月15日是美元指数最后一次上100（100.3774），此后开始下行，目前在91左右，基本回到了2018年上半年的水平。

令人惊讶的是，2020年新冠肺炎疫情暴发以来，美联储从2020年3月开始"爆表"，2020年3月5日美联储总资产大约为4.24万亿美元，截至2021年4月29日美联储总资产大约为7.78万亿美元，差不多13个月的时间，美联储总资产增加了3.54万亿美元。2021年以来美联储总资产至今也增加了0.42万亿美元，但美元指数还能保持在90以上的水平。原因在于：不是美元有多强，而是美元指数中其他货币的央行也出现了大规模的"爆表"。比如，欧元区央行的"爆表"程度几乎不亚于美联储的"爆表"程度。2021年4月27日，欧洲央行总资产高达7.56万亿欧元；而2020年3月3日只有4.69万亿欧元，也就是说大约13个月的时间，欧洲央行"爆表"规模达到了2.87万亿欧元，即使是2021年至今也增加了0.58万亿欧元。

从美元指数和人民币兑美元的走势来看，以收盘价计，图1给出了2018年年初至2021年4月30日的美元走势。可以看出，在一定阶段人民币会走出脱离美元指数的走势，比如2019年1—5月、2020年8—10月等，但整体上人民币兑美元汇率的走势与美元指数走势还是有一定的相关性。因此，从金融汇率的角度来说，美元指数的走势对人民币汇率走势有相当程度的影响。

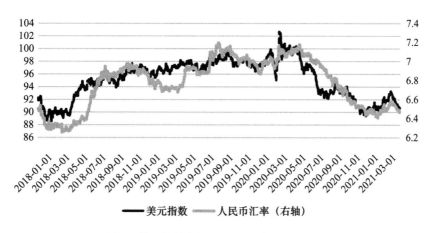

图1　美元指数和美元兑人民币汇率的走势

资料来源：Wind 数据库。

　　从具体数据来看，2020年3月金融大动荡至今，人民币兑美元汇率的走势可以分为三个阶段。第一个阶段是 2020 年 3 月 9 日金融大动荡开始，美元走强，一直到 2020 年 5 月 15 日美元指数最后一个上 100 的交易日；第二个阶段是 2020 年 5 月 18 日至 2021 年 1 月 6 日（1 月 6 日是美元指数阶段性最低点 89.42）；第三个阶段是 2021 年 1 月 7 日至今。对照以上三个阶段美元指数和人民币兑美元汇率的变动幅度以及单位收益率的波动性（夏普指数），可以看出两者之间的差异。

　　图 2 显示了上述划分的三个阶段美元指数和人民币兑美元汇率的阶段性变动幅度。无论从哪个阶段来说，与美元指数相比，人民币兑美元汇率的波动幅度要小。2020 年金融大动荡时期，美元指数升值了 5.6%，人民币兑美元仅贬值了 2.23%；2020 年 5 月 18 日至 2021 年 1 月 6 日美元指数贬值了 10.26%，人民币兑美元升值了 9.39%；2021 年 1 月 7 日至 4 月 30 日，

美元指数升值了 0.9%，人民币兑美元仅贬值了 0.05%。相对于美元指数的变动幅度，人民币兑美元的金融汇率显示出较好的稳定性。

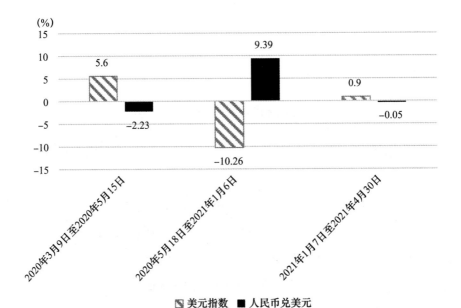

图2　金融大动荡以来美元指数及人民币兑美元汇率的阶段性变化

注：正值代表升值、负值代表贬值。

资料来源：Wind 数据库。

但我们也要看到问题的另外一面，图1 也显示出相对于美元指数的阶段趋势性走势，人民币兑美元的趋势要明显一些。比如在上述第二个阶段 2020 年 5 月 18 日至 2021 年 1 月 6 日，美元指数贬值了 10.26%，人民币升值了 9.39%，但美元指数在 2020 年 8—9 月有明确的阶段性反弹，而人民币基本一直是升值的。这就是说，人民币更容易形成趋势性的走势。假设在上述三个阶段，升值阶段准确做多，贬值阶段准确做空，不考虑交易费用，那么图2 中的三个阶段变化的幅度就是收益率，再除以三个阶段各自的标准差可以得到三个阶段的夏普指数。图3 给出了三个阶段的夏普指数，可以看出人民币兑美元的夏普指数要远大于美元指数的夏普指数，这说明人民币阶段性的做多或者做空带来的经过波动性（标准差）调整后的收益率要远远高于美元指数。换言之，做多人民币或者做空人民币比做多或者做空美元指数的收益率要大的多。这是人民币兑美元金融汇率在稳定过程中需要关注的重要问题：阶段性的趋势明显了，可能会增加金融市场阶段性的做多或者做空人民币的风险，这样反而不利于人民币兑美元金融汇率的稳定性。

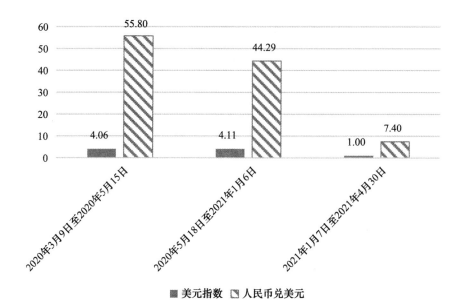

图3　美元指数和人民币兑美元汇率三个阶段的夏普指数

　　我们再看一下人民币一篮子货币走势的情况。从相对应的三个阶段来看，CFETS人民币汇率指数保持得相当稳定，变动幅度最大的阶段只升值了2.80%，而同期美元指数的贬值幅度达到了10%。第一个阶段的升值幅度明显小于美元指数的升值幅度；而最后一个阶段在美元指数升值近1%的背景下，也出现了0.83%的升值幅度（见图4）。因此，可以看出在三个阶段中，第一和第三个阶段出现了人民币贸易汇率和金融汇率的小背离：人民币对美元金融汇率是贬值的，但人民币一篮子贸易汇率是升值的。非常有趣的是，这两个背离阶段均发生在人民币兑美元金融汇率出现贬值的阶段。

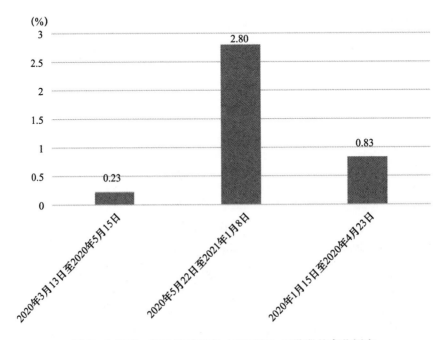

图4 人民币一篮子货币汇率（CFETS）三阶段的变化幅度

注：图4中的数据为周数据。

资料来源：中国外汇交易中心。

为什么会出现这样的情况？这和人民币汇率定价机制直接相关。人民币汇率是要保持一篮子货币贸易汇率的稳定，按照国际上通行的货币贸易汇率指数编制的惯例，需要不断依据贸易伙伴贸易权重的变化来调整篮子货币权重的变化，在2021年1月1日生效的 CFETS 人民币汇率指数货币篮子中，美元权重进一步下调为0.1879，尽管美元权重下降，但在贸易货币篮子中仍然保持了约18.8%的比重，还是第一大货币。人民币与美元的金融汇率需要通过在一篮子汇率稳定的基础上倒推出来。在美元指数升值阶段，由于篮子货币中有相当部分新兴市场货币对美元的贬值幅度较大，通过套算换算过来的人民币对这些货币就是升值的，结果导致人民币兑美元是贬值的，但由于其他新兴市场货币贬值幅度更大，人民币对一篮子货币汇率还是升值的。这就是说人民币兑美元贬值了，但人民币对一篮子货币汇率升值了，就出现了人民币贸易汇率和金融汇率走势程度小背离。

从未来一段时间的情况来看，人民币汇率指数货币篮子中新兴市场货币对美元的走势将在很大程度上决定人民币兑美元金融汇率和贸易汇率是否会出现持续背离的情况。由于全球经济修复存在不平衡，尤其是在美国经济产出缺口较快速收敛的背景下，一些新兴经济体的货币兑美元出现了贬值的倾向，在这种背景下，人民币兑美元的金融汇率和贸易汇率的小背离可能还会延续一段时间。

总体上，依据 Wind 提供的数据，以收盘价计，从 2020 年 3 月 13 日到 2021 年 4 月 23 日，CFETS 人民币汇率指数上涨了大约 3.43%，同期美元指数贬值了 7.78%，人民币兑美元的金融汇率升值了 7.14%。因此，人民币基本实现了保持对一篮子货币汇率稳定的目标，同时也显现了人民币兑美元金融汇率的相对稳定性。从人民币贸易汇率和金融汇率的阶段变动幅度来看，人民币贸易汇率的稳定性要优先于金融汇率的稳定性，这也充分彰显了中国经济和金融发展良好健康的基本面，不刻意关注人民币兑美元金融汇率的变动幅度。2020 年 10 月 27 日，中国外汇交易中心公告称："会陆续主动将人民币对美元中间价报价模型中的'逆周期因子'淡出使用"，也充分说明了这一点。

但我们需要重点关注人民币汇率阶段性走势的趋势要比美元指数走势的趋势明显的情况，这可能会增加金融市场阶段性的做多或者做空人民币的风险，不利于人民币兑美元金融汇率的稳定性，也会进一步反过来影响人民币贸易汇率的稳定性。

不宜聚焦人民币持续升值来应对
大宗商品价格的上涨

5 月 26 日

　　2021 年以来，国际金融市场上大宗商品的价格均出现了较大涨幅。截至 2021 年 5 月 25 日，ICE 布油涨幅约 33%，而国内 INE 原油期货价格涨幅高达 40%；LME 铜和铝的价格也分别大约上涨了 29% 和 20%。2021 年以来金融市场上大宗商品价格普涨的原因主要有四点。第一，随着新冠肺炎疫苗接种的推进，全球经济修复的预期向好，尤其是美国经济产出缺口出现了较为快速的收敛，再加上美国拟推出大规模的基建计划，无疑增加了对大宗商品的需求预期。第二，美联储货币政策新框架弹性平均通胀目标制允许通胀出现较长时间的"超调"，国际金融市场流动性充裕。第三，新冠肺炎疫情导致的供需出现了时间上的错配，部分大宗商品生产国出现了产能下降，供给不足推高了大宗商品的价格。第四，国际金融市场在流动性充裕的背景下，对大宗商品的投机性行为也助推了大宗商品价格上涨。

　　由于美联储淡化通胀及通胀预期允许通胀"超调"，供需时间错配以及宽裕的流动性将使得大宗商品价格还具有一定的上涨驱动力，这就使得成本推动型的通胀成为全球经济修复和复苏面临的风险，是否需要通过人民币升值来降低进口物价水平成为中国货币政策需要考虑的现实问题。本文认为，不宜聚焦人民币持续升值来降低进口成本及物价水平。其原因有以下四点。

　　第一，出口依然是中国经济畅通双循环的重要节点。从政策角度来说，人民币汇率政策是货币政策的重器，当国际金融市场出现大宗商品结构性价格上涨时，并不能代表全球一定会出现显著的通胀压力，不宜用政策重器去应对结构性的进口物价上涨。2021 年以来美元指数基本没有变化，人民币兑美元已经升值了近 2%，CFETS 人民币汇率指数大约上升了 1.5%。如果从 2020 年 3 月初出现全球金融大动荡，美联储实施无上限宽松的货币政策至今来看，美元指数大约贬值了 6.4%，人民币对美元升值了大约7.4%，而 CFETS 人民币汇率指数大约上升了 4.3%。人民币汇率较大幅度升值会对出口造成一定的负面影响。

第二，要避免汇率升值就一定能够高效降低进口物价水平的线性思维方式。汇率升值到大宗商品进口物价水平下降中间存在汇率传递微观定价机制问题，如果传递系数小，汇率升值对于降低大宗商品进口价格的作用有限。

第三，物价的上涨可能具有暂时性，供需时间错配导致的物价上涨并不具有经济总需求导致物价上涨的性质，随着全球新冠肺炎疫情防控的进展，供应瓶颈问题的缓和将有助于平抑大宗商品价格的持续上涨。

第四，由于美联储允许通胀较长时间"超调"，这将导致美国的通胀水平会在较长的时间里持续超过 2%。目前中国的物价水平总体运行平稳，尽管 2021 年 4 月由于基数影响 PPI 同比涨幅较大，但进口导致的通胀压力可控。在这个阶段就聚焦汇率升值来一定程度的降低进口物价水平，如果未来全球真的出现了通胀，就会失去通过汇率政策降低进口通胀的空间。

近期人民币升值的主要原因是美联储允许通胀持续"超调"所致。2021 年 4 月美国经济 CPI 达到 4.2%，核心 CPI 达到 3.0%，但美联储从2021 年 2 月开始至今一直在淡化通胀及通胀预期。在美联储允许通胀"超调"的背景下，美元开始对内、对外的双重贬值。从 2021 年 4 月初到 5 月25 日，美元指数贬值了大约 3.3%，人民币兑美元升值了 2.3%，CFETS 人民币汇率指数大约上升了 0.5%，继续体现了一篮子货币汇率稳定性优先的汇率走势，人民币汇率在合理均衡水平上保持了基本稳定。应侧重保供给、持续推进供给侧结构性改革减少部分产能、降低或取消部分相关商品的出口激励，并通过加大金融市场监管约束大宗商品投机性行为等措施来消化大宗商品价格上涨带来的冲击，而不是聚焦人民币升值来降低大宗商品的进口物价水平。

高通胀与低利率组合新环境或
助推风险资产价格上涨

5 月 31 日

本文认为，美联储允许通胀持续"超调"，高通胀与低利率组合成为当下及未来一段时间国际金融市场运行的新环境。这一新环境将导致传统的 P/B 估值框架失真，P/B 存在高估倾向，其原因在于通胀与低利率组合新环境会降低实际利率，共同助推风险资产价格的上涨。

国际金融危机后相当长一段时间里，国际金融市场是在低通胀与低利率组合环境下运行的。这一状况随着 2021 年 3—4 月美国经济中物价水平较大幅度的上涨而发生重大改变。国际金融市场将出现在高通胀与低利率组合新环境下运行的状态，2021 年 4 月美国经济中的 CPI 同比上涨 4.2%（2008 年 9 月以来的最高），核心 CPI 同比上涨 3.1%（1992 年 6 月以来的最高），但联邦基金利率依然维持在零利率的水平，尤其是近期美联储还加大了逆回购规模，说明整个市场的流动性处于很宽裕的状态，并且这种宽裕的流动性会持续较长一段时间。

高通胀与低利率组合新环境意味着传统的 P/B 估值框架失真，会导致 P/B 的高估。换言之，风险资产的估值将继续在高位运行，尤其是美国股市甚至可能出现创新高的可能性，这也会加大未来风险资产估值可能出现较大幅度调整的潜在风险。

美联储允许通胀"超调"将使美国经济中的通胀率在较长时间超过 2%。为什么允许通胀"超调"？归纳起来，美联储货币政策新框架允许通胀"超调"主要有五个基本原因。

一 就业优先的货币政策

2021 年 4 月美国经济失业率 6.1%，比 2021 年 3 月上涨 0.1 个百分点，目前仍有 800 万失业人口。与新冠肺炎疫情冲击前 3.5% 的失业率相比还有不少差距，美联储要看到失业率的持续下降。在劳动力市场状况与美联储最大化就业目标保持一致之前，联邦基金利率将继续保持在目前的接近零利率的水平。

二 美联储认为通胀是暂时的

从 2021 年 3 月开始，美联储官员多次淡化通胀及通胀预期，反复强调通胀是暂时的。主要原因有两点：一是新冠肺炎疫情导致的供应瓶颈冲击了价格的暂时性上涨（比如大宗商品价格）；二是美国居民谨慎性消费行为依然存在。

在美国居民收入出现增长的支撑下，美国经济中居民的支出也出现了明显的增长，收入增长中相当一部分来源于财政的转移支付，并非持久性收入。依据 BEA 提供的数据，2019 年美国居民工资和薪金收入占总收入的比例为 50.2%，2020 年为 47.5%，而 2021 年第一季度为 44.9%。从工资和薪金收入增量来看，以年率计算，2021 年第一季度比 2019 年要高出 5989 亿美元，比 2020 年要高出 5377 亿美元。但从储蓄率来看，2021 年 4 月美国居民储蓄率仍然高达 14.9%，这说明谨慎性消费行为依然存在。

从通胀预期来看，目前 5 年期 TIPS 和 10 年期 TIPS 预期的中长期通胀率并未出现"脱轨"迹象。从近期来看，2021 年 5 月 28 日 5 年期和 10 年期 TIPS 隐含的 5 年和 10 年平均通胀率分别为 2.57% 和 2.42%，较 2021 年 5 月中旬有一定程度的下降（见图 1），似乎有出现了顶部的迹象。

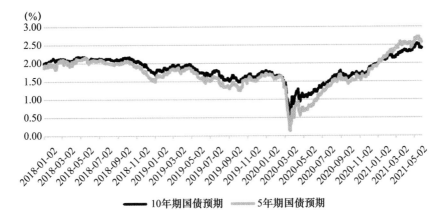

图1　2018 年 1 月 2 日至 2021 年 5 月 2 日美国经济中长期通胀率预期

资料来源：Federal Reserve Economic Data，5 - Year Breakeven Inflation Rate，Percent，Daily，Not Seasonally Adjusted；10 - Year Breakeven Inflation Rate，Percent，Daily，Not Seasonally Adjusted.

三　美联储要通过通胀"超调"
打破美国经济的"大停滞"

次贷危机以来，美国经济长期处于"大停滞"状态。低通胀与经济的低增长相伴，对通胀的渴求成为美联储打破美国经济"大停滞"的重要抓手，这极大地提高了美联储对通胀的"超调"程度和持续时间的容忍度。

低利率刺激了美国房地产市场的上涨，美国房价指数创新高。低利率也刺激了居民消费的增长，低利率环境下耐用品的增长是美国经济持续修复的重要推动力。从图 2 中的数据来看，美国居民在耐用品消费支出的增长率明显高于非耐用品的增长率。2021 年 1—4 月耐用品支出占居民实际总支出的比例为 16. 9%，比 2020 年 9—12 月高出 1. 3 个百分点。值得关注的是，服务支出的同比增长率从 2021 年 3 月开始转正，4 月同比增长率达到了19. 3%。服务业支出在 PCE 中占比一般在 60% 左右，要显著高于商品支出在 PCE 中 40% 左右的比例。

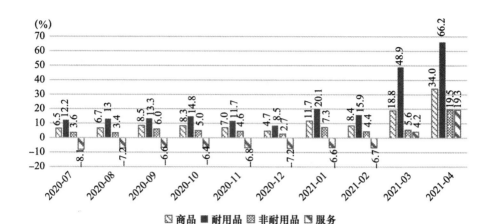

图 2　2020 年 7 月至 2021 年 4 月美国经济中商品和服务消费的同比增长率

资料来源：BEA，Real Disposable Personal Income and Real Personal Consumption Expenditures：
Percent Change from Month One Year Ago.

四　低利率将使得债务的持续滚动管理成为可能

为了应对新冠肺炎疫情的冲击，美国采取了激进的财政政策。从 2020 年 3 月至 2021 年 3 月，与新冠肺炎疫情冲击有关的美国财政支出数量接近 6 万亿美元。再加上拜登政府还要推出的基建计划，美国的财政赤字会进一步增长。低利率为发新债还旧债进行成本置换提供了空间，导致美国阶段性债务在增长，但阶段性偿还的利息在下降。

五　美联储认为应对通胀的工具比应对 通缩的工具更多且更有效

在通胀没有进入美联储认为的"超调"到足够长的时间，美联储的货币政策恐怕都不会进入实质性的决策阶段。美联储在通胀和通缩之间更愿意选择通胀，这是美国次贷危机以来"大停滞"导致美联储在通胀和通缩偏好取向上的重大变化。在历史上，美联储有过成功治理通胀的经验。20世纪80年代开始的"滞胀"，时任美联储主席沃克尔将联邦基金利率推高到接近20%，经过5年的高压性紧缩政策，终于将接近15%的CPI降到了2%左右的水平。但美联储在治理美国次贷危机以来的通缩上缺乏有效的办法。即使是联邦基金降到零，美国经济依然处于低通胀的环境。现在的美联储更倾向于美国经济需要一次持续的通胀来助推美国经济进入明显的扩张区间。

问题是：美联储会允许高通胀与低利率组合新环境持续多久？美联储是否过度自信而误判通胀只是暂时性的？

目前美联储货币政策几乎都是偏鸽的取向，也符合拜登政府力推的经济发展计划。因此，高通胀与低利率组合新环境或许会持续比较长的时间。这意味着风险资产的价格将维持在高位运行，甚至助推风险资产价格继续上涨，因为高通胀低利率的组合新环境极大地降低了实际利率水平，这容易导致风险资产价格出现高估倾向，带来了未来资产价格向下较大调整的潜在风险。

风险资产作为对信息最敏感的资产，资产价格的阶段性调整不一定非要金融市场上的利率上扬。各种不确定性的增加都会降低投资者的风险偏好，带来风险资产价格的向下调整。在这个意义上，更应该聚焦于金融体系的风险梳理与监管，夯实金融体系健康的基本面，而不是聚焦于风险资产价格上涨本身，一般情况下，货币政策过度关注风险资产的价格可能会带来货币政策主要目标的偏差。

或许不久，美国又会重点关注贸易赤字问题

6月4日

本文认为，2020年新冠肺炎疫情暴发以来，美国无视对外贸易赤字，并不是无视外部不平衡，而是这种外部不平衡有助于美国激进的宏观政策的实施。一旦美国经济取得了实质性修复，进入了扩张区间，外部贸易赤字问题就很可能会被重新提上美国对外经济政策的议程。

2020年新冠肺炎疫情暴发至今，美国对外经济政策基本没有考虑外部不平衡问题，美国在这个阶段没有出台关心贸易赤字的重要政策。这就不禁要问：2018年美国发起贸易摩擦的起点是关心贸易赤字，为什么随着贸易赤字的增加，美国在这个阶段又不关心贸易赤字了？

当然，我们可以说，新冠肺炎疫情防控是最重要的问题。在新冠肺炎疫情防控阶段哪还有精力去关注贸易赤字问题。进一步分析，我们就会发现在新冠肺炎疫情冲击阶段美国不关心贸易赤字问题是为了美国财政赤字货币化，是为了利用美元主导的国际货币体系动用更多的全球资源来防控美国的新冠肺炎疫情，对冲新冠肺炎疫情对经济的负面影响。

从美国经常账户贸易的情况来看，新冠肺炎疫情暴发以来，美国货物贸易逆差是不断增加的，货物贸易逆差从2020年2月的大约604.0亿美元上升到2021年3月的约915.6亿美元；服务业贸易顺差从2020年2月的大约224.0亿美元下降到2021年3月的约171.1亿美元。货物贸易逆差的扩大和服务贸易顺差的减少共同加大了美国对外贸易赤字。2020年2月美国贸易赤字为380.1亿美元，2021年3月上升到744.5亿美元，大约1年的时间，美国经济对外贸易月度贸易赤字几乎增加了一倍（见图1）。

从美国的货物进口来看，随着2020年3月出台的2.3万亿美元经济救

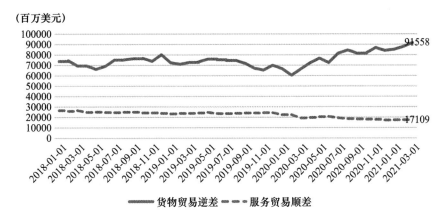

图1　2018年1月1日至2021年3月1日美国经常账户贸易情况

资料来源：Federal Reserve Economic Data，Federal Reserve Bank of St. Louis.

助法案开始，美国货物进口从2020年5月开始上扬。2020年5月美国货物进口数量大约为1665亿美元，到了2021年3月达到了2344.4亿美元，增长了679.4亿美元。从中国的进口在2020年3月是阶段性的低点，为198.1亿美元，到2021年3月增加到422.3亿美元，占美国货物进口总量的17.2%。这一比例虽然与2018年10月的高点23.8%相比有所下降，但依然保持在这几年的正常水平。

因此，我们就看到一个现象，美国贸易赤字不断加大，但美国并没有关注对外贸易赤字问题，根本原因在于现阶段的贸易赤字有利于美国激进宏观政策的实施。

在过去的1年里，美联储超常规增发货币，财政实施了3轮直接发放救助金。截至2021年6月3日，美联储总资产高达约7.94万亿美元，比2020年3月5日的4.24万亿美元高出3.7万亿美元。2021年6月3日美联储总资产中持有的国债数量约为5.12万亿美元，而在2020年3月5日持有的国债数量约为2.5万亿美元。相当于说，美联储在大约14个月的时间里，为美国财政融资了2.62万亿美元。

美联储如此巨大的流动性释放与财政转移支付相配合，导致了2020年美国GDP同比下降3.5%，但居民收入同比增长了6.3%。居民购买力支撑

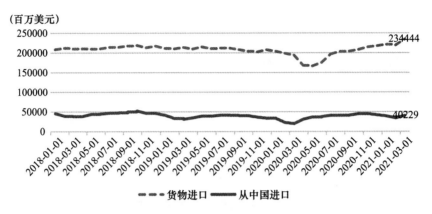

图2　2018年1月1日至2021年3月1日美国货物进口数量

资料来源：Federal Reserve Economic Data，Federal Reserve Bank of St. Louis.

了美国消费的增长，也使美国进口了大量的货物，货物贸易逆差再创历史新高。贸易逆差也使得美元顺势流出美国，带来了全球流动性的泛滥，降低了美国国内通胀的压力，但也带来了全球通胀的压力，例如大宗商品价格的上涨与美元流动性的泛滥直接有关。从这个角度看，美国大规模的经常账户赤字或许是现阶段美国愿意看到的，起码不反感贸易逆差。

从金融循环的角度来看，美国对外投资净头寸在1年多的时间里也出现了大规模的负增长。图3显示，从2020年第一季度开始，美国经济对外投资净头寸出现了明显的增长，而且2020年年底比2019年年底增长了－3.04万亿美元。截至2020年年底美国国际投资净头寸达到了－14.09万亿美元，这就是说美国居民持有的国外金融资产比负债少14.09万亿美元。

通过持续淡化通胀及通胀预期，并允许通胀较长时间的"超调"，其就业优先的货币政策使得全球流动性泛滥。美国激进的货币政策似乎开始有转向的迹象，纽约联储从2021年6月7日开始出售二级市场的ETF（交易所交易型基金），但美联储持有的企业信用债规模小，仅100多亿美元，不会影响市场的流动性。这种信号释放也与近期就业市场的改善有直接关系，截至2021年5月29日的最近一周，美国经济中首次申请失业救济的人数创新低，为38.5万人，美国就业市场的状况在持续改善（见图4）。

（百万美元）

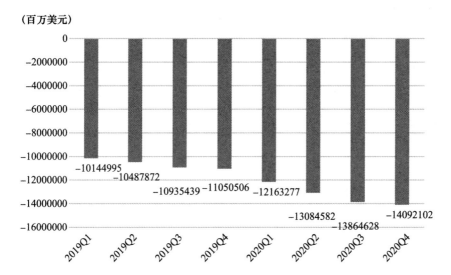

图3　2019Q1—2020Q4 美国经济对外投资的净头寸

资料来源：Federal Reserve Economic Data, Federal Reserve Bank of St. Louis.

（人）

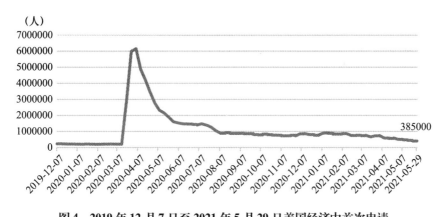

图4　2019 年 12 月 7 日至 2021 年 5 月 29 日美国经济中首次申请

失业救济人数变化趋势（周）

资料来源：U. S. Employment and Training Administration.

可见，新冠肺炎疫情冲击以来，美国就业优先的货币政策，允许通胀持续"超调"，实施大规模的财政赤字货币政策，导致美国经常账户赤字不断扩大，美国对外净投资负头寸不断扩大，美国依靠美元主导的国际货币体系，在扮演全球"风险资本家"角色的路上越走越远。美元主导的国际货币体系具有很强的扩张性，但美元储备在全球外汇储备占比有所下降，依据 IMF 提供的最新数据，截至 2020 年年底，美元储备占全球已分配外汇储备的 59.02%，比 2019 年年底的 60.72% 下降了 1.7 个百分点，但美元在外汇储备中的总量随着全球外汇储备量的增长依然在增长。在已分配的外汇储备中，与 2019 年年底相比，2020 年美元储备增加了 2799.3 亿美元。仅这个增加的部分相当于全球排名第 5 大外汇储备（包括美国在内的排名），排在美元、欧元、日元和英镑后面。

历史上，美国因为经常账户赤字发起的贸易摩擦、汇率摩擦的例子很多，因为长期的大规模贸易赤字不利于提高美国实体经济的竞争力和维护以美元为主导的国际货币体系。因此，2020 年新冠肺炎疫情暴发以来，美国无视贸易赤字，并不是不关心外部不平衡，而是这种外部不平衡有助于美国激进的宏观政策的实施。一旦美国经济取得了实质性修复，进入扩张区间，外部贸易赤字问题就很可能会被重新提上美国对外经济政策的议程。

美国采取激进宏观政策的原因、风险及对策

6 月 8 日

本文认为,允许通胀持续"超调"说明美国的宏观政策已经从新冠肺炎疫情救助与经济修复走向要打破美国次贷危机以来经济"大停滞"周期。当前美国经济面临的基本情况是:物价已经"超调",但劳动力市场就业存在缺口,经济产出存在缺口。在"一超调、两缺口"的态势下,允许通胀"超调"是美联储弥补就业缺口和产出缺口,助推美国经济进入扩张区间的抓手。美国激进的宏观政策带来了五大潜在风险:通胀误判风险、高资产价格风险、大宗商品价格上涨风险、外部不平衡引发新贸易争端风险、人民币过度升值的风险。我们需要采取相对宽松的融资环境、保供稳价、降低人民币走势的趋势性、谨防中美贸易不平衡引发新问题以及保持合意的风险资产价格来加以应对。

一 美国为什么要采取如此激进的 财政和货币政策?

美国的宏观政策已经从新冠肺炎疫情救助与经济修复走向要打破美国次贷危机以来经济"大停滞"周期,允许通胀持续"超调"就是最好的证据。

2020 年 3 月 23 日美联储开启无上限宽松货币政策为国际金融市场提供流动性,在美联储坚定做多的背景下,全球金融市场资产价格开始触底反弹,避免了全球金融大动荡演化为全球性的金融危机。至今来看,美国应

对新冠肺炎疫情冲击的宏观救助和刺激政策是全球力度最大的。依据美联储网站公布的数据，从 2020 年 3 月 5 日至 2021 年 6 月 3 日，美联储资产负债表中的总资产从约 4.24 万亿美元"爆表"到约 7.94 万亿美元，增长了约 87.3%；同期总资产结构中持有美国国债从约 2.50 万亿美元增长到约 5.12 万亿美元，增加了 2.62 万亿美元，美国财政赤字货币化现象严重。依据 IMF 提供的数据，在 2020 年 3 月至 2021 年 3 月底大约 1 年的时间里，美国为应对新冠肺炎疫情冲击的财政计划支出数量高达 5.95 万亿美元，这一数量约占 2020 年美国 GDP 的 30% 左右。美国采取如此激进的宏观政策背后的原因是什么？本文认为有两大原因，但绝不仅是为了应对新冠肺炎疫情的负面冲击。

（一）直接原因：美国要应对冲新冠肺炎疫情对美国经济造成的伤害

新冠肺炎疫情对美国经济的负面冲击是很大的，2020 年美国经济 GDP 同比 -3.5% 增长。在新冠肺炎疫情严重的 2020 年第二季度，美国经济 GDP 环比下滑 31.4%。随着美国出台大规模的经济救助和刺激计划，2020 年 3 月出台了《新冠病毒援助、救济和经济安全法案》，规模达到 2.3 万亿美元（占 GDP 的 11%），为每个调整后年总收入低于 7.5 万亿美元的成人居民一次性发放 1200 美元，向 17 岁以下的未成年人发放 500 美元。该法案还包括了小企业工资保障计划、航空业救助计划、运输服务经济救济计划、工资救济计划等。2020 年 4 月 9 日美联储公布了 2.3 万亿美元的信贷计划支持经济修复，该计划包括 7 个子计划，涵盖范围从金融市场到主街新贷款便利。

在大规模的救助和信贷刺激计划作用下，美国经济在 2020 年第三季度实现了 33.4% 的环比增长率。到 2020 年第四季度美国经济环比增长率 4.3%，从季度年率的角度来看，已经取得了相当好的经济修复。但 2020 年 12 月美国经济中的失业率为 6.7%，仍显著高于新冠肺炎疫情暴发前 3.5% 的失业率水平。

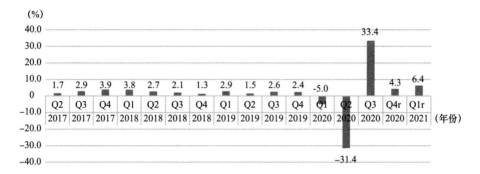

图 1　美国经济中实际 GDP 环比增长率（年率）

注：r 表示修订后的。

资料来源：BEA，Table 1. Real Gross Domestic Product and Related Measures：Percent Change from Preceding Period.

　　2020 年 12 月下旬颁布的《2020 年 COVID – 19 相关税收减免法案》授权对符合条件的个人向每位成人支付高达 600 美元的额外款项，对 17 岁以下符合条件的未成年人支付高达 600 美元的额外款项。财政转移支付再次成为居民收入的重要来源。综观 2020 年，财政转移支付占美国居民收入的 21.6%，这一比例比 2018—2019 年要高出 5 个百分点（见图 2）。

（二）深层次原因：美国要打破次贷危机以来的"大停滞"现象，重塑美国经济在全球的影响力

　　财政转移支付使得 2020 年美国居民收入比 2019 年增加了 6.34%，而 2019 年美国居民的收入比 2018 年只增加了 3.92%。但 2021 年 3 月初美国又颁布了《2021 年美国救援计划法案》（*American Rescue Plan Act of 2021*），符合条件的个人最高可获得 1400 美元的经济影响费，已婚夫妇共同申请的可获得 2800 美元的经济影响费，美国再次通过财政转移支付向居民直接进行救济。图 2 也显示了 2021 年第一季度财政转移支付收入占美国个人总收入的比例高达 27.4%。同时，2021 年第一季度美国经济 GDP 环比增长率年率达到了 6.4%（见图 1）。

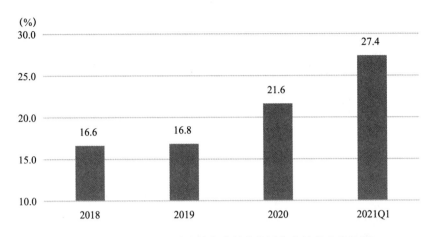

图2 2018—2021Q1 财政转移支付占美国个人总收入的比例

资料来源：BEA.

在激进的刺激政策下，美国经济中的通胀出现了跳跃式的增长，2021年4月美国经济中 CPI 和核心 CPI 同比涨幅达到了 4.2% 和 3.1%。美联储从 2021 年 3 月开始就一直淡化通胀及通胀预期压力，允许通胀的"超调"。

拜登上台百日之内，接连抛出了三大计划，除了上述的救援计划以外，还有基建计划和税改计划。拜登的基建计划规模高达 1.7 万亿美元，尽管与共和党提出的约 9300 亿美元的基建计划之间存在很大差距，但最终如果达成，基建的规模应该不会小。在 2021 年 5 月 28 日白宫公布的预算中，2022财年总支出高达 6 万亿美元，其中就业和家庭计划规模达到了 3.4 万亿美元。在美国经济产出缺口快速收敛的背景下，美国刺激经济发展的财政支出规模在不断增加。

因此，允许通胀持续"超调"与拜登财政支出计划大规模增长两大现象说明了美国此轮的经济修复已经不仅是应对新冠肺炎疫情的经济修复了，而是要打破美国经济长期以来的"大停滞"现象，助推美国经济进入扩张区间，打破美国次贷危机以来经济"大停滞"周期。

20 世纪 90 年代经济自由化以来，美国经济在全球的影响力是下降的，世界经济多极化趋势已经形成。在这样的背景下，美国采取了激进的宏观政策，其政策组合与现代货币理论（MMT）所倡导的政策组合有很大的相似之处。在很大程度上可以认为美国的宏观政策是在进行 MMT 的大实验，实施财政赤字货币化。美联储就业优先的货币政策使得财政赤字货币化问题越发严重。

二　当前美国经济现状："一超调、两缺口" 导致美联储宁要通胀、不要通缩

美联储会继续坚持通胀"超调"，现在的美联储是宁要通胀、不要通缩。当前美国经济面临的基本情况是：物价已经"超调"，但劳动力市场中就业存在缺口，经济产出存在缺口。在"一超调、两缺口"的态势下，允许通胀"超调"是美联储弥补就业缺口和产出缺口、助推美国经济进入扩张区间的抓手。

（一）劳动力市场就业仍然存在缺口

美国劳工部 2021 年 6 月 4 日发布的数据显示，5 月美国增加了 55.9 万个就业岗位，失业率降至 5.8%（见图 3）。美国总统拜登随后发表讲话说，自他上任以来已创造了超过 200 万个就业岗位，比任何总统任期的头四个月里创造的就业都要多，称美国经济中的就业取得了实质性进展。拜登这一政治性目的解释，市场对此反映平静。美国股市并没有因为失业率的下降而出现对美联储货币政策转向的明显担忧，6 月 4 日美国股市三大股指均收涨，道琼斯指数、纳斯达克指数和标普 500 指数日涨幅分别为 0.52%、1.47% 和 0.88%。

彼得森国际经济研究所（PIIE）最近的一项研究表明，5.8% 的失业率意味着美国经济中仍有 1000 万左右的就业缺口，美国就业市场离正常水平还有明显差距，但无法判断时间是否会使 1000 万个失踪的工作岗位全部或

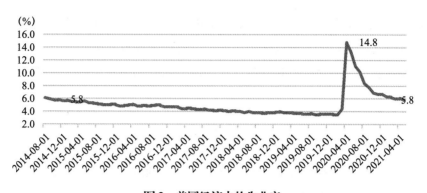

图 3　美国经济中的失业率

资料来源：U. S. Bureau of Labor Statistics.

部分回来，以及这一过程需要多长时间。另据中国新闻网 2021 年 6 月 6 日引用新加坡《联合早报》报道的数据，2021 年 5 月美国失业率降至新冠肺炎疫情暴发后的最低水平 5.8%，但美国劳动力市场目前的岗位数量仍比疫情前少了 760 万个。虽然上述两者在失业岗位的数量上有比较大的差异，但说明美国就业市场的就业缺口并未完全弥补，还存在明显的就业缺口。

（二）GDP 缺口并未完全收敛

依据 BEA 提供的数据，2021 年第一季度美国经济 GDP 环比增长 6.4%，同比增长 0.4%，经济产出缺口并未完全收敛。依据彼得森国际经济研究所最近的一项研究，按照月度 GDP 来计算，依据新冠肺炎疫情流行前的趋势来估计，2021 年 4 月美国的经济产出缺口仍然存在 2%。

（三）物价弥补缺口并已经出现了"超调"

从物价水平来看，2021 年 4 月美国经济中 CPI 和核心 CPI 分别同比增长 4.2% 和 3.1%。2020 年 4 月美国经济中 CPI 和核心 CPI 基本是阶段性低点，2020 年同期基数低也是导致 2021 年物价水平同比相对高的原因之一，但物价出现明显的"超调"是事实。相对于 2% 的长期通胀目标，CPI 出现了 2 个月的"超调"，核心 CPI 只出现了 1 个月的"超调"。图 4 显示了美国经济中核心 CPI 的 6 个月移动平均趋势，也可以看出 4 月的物价水平是显著"超调"的。

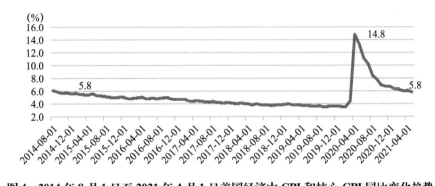

图 4　2014 年 8 月 1 日至 2021 年 4 月 1 日美国经济中 CPI 和核心 CPI 同比变化趋势

资料来源：U. S. Bureau of Economic Analysis.

从美国经济三大需求来看，受到收入增长和极低的抵押贷款利率的刺激，2021 年 4 月美国居民住房建设投资已经超过新冠肺炎疫情前的 15%，商业资本投资已经超过新冠肺炎疫情前的 12%。从美国居民的消费来看，居民需求潜力得到比较好的释放，整个消费基本达到了新冠肺炎疫情前的趋势水平，2021 年 4 月美国经济中个人消费支出达到了约 15.56 万亿美元（见图 5）。从 BEA 公布的分类消费来看，货物消费已经远超新冠肺炎疫情前的水平，服务消费还存在明显缺口。因此，未来货物消费释放对通胀压力的影响将进入明显的边际递减区间。

在三大需求中，美国经济出现了明显不平衡的修复。主要问题是就业状况改善和财政转移支付带来收入增长的同时，美国国内生产能力并未完全释放，导致进口大幅度增长，2021 年 4 月美国贸易逆差高达 744 亿美元。因此，强调外部平衡成为美国进一步助推经济进入扩张区间的手段。

在"一超调、两缺口"的态势下，允许通胀"超调"是美联储弥补就

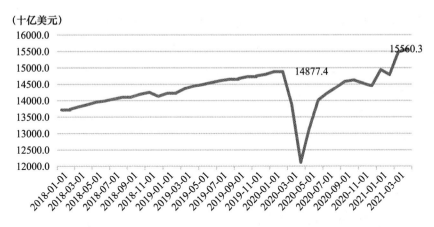

（十亿美元）

图5 2018 年 1 月 1 日至 2021 年 3 月 1 日美国居民个人消费者支出

资料来源：U. S. Bureau of Economic Analysis.

业缺口和产出缺口、助推美国经济进入扩张区间的抓手。在中长期通胀预期尚未"脱轨"的情况下，美联储的宽松政策将会延续。纽约联储宣布将于 2021 年 6 月 7 日开始出售二级市场中的 ETF，但由于其规模小，对市场流动性和风险偏好的影响几乎可以忽略，但在传递一个信息：美联储开始担心物价"超调"的可控性。即使如此，在"两缺口"态势下，要坚持助推美国经济进入扩张区间，美联储会选择提高对通胀持续"超调"的容忍度。同时，对长期物价低迷的厌恶也会导致美联储允许通胀"超调"比较长的时间。因此，现在的美联储是宁要通胀，也不要通缩。

三 美国激进宏观政策带来的五大潜在风险

美国激进的宏观政策带来了美国经济产出缺口快速收敛，依据 IMF 2021 年 4 月《世界经济展望》的预测，2021 年美国 GDP 增速达到 6.4%。激进的刺激政策导致了美国财政赤字不断增加，同时会带来全球物价上涨的压力。

（一）美联储允许通胀较长时间的"超调"可能会存在误判通胀的风险

相对于2%的长期通胀目标，美国目前通胀率水平已经出现了阶段性的明显"超调"。美联储认为，随着供应瓶颈的缓和，通胀压力会减缓，目前的通胀具有暂时性。

从通胀预期来看，目前5年期TIPS和10年期TIPS预期的中长期通胀率并未出现"脱轨"迹象。从近期来看，2021年6月4日5年期和10年期TIPS隐含的5年和10年平均通胀率分别为2.54%和2.40%，较2021年5月中旬有一定程度的下降（见图6），似乎有出现了顶部的迹象。而且从2021年1月下旬开始，5年的预期通胀率高于10年期预期通胀率，说明市场对长期通胀预期的压力并不大。

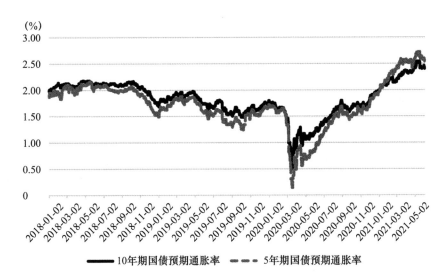

图6　2018年1月2日至2021年5月2日美国经济中长期通胀率预期

资料来源：Federal Reserve Economic Data, 5 - Year Breakeven Inflation Rate, Percent, Daily, Not Seasonally Adjusted; 10 - Year Breakeven Inflation Rate, Percent, Daily, Not Seasonally Adjusted.

目前的问题还是在于疫情的反复，变异新毒株对全球产品供应造成的瓶颈效应对物价影响持续的时间还是存在不确定性。因此，宁可要通胀也不要通缩的美联储持续允许通胀持续"超调"会对未来全球通胀带来一定的压力。

（二）通胀和低利率组合新环境将进一步推高风险资产价格风险

美联储允许通胀持续"超调"，高通胀与低利率组合成为当下及未来一段时间国际金融市场运行的新环境。这一新环境将导致传统的 P/B 估值框架失真，P/B 存在高估倾向，其原因在于通胀与低利率组合新环境会降低实际利率，共同助推风险资产价格的上涨。

从 2020 年 3 月全球金融大动荡低点以来，美国股市上涨的幅度巨大。道琼斯指数、纳斯达克指数和标普 500 指数分别上涨了 86.94%、101.36% 和 89.05%；即使是 2021 年以来也出现了较大的涨幅，2021 年年初至今道琼斯指数、纳斯达克指数和标普 500 指数分别上涨了 13.56%、7.19% 和 12.61%（见图 7）。

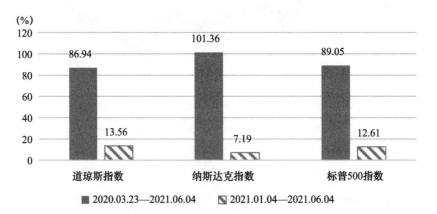

图7　美国股市金融大动荡低点至今以及 2021 年以来的上涨幅度

资料来源：Wind 数据库。

从美国房地产价格来看，同样出现了巨大的涨幅。在美联储不断购买MBS提供流动性和30年期很低的抵押利率刺激下，美国房地产市场创历史新高。2008年次贷危机爆发前，美国房价指数最高点2006年7月S&P/Case – Shiller指数达到了184.6；而2021年3月这一指数高达243.7（见图8）。

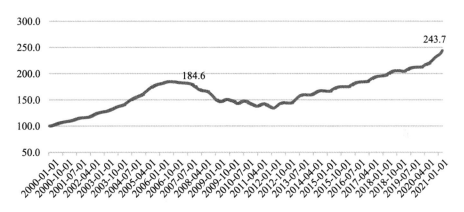

图8 美国房地产价格指数的变化（2000年1月=100）

资料来源：Federal Reserve Bank of St. Louis，S&P/Case – Shiller U. S. National Home Price Index，Index Jan 2000 = 100，Monthly，Not Seasonally Adjusted.

从风险资产的估值来看，高通胀与低利率组合新环境意味着风险资产的估值将继续在高位运行，尤其是美国的股市甚至可能出现创新高的可能性，这也会加大未来风险资产估值可能出现较大幅度调整的潜在风险。

（三）经济修复与宽松的流动性导致大宗商品价格持续上涨的风险

摩根大通全球制造业采购经理人指数（JPMorgan Global Manufacturing PMI）显示，商品生产部门连续扩张了11个月，总体采购经理人指数（PMI）从2021年4月的55.9升至2021年5月的56.0，创下11年多来的最高水平（见图9）。从交货期来看，尽管全球制造业供应商的交货期在

2020 年中期一度接近稳定，供应紧张状况有所缓解，但最近的采购经理人指数（PMI）数据表明交货期延长到了与 2020 年峰值相当程度，这说明 2021 年 5 月的供应面依然紧张，这会继续推动价格上涨。

图 9　全球制造业 PMI 指数及制造业交货期指数

资料来源：Global manufacturing PMI highlights sustained supply constraints and price pressures.

从国别和区域来看，涵盖制造业和服务业的 IHS－Markit 美国总体采购经理人指数（PMI）显示，2021 年 5 月出现有史以来最大涨幅之一，飙升至该调查 12 年来的新高，5 月最新数据为 68.7，高于 2021 年 4 月之前的 63.5，远高于调查之前记录的任何水平（调查之前的峰值 61.0 出现在 2014 年 6 月全球制造业 PMI 指数）。从欧元区的 IHS－Markit 的 PMI 在 2021 年 5 月连续第三个月刷新纪录，升至 63.1 的新高，欧元区制造业继续以近 24 年调查历史上前所未有的速度增长。

一方面是制造业的回暖，另一方面美联储继续维持宽松，再加上导致的产能减少，国际大宗商品价格指数出现了较大涨幅。图 10 显示，所有大宗商品的价格指数从 2020 年 4 月最低点 84.0 上涨到 2021 年 4 月的 144.4，上涨幅度达到了 71.9%。

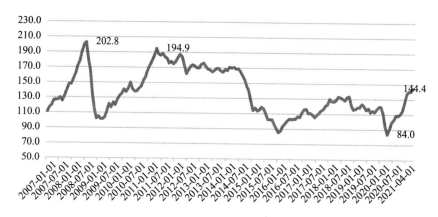

图 10　所有大宗商品价格指数的变化（2016 年 1 月＝100）

资料来源：Federal Reserve Bank of St. Louis, Global Price Index of All Commodities, Index 2016 = 100, Monthly, Not Seasonally Adjusted.

　　从典型的大宗商品价格上涨情况来看，2021 年以来均出现了比较大的涨幅。截至北京时间 2021 年 6 月 8 日上午 10 时，2021 年以来国际国内金融市场上原油价格的涨幅在 40% 左右，铜铝价格涨幅分别为 28.5% 和 23.6%，铁矿石价格也上涨了 14.1%（见图 11）。

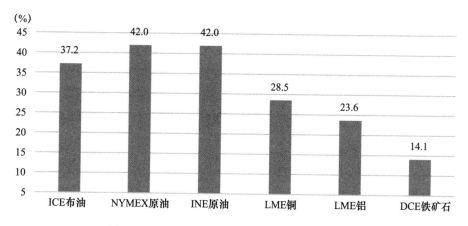

图 11　2021 年以来典型大宗商品价格的上涨幅度

资料来源：Wind 数据库。

（四）美国阶段性放弃了经常账户不平衡，导致通胀输出和重拾贸易摩擦风险

从美国经常账户贸易的情况来看，新冠肺炎疫情暴发以来，美国货物贸易逆差是不断增加的，货物贸易逆差从疫情暴发前 2020 年 2 月的大约 604.0 亿美元上升到 2021 年 3 月的约 915.6 亿美元；服务业贸易顺差从 2020 年 2 月的大约 224.0 亿美元下降到 2021 年 3 月的约 171.1 亿美元。货物贸易逆差的扩大和服务贸易顺差的减少共同加大了美国对外贸易赤字。疫情暴发前 2020 年 2 月美国贸易赤字为 380.1 亿美元，2021 年 3 月上升到 744.5 亿美元，大约 1 年的时间，美国经济对外贸易月度贸易赤字几乎增加了一倍（见图 12）。

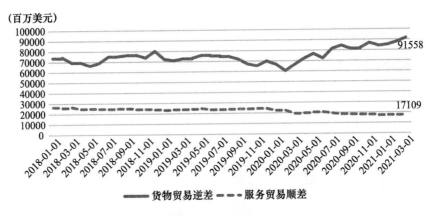

图12 美国经常账户贸易情况

资料来源：Federal Reserve Economic Data，Federal Reserve Bank of St. Louis.

从美国的货物进口来看，随着 2020 年 3 月出台的 2.3 万亿美元经济救助法案开始，美国货物进口从 5 月开始上扬。2020 年 5 月美国货物进口数量大约为 1665 亿美元，到 2021 年 3 月达到了 2344.4 亿美元，月度增长了 679.5 亿美元。

2020 年受新冠肺炎疫情冲击以来，美国无视对外贸易赤字，并不是不

关心外部不平衡，而是这种外部不平衡有助于美国激进的宏观政策的实施。美联储巨大的流动性释放与财政转移支付相配合，导致了 2020 年美国 GDP 同比下降 3.5%，但居民收入同比增长了 6.3%。居民购买力支撑了美国消费的增长，也导致美国进口了大量的货物，货物贸易逆差再创历史新高。贸易逆差也使得美元顺势流出美国，带来了全球流动性的泛滥，降低了美国国内通胀的压力，但带来了全球通胀的压力，像大宗商品价格的上涨与美元流动性的泛滥直接有关。

历史上，美国因为经常账户赤字发起的贸易摩擦、汇率摩擦的例子有很多，因为长期的大规模贸易赤字不利于提高美国实体经济的竞争力和维护美元国际货币体系。如果美国经济取得了实质性修复，美国经济进入了扩张区间，外部贸易赤字问题就很可能会被重新提上美国对外经济政策的议程。同时，拜登在 2021 年 6 月 3 日签署行政令，美国加大了对中国企业"黑名单"的数量，目前已经达到 59 家，对中国企业的打压力度反而加大了。

（五）美联储允许通胀"超调"导致人民币存在过度升值的风险

从 2021 年 4 月开始，美元指数有一个明显的走软阶段，而人民币汇率也有一个明显升值阶段。值得关注的是，2021 年 4 月美元指数走软与美联储的货币政策新框架直接相关。2021 年 3 月美国经济中 CPI 同比增速达到 2.6%，核心 CPI 同比增速达到 1.8%，到了 2021 年 4 月美国经济中 CPI 同比增速达到 4.2%，核心 CPI 同比增速达到 3.0%，但美联储从 2021 年 2 月开始一直在淡化通胀及通胀预期。在美联储允许通胀"超调"的背景下，随着美国经济中物价水平的上涨，美元开始对内、对外的双重贬值。从 2021 年 4 月初到 6 月 8 日，美元指数贬值了 3.19%，人民币兑美元升值了 2.77%。相对于美元指数，人民币兑美元的金融汇率继续保持了相对稳健的升值态势。但从更长时间来看，2020 年 5 月 28 日至今，人民币升值了 10.73%，同期美元指数贬值了 8.57%，人民币存在过度升值的压力。

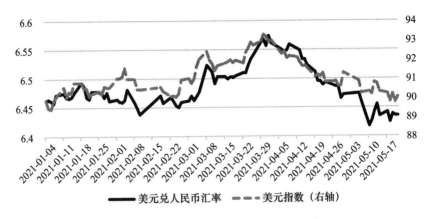

图12　美元指数与美元兑人民币双边汇率

资料来源：Wind 数据库。

四　中国宏观经济政策的对策

一方面，美联储持续允许通胀持续"超调"，另一方面美联储采取了模糊性的前瞻性政策引导。美联储激进的货币政策给全球宏观经济带来了不确定性。同时美国经济不平衡修复很可能引发中美贸易不平衡的再讨论。

（一）　中国的货币政策保持适度偏松，创造合意的融资环境

此轮经济修复的一个显著特征是，全球杠杆率都有不同程度的上升，债务问题成为经济持续修复需要考虑的重点问题。紧缩条件下的去杠杆政策成本太高，是需要避免的。因此，保持适度偏松的融资环境，降低融资成本，有利于债务风险的化解，也有利于保持较高的经济增速，强化经济的基本面，也有利于汇率的稳定。

（二）通过考虑供给需求平衡来降低大宗商品进口价格的冲击

由于欧美制造业比较强劲的修复，导致国内大宗商品边际定价权减弱。可以考虑三个方面的做法：（1）在国内金融市场上，加大大宗商品交易保证金或者增加交易费用，减少金融市场的投机性炒作行为；（2）在供给上，在继续深化供给侧结构性改革的背景下，可以压缩与大宗商品相关的重要行业产能；（3）在需求上，降低与大宗商品相关行业的出口激励，包括取消这类产品的出口退税政策等，从而在供需两侧保证国内的供给和需求相对平衡。通过对金融市场的约束、供需两侧的调整来降低国际金融市场大宗商品对国内物价造成的冲击。

（三）高度警惕人民币波动趋势化形成汇率"超调"的风险

人民币兑美元金融汇率走势相对稳健的过程中需要关注的重要问题是：人民币汇率阶段性走势的趋势要比美元指数走势的趋势明显，这可能会增加金融市场阶段性的做多或者做空人民币的风险，不利于人民币兑美元金融汇率的稳定性。要尽可能走出非趋势性的双向波动，降低市场利用明显的趋势性来进行套利的机会。

（四）高度关注中美之间贸易不平衡引发的新问题

美国经济已经取得了较好的修复，通胀"超调"可能使得美国经济进入扩张区间，但美国经济修复的总需求动力极不平衡，贸易赤字屡创新高。在这样的背景下，外部平衡也许会成为助推美国经济进入扩张区间的手段，同时也有利于维护美元霸权体系。因此，要有预案去应对美国经济在要进入扩张区间时对于外部赤字的关注。

（五）股市资产价格要保持在较为合意的区间运行

"房住不炒"这一政策是完全正确的。在严控房地产市场的同时，要保留风险资产价格的投资出口。除了科创版指数外，中国股市目前上证指数、深圳成指的 P/E 均远低于美国股市的 P/E。股市具备基本面的投资价值。创新是当前中国经济新发展格局的关键，股票市场是鼓励创新的重要资本平台。整个资本市场要鼓励通过并购等手段激励创新，政策不宜引导投资者的风险偏好下降。稳健的金融体系在于聚焦金融体系本身的风险梳理与监管，夯实金融体系健康的基本面，而不是聚焦于风险资产价格上涨本身，货币政策不宜过度关注股市风险资产价格的变化。

"汇率风险中性"理念强调服务于
实体经济的汇率风险管理

7月5日

近期央行在指导外汇市场自律机制的过程中，推动市场主体落实"汇率风险中性"理念。在标准的金融学教材中，"风险中性"是关于投资者风险偏好的一个重要假定，主要运用于期权定价中。在目前大家接受程度较高的 BS 期权定价模型（Black-Scholes Option Pricing Model）中，关于投资者风险偏好的假定就是风险中性的。在风险中性假定下，金融市场无套利的结果是投资者只能获取无风险报酬，不存在任何风险溢价或者贴水。

"汇率风险中性"在"风险中性"的基础上增加"汇率"二字，具有很强的针对性。即近一年来人民币较大幅度的升值，且升值趋势比较明显，导致了外汇市场可能通过持续做多来获取汇率收益的现象，减少这种通过汇率趋势性波动来完成的外汇市场套利活动。一旦金融市场出现了比较明显的趋势性交易行为，金融市场资产价格就会出现单向变动的"超调"，从而放大了金融市场的波动风险。

图 1 为 2020 年年初至今，美元指数和美元兑人民币汇率的变化情况。从 2020 年 3 月金融大动荡开始，由于流动性恐慌，美元指数有一个明显的上涨，在 2020 年 3 月 18 日站上 100。随着美联储快速"爆表"，2020 年 5 月 15 日之后美元指数开始了一直在 100 以下的走势。美元兑人民币汇率在 2020 年 5 月 28 日达到高点 7.16，此后随着美元指数下行，人民币开始了升值，尽管中间有所波动，但基本是一直升值到 2021 年 5 月 31 日的 6.36。

观察图 1 中的走势，可以发现在美元指数走软、人民币升值的阶段，或

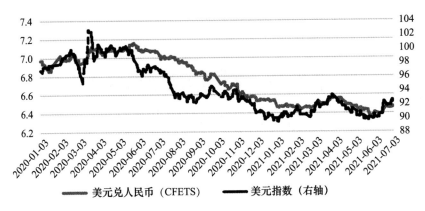

图1　2020年1月3日至2021年7月2日美元兑人民币汇率和美元指数的变化

资料来源：Wind 数据库。

者美元指数走强、人民币贬值的阶段，人民币汇率的走势要比美元指数走势的趋势明显。依据美元指数阶段性可以划分为四个阶段。第一阶段为2020年5月15日至2021年1月6日；第二阶段为2021年1月7日至2021年3月30日；第三阶段为2021年3月31日至2021年5月25日；第四阶段为2021年5月26日至2021年7月2日。图中这四个阶段是比较清晰的，美元指数在整体下移的过程中走出了不对称的"W"形状；相对应地，人民币汇率也走出了整体升值趋势中不对称的"W"形状。

通过简单的技术处理，我们计算出四个阶段的变化幅度和标准差，可以用夏普指数来衡量比较每个阶段的投资业绩。假定在上述四个区间里，以收盘价计，从事后的角度假定投资者能够准确预计到每个区间的升值和贬值趋势，从而采取升值做多、贬值做空的策略，那么我们可以得到每单位风险的收益率。图2为美元指数与人民币汇率每个阶段采取上述策略的夏普指数，可以明显发现人民币汇率每单位波动风险的收益率要远高于美元指数每单位波动风险的收益率。

图2显示了人民币汇率每个阶段的夏普指数均显著高于美元指数每个阶段的夏普指数，这说明了人民币波动的趋势性要明显强于美元指数波动的趋势性。换言之，外汇市场更容易形成人民币汇率的趋势性交易策略，从

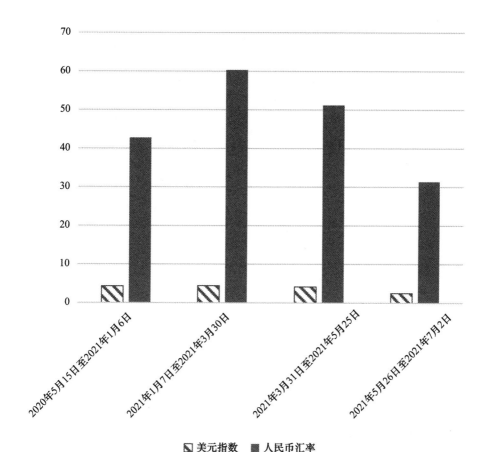

图2 2020 年 5 月 15 日至 2021 年 7 月 2 日美元指数与人民币汇率的夏普指数

资料来源：Wind 数据库。

而出现趋势性做多或者趋势性做空的赌博性交易，产生人民币汇率可能会出现更长时间偏离均衡汇率的风险。

正是在这样的背景下，央行推动市场交易主体落实"汇率风险中性"理念，目的是要减少单纯的汇率趋势性交易行为，强调汇率服务于实体经济发展的宗旨。

"汇率风险中性"理念并不是不管理汇率风险，而恰恰是更加强调了汇率风险管理，金融市场的基本功能之一就是风险管理。央行的"汇率风险中性"是主张企业将汇率波动纳入日常财务决策，合理运用衍生金融工具对冲汇率风险，降低外汇市场波动对主营业务的不确定性影响，从而确认企业主营业务现金流不会因为汇率波动而产生较大的影响，树立金融为实体经济服务的理念，而不是仅仅关注汇率波动交易本身，赌人民币汇率趋势性升值或者趋势性贬值，从而在趋势性交易中牟利。当然，如果赌错了方向，就会导致重大损失。

"汇率风险中性"理念强调了汇率市场的风险管理功能，更好地树立汇率风险管理意识来为实体经济服务。这要求进一步完善汇率交易机制、培养更多专业的汇率交易从业人员，以适应中国经济在全球经贸、投资领域越来越大的影响力。

欧洲央行货币政策新框架：
中期平均通胀目标制

7月9日

2021年6月8日，欧洲央行正式公布了货币政策新框架。与2003年货币政策框架相比，新框架采取了中期平均通胀目标制，这一框架将在2025年被重新评估。自2020年8月美联储公布货币政策新框架之后，全球发达经济体中最重要的两大央行都修改了自己原有的货币政策框架。至此，平均通胀目标制基本完成了对过去20年来的绝对通胀目标制的替代。

欧洲央行将货币政策目标绝对通胀率2%修改为"中期内实现2%的通胀率"，2%的通胀目标为通胀预期提供了一个明确的锚定，但本质上也是弹性平均通胀目标值，因为欧洲央行允许通胀率阶段性高出2%，出现阶段性的通胀目标"超调"。这一新框架主要包括以下七个方面的内容。

第一，货币政策首要目标不变。欧洲央行的首要目标是欧元区的价格稳定。在不影响价格稳定的条件下，欧洲央行将支持《欧洲联盟条约》第3条规定的包括平衡的经济增长、以充分就业和社会进步为目标的高度竞争的社会市场经济，以及高度保护和改善环境质量。可见，欧洲央行是典型的采取明确的通胀目标制的央行。

第二，欧洲央行采取的是中期平均通胀目标制，对"中期"并未有明显的时间期限界定，但下一次评估货币政策是在2025年，因此可以推测欧洲央行给出的"中期"期限大约是5年左右。

第三，欧洲央行在通胀目标损失函数上，采用的是对称性目标损失函数。欧洲央行认为，保持物价稳定的最佳办法是在中期内实现2%的通货膨胀率，且对这一目标的承诺是对称性的。对称性意味着通胀对 2% 的正负偏差都是不合意的。换言之，欧洲央行对通胀 2% 的正负偏离的厌恶程度是类似的。

第四，欧洲央行监测物价水平的关键指标是调和消费者物价指数（Harmonized Index of Consumer Prices，HICP），并考虑将业主自住住房相关成本纳入 HICP，以更好地代表与家庭相关的通货膨胀率。因此，通胀监测篮子可能会发生新变化。

第五，欧洲央行货币政策战略是中期期限的 2% 通胀率，体现了货币政策的灵活性和相机抉择性，而不再是死守通胀 2% 的货币政策操作。货币政策中期取向的灵活性意味着对通胀偏离目标的适当货币政策反应要考虑导致通胀的具体背景，要充分考虑通胀偏离 2% 的驱动因素、偏离幅度及偏离的持续性。

第六，欧洲央行货币政策新框架纳入气候因素影响下经济和金融体系的结构和周期变化，并监测这些变化对价格稳定的长期影响。欧洲央行货币政策评估中全面纳入气候变化因素，吻合欧盟的政策重点。欧洲央行会充分考虑气候变化和碳转型对货币政策的影响。

第七，欧洲央行货币政策评估将建立在"双因素"基础之上。货币政策评估建立在经济分析和货币金融分析两个相互依存的分析之上。经济分析侧重于实际和名义经济增长；货币和金融分析监测货币和金融指标，重点分析了货币传导机制的运行、金融失衡和货币因素对中期物价稳定可能带来的风险。这一新框架反映了欧洲央行经济分析和货币分析从 2003 年货币政策框架以来所发生的变化。在校准货币政策工具时，金融稳定是价格稳定的先决条件。换言之，在金融不稳定时，欧洲央行首要考虑的是金融稳定，中期目标是价格稳定。防止金融不稳定成为欧洲央行的核心职责。

欧洲央行为什么采用中期平均通胀目标制，其原因在于：2008 年国际金融危机后，欧元区的均衡实际利率呈现出显著的下降趋势。欧洲央行认为，这可能与生产率增长放缓和人口因素有关，也与国际金融危机的遗留问题有关，这些因素共同压低了均衡实际利率，这约束了欧洲央行完全依靠政策利率变化来实现政策目标的空间。

持续的实际利率下降将导致欧洲央行政策性名义利率的有效下限制约货币政策的实施。因此，欧洲央行也需要以通胀为抓手，确认政策利率的有效下限，为货币政策创造出名义利率调整的空间。比如，在经济增长接近下限时，需要采取强有力或持久的货币政策措施，避免通胀目标的负偏差时间变得过长。因此，需要一个时期内的通胀率适度高于中期目标水平2%。以释放出货币政策空间。

欧元区货币政策新框架与美联储货币政策新框架都是弹性平均通胀目标制，且都没有给出具体的各自期限的界定，但两者存在一定的差异性。首先，欧洲央行通胀目标是中期2%，美联储通胀目标是长期2%；其次，对通胀偏离2%的厌恶程度，欧洲央行明确表达了对称性损失函数，美联储并未表达；最后，欧洲央行货币政策考虑的范围更广泛，包括将气候变化等因素明确纳入货币政策框架。

尽管存在一定的差异，但本质类似。美联储和欧洲央行修改货币政策框架都是针对2008年国际金融危机以来，美国和欧元区经济以及全球经济结构都发生了深刻变化后的反应。其重点是，相对于过去2%的绝对通胀目标，都是允许通胀阶段性"超调"，以通胀为抓手来提升总需求和就业，并释放货币政策性利率的空间。

央行降准助力牢牢把握经济持续向好的主动权

7 月 12 日

2021 年 7 月 9 日央行宣布：从 2021 年 7 月 15 日开始下调金融机构存款准备金率 0.5 个百分点，但不含已执行 5% 的存款准备金的金融机构。本次下调后金融机构加权平均存款准备金率为 8.9%，可以释放 1 万亿元人民币的流动性。值得注意的是，本次降准不是结构性的，是全面降低金融机构存款准备金率。

全面降准的目的是货币政策助力中国经济牢牢把握住基本面持续向好的主动权，也是直面解决现实问题的重要手段。因为在当前的实际情况下，缓和的去杠杆和降成本是货币政策重要的发力点。

降准是为了金融机构能够提供更多的流动性。中国经济在此轮修复的过程中，杠杆率有所上扬。在未来外部金融环境会发生变化的背景下，需要清理杠杆，明晰债权债务关系。一些地方政府通过城投等方式累积了债务，一些企业尤其是房地产企业的债务率攀升，过高的杠杆对未来经济健康发展带来了债务风险。但去杠杆不能采取货币政策紧缩条件下的去杠杆，紧缩条件下的去杠杆必然带来一些未来有成长性或者现金流的企业破产，这样的去杠杆方式成本高。流动性相对宽裕条件下的去杠杆是一种相对低成本的去杠杆方式。有些企业可能会产生暂时的财务状况恶化，但只要保持市场较好的流动性，这类企业就可以通过融资渡过难关，避免破产的风险。

依据央行网站公布的数据，2021 年 5 月企业债券净融资规模为 1336 亿元，与 2021 年 1—4 月的月均 3134 亿元相比出现了深度下滑，这说明城投企业或部分房企通过债券发行方式，在借新债偿还旧债上存在显著压力。

自 2021 年三道红线正式实施以来，据克而瑞不完全统计，2021 年上半年 100 家典型房企的融资额为 6090 亿元，同比下降 34%，环比下降 29%，是 2018 年以来的最低水平，资金过度流入房地产市场问题得到改善。但政策并不是要全面遏制房地产企业的信贷，满足条件的企业依然可以获得融资增长，也需要保证房地产市场的平稳运行。央行降低存款准备金率释放长期流动性，一方面可以对冲即将到期的中期借贷便利（Medium-term Lending Facility，MLF），另一方面也是提供流动性以便于企业融资。在流动性改善的情况下，降低融资成本才有实在的资金支持。

2021 年以来，在大宗商品价格上涨等因素的冲击下，一些中小微企业的融资成本偏高，给这部分企业带来了生产经营上的压力。降低金融机构准备金率可以降低金融机构大约 130 亿元的融资成本，这无疑会在一定程度上降低中小微企业的融资成本。

从物价水平看，2021 年以来受到国际市场大宗商品价格普遍较大幅度上涨的影响，PPI 出现了明显的增长。但要看到，通胀应该并不是中国经济面临的主要问题。2021 年 5—6 月 PPI 同比上涨 9% 和 8.8%，但 5—6 月 CPI 同比上涨 1.3% 和 1.1%，尚未见到 PPI 向 CPI 传递的强劲动力出现。央行降准也给了市场比较明确的信号：目前及未来一段时间，中国经济没有"胀"。PPI 并未向 CPI 传递，说明了经济总需求仍有改善提高的空间，增长是核心问题。高质量增长不排斥较高的增长率。2020 年中国是全球主要经济体中唯一实现正增长的经济体，2.3% 的增长率实属不易，但 2.3% 的增长率在过去的中国经济增长率中也是难得一见的低基数。2021 年中国经济的增长率会较大幅度超过政府预计的 6%，这是好事。2021 年 6 月，世界银行调高了 2021 年中国经济增长率至 8.5%。

由于新冠肺炎疫情依然存在不确定性，因此，宏观政策的要点就是在结构优化的基础上不断提升国内增长因素的边际增长点。新冠肺炎疫情的不确定性使得宏观政策的预期或者跨期管理意义不大，重点在于不断解决现实问题，夯实经济持续向好的信心。融资难，就解决融资难的问题；融资成本高，就尽力降低融资成本。因为有了增长就有了最根本的信心，就可以增强抵御各种不确定性的能力。

央行全面降准体现的是一种货币政策的自信。国际金融市场在不断讨论美联储 Taper 的时候，央行全面降准了。央行降准的目的在于通过增加市场的流动性，解决现实的融资不足及融资成本问题，从而助力中国经济牢牢把握住持续向好的主动权。

此轮人民币汇率升值的原因及未来走势

7 月 15 日

一　此轮人民币升值的原因

在新冠肺炎疫情冲击等因素的作用下，2020 年 3 月中下旬爆发了全球金融大动荡，国际金融市场流动性恐慌导致美元指数出现了快速攀升。以收盘价计，2020 年 3 月 18 日美元指数站上 100，此后一直在相对高位运行，这种状况一直持续到 2020 年 5 月 15 日。随着美联储资产负债表的快速扩表，市场流动性恐慌逐步消散，从 2020 年 5 月 16 日开始，美元指数开始在 100 以下运行，美元指数开始走软。与此相对应的是，美元兑人民币汇率从 2020 年 5 月 28 日的 7.16 一直贬值到 2021 年 5 月 31 日的 6.36，大约 1 年时间人民币兑美元的升值幅度达到了 11.2%，这是一个比较大的升值幅度，同期美元指数贬值了 8.8%。截至 2021 年 7 月 9 日，人民币此轮升值幅度也达到了 9.5%，同期美元指数贬值了 6.2%（详见图 1）。

此轮人民币升值为中国经济基本面向好提供了支撑，体现了新冠肺炎疫情下人民币汇率的特征。中国疫情防控阻击战取得重大战略成果，快速推进复工复产，是 2020 年全球主要经济体中唯一保持正增长的经济体，增长幅度为 2.3%。同时，货币政策保持了正常化，中美利差扩大。从政策性利率来看，依据 BIS 提供的央行政策性利率数据来看，2020 年 2 月中美政策性利率水平分别为 4.05% 和 1.625%，新冠肺炎疫情暴发后，中美政策性利率分别为 3.85% 和 0.125%，中美政策性利差扩大了 130 个 BP。从市场

图 1　2020 年 1 月 3 日至 2021 年 7 月 9 日美元兑人民币汇率和美元指数的变化
资料来源：Wind 数据库。

收益率来看，我们以 10 年期中美国债收益率为例，2020 年 2 月中美 10 年期国债收益率差大约维持在 120 个 BP 左右，到了 2020 年 3 月中下旬金融大动荡爆发之后，中美 10 年国债收益率差明显扩大，在 2020 年 10 月中旬一度达到了 240 个 BP 左右，中美 10 年期国债收益率差扩大了约 1 倍。

中美利差的扩大使得中国金融市场的资产具有明显的收益优势。2020 年中国金融开放取得了实质性进展，人民币受到越来越多国际投资者的认可，在美元供给不断增加的背景下，外部资金流入创了新高。在对外贸易项下，新冠肺炎疫情的有效防控保障了国内生产能力的快速释放，填补了海外生产能力的不足。依据海关总署的统计，2020 年全年贸易顺差高达 5350 亿美元，比 2019 年增加了 1100 多亿美元。依据联合国贸发会提供的数据，2020 年中国吸引 FDI 逆势上扬，创历史新高，首次成为全球最大的 FDI 引进国，达到了 1630 亿美元。

因此，2020 年中国经济的基本面明显好于其他发达经济体的经济基本面是支撑人民币此轮升值的基础。中国对外贸易顺差扩大、中美利差扩大是助推人民币升值的两大基本因素。

二 客观看待近期美元指数的"超调"

从 2021 年 3 月开始，由于通胀预期和实际利率上涨，美元指数在 2021 年 3 月底出现了阶段性高点。随着美联储反复强调市场通胀是暂时的，国际金融市场的长期通胀预期开始下行。10 年期和 5 年期美国保本国债隐含的中长期预期通胀率分别在 2021 年 5 月中旬达到阶段性高点，随后下行。在通胀预期下行等因素的作用下，美债收益率也从 2021 年 3 月中下旬开始下行，美元指数随之下行，从 2021 年 3 月底的约 93.3 一直到 5 月中下旬跌破 90。但近期随着美联储实施确认利率下限的措施，美元指数出现了明显的"超调"。以收盘价计算，2021 年 6 月 15 日美元指数为 90.522，6 月 18 日为 92.3217，美元指数在 4 个交易日上涨了 2.0%。4 个交易日美元指数上涨 2% 应该是属于激进性的上涨了（详见图 2）。随后人民币兑美元汇率重回 6.4，维持在 6.4—6.5 的区间运行。

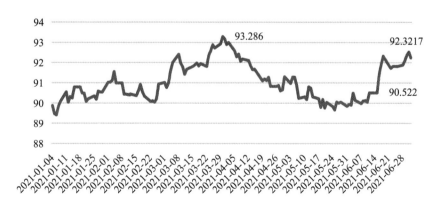

图 2　近期美元指数的"超调"（2021 年 1 月 4 日至 2021 年 6 月 28 日）

资料来源：Wind 数据库。

美元指数的这次"超调"，主要原因是美联储在 2021 年 6 月 16 日将超额准备金利率（Interest Rate on Excess Reserves，IOER）从 0.1% 上调至 0.15%；同时将隔夜逆回购利率（Overnight Reverse Repo，ONRRP）从 0 上调至 0.05%，从 6 月 17 日开始生效。美国金融市场短期国债收益率有一个明显的上涨。比如 1 个月、2 个月和 3 个月期限的国债收益率从 2021 年 6 月 15 日的 0.02%、0.02% 和 0.03% 分别上涨到 6 月 18 日的 0.05%、0.05% 和 0.05%。之后有小幅度变化，截至 2021 年 7 月 9 日分别为 0.06%、0.05% 和 0.06%。同时，美联储的联邦基金利率也从 0.08% 上涨至 0.10%。

从美国的物价水平来看，2021 年 3—5 月 CPI 同比增速分别为 2.6%、4.2% 和 4.9%，2021 年 2 月同比增幅只有 1.7%。从 2021 年 3 月开始美国个人消费支出价格指数也发生了跳跃性的增长，从 3 月的同比上涨 2.4% 上涨到 4—5 月的 3.6% 和 3.9%。2021 年 5 月核心 CPI 涨幅高达 3.8%。

因此，我们可以发现当美联储确认利率下限后，美元指数在美国经济通胀上涨的态势下出现了一个明显的上涨，这是典型的美元指数"超调"。人民币兑美元汇率在这期间表现相当稳健，2021 年 6 月 15 日至 6 月 18 日美元指数上涨了约 2.0%，人民币只贬值了大约 0.6%。

需要指出的是，美元指数两次升值的直接原因不同。2021 年 3 月是长期利率上涨。通胀预期和长期实际利率也略有上升共同推动 10 年期美国国债收益率上涨，在 2021 年 3 月中旬达到了阶段性高点 1.74%；同时，短期国债收益率是下降的；2021 年 6 月的情况则是短期利率上涨，主要是美联储确认利率下限所致，但长期国债收益率在通胀预期下降的作用下反而出现了下降。

三 未来一段时期美国经济金融及国际金融市场流动性的判断

（一）美国经济情况的判断

总体上，当前美国经济还存在"一超调、两缺口"特征。通胀已经明显超过美联储长期平均 2% 的通胀率目标，存在阶段性的通胀"超调"，但就业和产出存在缺口。目前美国经济中还存在 800 万左右的就业缺口，经济尚处于进入扩张阶段的前端，也存在较小的缺口。在美联储坚持就业优先的货币政策条件下，未来美联储货币政策的收紧或将是缓慢的。

从美联储关于通胀的容忍度来看，美联储将持续允许通胀超调到 2022—2023 年。美联储 2021 年 6 月的经济预测数据（预测中值）显示，2021 年美国核心 CPI 为 3.0%，GDP 增速为 7.0%，失业率 4.5%；2022—2023 年核心 CPI 为 2.1%，失业率为 3.5%，GDP 增速分别为 3.3% 和 2.4%。考虑到 2021 年预测的核心 CPI 达到 3% 涨幅的基数效应，2022—2023 年核心 CPI 均为 2.1% 的涨幅已经是相当高了，而且还要把失业率进一步降到 3.5%。

从长期通胀预期来看，由于长期通胀预期下行，长期美债名义收益率很难持续上涨。依据美国财政部网站的数据，10 年期美国国债收益率从 2021 年 3 月 19 日的高点 1.74% 下降至 2021 年 7 月 9 日的 1.38%。

从美国金融市场资产价格来看，美股的虹吸效应显著递减。标普 500 指数、纳斯达克指数不断创新高，而道琼斯指数也在 2021 年 5 月 10 日达到了 35000 点。截至 2021 年 7 月 9 日，美国股市的道琼斯指数、纳斯达克指数和标普 500 指数的市盈率（P/E，TTM）分别为 29.9、49.1 和 32.9，分别比 2015—2019 年的均值高出 49.6%、46.6% 和 47.5%，这体现出美国金融市场低利率和高通胀背景下的估值特征。美股的虹吸效应显著递减，会在一定程度上减轻对其他经济体的资本外流压力。

（二）国际金融市场流动性的判断

整体上，国际金融市场美元流动性充裕。纽约联储逆回购规模从 2021 年 6 月 16 日的 5200 亿美元上升到此后 7000 亿—8000 亿美元的水平；TED 利差目前维持在 0.09%，比 2021 年 3 月大约下降了 1 倍。2021 年 6 月 16 日美联储将央行货币互换延迟到 2021 年年底。这些互换额度允许向澳大利亚、巴西、韩国、墨西哥、新加坡、瑞典央行提供金额高达 600 亿美元；向丹麦、挪威和新西兰储备银行提供 300 亿美元。9 家央行总计的货币互换额度达到 4500 亿美元，这是 2020 年金融大动荡时期的最高值。

从欧元区看，欧元区的经济修复不及美国。由于美元指数中欧元占比高达 57.6%，欧元区的宽松政策导致美元不需要过于收紧就可以保持美元指数在 90 以上的区间运行，可以保持美元需求，减少市场做空美元的压力。

综合上述信息可以判断：美联储近期的措施是为了确认利率下限，货币政策发生了微妙的变化，虽然尚不是实质性的转向，但美元指数看多的概率要大于看空的概率。这一点也可以从近期 10 年期美国国债收益率下降可能是空头回补所致得到一定的佐证。

四　中国经济金融形势基本面的判断

中国经济会持续维持基本面向好。2021 年 7 月 9 日央行决定于 7 月 15 日下调金融机构存款准备金率 0.5 个百分点。降低存款准备金率就是一个降低实际利率的办法，可以减少金融机构 130 亿元的存款成本，贷款名义利率或会有微小的下降。但即使保持名义利率不变，随着经济的修复，物价上升也会降低实际利率。同时，减少信贷过程中的成本也会降低实际利率。实际利率下降对中美利差的进一步缩小影响不大。从目前的情况看，中美 10 年期国债收益率差在 160 个 BP 左右，还是高于新冠肺炎疫情前的水平（详见图 3）。

从贸易顺差来看，随着海外生产能力的恢复，相比 2020 年，2021 年的顺差规模会缩小。依据海关总署的数据，2020 年全年贸易顺差为 5350.3 亿美元，2021 年 1—5 月贸易顺差为 2034.5 亿美元，而 2020 年同期为 1199 亿美元，考虑到 2020 年 2 月新冠肺炎疫情导致了 621.2 亿美元的逆差以及海外生产能力逐步修复的实情，2021 年全年贸易顺差会缩小，恢复到 2019 年的水平也是正常的。

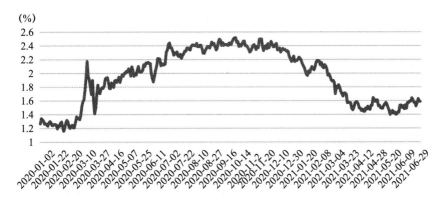

图3 2020年1月2日至2021年6月29日中美10年期国债收益率差

资料来源：Wind数据库。

从物价水平来看，中国未来一段时间通胀的压力不大。目前全球出现了类似情况，PPI高、CPI相对低一些。主要原因是，在经济修复预期向好、新冠肺炎疫情导致的供给不足以及国际金融市场流动性充裕等多重因素的作用下，2021年以来国际大宗商品价格出现普遍较大幅度的上涨。中国经济2021年5—6月PPI同比增幅分别达到了9%和8.8%，而CPI仍处于比较低的水平，同比增长1.3%和1.1%，尚未体现出PPI向CPI传递的强劲动力。

在美联储微调货币政策后，人民币汇率表现稳健。从人民币汇率制度安排来看，人民币汇率需要保持贸易汇率和金融汇率之间的平衡。从2020年7月至2021年5月，CFETS指数上涨了7.4%。2021年7月，CFETS指数也在相对高位，近期随着人民币回调也出现了一定的下降。一方面，我们关注到了大宗商品上涨和CFETS指数上涨对出口造成了双重负面影响；另一方面，人民币兑美元双边汇率（金融汇率）对于金融的稳定性是至关重要的。

五　2021年下半年人民币汇率走势的判断

综合以上国际和国内经济金融因素的分析，可以看出，新冠肺炎疫情助推人民币升值进入明显的减弱区域，人民币 2021 年下半年应该会出现幅度可控的贬值，稳中偏弱是合意的。2021 年 5 月底 6 月初的 6.36 很可能就是全年美元兑人民币汇率的高点，除非新变异病毒 Delta 对美国经济造成重创，但可能性低。

　　未来一段时间，美国金融市场的债券收益率较目前的水平会有所提高，但空间有限。中国经济只要保持贸易顺差，维持正常水平的利差，合理调节资本流动，在助推人民币升值因素递减的背景下，人民币会略有贬值的压力，但应该不会形成趋势性的较大幅度的贬值。未来一段时间应该是汇率相对平稳的阶段，本文认为围绕 6.5 左右双向波动是常态，全年不突破 6.6 是一个比较合意的结果，要为未来美联储进入加息通道留下汇率调整的空间。同时，要密切关注中美经贸摩擦能否缓和的情况，这也是影响人民币汇率走势的重要变量。

适度分离管理好流动性和利率或是
美联储未来的货币政策取向

7 月 15 日

自 2020 年 3 月全球金融大动荡以来，我们观察到美联储以及欧洲央行等发达经济体货币政策中的一个重要特征是，流动性工具与政策利率工具是分离的。按照传统的货币政策观点，在零利率条件下，存在流动性陷阱。事实是：在零利率条件下，美联储等通过持续大规模释放流动性，金融市场率先快速取得了修复，出现了新冠肺炎疫情期间金融与经济的大脱离。随着几轮大规模的财政救助和刺激政策的实施，美联储持续向市场提供流动性，在保证市场始终处于流动性充裕的条件下，美国经济中的就业和增长取得了相当不错的修复。截至目前，美国经济中大约还有 700 万左右的失业人口，全年预期 GDP 增长达到 7%。因此，可以认为，美联储大概率摆脱了传统货币政策中的流动性陷阱问题。

如果美国经济摆脱了传统货币政策中的零利率下的流动性陷阱，那么至少可以说明：利率和流动性在某种程度上是完全可以分离管理的，而且这种分离管理是有效的。这就为新冠肺炎疫情后美联储货币政策的改变对金融市场造成的估值性调整提供了可以想象的空间。

美国经济目前面临的问题是较高的通胀数据，但美联储坚信通胀是暂时的。依据美国劳工部公布的数据，2021 年 6 月美国经济中 CPI 同比增长高达 5.3%，PPI 同比增长 7.3%，核心 PPI 同比增长也高达 5.6%。与 2% 的长期通胀率相比，物价是明显阶段性"超调"的。

美国经济中面临的另一个问题是就业问题。依据美联储圣路易斯分行的数据，2021 年 6 月美国经济中失业率为 5.9%，失业人数大约仍有 700 万左右。一方面，从美国经济中劳动力市场就业条件来看，2021 年 4 月开始，就业条件指数连续 3 个月为正值，且呈现出上升态势，说明美国经济中劳动力市场就业状况在持续改善；另一方面，从就业动能趋势来看，连续 4 个月出现了下降，说明就业状况改善的边际动力是递减的。

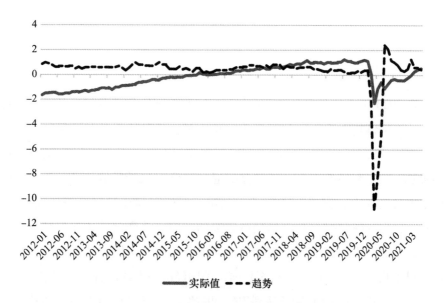

图 1 美国经济中劳动力市场条件指数

资料来源：Kansas City Fed，Labor Market Conditions Indicators（LMCI）.

面对阶段性的较高通胀率，美国金融市场是如何反应的？2021 年 7 月 14 日道琼斯指数上涨 0.13%、纳斯达克指数下跌 0.22%、标普 500 指数上涨 0.12%。美国金融市场对美国经济较高的通胀率的反应相当平淡。

对如此阶段性的较高通胀率，一些专业人士是如何反应的？依据彭博环球财经的报道，美国前财政部部长姆努钦称美联储应当立即消减资产购买计划，谨防通胀失控；贝莱德 CEO 也认为美国处于历史高位的通胀率不会是暂时现象。

对如此阶段性的较高通胀率，美联储主席鲍威尔是如何反应的？鲍威尔表示经济复苏还没有达到可以开始收缩资产购买规模的程度，未来几个月通胀率可能保持较高水平，然后回落。

尽管有美联储部分官员也认为应该讨论缩减资产购买规模，但鲍威尔领衔的美联储至今坚持认为通胀的暂时性。这说明金融市场上关于当前通胀的持续性以及是否需要考虑缩减资产购买规模存在明显的分歧。不同观点明显的分歧也说明了当前国际金融市场仍处于正常运行的区间，因为尚没有达成一致性的看法，市场也不会走出持续的单边行情。

从美国金融市场的估值来看，目前的盈利估值是要远高于2015—2019年的均值。截至2021年7月14日，标普500指数、道琼斯指数和纳斯达克指数的PE（TTM）分别为32.3、29.3和49.3倍。相比2020年持续上演的新冠肺炎疫情下金融与经济大脱离背景下的估值，当前的盈利估值状况有一定的改善，标普500指数、道琼斯指数和纳斯达克指数的盈利估值分别下降了12.7%、3.2%和26.0%。

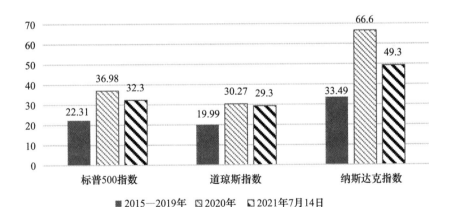

图2 美国股市三大股指的盈利估值（P/E，TTM）

资料来源：Wind数据库。

与2020年相比，美国股市盈利估值虽有一定程度的改善，但我们也看到了目前比较高的P/E。问题是，美国股市有泡沫吗？这其实是一个难以回答的问题。因为任何估值的高低都需要参照市场利率水平和投资者风险偏好的溢价或者贴水。

2015—2019 年美联储的政策性利率水平维持在 0. 125%—2. 375% 的区间，月度均值为 1. 10% 。过去一年多以及未来一段时间美联储的政策性利率应该维持在 0. 125% 的水平。从 10 年期美国国债收益率来看，2015—2019 年的日均收益率为 2. 27% ，2020 年全年日均收益率为 0. 89% ，2021 年年初至 2021 年 7 月 14 日的日均收益率为 1. 46% 。粗略估算，2015—2019 年的标普 500 指数、道琼斯指数和纳斯达克指数的风险溢价分别为 2. 21% 、2. 73% 和 0. 72% 。2020 年的标普 500 指数、道琼斯指数和纳斯达克指数的风险溢价分别为 1. 81% 、2. 41% 和 0. 61% 。截至目前，2021 年的标普 500 指数、道琼斯指数和纳斯达克指数的风险溢价分别为 1. 55% 、1. 95% 和 0. 57% 。

上述粗略的计算应该可以传递出这样的信息：美国股市风险溢价补偿在下降，背后就是美国金融市场投资者的风险厌恶程度下降了。

为什么美国金融市场投资者风险厌恶程度下降了？这主要是美联储不断允许通胀持续"超调"，坚持认为通胀是暂时的，通过每月 1200 亿美元的稳定规模持续向市场投放流动性，一再推迟投资者关于美联储 Taper 的预期的结果。

美国金融市场如果不出现不合意的调整，其基本条件是金融市场投资者风险厌恶程度不能出现较大幅度的逆转。在未来一段时间，美联储坚持就业优先的货币政策应该不太会引发这种较大幅度的逆转，市场动荡或许可以避免。问题在于：在利率与流动性可以采取分离管理的条件下，如何在未来流动性收缩的背景下，降低金融市场利率上扬的压力就成为美联储未来货币政策需要考虑的重点。唯有在流动性适度收缩、但金融市场利率不太上涨的条件下，美国金融市场才可能不会出现不合意的调整，才能有助于保持全球金融市场的相对稳定性。美联储能否有能力做到这一点，值得我们深入观察和研究。

新冠病毒变异毒株德尔塔令全球
风险资产价格承压

7 月 20 日

一种叫"德尔塔"（Delta）的新冠病毒变异毒株最近在多国或地区出现，并形成了较大规模的感染。自 2020 年 10 月最早在印度发现该毒株之后，截至目前，大约 100 个国家和地区出现过 Delta 变异毒株，英国、美国等国家都出现了较大规模的变异毒株感染。

Delta 变异毒株对全球经济和通胀带来不确定性，令国际金融市场风险资产价格承压。这一次变异毒株的流行与 2020 年 3 月以来的新冠肺炎疫情大流行一样，会使全球进入疫情经济与疫情金融的新时期。与 2020 年不同的是，在激进的救助和刺激政策下，全球金融资产价格取得了超级修复，上演了疫情经济与疫情金融的大脱离；而这一次，更多的是风险资产价格高位运行承压，金融市场的风险资产价格出现了普跌。在市场投资者预期到发达经济体救助和刺激政策见顶的背景下，Delta 变异毒株改变了金融市场投资者风险偏好，投资者风险偏好的下降会导致风险资产价格下跌，而无风险资产价格则会上涨。

从 2020 年 3 月 23 日开始，全球股市几乎同步见底至今，全球股市资产价格取得了足够的修复，基本处于高位运行。在 Delta 变异毒株感染比较多的国家或者地区，股市资产价格出现了一定的调整。以收盘价计，图 1 显示了 2021 年 7 月以来股市从高点至今的跌幅，整体上出现了 3%—5% 左右的跌幅。

在全球风险资产价格出现普遍下跌的同时，无风险资产价格走高，美

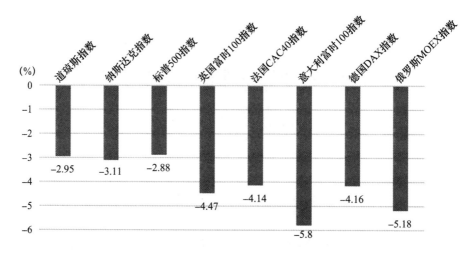

图1　部分股市2021年7月以来从高点的跌幅

注：美国股市和德国股市是2021年7月12日以来的跌幅；英国、法国和意大利的股市是2021年7月5日以来的跌幅；俄罗斯股市是7月7日以来的跌幅。

资料来源：Wind数据库。

债收益率出现了明显的下降。由于变异毒株对经济预期的负面影响，美国10年期和2年期国债收益率差缩小，长期通胀预期也出现了下降。截至2021年7月19日，10年期保本美债隐含通胀率为2.24%，较2021年7月初的2.35%进一步下降；美国10年期和2年期国债收益率差缩小到1%以内，7月19日为0.98%（详见图2）。

从2021年7月初以来，美国金融市场上短期美债收益率基本没有变化，截至2021年7月19日，2021年1—3月的美国国债收益率均为0.05%。美国中长期国债收益率下降，但美元指数是走高的现象（详见图3）。依据美国财政部网站公布的数据，2021年7月19日10年期美国国债收益率跌破1.2%，为1.19%，但美元指数是上涨的。2021年以来两次美元指数上涨的原因完全不同。2021年3月达到高点的那一次，主要是美国中长期国债收益率上涨所致，在2021年3月底10年期美债收益率达到了新冠肺炎疫情暴发以来的最高点1.74%。而这一次是美债收益率较大幅度的下跌背景下的美元指数走高，基本原因是市场对美国中长期国债的需求增加所致，空头

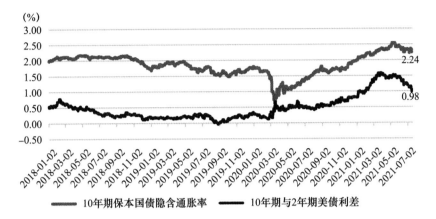

图 2　10 年期保本美债隐含通胀率及 10 年期与 2 年期美债利差

资料来源：Federal Reserve Bank of St. Louis，10 – Year Breakeven Inflation Rate，Percent，Daily，Not Seasonally Adjusted；10 – Year Treasury Constant Maturity Minus 2 – Year Treasury Constant Maturity，Percent，Daily，Not Seasonally Adjusted.

回补也许是其中一个原因，根本原因还在于新冠病毒变异毒株导致了金融市场投资者对未来不确定性增加所致。

大宗商品在经济预期不确定性增加和美元指数走高双重压力下出现了明显回调，这降低了未来的通胀预期及通胀压力。以收盘价计，截至 2021年 7 月 19 日，7 月以来 ICE 布油价格下跌了 9.07%，NYMEX 原油的价格下跌了 11.25%。同时，2021 年 7 月以来，SHFE 黄金价格出现大约 2.5% 左右的上涨。

因此，新冠肺炎变异毒株 Delta 导致的此轮全球金融市场资产价格的变化，是典型的不确定增加背景下的资产价格变动逻辑。新冠病毒变异毒株导致经济进一步修复和未来通胀的不确定性增加，在观察到发达经济体宽松货币政策基本见顶的背景下，投资者无法获得政策对冲带来的风险偏好上扬，那么投资者风险偏好就会下降，避险情绪导致美国国债价格和黄金价格上涨，出现了美债收益率下降和美元指数走强的现象；同时，在经济预期不确定性和美元指数上涨的背景下，大宗商品尤其是原油价格出现了较大幅度的下跌。

图3　2021 年 1 月 4 日至 2021 年 7 月 19 日美元指数的变化

资料来源：Wind 数据库。

　　简言之，就是一句话：新冠病毒变异毒株 Delta 降低了投资者的风险偏好，导致国际金融市场风险资产价格承压，而无风险资产价格上涨。新冠病毒变异毒株 Delta 也会影响美联储讨论开启 Taper 的进程。

国际货币体系的现状、问题与人民币国际化

8月2日

当前美元主导、欧元跟随的国际货币体系的根本问题是过度弹性。美欧财政和货币政策的自主性决定了美元和欧元作为全球"公共物品"会损害其他使用该货币经济体的利益。其他经济体有能力在全球范围内提供更多的、安全的可替代资产是国际货币体系发生实质性变革的基本筹码。人民币国际化的要点之一是提供更多的安全资产和优质资产,并在金融账户开放上实施"双轨制",实现稳中求进的人民币国际化,参与国际货币体系的变革。

流动性和清偿性两难——"特里芬难题"很好地解释了美元——黄金固定汇率制度的崩溃。1971年8月15日时任美国总统尼克松宣布关闭黄金窗口,禁止美国财政部用黄金兑换外国所持有的美元,全球进入了美元信用本位制。美元信用本位制度下,"特里芬难题"表现为:美国以外的国家持有的美元越多,由于"信心"问题,这些国家就越不愿意持有美元,甚至会抛售美元,美元体系也会出现削弱,甚至瓦解。依靠主权国家货币充当国际清偿能力的货币体系也会陷入"特里芬难题"。物本位和信用本位的差异在于:物本位下美国储备的黄金是美元全球固定汇率货币体系的支撑;信用本位下美国的信用是美元主导国际货币体系的支撑。因此,美国信用下降的过程是美元国际货币体系逐步削弱的过程。

一 国际货币体系的现状：美元主导、欧元跟随

当前国际货币体系是一种领导价格制模型，与过去几十年相比已经发生了一些变化。1998 年亚洲金融危机之后，美国继续了 20 世纪 90 年代的强势美元政策，外部不平衡程度进一步扩大；东南亚国家经常账户迅速摆脱了危机前短暂的赤字后，贸易盈余开始加速累积。全球经济外部不平衡问题进一步加深，总体表现为如下特征：一是美元区的不平衡。美国的"双赤字"对应石油输出国的"双剩余"，美国的贸易赤字对应美元区（主要是亚洲）的贸易盈余；二是欧元区整体基本平衡，但欧元区内部不平衡，表现为德国的贸易盈余对应意大利、西班牙等国的贸易赤字。因此，全球不平衡主要是美国的赤字对应亚洲区的盈余。正是由于这一点，迈克尔·杜里（Michael Dooley）、大卫·福克兹·兰道（David Folkerts-Landau）、彼得·加伯（Peter Garber）提出了全球不平衡的 DFG 模型——布雷顿森林体系Ⅱ。其基本含义是：新兴发展中外围国家（主要是亚洲国家）采取币值低估并盯住美元实施出口导向型的发展战略以促进增长和就业，并通过吸收 FDI 来提高资源配置效率，同时使用美元储备来干预外汇市场维持币值低估；中心国家（美国）使用外围国家大量的美元储备进行低成本融资，同时从 FDI 的高回报率中获取收益，并享受来自外围国家的价格低廉的消费品。DFG 模型认为这一体系中资金是从发展中国家流向发达国家（即存在"Lucas 之谜"），并符合美国和亚洲的利益。因此，尽管受到金融危机的冲击，这一体系也将继续运作。

2008 年国际金融危机之后，全球货币体系进一步发生了变化，具体表现为欧元在国际货币体系中的地位得到上升。主要原因是美联储反次贷危机大幅度扩张资产负债表，导致美元指数一路下行，2012 年欧元在国际贸易结算中超过美元，尽管欧元在全球外汇储备中的比例远低于美元。欧元作为全球第二大国际货币的地位在上升，形成了美元主导、欧元跟随的国

际货币体系。

从储备来看，1995 年全球外汇储备为 1.39 万亿美元，2006 年突破 5 万亿美元，2011 年突破 10 万亿美元，2020 年年底大约为 12.70 万亿美元。图 1 提供了自 1995 年以来差不多每隔 10 年国际外汇储备的变动情况，其中 2004—2013 年是增长最快的，增量超过 7 万亿美元，此后变化幅度相对较小。

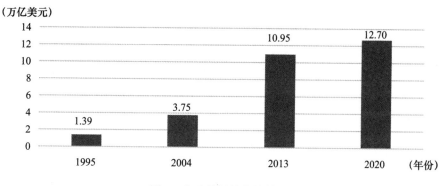

（万亿美元）

图 1　全球外汇储备的数量

资料来源：IMF.

依据 IMF 各成员国央行公开宣布的分配外汇储备的储备构成来看，2021 年第一季度美元储备目前占比接近 60%，为 59.54%，与 2001 年的高点 71.51% 相比，有较大幅度的下降（详见图 2）。2002 年之后的下降主要与欧元有关，欧元在 1999 年年底占比为 17.9%，到了 2003 年年底上升到 25.03%，美元作为储备货币的份额明显减少。2021 年第一季度欧元在储备货币中的占比为 20.57%，美元、欧元在全球外汇储备中的占比超过 80%，说明了全球货币体系是美元主导、欧元跟随的国际货币体系。

从未分配的外汇储备占比来看，2014 年以来是不断缩小的。这说明近年来全球外汇储备的数据透明度提高了很多。未分配的外汇储备（unallocated reserves）包括了非 IMF 成员国所持有的外汇储备以及没有对外公布的外汇储备。2013 年年底，未分配的外汇储备占比高达接近 47%（详见

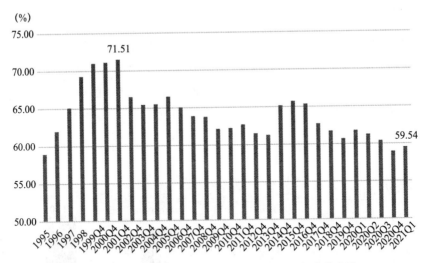

图2　1995—2021Q1 美元在全球分配外汇储备中的占比

资料来源：IMF.

图3）。因此，即使美元在分配储备中的占比达到 65%，但这一数据还是极有可能高估或者低估了美元在全球储备货币中的占比，因为非 IMF 成员国

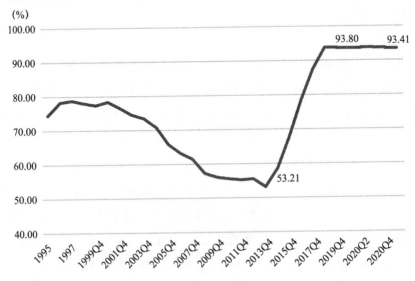

图3　1995—2020Q4 分配外汇储备在全球外汇储备中的占比

资料来源：IMF.

的部分和未公布的部分是否是美元很难判断。但在 2018 年之后，分配
外汇储备占比高达 90% 以上，就可以比较准确地判断美元在全球储备货
币中的占比。应该说，目前美元在全球外汇储备中的占比超过 60% 具有
高可信性。

从外汇市场交易来说，1998 年全球外汇市场美元的日交易量约为 1.33
万亿美元，2007 年为 2.85 万亿美元，2019 年为 5.82 万亿美元。以美元计
算，2001 年全球外汇市场欧元的日交易量约为 0.47 万亿美元，2007 年为
1.23 万亿美元，2019 年为 2.13 万亿美元。2019 年全球外汇市场美元的交
易占比达到 88%，欧元占 32%。欧元占比相对于 2010 年左右下降了 7 个百
分点。2019 年日元和英镑也分别占据了 17% 和 13% 的市场份额（详见表
1）。因此，从外汇市场的深度和广度来说，也是美元主导、欧元跟随的国
际货币体系。

表1 **全球外汇市场交易额的比例分布** （单位：%）

	1998 年	2007 年	2010 年	2016 年	2019 年
美元	87	86	85	88	88
欧元	—	37	39	31	32
日元	22	17	19	22	17
英镑	11	15	13	13	13
澳大利亚元	3	4	8	7	7
瑞士法郎	7	7	6	5	5
加拿大元	4	4	5	5	5
港元	1	3	2	2	4
新西兰元	0	2	2	2	2
韩元	0	1	2	2	2
新加坡元	1	1	1	2	2
墨西哥比索	0	1	1	2	2
印度卢比	0	1	1	1	2
俄罗斯卢布	0	1	1	1	1

	1998 年	2007 年	2010 年	2016 年	2019 年
人民币	0	0	1	4	4
所有货币	200	200	200	200	200

注：由于所有交易涉及双向货币，因此总比例是 200%。统计时间是每年 4 月平均每日不同货币所占比例。

资料来源：BIS, Triennial Central Bank Survey of Foreign Exchange and Derivatives Market Activity.

从国际支付结算来说，欧元的表现相当抢眼。过去几年基本是美元占 40% 左右，欧元占 34% 左右。最近一年来欧元在国际支付中的占比与美元基本接近，2021 年 5 月甚至超过美元。依据环球银行金融电信协会（SWIFT）2021 年 6 月 17 日发布的数据，2021 年 5 月在主要货币的支付金额占比中，欧元、美元分别为 39.03%、38.35%。欧元在国际支付中的占比要高于欧元在外汇储备和外汇交易市场上的占比。支付比例的变动与美元的强弱有很大关系，在美元持续走低的周期中，欧元出现过在国际支付中比例超过美元比例的现象。但全球货币体系总体上还是美元主导。

二 当前国际货币体系存在的根本问题：过度弹性

当前美元主导、欧元跟随的国际货币体系的根本问题是过度弹性。本来国际货币具有一定的全球公共物品性质，但是是美欧创造出来的。如果美元和欧元币值稳定，尤其是美元币值稳定，有利于稳定全球的物价水平，那么美欧发行的货币就会被其他经济体更多地使用，这种"搭便车"行为对所有经济体都是有利的。问题在于：美欧着眼于解决自身经济发展面临的问题，财政和货币政策的自主性决定了"自私性"，决定了美元和欧元，尤其是美元，作为公共物品会损害全球其他使用该货币经济体的利益，即国际货币的过度扩张不能保持其币值的稳定性。

　　根据美联储网站公布的数据，截至 2021 年 7 月 29 日，美联储的资产负债表年总资产大约为 8.22 万亿美元，与 2020 年 3 月 5 日美联储的总资产 4.24 万亿美元相比，不到一年半的时间美联储扩表规模达到了惊人的 3.98 万亿美元；根据欧洲央行网站公布的数据，截至 2021 年 7 月底，欧洲央行的资产负债表从 2020 年 3 月初至今扩张了约 3.29 万亿欧元，总资产达到约 7.99 万亿欧元。美联储和欧洲央行的快速扩表为救助政策和刺激政策所需的财政赤字提供了资金来源。截至 2021 年 7 月 29 日，美联储的资产负债表上资产端美国政府债券持有量高达约 5.264 万亿美元，而在 2020 年 3 月 5 日资产端持有的美国政府债券数量约为 2.50 万亿美元。这意味着 2021 年年初至今，美联储持有的美国政府债券新增了 2.764 万亿美元。依据美国财政部网站公布的数据，截至 2021 年 7 月 29 日美国国债数量膨胀至大约 28.46 亿美元，2020 年 3 月 5 日美国国债数量约为 23.47 万亿美元，这就是说不到一年半时间美国政府债务增量高达 4.99 万亿美元，其中美联储新增买进了 2.764 万亿美元。可以认为，美联储靠印钞解决了新冠肺炎疫情暴发以来至今美国政府赤字融资安排的大约 55.4%。

　　欧洲没有统一的财政政策，欧洲央行也没有为各个成员国财政赤字提供融资的义务。2020 年 3 月初至今，欧洲央行资产负债表上持有的欧元计价的政府债务变化很小，而且相比欧洲央行庞大的资产负债表数量，可以忽略。欧洲央行资产负债表扩张最大的一项是购买欧元区居民的欧元债券，欧洲央行扩表主要是为欧元区居民提供了大规模的融资安排，但也大幅度推高了国际货币的全球货币供给量。

　　美元指数中给了欧元高达 57.6% 的占比，全球货币定价在很大程度上可以看作是美元定价、欧元跟随的领导价格制模型。目前美元在全球储备货币体系中占比约 60%、欧元占比约 20%。当今世界两种最重要的国际货币，其央行资产负债表的"爆表"无疑是在动用全球资源解决自身问题。美欧宏观政策的自主性带来的是全球货币供应量的急剧增长。

　　在金本位制下，国际货币的扩张要受到持有黄金数量的约束。自从 20

世纪 70 年代初美国关闭黄金窗口后，国际货币体系变为信用本位制，美联储扩大资产负债表就不再受到持有黄金数量的约束。这是美元体系过度弹性的重要表现。一国货币的国际信用决定了货币扩张的边界。在这一次全球新冠肺炎疫情的冲击下，美欧依靠其是最主要的国际货币，使用过去累积起来的国际货币信用，不断扩大资产负债表，这对其他经济体来说，是极其不公平的。

由于美欧新冠肺炎疫情防控措施的不断变化，应对疫情和刺激经济导致美联储的资产负债表还会进一步扩张。欧洲央行也会进一步扩表为欧元区居民提供进一步的融资安排。这种天量的资产负债表的扩张，会给世界带来新冠肺炎疫情后的重大风险和不确定性。比如，零利率下的宽松货币带来资产价格的上涨会进一步加剧社会贫富分化，会带来债务杠杆的上升、通胀预期压力和跨境资本无序流动导致的外汇市场风险等。

三 国际货币体系未来如何变革？

美元作为国际货币体系中最重要的货币，本身具有提供全球公共物品的责任，但美国和欧元区这种只顾自己、不顾他人的行为，何时能够受到约束？答案是：当其他经济体有能力在全球范围内提供更多的、安全性的可替代资产时。其他经济体提供的安全性资产替代美元资产的能力越强，国际货币体系发生实质性变革的步伐就会越快。

过去曾经有一种理想型的设计：创造一种国际货币。在布雷顿体系谈判时，凯恩斯就提出了创建国际票据交易所，创造一种全球货币。票据交易所承担约束全球外部不平衡的作用：当一个经济体有大量盈余的时候，必须在约定的时间大量增加进口，降低外贸盈余。事实上，这种理想型的国际货币设计当时没有被采用，未来出现的概率也极低。因为这约束了竞争力强的经济体的利益，所以当时遭到了美国的强烈反对。1945 年，美国经济竞争力傲视全球。在美国关闭黄金窗口之前，美国一直是世界上最大的债权国，贸易有相当大的盈余。未来也是如此，单一全球货币应该不会被创造出来。即使是单一货币也无法解决全球的外部不平衡问题，因为不可能按照凯恩斯设想的票据交易所来强制平衡，最终都会因为全球外部不平衡问题而瓦解。

1969 年，为了增加流动需求，IMF 依据会员国认缴的份额创造并分配了特别提款权（SDR），会员国在发生国际收支逆差时，可用 SDR 向 IMF 指定的其他会员国换取外汇，以偿付国际收支逆差或偿还基金组织的贷款，还可与黄金、自由兑换货币一样充当国际储备。SDR 成为可用于偿还国际货币基金组织债务、弥补会员国政府之间国际收支逆差的一种账面资产。2015 年 11 月 30 日，国际货币基金组织正式宣布人民币 2016 年 10 月 1 日纳入 SDR（特别提款权）。2016 年 10 月 1 日，特别提款权的价值由美元、欧元、人民币、日元、英镑这五种货币所构成的一篮子货币的当期汇率确定，所占权重分别为 41.73%、30.93%、10.92%、8.33% 和 8.09%。

SDR 很难替代美元和欧元成为各个国家和地区都使用的国际货币，有以下四个原因：其一，规模不大，不可能满足现有国际贸易结算和投资的货币需求。截至目前，IMF 已向成员国分配了 2042 亿特别提款权（约 2810 亿美元），其中包括 2009 年国际金融危机后分配的 1826 亿特别提款权。其二，在美国主导 IMF 的前提下，不可能过大规模地扩张 SDR 来冲击美元体系，尽管 IMF 在 2021 年 4 月重申建议新增 6500 亿特别提款权，以向全球经济体系提供额外流动性。假如能够实施，相对于全球跨境借贷的数量来说，8500 亿单位的 SDR 按照目前的汇率来计算大约为 1.2 万亿美元。这个规模相对于美元在全球提供的流动性规模来说并不大。同时，美元本身在 SDR 中占据了 41.73% 的构成比例，因此，不会冲击美元主导的国际货币体系。其三，全球主要金融市场的基础资产及其衍生品交易大部分采用美元和欧元计价；特别提款权是 IMF 与成员国交易的会计单位，是各国国际储备中的稳定资产，能提供流动性，但 SDR 并没有一个公开交易的金融市场。其四，这个篮子也不会一成不变的，会随着时间的推移不断发生调整。

因此，要降低全球不平衡必须是非美元和非欧元的经济体能够创造更多的安全资产，这样其他经济体的贸易外部盈余不会只为美国或者欧元区融资，而是有更广泛的投资空间，反过来这可以约束美国为经常账户赤字大规模的行为，从而约束美元货币体系的过度弹性导致的过度扩张，这是未来国际货币体系变革的基本驱动力。非美元和非欧元区只有创造并提供更多的安全资产，贸易采用非美元、非欧元的货币结算，而这些结算的非美元、非欧元货币除了便利、稳定贸易本身之外（因为比美元币值更稳定），还可以投资到非美元、非欧元的安全资产。唯有如此，才可以约束当前国际货币体系过度弹性带来的过度扩张。

四　人民币国际化与国际货币体系变革

中国已经成长为世界第二大经济体，拥有世界第二大资本市场。因此，创造并提供安全资产是人民币国际化、参与全球货币体系变革的基础筹码。通过人民币国际化参与国际货币体系的变革已经成为中国未来发展需要直面的重大问题。

首先，中国经济贸易顺差结构过于集中，决定了人民币必须走国际化道路。中国对外贸易顺差结构存在区域性的失衡。欧美市场是贸易顺差来源的核心区域，而对其他经济体的贸易大部分是逆差，或者说顺逆差比较平衡。如果中国经济贸易对欧美顺差出现较大幅度的缩小，意味着可以用于购买国外物品或者技术的可用外币数量会较大幅度减少。中国经济中的外币基本来自两个账户：经常账户和资本账户（金融账户）。在这两个账户中外币来源比较稳定的是贸易顺差和金融账户下的外国直接投资，而短期资本流入的外币具有不确定性，随时可以流出。2020 年下半年以来由于国内新冠肺炎疫情防控取得了战略性成果，海外疫情导致海外生产能力没有得到有效释放，中国出口的超预期带来了大规模的顺差。但可以预计的是，随着新冠肺炎疫苗的试用和大规模使用，海外生产能力的恢复，再加上集中区域的贸易失衡带来的贸易摩擦，未来中国对外贸易顺差缩小的可能性比较大。那么问题就出现了：一旦贸易顺差缩小，稳定的外币资金来源下降，就会存在融资约束，就会影响中国经济对外的发展。这时候最好的办法就是通过人民币国际化来解决。其次，减少贸易汇率的错配也决定了人民币必须走国际化的道路。中国已经成为世界第一大进出口国，大量的贸易采用外币计价，贸易汇率的错配会带来大规模的汇率暴露风险。2021年人民币升值，很多出口企业都感受到了货币汇兑损失带来的财务压力。

当然，人民币国际化还有很多好处，比如有利于发展国内资本市场，促进金融机构参与全球竞争等。但这些好处在当前人民币占国际储备货币比例为2.45%的条件下，上述好处的兑现程度有限，也是一个相对缓慢的过程。

人民币国际化的节奏是什么？本文认为，人民币国际化控制节奏的要点是：观察经常账户贸易顺差的变化，尤其是在确定贸易顺差会出现趋势性的缩小时，人民币的国际化速度至少要能够弥补贸易顺差带来稳定外币流入的下降速度。只有满足这个条件，国内国际"双循环"才能做到通畅无阻。当然，人民币国际化有条件提前做，将更从容。

从这个角度去思考人民币国际化和资本账户开放之间的关系，应该是更加稳健的金融开放路径。如果按照既有理论描述的思考路径，金融账户自由化是人民币国际化的先决条件，就有可能出现难以控制的风险：金融账户自由化了，但人民币国际化不到位，结果在经常账户顺差出现较大规模缩小的背景下，很可能出现资本较大规模的外流，人民币的汇率就会出现"超调"。这个"超调"的成本是中国经济金融难以承受的。防止汇率"超调"也是为什么我们要保留3万亿美元左右外汇储备的重要原因之一。

因此，稳健的路径是：先思考人民币国际化，根据人民币国际化的程度去反向思考金融账户的开放速度。人民币国际化程度高，意味着即使经常账户顺差较大幅度的下降，也不会影响中国经济的对外发展，因为可以用人民币来支付所需要的资金，可以突破经常账户的融资的约束，汇率也会保持相对稳健。

金融账户开放节奏可控的思考要点，就是要超越传统理论所描述的金融自由化路径。金融账户自由化不再视为人民币国际化的先决条件，而需要考虑从人民币国际化的程度去反向思考金融账户开放的步骤和速度。这应该成为实施稳健的人民币国际化战略的思考路径。

人民币要被世界上更多的国家和地区使用，除了贸易结算以外，前提条件是：创造并提供安全资产。首先，贸易项下的人民币结算无疑有助于提高人民币国际化的程度，但贸易结算的区域是有限的，尤其是与美国和欧洲的贸易结算采用人民币结算的难度是较大的。在人民币有明确升值的时候，难度会小一些；当人民币贬值的时候，企业就不愿意采用人民币结算。因此，如果能够提供相对高收益率的安全资产，那么情况就大不一样。因为持有人民币可以获取相对高收益率的安全资产，不论是在人民币贬值，还是在人民币升值的阶段，别人都有使用人民币来结算的倾向，相对高的投资收益会补偿贸易结算汇率波动带来的可能损失。创造安全资产必须依托于实体经济的发展。国际货币发展史表明，货币竞争的本质是经济和技术的竞争，只有依托实体经济的强大国际竞争力才能够创造出被国际投资者广泛接受的安全资产。其次，创造安全资产必须高度重视金融业的发展。需要提供优质的金融资产、大力发展具有交易深度及广度的金融市场，高质量的金融市场是国际投资者管理资产组合和金融风险的重要支撑平台。再次，创造安全资产必须重视金融开放，便利资金的跨境流动和交易。最后，创造安全资产需要完善现代金融监管体系，包括机构监管和市场的监管，防止出现由于金融交易带来的系统性风险。因此，创造安全资产将是一个渐进的过程，要坚持稳中求进，需要足够的耐心。

以下三大措施是进一步提升人民币国际化的要点：一是提供安全资产。大力发展中国国债市场，提高无风险资产的收益率。2021 年以来，流入中国国债市场的外资大幅度增长，就是提供了安全资产的市场表现。二是提供优质资产。要花大力气提高中国上市公司的质量，高质量的上市公司不论是股票，还是上市公司发行的债券，都是建设足够深度和广度的高质量金融市场的基础。三是加大金融开放和建设发展在岸、离岸国际金融中心。金融开放不等于金融账户自由化。当前阶段，可考虑金融账户自由化的双轨制，即人民币项下的账户可以先实行自由化，便利人民币的自由进出，提高人民币的使用程度；外币项下的账户依然需要实施审慎监管，杜绝大规模资本流入和流出带来的汇率"超调"冲击。稳中求进是人民币参与国际货币体系变革的主基调。

美元指数：国际货币体系利益格局的政治经济学

8月5日

　　美元指数本质上是一个排他性的国际货币体系利益集团。美元指数不是美国贸易一篮子货币，而是国际金融市场的货币汇率指数，本身具有超主权货币的定价性质。美元指数的构成基本反映了七国集团（G7）操控国际货币体系利益格局的政治经济学。国际货币体系治理改革具有实质性的一步是改革美元指数的构成，纳入更多重要的货币，从而使得国际货币体系的构成及运行能够反映更多重要货币共同参与全球货币体系治理的需要，以适应世界经济越发多极化发展的新格局，匹配货币的"生产"与货币代表的交换关系。

　　本文认为，仅理解美元不足以理解美元霸权体系，美元指数货币篮子与美元之间绑定了集体相对定价关系，美元指数也因此成为美元的对外"代言人"：美元指数上涨，美元走强；美元指数下跌，美元走弱。因此，深入理解美元指数、运行逻辑以及美元指数代表的国际货币体系利益格局，才能更深入地理解美元霸权体系。美元指数作为美元的对外"代言人"，本质上体现了部分发达经济体把持的国际货币体系利益格局的政治经济学。

　　在美元指数的相对定价中，存在两种相对价格形成机制。对美元来说，其正向的货币相对价格形成机制为：美国国内宏观政策决定美元利率和流动性，影响国际金融市场上美元相对于美元指数中6种货币的走势，从而决定了美元指数的走势；美元指数的走势影响其他货币以及国际大宗商品价格的走势。当然，也存在逆向的货币相对价格形成机制：美元指数中 6 种货币构成了美元名义相对价值的定价篮子"锚"，尤其是欧元占据了 57.6% 的权重，欧元区的利率和流动性影响金融市场上欧元相对于美元的走势，从而在较大程度上影响美元指数的走势，也因此影响其他货币和大宗商品价格的走势。从历史上看，由于美国货币政策具有显著的外溢性，绝大多数研究也是关注美联储货币政策的外溢性，大多数情况下都是关注美元正向价格形成机制。不管是正向、还是逆向价格形成机制，美元指数的变动对其他经济体的货币和国际大宗商品价格走势的影响路径是一致的。

因此，美国国内的经济周期决定了美国国内的宏观政策，美国国内的宏观政策在很大程度上决定了美元相对于美元指数中其他货币对美元的走势，从而决定了美元指数的走势，再通过美元指数的走势，对全球其他经济体的货币和国际大宗商品的价格产生辐射性的影响，进而影响全球金融市场及世界经济的运行。

对于国际货币体系的讨论我们需要高度关注美元指数，因为美元对世界经济和国际金融市场运行的影响是通过美元指数来集体发生辐射影响的，仅通过了解美元来了解美元霸权是片面的。美元指数本质上是一个排他性的国际货币体系利益集团。一旦我们认识到这一点，就会发现仅把美元指数当作一个全球性的金融产品，仅知道从美元指数的走势来判断全球金融资产价格的变化就显得有些表面了，因为这忽略了美元指数构成背后代表的国际货币利益集团，以及这个货币利益集团所代表的国际货币体系利益格局的政治经济学。

因此，只有深入理解美元指数及其定价运行的逻辑，我们才能更好地看清楚现有的国际货币体系是如何运行的、利益格局是如何安排的，也因此可以提出新的、有创意的国际货币体系改革方案，而不再局限于 IMF 主导下的 SDR 之类非实质性的国际货币体系改革方案。

一　客观理解美元指数

从美元指数的构成和编制来看，美元指数具备两大基本特征：其一，美元指数是排他性的国际货币体系利益集团；其二，美元指数不代表美国贸易一篮子货币，更多的是代表全球货币的金融汇率指数。

（一）美元指数代表的是一个排他性的国际货币体系利益集团

美国为了维持美元的信用，需要保持与主要货币之间相对稳定的汇率，形成美元对外的货币相对价格"锚"。金本位制崩溃后不久，1973 年 3 月美元用 6 种当时的主要货币编制了美元指数，定期 100。当时美元无疑是全球主导性的货币，美元指数就成为反映全球主要货币强弱的标志，影响着全球物价（尤其是大宗商品价格）和国际金融市场的走势。历史上，美元指数货币篮子也进行过调整。现行的美元指数是在 1999 年 1 月 1 日欧元出现后，纽约棉花交易所对美元指数期货合约的标的物进行了调整，从 10 个国家减少为 6 个经济体，欧元成为权重最大的货币。美元指数给了欧元 57.6% 的权重，其余的 5 种发达经济体的货币权重分别是日元 13.6%，英镑 11.9%，加拿大元 9.1%，瑞典克朗 4.2%，瑞士法郎 3.6%。美元指数编制中不包括任何新兴经济体的货币。因此，美元指数本质上是一个排他性的货币利益集团。美元指数中货币的组成本质上体现了七国集团操控的国际货币体系治理结构和集团性利益。德国、法国和意大利都使用欧元，再加上日本、英国和加拿大的货币一起构成了美元指数，只有瑞士克郎和瑞士法郎共 7.8% 的份额不属于七国集团，但也是欧洲发达经济体或国际金融中心之一。依据 IMF 的数据，1999 年七国集团的经济总量占全球经济总量的比重为 65.58%，2020 年这一比例下降至 45.69%，2021 年进一步下降至 45.20%。从区域地理分布来说，欧洲的货币占据了美元指数构成中

77.3%的权重，北美洲加拿大的加元占据了9.1%的权重，亚洲日本的日元占据了13.6%的权重。因此，美元指数基本反映的是美欧之间的货币相对价值关系，是一个区域性货币构成，但却主导了全球货币体系的格局及其运行。从经济总量来看，美元指数货币构成中的GDP占全球GDP的比例也是不断下降的。1999年欧元诞生时，美国及美元指数中6个经济体的GDP占全球GDP的比例为73.92%，2020年下降至52.68%。依据IMF的预测，2021年进一步下降至52.31%（详见图1）。因此，GDP总量只占全球一半多一点的经济体的货币主导了国际货币体系的运行，经济总量与货币占比之间的不平衡状态越发严重。

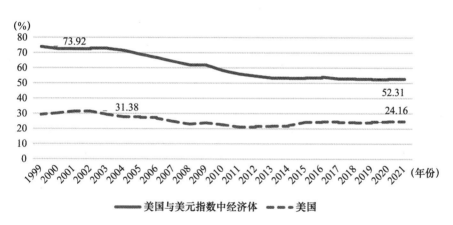

图1 1999—2021年美国及美元指数中经济体总量占全球经济总量的比例

注：GDP以美元当前价格计算。

资料来源：笔者依据IMF和WEO提供的数据计算。

从美国经济总量占全球经济总量的比重来看，2001年达到阶段性高点31.38%，2011年达到阶段性低点21.14%，2020年这一比例上升至24.76%，依据IMF的预测，2021年这一比例将下降为24.16%。因此，美元通过绑定美元指数构成中经济体货币之间的相对价值，比单一的美元在世界经济中的影响力要大得多，因为美国及美元指数构成的经济体经济总量还占据了全球经济总量的52%多一点。

（二）美元指数不代表美国贸易篮子货币，更多具有全球金融汇率指数的性质

国际清算银行（Bank for International Settlements，BIS）编制的窄口径美元有效指数货币构成从 1990 年以来就没有变化过，但权重每隔几年会有一次调整。2019 年 4 月公布的最近一次 2014—2016 年的美元有效指数窄口径贸易货币和权重分别为：澳大利亚（1.3%）、加拿大（18.4%）、中国台湾（3.5%）、丹麦（0.5%）、欧元区（26.9%）、中国香港（0.4%）、日本（11.1%）、韩国（6.0%）、墨西哥（21.0%）、新西兰（0.2%）、挪威（0.3%）、新加坡（1.8%）、瑞典（0.9%）、瑞士（2.6%）和英国（5.1%），总共有包括中国台湾和中国香港在内的 15 种货币。美元有效指数宽口径的贸易货币和权重分别为：阿根廷（0.3%）、澳大利亚（0.7%）、巴西（1.4%）、加拿大（11.7%）、智利（0.3%）、中国内地（23.3%）、中国台湾（2.2%）、哥伦比亚（0.3%）、捷克（0.4%）、丹麦（0.3%）、欧元区（17.0%）、中国香港（0.3%）、匈牙利（0.3%）、印度（2.1%）、印度尼西亚（0.7%）、以色列（1.0%）、日本（7.1%）、韩国（3.8%）、马来西亚（1.4%）、墨西哥（13.3%）、新西兰（0.1%）、挪威（0.2%）、秘鲁（0.2%）、菲律宾（0.5%）、波兰（0.5%）、罗马尼亚（0.2%）、俄罗斯（0.6%）、沙特（0.5%）、新加坡（1.1%）、南非（1.1%）、瑞典（0.6%）、瑞士（1.7%）、泰国（1.3%）、土耳其（0.5%）、阿联酋（0.4%）和英国（3.2%），还包括阿尔及利亚、保加利亚、克罗地亚和冰岛的权重为 0 的 4 种货币，总共有包括中国台湾和中国香港在内的 40 种货币。

对比国际货币体系中的美元指数与 BIS 的美元有效指数，可以发现美元指数的编制初衷中以贸易权重加总起来的指数是不客观的，更谈不上准确了。美元指数不是一个贸易有效汇率指数，而是一个金融汇率指数。更准确地说，美元指数是一个国际货币治理体系利益集团的国际金融汇率指数，对全球金融市场的货币相对定价和大宗商品价格产生直接影响。

二　美元指数的强弱难以准确刻画美元主导的国际货币体系的强弱

（一）美元指数变动的区间远大于美元储备占比变动的区间

表达美元强弱的美元指数是由 6 种货币组成的，美元指数的强弱有三点值得关注。第一，在很大程度上欧元的强弱决定美元弱强。第二，美元指数的货币篮子中没有发展中经济体的货币。除了上述 6 种货币以外，其他货币的强弱都难以直接在金融市场上通过定价影响美元的弱强。第三，美元及美元指数中的货币在全球外汇储备中的占比超过 90%。依据 IMF 提供的数据，截至 2021 年第一季度，全球已分配的外汇储备中，除了美元占比59.54% 外，欧元占比 20.57%、日元占比 5.89%、英镑占比 4.70%、加拿大元占比 2.11%、瑞士法郎占比 0.17%。这就是说美元和组成美元指数的货币在国际储备货币中的占比为 92.98%。进一步考虑到国际贸易结算的货币，美元和欧元的占比大约为 80%。可见，美元指数无论是走强还是走弱，占据国际外汇储备约 93% 的份额和全球贸易结算 80% 以上的份额就决定了其他非美元指数中的货币很难通过美元指数的强弱来较大幅度地替代这个体系。

美元指数的强弱直接对应的是欧元、日元等货币的弱强。美元指数走弱并不能代表美元主导的货币体系受到明显冲击。美元强弱主要是受到美国和组成美元指数经济体的经济状况、货币和财政政策状况以及美国与其他经济体汇率政策协调的影响。从历史上美元指数的走势来看，其具有很宽的域。美元指数强弱也不能完全代表美元信用，世界上几乎没有一种货币会一直走强，也几乎没有一种货币会永远走弱。

在 1995—2021 年第二季度这一时期，美元指数波动的区间基本在 70—120 之间，波动幅度较大。在 1995—2001 年美元指数上升区间，美元外汇储备的占比有明显的上升，大约上升了 10 个百分点，美元在全球外汇储备中的占比超过 70%，高点达到 71.51%。在 2011 年年底到 2017 年美元指数的上升期，美元储备占比大约上升了 4.5 个百分点，从 61% 左右上涨至 65.5% 左右（详见图 2），因此，美元走强有利于提高美元在全球外汇储备中的占比，因为美元相对于美元指数货币篮子更值钱了。2021 年第一季度美元储备占全球已分配外汇储备的比重大约为 59.54%，这一数据处于 1995—1996 年的水平。换言之，25 年间美元指数呈现出较大的波动，但美元储备占全球外汇储备的比例基本没有变化。

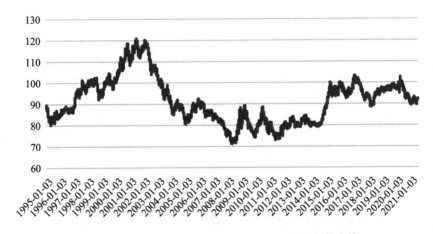

图 2　1995 年 1 月 3 日—2021 年 1 月 3 日美元指数走势

资料来源：Wind 数据库。

2002 年之后美元在国际储备货币中的占比下降主要与欧元有关，欧元在 1999 年年底占比为 17.9%，到了 2003 年年底上升到 25.03%，减少了美元作为储备货币的份额。2021 年第一季度欧元在全球储备货币中的占比为 20.57%，美元和欧元占据全球外汇储备的 80% 以上，也说明了全球货币体系是美元主导、欧元跟随的国际货币体系。从 2015 年开始美元储备占全球外汇储备的比例是下降的，5 年期间大约下降了 5 个百分点（详见图 3）。

从未分配的外汇储备占比来看，2014 年以来是不断缩小的。这说明近

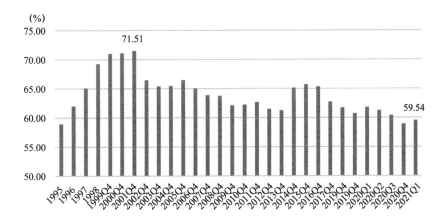

图3 1995—2021Q1 美元在全球已分配外汇储备中的占比

资料来源：IMF，World Currency Composition of Official Foreign Exchange Reserves.

年来全球外汇储备的数据透明度得到提高。未分配的外汇储备包括了非 IMF 成员国所持有的外汇储备以及没有对外公布的外汇储备。图 4 显示，2013 年年底，未分配的外汇储备占比高达 53.21% 左右。

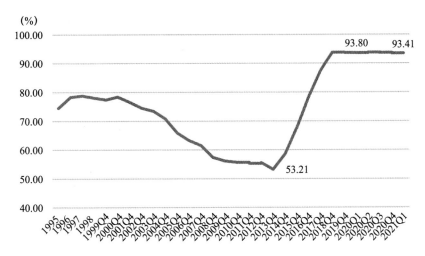

图4 1995—2021Q1 未分配外汇储备在全球外汇储备中的占比

资料来源：IMF，World Currency Composition of Official Foreign Exchange Reserves.

（二） 美元指数的波动性远大于美元占全球外汇储备的波动性

美元占全球外汇储备比例波动的幅度比美元指数波动的幅度要小得多。1999 年第四季度至 2021 年第一季度，以季度数据为例，美元在全球外汇储备中的占比季度的波动性（标准差）为 2.94。我们以季度末的美元指数为例，1999 年第四季度至 2021 年第一季度，美元指数的季度波动性为 11.33。因此，美元指数变化的波动性要远大于美元在全球外汇储备占比变化的波动性。

总体上，美元指数与美元作为储备货币之间的关联性并不很明显。主要原因是，美元指数反映的是国际金融市场流动性的松紧，尤其是美国离岸美元市场流动性的松紧。如果市场上美元多了，投资者形成美元贬值预期，选择做空美元，美元指数就会下降；反之，当国际金融市场上美元紧缺，投资者就会追逐美元，美元指数就会上升。不管是做多美元，还是做空美元，美元都是标的，说明了市场上投资美元的投资者很多，也体现了美元的主导地位和美元在国际金融市场上的交易深度和广度。国际市场尤其是在金融危机或者金融市场出现大的动荡时，美元就成为被追逐的对象，美元指数就会走强。历史上这样的例子并不少见。比如，2020 年 3 月中下旬的全球金融大动荡，美元指数就出现了明显的较大幅度上涨。

三 美元指数代表的利益格局运行机制

在国际市场上，美元指数代表的利益格局运行机制主要由四个方面组成，包括集体定价权、集体储备权、金融市场优先定价权和支撑该体系运转的底层安全资产。

（一）美元货币相对定价权的集体捆绑优势

美元指数的高低通常是反映国际金融市场流动性的核心指标，因为美元指数反映了美国及美元指数中货币区域或国家的经济状态和宏观政策。美元采取美元指数这种集体捆绑定价的好处是：决定了美元指数的相对稳定性（趋势性交易不明显）以及美元的相对强势性。

从美国及美元指数中经济体占全球 GDP 的比重来看，依据 IMF 提供的数据，1999 年美国 GDP 占美元指数中货币经济体 GDP 的比例为 65.57%，2020 年为历史高点 88.68%，2021 年预测的数据为 85.82%；反观美国 GDP 在全球 GDP 中的占比呈现出缓慢的下降趋势，1999 年美国 GDP 在全球 GDP 中的占比为 29.27%，2020 年为 24.76%，2021 年预测的数据为 24.16%（详见图 5）

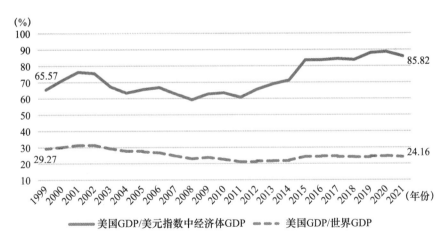

图 5 1999—2021 年美国 GDP 占美元指数中经济体和世界 GDP 的比例

注：GDP 按照市场汇率计算。

资料来源：笔者依据 IMF 和 WEO 的数据计算。

可以看出，美国经济总量在美元指数中货币经济体的 GDP 占比是不断上升的，1999—2020 年上升了 23.10 个百分点。换言之，美元对美元指数中经济体的影响力是不断增加的，这突出了美元与美元指数中经济体货币集体绑定定价的优势是不断上升的。1999—2020 年美国 GDP 占全球 GDP 的比重下降了 4.51 个百分点，尽管美国仍然是全球第一大经济体，美国对全球经济的影响力在下降，但其货币几乎与美元指数包括的货币之外的货币定价并无直接关联。

由于美国经济总量在美元指数中经济体的经济总量中的占比是不断上升的，这也意味着美国经济的增长速度要整体上高于欧元区、日本、英国、加拿大以及瑞士和瑞典的经济增长速度。由于在经济总量及增速上美国相对于这些经济体具有上升的优势，美元采取这种选择性集体绑定相对定价的方式，就决定了美元指数的相对稳定性和相对强势。从当前的美元指数来看，几乎与 1999 年年初一致，保持在 93 左右的水平。而美联储的资产负债表在 2008 年国际金融危机和 2020 年新冠肺炎疫情冲击下大规模的扩表，还保持了如此之高的美元指数。2008 年 8 月底美联储总资产为 0.91 万亿美元，国际金融危机后一直到 2014 年年底，美联储总资产扩张到 4.51 万亿美元；2020 年 3 月初美联储总资产为 4.24 万亿美元，截至 2021 年 7 月底美联储总资产"爆表"到 8.22 万亿美元。这就是美元货币相对定价的集体捆绑权优势，因为美元指数中其他货币的央行也采取了大规模的扩表。比如，为应对 2020 年新冠肺炎疫情冲击，欧洲央行的资产负债表从 2020 年 3 月初到 2021 年 7 月底扩张了约 3.29 万亿欧元，总资产达到约 7.99 万亿欧元，预计很快突破 8 万亿欧元。美国经济总量在美元指数货币经济体中占比的上升以及美元指数中其他央行也大规模扩表，共同决定了美元指数的相对稳定性和相对强势，这是美元指数相对定价权的集体捆绑优势。

（二）集体储备权的优势

从 2018 年以来，全球已分配的外汇储备份额占全球储备数量的比例在 93% 以上，从全球已分配的外汇储备占比来看，美元、美元及美元指数中的货币在全球外汇储备中的占比是不断下降的。1999 年第四季度，美元、美元及美元指数中的货币在全球外汇储备中的占比分别为 71.01% 和 98.40%。换言之，全球外汇储备基本都是美元和美元指数中的货币，其他的储备货币占比仅为 1.60%。总体上，美元、美元及美元指数中的货币占全球外汇储备的比例都是下降的。到 2021 年第一季度，美元、美元及美元指数在全球外汇储备中的占比分别下降至 59.54% 和 90.88%（详见图 6）。

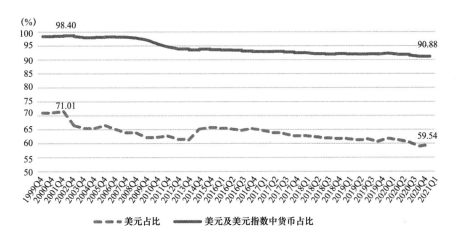

图 6　1999Q4—2021Q1 美元、美元及美元指数中货币占全球外汇储备的比例
资料来源：IMF，COFER.

对比一下美元、美元及美元指数中的货币在全球外汇储备中比例下降的幅度，可以看出美元占比下降的幅度要大得多，1999 年第一季度至 2021 年第一季度大约下降了 11.47 个百分点，而美元及美元指数中的货币在全球外汇储备中的比例仅下降了 7.52 个百分点。那么我们就会发现，尽管美元储备出现了较大幅度的下降，但美元及美元指数中货币的加总占全球外汇储备的比例下降得要明显慢一些，两者相差大约 4 个百分点。这 4 个百分点不是小数目，在现有的国际货币体系中，相当于排在美元、欧元、日元和英镑后面排名第 5 的国际储备货币。

因此，美元通过美元指数绑定了集体国际货币储备权。由于美国经济总量在美元指数货币构成中经济体的经济总量中的占比保持了上升的态势（详见图5），因此对这些经济体的经济和货币保持了相对强势，尽管美元储备占比出现了较大幅度的下降，但美元还是通过美元指数的辐射性作用对全球金融体系及运行产生着重大的影响力，这就是集体储备权的优势。

（三）美元定价优先选择权：发达的美元国际金融市场

美元首先是和国际金融市场上的主要货币进行定价，然后决定美元指数。因此，任何货币在国际金融市场上的交易深度和交易广度在很大程度上决定了该货币兑美元的汇率水平。交易深度是指市场在承受大额交易时币价不出现大幅波动的能力，货币的流动性是关键。换言之，该货币在金融市场上需要有足够的量。交易广度是指市场交易者类型的多样性。交易广度决定了投资者对该货币的各种偏好存在差异，需要有多样化的货币产品以满足多样化投资者的需求，市场的交易价格被少数投资者或者利益集团操控的可能性就小。

因此，在金融市场上，当一种货币具备足够的交易深度和交易广度时，美元首先会选择与该货币定价，因为市场上需要该货币的投资者多；其次，该货币与美元之间的定价程度出现过大偏离的可能性就会变小。如果金融市场上美元一家独大，那么任何一种货币交易的深度和广度都与美元交易的深度和广度存在巨大差距，那么该货币对美元定价的影响力就小，主要是美元对该货币实施定价。一旦美元对某种货币具有决定性的定价权时，美元就可以操纵该货币的定价。原因是可以通过极少的投资者做多或者做空该货币，使该货币出现大幅度升值或者贬值。

从 BIS 提供的全球金融市场流动性数据来看，美元利率衍生品在全球金融市场占据了明显的主导地位。从全球交易所交易的利率衍生品来看，2021年第一季度全球货币利率期货与期权金融存量为82.30万亿美元。其中，美元利率期货与期权的存量在全球金融市场上的占比达到66.74%，英镑占比为15.07%，欧元占比13.55%。英镑利率期货与期权的存量超过欧元，主要得益于英国是重要的国际金融中心之一。美元、英镑和欧元在国际金融市场货币利率期货与期权产品存量中的占比高达96.36%，说明了全球利率衍生品交易的货币品种基本上是这3种货币。美元指数中占据了1%以上份额的还有加元，美元指数中其他货币占比很小（详见图7）。从利率衍生品存量来看，美元及美元指数中的货币占比2019年12月为95.71%，2020年12月为95.80%，2021年3月为97.33%。因此，国际金融市场上利率衍生品基本上是美元及美元指数中的货币控制的。

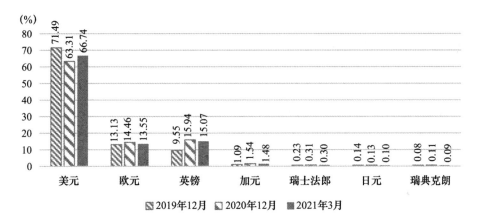

图7 美元及美元指数中货币利率期货与期权在全球交易中的占比

资料来源：BIS, Exchange-traded futures and options, by currency.

从国际金融市场利率衍生品日交易量来看，2021年3月平均日交易量为7.85万亿美元，高于2020年日均交易量6.685万亿美元，低于2019年日平均交易量8.948万亿美元。美元及美元指数中货币利率衍生品日交易量占全球的比例基本稳定在97%左右。其中，美元、欧元和英镑占比高达95%左右，美元占比达到了67.49%（详见图8）。因此，不论是从存量、还是从日交易量来看，美元、欧元和英镑主导了国际金融市场上的利率衍生品市场。

从全球衍生品场外交易市场（Over the Counter, OTC）外汇合约交易来看（外汇合约的工具主要包括外汇现货、外汇远期、外汇掉期、货币互换

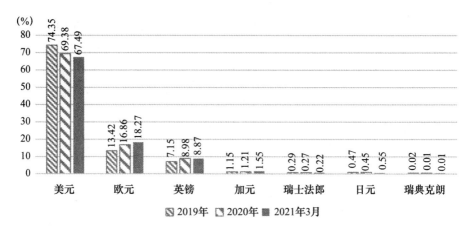

图8 美元及美元指数中货币利率期货与期权在全球日交易量中占比

资料来源：BIS, Exchange-traded futures and options, by currency.

和外汇期权），依据 BIS 提供的全球衍生品场外交易市场数据，2020 年下半年全球货币外汇合约场外市场的本金余额（notional amounts outstanding）高达 195.11 万亿美元，其中，美元、欧元、日元、英镑、加拿大元、瑞士法郎和瑞典克朗 7 种货币的占比达到了 80.03%，而美元外汇合约的场外交易市场占据了全球的大约 44%。从全球衍生品场外交易市场利率合约交易来看（利率合约主要包括远期利率协定、利率互换和期权），2020 年下半年全球货币利率合约场外交易市场的本金余额高达 523.96 万亿美元，其中，美元、欧元、日元、英镑、加拿大元、瑞士法郎和瑞典克朗 7 种货币的占比达到了 85.61%，而美元利率合约的场外交易市场占据了全球的大约 33%。

因此，不论是从交易所交易的货币利率期货与期权数量来看，还是从场外交易市场的外汇合约和利率合约的数量来看，美元及美元指数中的货币主导了全球金融市场衍生品的交易。美元是单个货币占比最大的，美元外汇合约和利率合约在场外交易市场中仅占 1/3 强的比例，但美元在全球交易所交易的货币衍生品占比达到了 67% 左右，占据了主导性的地位，因为交易所交易市场是一个流动性最高的市场，对场外交易市场的定价有显著影响。

理论上，其他非美元指数篮子中的货币对美元指数的影响能通过直接影响美元走势和影响美元指数篮子中其他货币的方式来影响美元指数的走势，但这种影响有限。原因有两个：其一，美元指数是一个货币篮子，单个非美元指数篮子中的货币要影响国际货币篮子存在力量的不对称性，作用有限；其二，如果在国际金融市场非美元指数篮子的货币交易量小、流动性不足，那就很难影响美元指数的走势。事实也是如此，美元及美元指数中的货币基本主导了整个国际金融市场交易所和场外市场的货币衍生品交易。

从非银行类借款者的跨境借贷情况来看，美元和欧元主导了跨境货币借贷业务。截至 2021 年第一季度，美国以外的非银行类跨境借贷美元存量高达 13.06 万亿美元，其中的 31.19% 流向了新兴市场经济体；欧元区以外的非银行类跨境借贷欧元存量为 3.49 万亿欧元，其中的 22.76% 流向了新兴市场经济体；日本以外的非银行类跨境借贷日元存量为 46.54 万亿日元，其中的 16.45% 流向了新兴市场经济体。美元、欧元和日元成为全球非银行类借款者跨境借贷数量最大的 3 种货币，其中美元占据了显著的优势，在这 3 种货币中的占比超过 76%。因此，美元及美元指数中的货币主导了整个国际金融市场非银行类主体的跨境货币借贷交易。

（四）安全资产：支撑国际货币体系资金循环形成闭环的底层资产

世界经济很少会在外部平衡的状态下运行，不平衡是常态。尤其是美国的对外贸易赤字自 1990 年以来出现了明显的扩大趋势。按照 IMF 提供的数据，1990—1991 年美国货物和服务贸易不平衡的规模很小，基本保持平衡。从 1992 年开始，美国对外货物和服务贸易赤字不断扩大，到了 2006 年达到赤字高点，为 7635.33 亿美元，国际金融危机爆发后的 2009 年美国货物和服务贸易赤字收窄至 3947.72 亿美元，此后又进一步扩大，到了 2020 年美国货物和服务贸易赤字达到了 6766.85 亿美元（详见图 9）。

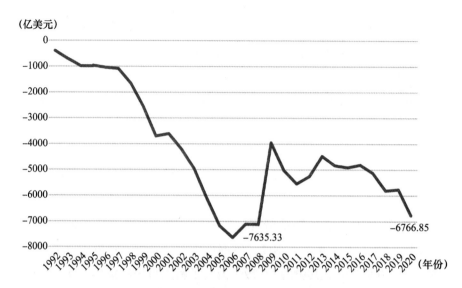

图9 美国货物和服务贸易赤字

资料来源：Federal Reserve Bank of St. Louis, Trade Balance: Goods and Services, Balance of Payments Basis, Millions of Dollars, Annual, Seasonally Adjusted.

美国如此巨大的货物和贸易逆差，导致美元大规模流出。有贸易盈余的经济体获取美元之后，累积了外汇储备，需要有投资场所。在国家参与结汇售汇的制度下，国家主权财富基金的兴起就是贸易不平衡的结果。

现实表明，持有外汇储备的国际投资者非常重视投资的安全性，并力求在安全性和收益性之间取得平衡。国际投资者为什么要持有这种低收益率的安全资产？重要的原因之一是随着全球金融一体化，金融周期对世界其他经济体的外汇市场会造成动荡，对许多新兴市场经济体来说，保持金融稳定要求拥有足够的美元储备，以支付国内金融体系的美元流动性负债；或者说，新兴经济体需要外汇储备强调的是通过一种自我保险机制（self-insurance）来强化美元流动性供给，以减少汇率波动等风险，而不是等待 IMF 基于双边互换或者区域安排来提供流动性。1998—1999 年东南亚金融危机之后，累积官方外汇储备成为亚洲经济体的普遍现象。外汇储备对于外汇市场的稳定来说是至关重要的。在开放宏观经济学的分析框架中，外汇储备与汇率稳定之间的关系也是一个重要的研究话题。

什么是安全性资产？所谓安全性，就是当一切正常时，你使用某个东西的时候没有太多想法，是一种习惯性的使用；当遇到大的风险或者大的不确定性的时候，你首先会想到它，并强烈的想拥有更多这种东西。这种东西就叫安全性，给你带来安全感。如果说这种东西是资产，那就是安全性资产。

能够提供高等级的安全性资产，其收益率应该是低的，因为不需要风险溢价补偿。换言之，某个资产提供了较高的收益率，在很大程度上还不能算是完整意义上的安全资产，因为该资产的收益率包含了风险溢价补偿。这并不是说，收益率较高的资产不能成为安全性资产。只有更多的人使用，才具有广义上的安全性。要吸引更多的人使用，在吸引的过程中，就需要提供足够的收益率去吸引别人使用，直到越来越多的人使用，当每一个使用者使用该资产的边际收益出现不断递减时，收益率会自然下降，直到成为安全性高、流动性强、收益率低的资产。

从当前的国际金融市场来看，大量研究表明美元及美元指数中的货币大多具有避险货币的属性即具有避险和对冲功能。因此，这些经济体基于国家主权发行的债券和高质量的具有政府"隐形担保"的债券一般被视为安全资产。比如国债和抵押支持债券（MBS）。美联储自身的行为也一直在为美国国债和 MBS 背书，其资产负债表的扩张主要是通过购买美国国债和 MBS 来实现的。欧洲央行由于法律限制无法直接购买欧元区经济体发行的政府债券，但欧元区的经济体自行发行的政府债券也是安全资产。典型的就是在国债收益率是负利率的条件下，国债还能够被市场投资者追逐。图 10 为欧元区国债 2019 年以来的收益率，从 2019 年 5 月中旬开始，10 年期欧元区国债的收益率就变为负值，而 1 年期国债收益率从 2014 年 6 月中旬至今一直是负值。

即使是负收益率，欧元区国债仍有投资者购买。我们可以简单用零息债券做个对比说明，负收益率债券意味着市场投资者对零息债券的追逐导致了过高的价格，需要用负的贴现率才能维持净现值（NPV）为零，差别在于付息债券保留了债券的久期风险管理功能。在贴现率上的含义是类似

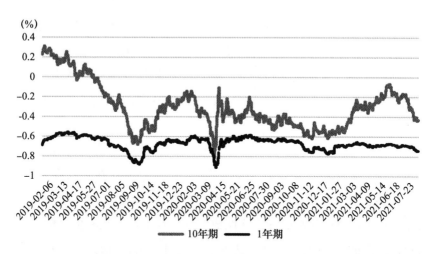

图 10 2019 年 2 月 6 日至 2021 年 7 月 23 日欧元区 10 年期和 1 年期国债的收益率

资料来源：Wind 数据库。

的：对国债的追逐导致了过高的价格，以至于需要大幅度降低收益率（贴现率）才能保持定价的平衡。

因此，这种具有高安全性、高流动性和低收益率的资产作为金融市场的底层资产，是金融市场上风险资产定价的基础，形成了资金国际大循环的闭环，支撑着整个金融市场的运行。

四 美元指数体现的国际货币体系利益格局

美元指数体现的国际货币利益格局主要表现在四个方面：发行货币获取国际铸币税、实施低成本的财政赤字货币化、通过国际资金大循环来获取投资收益以及降低货币错配的风险。

（一）央行"爆表"获取国际铸币税

国际货币最大的优势之一是可以通过发行货币获取国际铸币税。如果一种货币不是国际货币，其货币发行就受到区域的影响，因为发行的货币都在国内，在国内经济增长和资产不能够吸纳新发行的货币时，就会带来物价上涨的压力，铸币税就会大幅度下降。如果是国际货币，就可以通过贸易逆差或者借贷流出本国或者本区域，在获取铸币税的同时，减缓本国或本区域的物价上涨压力，这就是国际铸币税。

国际金融危机之后，美联储和欧洲央行都实施了大规模的扩表，尤其是 2020 年 3 月以来，为了对冲新冠肺炎疫情冲击，发达经济体都采取了大规模的扩表，实施了激进的宏观政策。图 11 显示了自 2008 年 8 月底以来美联储及美元指数中货币的央行的总资产变化。可以看出，2008—2014 年年底（2015 年美联储开始首次加息），这些央行都经历了一轮扩表。从此轮扩表的增幅来看，美联储的扩表增幅是最大的，约为 396%。其次是英国央行和瑞士央行，扩表增幅分别约为 336% 和 328%；日本央行、瑞典央行、加拿大央行和欧洲央行的扩表幅度分别约为 174%、133%、73% 和 49%。2020 年 3 月至 2021 年 7 月（瑞士为截至 2021 年 6 月）期间扩表幅度最大的是加拿大央行，其总资产增幅达到了约 308%，其次是美联储约为 94%；再次为欧洲央行的约 73%；瑞典央行、英国央行、日本央行和瑞士央行的扩表幅度分别约为 54%、50%、23% 和 22%。两轮反危机，这些经济体央行的总资产都出现了爆炸式的大规模增长。

从全球最重要的两种国际货币美元和欧元来看，2008 年以来美欧资产负债表的扩张速度是惊人的。美联储从 0.91 万亿美元扩到了 8.22 万亿美元，欧洲央行从 1.44 万亿欧元扩到了 7.99 万亿欧元，增长幅度分别高达 803.3% 和 454.9% 左右。相对于这两家央行总资产来说，除了日本央行总资产规模以外，其他央行总资产的规模要小得多。因此，全球流动性急剧增长主要是美联储和欧洲央行的扩表行为所致，当然也包括日本央行，美联储和欧洲央行获取了最多的铸币税。当然，美元指数中其他央行也获取了铸币税，央行总资产增长幅度也很大，但总量相对小不少。

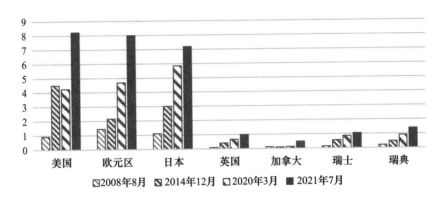

图 11　美国及美元指数中货币央行的总资产变化

注：瑞士的最新数据是 2021 年 6 月的数据，其余数据为 2021 年 7 月。美国的单位：万亿美元；欧元区的单位：万亿欧元；日本的单位：百万亿日元；英国的单位：万亿英镑；加拿大的单位：万亿加元；瑞士的单位：万亿瑞士法郎；瑞典的单位：万亿瑞典克朗。

资料来源：各央行网站。

（二）维持低利率降低财政赤字货币化的成本

国际金融危机后，发达经济体的利率水平有明显的下降趋势。在这个利率下降的通道中，发达经济体央行的资产负债表均出现了大规模的扩表。同时，政府债务水平不断上升。央行通过购买政府债券的方式实施量化宽松，财政赤字货币化成为发达经济体的普遍现象。美国及美元指数中经济体的政府债务水平均出现了攀升的态势。

依据美联储的资产负债表，2021 年 7 月底美联储持有 5.264 万亿美元的政府债券，占美联储总资产的64.02%；而在 2008 年 8 月底美联储只持有大约 0.48 万亿美元的政府债券，占当时美联储总资产的 52.77%。十几年的时间，美联储为美国财政赤字融资了大约 4.78 万亿美元。尤其是 2020 年 3 月初至 2021 年 7 月底不到 1 年半的时间，美联储为美国财政赤字融资了大约 2.76 万亿美元，占美国政府债务增量的大约55%。可见，美国的财政赤字的货币化现象极其严重。

依据日本央行网站公布的数据，2020年2月底至2021年7月底，日本央行总资产中持有的政府债券数量增加了40.126万亿日元。依据英国央行网站的数据，2009年11月至2020年11月，英国央行购买了价值高达8950亿英镑的债券，其中8750亿英镑是英国政府发行的债券，只有200亿英镑是英国的公司债券。依据加拿大央行网站公布的数据来看，2021年6月大约0.477万亿加元总资产中的81.2%是政府债券，2020年2月这一比例为66.6%。

除了欧洲央行之外，美国及美元指数中的这些经济体，凭借其货币是国际货币，都不同程度地实施了财政赤字货币化，债务存量不断增长。为了债务的滚动管理，利率成本的下降减轻了政府债务偿还压力。

2001年1月底，美国国债付息平均成本6.594%，截至2021年6月底，美国国债付息平均成本仅为1.609%。美国国债付息平均成本出现了长期明显的下降趋势。2002年年底后跌破5%，2008年6月后跌破4%，2010年6月后跌破3%，2020年金融大动荡后进入2%的区间（详见图12）。

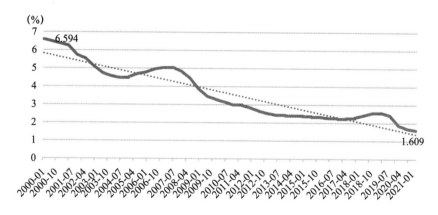

图12 美国政府债务平均利率水平

资料来源：美国财政部，Interest Expense on the Public Debt Outstanding.

从欧元区、日本、德国等政府债务利率成本情况看，也是随着债务总量的不断增长，债务利率成本不断下降。我们只要观察金融市场国债收益率即可看出这一点。依据 Wind 提供的数据，截至2021年8月，欧元区、日本、德国、法国10年期国债收益率分别为 - 0.4322%、0.022%、- 0.48% 和 - 0.102%；只有10年期英国国债收益率保持在0.648%，显著低于10年期美国国债1.24%的水平。可见，这些经济体政府债务利率成本比美国国债的债务成本还要低。

（三）通过资金国际大循环获取国际投资收益

当下比较流行的全球不平衡 DFG 模型——布雷顿森林体系 II，讲述了一个美元国际大循环的逻辑：新兴发展中外围国家（主要是亚洲国家）采取币值低估并盯住美元实施出口导向型的发展战略以促进增长和就业，并通过吸收 FDI 来提高资源配置效率，同时使用美元储备来干预外汇市场维持币值低估；金融中心国家（美国）使用外围国家大量的美元储备进行低成本融资，同时从 FDI 的高回报率中获取收益，并享受来自外围国家价格低廉的消费品。上述资金的国际大循环可以分为两种形式：国际投资净头寸为负的风险资本家形式和国际投资净头寸为正的全球投资者形式。也就是说，主要是美国在全球扮演"风险资本家"角色，美元指数中部分其他经济体在扮演"国际投资者"的角色。

（1）美国在全球扮演着"风险资本家"角色

依据美联储的数据，截至2021年第一季度美国对外国际投资净头寸高达 - 14.32万亿美元。2006年年初，这一数字约为 - 1.66万亿美元。从2011年第二季度开始，美国对外负国际投资净头寸的绝对值不断放大，尤其是2018年之后，出现了加速放大的态势（详见图13）。美国靠借钱在全球获取相对高的投资收益，能够在一定程度上弥补经常账户逆差，或者至少能够延缓美国外部不平衡调整的时间。上述情况能够顺利实施需要一个发达的全球美元资本市场（包括美元在岸市场和离岸市场），需要通过国际资本市场这个平台才能完成。

这就是现实版的美元国际货币体系运行的基本逻辑和架构，或者说是

（百万美元）

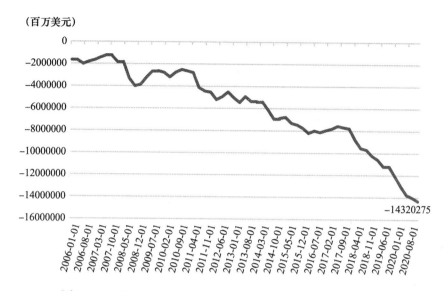

图13　2006年1月1日至2020年8月1日美国国际投资净头寸

资料来源：Federal Reserve Bank of St. Louis，U. S. Net International Investment Position，Millions of Dollars，Quarterly，Not Seasonally Adjusted.

美元国际大循环的基本逻辑和架构。由于美元被视为低风险货币，美国从外部资产获得的回报高于其支付外部负债的回报。其他经济体的资产很多投资到美国等低风险国家的主权债券，回报率较低，这种差异称为美元的"过分特权"（exorbitant privilege）。

非美元经济体大规模的持有美债，而美债的收益率是不断下降的。2008年以来，10年期国债固定到期利率就没有超过4%，2018年11月底之后，10年期国债固定到期利率就没有超过3%。2019年7月之后，10年期国债固定到期利率就没有超过2%。截至2021年8月2日，10年期美国国债收益率仅为1.20%（详见图14）。

依据美国财政部网站公布的数据，截至2021年5月，美国国债持有最大的国际投资者是中国，中国内地持有1.078万亿美元，中国台湾和中国香港分别持有2363亿美元和2241亿美元，持有数量高达1.538万亿美元，占全部国际投资者持有美债比例的21.56%。美国国债第二大国际投资者是日

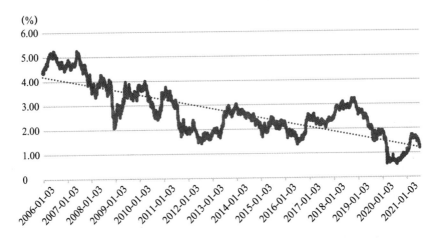

图 14 2006 年 1 月 3 日至 2021 年 1 月 3 日 10 年期美国国债固定到期利率

资料来源：Federal Reserve Economic Data, 10 - Year Treasury Constant Maturity Rate, Monthly, Not Seasonally Adjusted.

本，持有 1. 266 万亿美元，占全部国际投资者持有美债比例的 17. 75%。

美国是一个净债务国，依靠美元国际货币体系在全球借钱，投资风险资产。截至 2021 年 3 月 31 日美国外部总债务高达 21. 76 万亿美元，其中政府债务约 7. 14 万亿美元。截至 2021 年 6 月 23 日，美国官方储备头寸只有 1399. 5 亿美元。由于美元是主导性的国际货币，美国不需要通过外汇储备来预防对外债务风险。

尽管美国是一个净借款国，但它的净收入一直是正的，而且还在增加。也就是说，它从资产中获得的回报高于它为负债支付的成本，美国的国际净投资流量为正。依据 BEA 的数据，2021 年第一季度美国经常账户下的投资收益是 2600. 33 亿美元，高于 2020 年季度均值 2378. 40 亿美元。

至此，美元的全球资金大循环的过程是：美国发行美元，以贸易逆差或借贷的形式流向全球先获取全球铸币税，然后美国再从全球把这些钱借回来，而且美国借别人手上的美元比美国借给别人的钱多（净头寸为负值），美国再用借来的钱在到世界各地投资，赚取比借钱成本要高的收益率。美国获取全球铸币税靠的是美元国际货币体系；赚取投资收益靠的是美元发达的国际金融市场。美联储每发行 1 美元，美元完成从国内到国外，再借回再到国外，美国人赚了两遍钱。美国在全球资金大循环中扮演了全球"风险资本家"角色。英国的情况与美国有些类似，但规模要小很多。

（2）美元指数中其他部分经济体扮演着"国际投资者"的角色

从欧元区情况看，欧元区金融账户的对外投资净头寸从 2020 年 5 月以来保持了正值，但规模并不大。依据欧洲央行提供的数据，截至 2021 年 5 月欧元区（19 个国家）金融账户对外投资净头寸为 339.37 亿欧元。从日本央行 2020 年 8 月提供国际收支（BOP）金融账户来看，日本对外投资净头寸为正值，2018 年存量为 341.4 万亿日元，2019 年存量为 364.5 万亿日元，日本是对外净投资国，而且数量高达 3 万亿美元以上。从加拿大统计局提供的数据来看，加拿大对外投资增长的速度也是非常快的，截至 2021 年第一季度，加拿大国际投资净头寸也达到了 1.39 万亿美元。

因此，从美国及美元指数中的货币经济体来看，美国是全球最大的"风险资本家"，而日本和加拿大是重要的全球投资者。

（四）降低货币错配的风险

如果一个经济体的经济活动不论在内部还是外部都使用本币，就不存在汇率风险。国际货币的好处之一就是降低或者消除在全球经济活动中的汇率风险。如果一个经济体对外交易是外币，那么就存在汇率波动带来的结汇或者售汇过程中的汇率风险。不少新兴经济体都出现过"害怕汇率浮动"的现象，害怕汇率浮动的背后就是货币的错配。并且，有一些经济体对于汇率浮动偏离合意汇率水平同样的幅度还会体现出不对称的损失偏好，升值 10% 和贬值 10% 对于该经济体带来的损失是不对称的。

如果一个经济体深度参与国际经济活动，自身的货币又不是国际货币，就面临着货币错配带来的风险。在缺乏金融市场汇率风险管理工具、或者缺乏汇率风险管理人才的背景下，在国际金融市场出现比较大的波动时，汇率错配的风险往往是很大的。

（五）国际货币治理体系改革的实质性步骤：改变美元指数货币构成

美元指数作为国际金融市场上的货币汇率指数，本质上是一个利益集团，在很大程度上代表了全球货币体系的治理结构。美元霸权在全球的运行不仅是指美元本身在全球的运行，更是通过美元指数的集体绑定相对定价权、集体储备权、金融市场优先定价权与提供安全资产形成国际金融市场资金大循环的闭环来共同完成的，但美元在其中扮演了主导性的角色。美元及美元指数中的经济体共同获取了国际铸币税、获取了低利率的债务融资成本、获取了国际投资收益，但美国获取的最多。

以这样的宽视角来看待美元霸权，就不难理解拜登上台后以七国集团为中心开展的各种外交活动，就是想从二十国集团向七国集团回归。从国际货币体系来说，就是为了维护以七国集团为核心的国际货币治理体系，突出美元在美元指数定价中的相对强势位置，维持全球货币治理体系的垄断性。这种货币治理体系本质上是不公平的，只占全球 GDP 总量 50% 左右的货币主宰了国际金融市场衍生品的运行，主导了跨境货币借贷，主导了全球货币的定价，维持着现有体系的全球"风险资本家"或者"国际投资者"的利益。

生产国际货币的经济体，不需要生产那么多商品就可以满足自己"买买买"的消费，这是一种不等价的交换。放在全球大循环的背景下，从商品生产与交换的关系来看，美元指数代表的国际货币体系本质上是一种不平等的生产—交换关系。

以美元为基础、以美元指数对外发生辐射影响的现有国际货币治理体系本身的运行存在风险。典型的是美国及美元指数中经济体经济周期的不一致性带来的风险。集体绑定相对定价权的风险内含于美欧等经济周期不一致性会放大美元指数的波动性。美元指数作为美国对外的货币价格"锚"和美元对内的物价"锚"两者存在内生的冲突：经济周期的非完全同步性决定了美国稳定国内物价水平与美元指数中其他经济体稳定物价水平之间存在冲突，即存在经济周期不一致背景下美国货币政策的显著外溢性，也决定了美元指数的走势会出现较大波动区间，从而给国际金融市场以及世界经济的运行造成不确定性。

从世界经济多极化的进一步发展趋势来看，现行的美元指数已经不能满足世界经济平稳运行的需要，美国及美元指数中经济体的经济总量在全球经济总量中的占比在不断下降。在国际货币体系缺乏盯住硬"锚"的前提下，美元指数只有纳入其他更多的重要货币，才能实现美元指数作为金融资产本身构成的多元化，降低美元指数波动以及这种波动给国际金融市场造成的风险。

现有的国际货币体系利益集团发生这种实质性变革是极其困难的，因为要维持自身的既得利益。我们看到的，更多的是采取一些修补性的措施，典型的就是增加 SDR 的规模。因此，在全球货币无硬"锚"可盯的情况下，促使国际货币体系发生这种变革，前提条件是其他重要的货币必须在国际贸易中被广泛使用，在国际金融市场上有相当的交易深度和交易广度，能够对美元以及美元指数中的货币发生直接的较大影响，以至于美元指数不纳入该货币，会影响美元指数在一定程度上脱离美国以及美元指数货币篮子中经济体的经济基本面状态，从而导致其宏观政策与经济基本面发生一定程度的"错配"。

因此，通过贸易结算、货币互换、在岸和离岸金融市场的发展、提供更多的安全资产使更多的货币成为储备货币，这些都是货币国际化需要逐步完成的路径。但其中有两个是基础性的手段，一是贸易结算是商品、服务贸易货币的使用，是实体使用该货币的基础；二是金融市场上的安全资产（甚至优质金融资产），安全资产提供了国际资金大循环形成闭环的基础。

这一切将依赖于该货币经济体持续的营商环境改善、持续的创新、持续高质量的经济总量增长以及持续的高质量开放。只有经济和金融对全球经济和金融同时产生足够的外溢性时，货币才能被更多的国际投资者使用，货币也因此才能在国际金融市场具备主动定价权，或者说是对其他货币形成了一定程度的正向价格形成机制，该货币就自然而然地成为重要的国际货币，美元指数的编制就会发生改变，国际货币体系治理结构就会发生重大变革。在全球经济日益多极化的背景下，生产国际货币的经济体越平衡，纳入更多重要货币的国际金融市场货币汇率指数代表的货币交换关系就越公平，只有货币的"生产力"与货币代表的交换关系相匹配才能出现真正代表国际货币治理利益格局的国际货币体系。在缺乏硬"锚"的背景下，创造出体现经济多极化的国际金融市场货币汇率指数，就创造出了能反映相对公平的国际货币治理体系的政治经济学。

或许这一次，市场应该淡化
终究会来的 Taper

8 月 9 日

本文认为，市场应该淡化一点美联储终究会启动的 Taper。原因有五点：其一，美国的经济现状决定了 Taper 的实施力度相对柔和，美联储不会为了 Taper 而阻碍美国经济持续复苏的动力，相对于国际金融危机以来的"大停滞"而言，相对高增长和相对高通胀是美联储更偏向接受的结果；其二，市场关注美联储讨论此问题已经有一段时间了，市场预期基本打满；其三，就业优先的货币政策，加上目前 Delta 毒株的流行，使得美联储何时实施 Taper 及实施的力度会更加谨慎；其四，即使实施 Taper，国际金融市场的流动性依然会保持相对充裕；其五，美国金融市场资产价格处于高位，Taper 导致的短期利率上扬幅度应该可控，而且考虑到债务成本、长期通胀率下行以及未来美国经济增长速度的下降，美国国债长短期限利差可能会更加扁平化。对市场不太会造成所有利率期限结构水平上扬式的冲击。

从主要的宏观经济指标来看，美国经济中产出缺口快速持续收敛，2021 年 7 月的失业率相比 2021 年 6 月出现了跳跃式的下降，从 5.9% 跳跃性下降至 5.4%；通胀水平维持在比较高的位置，2021 年 6 月核心 CPI 达到 3.8%。关于美联储何时启动 Taper 的讨论顺理成章就成为市场近期热议的话题，但本文认为，这一次或许应该淡化一点 Taper。

当前美国经济呈现出的就业数据的表现滞后于产出缺口和通胀数据的表现。产出缺口应该基本收敛、通胀处于较高位置，但失业率不及产出缺口收敛后的历史水平。由于 2021 年 6 月中下旬以来，Delta 毒株在全球大面积扩散，导致新感染人数从 2021 年 6 中下旬的每日 30 万—40 万人上升至目前的大约每日 70 万人，但死亡人数与 2021 年 6 月相差无几，死亡率大幅度下降。美国新冠肺炎病毒感染人数也出现了上升，进入 2021 年 8 月以来日均感染人数基本维持在 10 万人左右，保持在比较高的水平，而且依据美国疾病控制与预防中心的数据，Delta 毒株感染者占新增感染人数的 80% 以上，这给美联储何时开始与市场沟通缩减购债规模带来了新的不确定性。

一 美国经济的现状：产出缺口、失业率与物价水平

整体上，美国经济表现出就业表现滞后于产出缺口和通胀数据的表现，美联储是否还要坚持就业优先的货币政策就成为货币政策取向是否转变的关键。图 1 为美国经济实际潜在 GDP 与实际 GDP 之间的对比。新冠肺炎疫情冲击导致 2020 年第一季度美国经济中 GDP 缺口高达 10.77 个百分点。随着大规模财政救助和货币政策的出台，美国经济中产出缺口快速收窄。从 2021 年第一季度的数据来看，美国经济中的产出缺口大约还有 1.72 个百分点。从 GDP 产出收敛的速度来看，这一次产出缺口的收敛速度显著快于 2008 年国际金融危机之后美国经济产出缺口的收敛速度。2009 年第一季度美国经济中产出缺口达到最大值，为 -5.35 个百分点，随着 2009 年 2 月 17 日奥巴马签署了投资总额 7870 亿美元的《2009 年美国复苏与再投资法案》（ARRA 法案，生效时间为 2009—2019 年），美国经济中产出缺口出现了缓慢的收敛，直到 2018 年第四季度美国经济中产出缺口才基本消失。2020 年 1—2 月是美国经济 1969 年年底以来历史上的最低失业率，而在整个经济产出缺口基本消失的 2019 年，美国经济中失业率的月度均值为 3.7%。

美联储允许通胀阶段性的"超调"是美国经济产出缺口快速收敛的关键。但物价上涨的压力是实实在在的，尽管美联储一再重申通胀是暂时的，未来会回落。美联储选择了相对高通胀下的相对高增长组合。依据 BEA 的

（十亿美元）

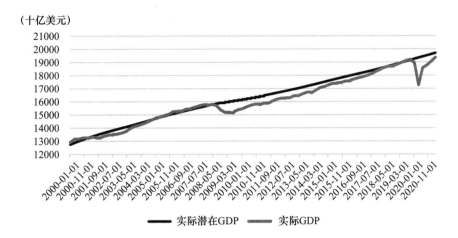

图1　2000年1月1日至2020年11月1日美国经济中实际潜在GDP与实际GDP

资料来源：CBO 和 BEA.

数据，2021年第一至第二季度美国GDP增速同比年率分别为6.3%和6.5%。

从长期通胀预期来看，截至2021年8月6日，5年期和10年期美国国债盈亏平衡。美国国债隐含的中长期通胀率为2.50%和2.37%，在近期都出现了下降的态势。这与Delta毒株带来的经济需求担忧所导致的大宗商品价格下调有密切的关系。

按照2021年6月16日美联储的经济预测，2021年美国经济中PCE中值为3.4%，区间为3.0%—3.9%；核心CPI中值为3.0%，区间为2.7%—3.3%。按照这一经济预测计划，美联储允许通胀超调的耐心将会足够长。

因此，美联储面临的问题就是在就业和物价之间权衡取舍。如果美联储继续坚持就业优先的货币政策，那么美联储会继续关注通胀风险，不会在未来几个月急于缩减每月的购债规模。美联储多次重申了同样的观点：这些资产购买有助于促进平稳的市场运作和提供宽松的金融条件，从而支持信贷流向家庭和企业。

二 就业优先的货币政策还会延续

值得寻味的是，在 2020 年 8 月美联储修改货币政策目标值之后，从 2020 年 11 月 5 日之后，最后一段话就再也没变过：在评估货币政策的适当立场时，委员会将继续监测收到的信息对经济前景的影响。如果出现可能妨碍委员会目标实现的风险，委员会将准备酌情调整货币政策立场。委员会的评估将考虑广泛的信息，包括公共卫生、劳动力市场状况、通胀压力和通胀预期以及金融和国际发展的情况。但美联储官员多次强调就业不足，还是体现出了就业优先的货币政策。

从美国经济中的失业率来看，失业率的下降与产出缺口的收敛保持相同的趋势。2020 年 4 月失业率高达 14.8%，此后不断下降，到 2021 年 7 月失业率下降至 5.4%。2021 年第一季度失业率月度均值为 6.2%，产出缺口尚有 1.72 个百分点。2021 年第二季度的失业率均值为 5.9%，2021 年 7 月的失业率进一步下降至 5.4%，说明美国经济中产出缺口已经很小、甚至基本消失了，推动美国经济增长的动能也因此会边际减弱。

美联储以通胀"超调"为抓手，使得美国经济中的产出缺口快速收敛。虽然 2021 年 7 月美国经济中失业率仍然有 5.4%，但与过去产出缺口收敛的失业率之间还有 1 个多百分点的差距，按照目前的推算，大约还有 600 万左右的失业人口。

依据约翰斯·霍普金斯大学提供的数据，截至 2021 年 8 月 9 日上午 8 时 21 分，美国新冠肺炎病毒感染人数突破 3576 万人。进入 2021 年 8 月以来，日增新感染人数基本在 10 万人左右，这一数据要明显高于 2021 年 7 月的日均数据。整个 7 月的日均新感染人数要明显多于 6 月的日均感染人数。这就是说，2021 年 7 月美国经济中失业率的下降是在新冠肺炎日均感染人数超过 6 月的情况下出现的，美国经济中的就业数据在接下来的两个月是否还能出现跳跃性的好转就成为关键的参考。

从美联储堪萨斯州提供的就业条件指数来看，尽管 2021 年 4—6 月就业动能指数出现了递减趋势，但仍然处于正值区间，而且从 2021 年 4 月开始，实际就业条件指数转为正值，说明了劳动力市场就业条件在持续改善，这与薪酬的增长和服务类消费修复的延续性带动总需求向上直接相关。

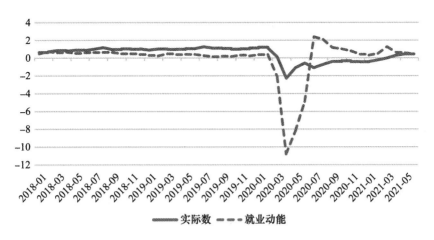

图 2　美国劳动力市场就业条件指数的变化

资料来源：Kansas City Fed Labor Market Conditions Indicators（LMCI）.

依据美联储 2021 年 6 月的经济预测，从中值来看，2021 年美国失业率为 4.5%，2020—2023 年失业率为 3.8% 和 3.5%。这就是说目前美国 5.4% 的失业率还是偏高的，而且 2023 年基本达到 2019 年或者 2021 年 1—2 月的失业率水平，这就意味着美国经济还需要持续扩张，才能消除就业缺口。

Delta 毒株的流行，影响到美联储何时实施 Taper 以及在实施的力度上会更加谨慎。事实上，从美联储的各种表态来看，还是坚持了就业优先的货币政策。在 Delta 毒株的影响下，全球通胀及通胀预期阶段性见顶，或许会延期美联储缩减购债计划的实施。当然，这一切要取决于 2021 年 8—9 月的就业数据，毕竟 2021 年 7 月美国就业状况跳跃性的改善是在 Delta 毒株出现后实现的。

三 国际金融市场流动性依然会保持充裕

即使美国实施 Taper，国际金融市场的流动性依然会保持相对充裕。最近一个多月以来，纽约联储的逆回购都呈现比较大的规模。同时，2021 年 3 月中下旬以来 10 年期美国国债收益率的下降，除了与通胀预期有关外，在一定程度上也与金融市场上的流动性充裕有关。在新冠肺炎疫情存在较长时间不确定性的条件下，即使美联储未来缩减每月购债规模，也将是相对缓和的，美联储不会打断美国经济持续修复的节奏，国际金融市场美元流动性依然会保持相对充裕的状态。尤其是考虑到美联储从 2020 年 3 月初以来至今，1 年半多的时间里，总资产规模扩张高达约 4 万亿美元，这是与 2009 年之后美联储的扩表节奏是完全不同的。Taper 只是减少购债规模，本质上还是在继续投放流动性，只是投放的边际规模下降了。

此外，美联储在准备 Taper 的同时，也在创建新的流动性对冲工具。2021 年 6 月美联储延长了央行互换计划至 2021 年年底，并在 2021 年 7 月建立了新的与美国国内金融市场一级自营商（每日规模上限可达 5000 亿美元）和国外官方机构的国际回购协议（每个交易对手上限 600 亿美元）。这些措施可以表明美联储在为缩减购债计划开始做一些前期工作。同时，美联储也可以采取逆回购规模缩减与债券购买缩减之间的对冲措施来保持充裕的流动性，但投放流动性的方式和效果会存在一定差异。

四 美国金融市场资产价格处于高位，Taper 导致的短期利率上扬幅度应该可控

美国股市不断创新高。流动性充裕背景下的低利率和企业盈余的改善，

助推美国股市资产价格不断攀升。同时，低长期抵押贷款利率和新冠肺炎疫情导致居民对住房需求的增加，使得美国房价也出现了较大的涨幅，房价指数也创历史新高。这些金融资产是支撑美国居民财富增长的重要来源，也是支撑美国经济中消费和投资的动力。

因此，即使美国实施 Taper，短期利率上扬，但联邦基金政策性利率依然会保持在低位。在流动性比较充裕的条件下，考虑到美债的发行成本、长期通胀率水平的下行以及未来增速的下降，美国金融市场上长短期利率差曲线应该会扁平化，也不太可能对整个经济金融造成利率期限结构的水平冲击。

或许这一次，市场应该淡化终究会来的 Taper。

稳中偏弱：或是 2021 年下半年人民币汇率的走势

8 月 12 日

从 2020 年 3 月至 2021 年 5 月，以收盘价计，人民币兑美元升值了 10.65%，人民币此轮的升值幅度是比较大的。此轮人民币升值体现了新冠肺炎疫情下人民币汇率的特征：中国新冠肺炎疫情防控取得重大战略成果，复工复产推进最快，中国货币政策正常化，是此轮人民币升值的核心推动因素。本文认为此轮具有疫情汇率特征的人民币升值周期基本结束，2021 年下半年人民币汇率或将体现出稳中偏弱的态势。

自 2015 年"811"汇率改革以来，人民币与美元指数之间的走势存在明显的趋势性关系。"811"汇率改革至今，人民币汇率中间价定价机制经历了上日收盘价、上日收盘价 + 一篮子货币汇率稳定（2016 年 6 月 30 日始）和上日收盘价 + 一篮子货币汇率稳定 + 逆周期因子（2017 年 5 月 26 日始）三种形式。2020 年 10 月中国外汇交易中心发布公告称："会陆续主动将人民币兑美元中间价报价模型中的'逆周期因子'淡出使用"，调整后的报价模型有利于提升中间价报价的透明度、基准性和有效性。逆周期因子的淡出表明人民币汇率形成机制进一步市场化。

人民币汇率形成机制进一步市场后，人民币汇率的走势与美元指数的走势两者之间相反的关系更加紧密了。剔除两者交易日时间的差异，2015 年 8 月 11 日至 2020 年 7 月 27 日两者之间的相关系数为 0.626；2020 年 7 月 28 日至 2021 年 8 月 10 日两者相关系数高达 0.70（详见图 1）。这说明了人民币汇率定价机制进一步市场化后，人民币汇率与代表国际金融市场货币汇率指数的美元指数之间的关联性增强了，也表示人民币汇率变动更多的纳入了国际金融市场的定价因素。

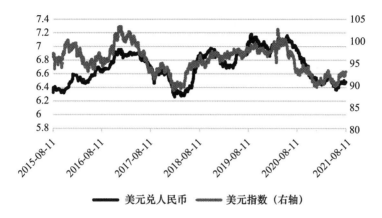

图1 2015 年 8 月 11 日至 2021 年 8 月 11 日美元指数与人民币汇率的变化

从波动性来看，2015 年 8 月 11 日至 2020 年 7 月 27 日人民币汇率日波动性（标准差）和美元指数日波动性之比为 0.0822，2020 年 7 月 28 日至 2021 年 8 月 10 日这一数据为 0.0595。这说明自从逆周期因子淡出后，人民币汇率的波动性相对于美元指数的波动性反而降低了。从美元指数两次比较长的、清晰的贬值阶段来看，2016 年 12 月 20 日美元指数阶段性高点 103.3035，此后一直下行到 2018 年 2 月 1 日的 88.6486，美元指数贬值 14.19%，人民币兑美元升值了 9.42%。这期间人民币兑美元汇率的日波动性要远小于美元指数的波动性，导致做多人民币或者做空美元指数的经过夏普指数调整后的收益率分别为 59.58% 和 3.76%（每单位波动性表达的收益率）。这说明了单纯比较波动性并不能说波动性越小越好，波动性小更容易形成趋势性交易，从而导致阶段性做空或者做多人民币成为更容易的市场操作策略。2020 年 3 月 23 日，美国指数为 102.4528，2021 年 1 月 6 日美元指数为 89.4167，美元指数贬值了约 12.72%，人民币兑美元升值了 9.23%，经过夏普指数调整后的做多人民币和做空美元指数的收益率分别为 43.17% 和 3.86%。对比前一阶段，这一阶段人民币汇率经过波动性调整后趋势性交易的收益率大幅度下降，趋势性交易难度提高。但相对于美元指数，依然说明人民币在市场上更容易形成趋势性的交易。

进一步从 2020 年 10 月 27 日淡出逆周期调节因子后的情况看，从 2020

年 7 月 27 日美元指数 93.6508 到 2021 年 1 月 6 日美元指数 89.4167,这个区间美元指数贬值了 4.52%,人民币升值了 7.71%,经过夏普指数调整后的做多人民币和做空美元指数的收益率分别为 48.24% 和 3.50%。这说明淡出逆周期因子后,尽管人民币交易仍能取得较高的经过波动性调整的收益率,但趋势性交易的收益率与 2020 年 3 月金融大动荡以来的情况类似。换言之,淡出逆周期因子人民币趋势性交易导致的风险调整收益率并没有提高多少,而且这一经过风险调整的收益率比 2016 年 12 月 20 日至 2018 年 2 月 1 日区间的风险调整的收益率要小很多。这说明人民币汇率市场化定价机制的改革方向是正确的,风险也是可控的。

在淡出逆周期因子的条件下,汇率将由市场决定。进一步观察过去几个月的人民币汇率与美元指数走势,结合影响汇率走势的基本因素,我们就可以对未来一段时间的人民币汇率走势做一个大致的判断。

一 2021 年中美经济增速之差比 2020 年明显缩小

2020 年美国经济增速同比 -3.5%,中国成为全球唯一实现正增长的主要经济体,经济增速同比 2.3%,两者差距达到了 5.8 个百分点。2021 年第二季度美国经济增速年率 6.5%,按照美联储的 2021 年 6 月 16 日和 IMF 的预测 2021 年美国经济增速为 7.0%,2022 年两者的预测分别为 3.3% 和 4.9%,存在比较大的差距。2021 年上半年中国经济同比增速 12.7%,按照 IMF 的预测,2021 年中国经济增速为 8.1%,2022 年为 5.7%;按照 2021 年 6 月 29 日世界银行的预测,2021 年中国经济增长将达到 8.5%,2022 年为 5.4%。以 2021 年的数据来看,中美经济增速之差缩小为 1.1—1.5 个百分点,2022 年为 0.5—2.4 个百分点。相比 2020 年的中美经济增速之差,2021—2022 年中美经济增速之差会明显缩小。

二 2021 年中国对外贸易顺差依然维持在高位

依据海关总署的数据，2020 年中国贸易顺差 36413 亿元人民币；以美元计价，顺差 5250.27 亿美元左右。全年顺差规模仅次于 2015 年的 36831 亿元人民币（5939.04 亿美元），显示了中国新冠肺炎疫情防控取得战略性成果，快速推进复工复产的能力，也显示了中国经济具备完整强大的生产能力。

2021 年 1—7 月中国贸易顺差 19833.9 亿元，出口增速 24.5%，进口增速 24.4%，出口增速比 2019 年同期增长 23%。以美元计价，贸易顺差 3061.2 亿美元，出口和进口增速分别为 35.2% 和 34.9%，出口比 2019 年同期增长 29.2%。2021 年 1—7 月中国经济的出口延续了 2020 年以来比较强劲的态势。对比 2020 年 1—7 月的情况，2021 年的情况明显要好，但值得注意的是由于新冠肺炎疫情，2020 年 2 月中国贸易逆差 4279 亿元，以美元计价，逆差 621.19 亿美元。2020 年 1—7 月贸易顺差 17886.5 亿元（2301.13 亿美元），其中，对美贸易顺差 1.3 万亿元。但从出口增速的趋势来看，以人民币计价，2021 年 1—6 月为 28.1%，1—5 月为 30.1%，1—4 月为 33.8%，1—3 月为 38.7%。1—2 月为 50.1%。由于基数抬高和海外生产能力的修复，出口累积增速是下降的。尽管未来几个月出口有一定的压力，但全年贸易顺差会维持在高位。

三 2021 年中美利差会小于 2020 年的中美利差水平

从政策性利率水平看，中美政策性利差在 2020 年 3 月出现了跳跃性的扩大。主要因为美联储采取了零利率无上限宽松的货币政策来应对金融大动荡和新冠肺炎疫情的冲击，中国则保持了正常货币政策。依据 BIS 的数据，中美政策性利差由 2020 年 2 月的 2.425 个百分点上升为 3.925 个百分点。随着 2020 年 4 月央行政策性利率下调了 20 个 BP，从 2020 年 4 月至今，中美政策性利差一直保持在 3.725 个百分点。

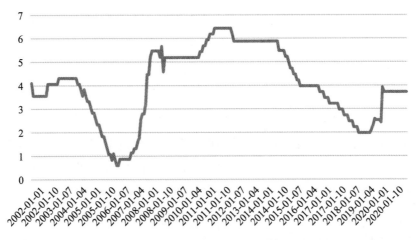

图2 2002 年 1 月 1 日至 2021 年 4 月 1 日中美政策性利差的变化

资料来源：BIS.

从目前的情况看，2021 年美联储不会加息，联邦政策性利率维持在 0—0.125% 。中国央行的政策性利率或有下调的空间。相对于 2018—2019 年，中美政策性利率之差依然维持在比较高的水平。

从国债收益率来看，剔除中美债券交易日的差异，截至 2021 年 8 月上旬，中美 10 年期国债收益率之差保持在 150—160 个 BP。2015 年"811"汇改以来，中美 10 年期国债利率之差均值在 125 个 BP 左右。因此，目前中美 10 年期国债利差还是维持在比较高的水平。据彭博 2021 年 8 月 11 日盘前简报的报道，人民币 2021 年跻身亚洲最佳利差交易货币，低波动性和高收益率使人民币保有吸引力。

图 3　2015 年 7 月 1 日至 2021 年 6 月 24 日 10 年期中美国债收益率利差

资料来源：Wind 数据库。

四　中美宏观政策方向上的差异会有所扩大

2020 年中美货币政策可以用极其宽松和稳健灵活来加以对比。美联储在 2020 年 3 月中下旬之后采取的是"爆表"的货币政策，2020 年 3 月 3 日至 2020 年年底美联储资产负债表中总资产增加了 3.12 万亿美元，联邦基金利率维持在 0—0.125% 的区间。按照 2020 年年底央行第四季度例会的表述，中国央行的货币政策是"稳健的货币政策要灵活精准、合理适度，保持货币政策的连续性、稳定性、可持续性，把握好政策时度效，保持对经济恢复的必要支持力度"。

2021 年美联储的货币政策已经发生了一些改变。主要是美国经济中通胀率较高，流动性过剩的局面需要改变。美联储在 2021 年 6 月 16 日将超额准备金利率从 0.1% 上调至 0.15%；同时将隔夜逆回购利率从 0% 上调至 0.05%。从最近几个月纽约联储的逆回购规模来看，高点接近 1 万亿美元，说明美国金融市场流动性是非常充足的。目前市场普遍关注的就是美联储的 Taper，本文认为有几个理由应该看淡一点美联储这一次终究会来的

Taper。包括：美联储不会为了 Taper 来阻碍美国经济持续复苏的动力、市场关注美联储讨论此问题的预期已基本打满、美联储继续强调就业优先的货币政策、国际金融市场的流动性依然会保持相对充裕、美国金融市场资产价格处于高位对短期利率上扬的恐惧以及美国不断出台的财政刺激经济的计划需要低债务成本来融资，这些因素决定了即使是 Taper，也不太会造成所有利率期限结构水平式上扬的冲击。

再看中国央行的货币政策，按照央行 2021 年第二季度例会的表述，"稳健的货币政策要灵活精准、合理适度，把握好政策时度效，保持流动性合理充裕，保持货币供应量和社会融资规模增速同名义经济增速基本匹配，保持宏观杠杆率基本稳定，维护经济大局总体平稳，增强经济发展韧性"。同时，近期降低实际利率成本和巩固实际利率下行成果被多次提及，2021 年上半年贷款加权平均利率为 5.07%，较 2020 年同期下降 0.07 个百分点，较 2020 年全年下降 0.08 个百分点。而保持流动性合理充裕是实际利率成本能够下降的基本条件。中国的货币政策强调了"以我为主"，实际利率应该不会上行，中美经济中的利差应该会有所缩小。

央行在《2021 年第二季度中国货币政策执行报告》中也指出，继续推进汇率市场化改革，完善以市场供求为基础、参考一篮子货币进行调节、有管理的浮动汇率制度，增强人民币汇率弹性，发挥汇率调节宏观经济和国际收支自动稳定器的作用。注重预期引导，保持人民币汇率在合理均衡水平上的基本稳定。综合上述主要因素可以看出，由于推动前期人民币升值的主要动力减弱，在双向波动中出现稳中偏弱或许是 2021 年下半年人民币汇率走势的主基调。

2021年10年期美债收益率突破3月底的高点存在难度

8月16日

本文认为，2021年美债收益率突破3月高点存在难度。主要原因包括两点：其一，流动性和利率分离管理成为美联储当下及未来一段时间货币政策操作的基本手法，这会压制美债收益率的上扬；其二，市场再通胀交易（或通货再膨胀交易）存在的不确定性直接导致美债收益率的通胀溢价上扬存在不确定性。

零利率背景下的货币政策说明了利率与流动性是可以分离管理的。从美国经济的修复来看，充裕的流动性是美国经济产出缺口快速收敛的重要推手。在利率与流动性可以采取分离管理的条件下，美联储可以采取逆回购等手段收缩市场的流动性，而不提高金融市场的利率水平。当然，我们很难判断流动性收缩能给金融市场利率上扬带来显著压力的边际点。但至少从目前来看，美联储政策性利率从2020年金融大动荡后一直维持在0—0.25%的区间，基本在0.10%左右的水平，这对金融市场整体利率水平的上扬产生了压制性的影响。

图1显示了2000年7月至2021年7月美联储联邦基金利率与美国10年期国债市场收益率之间的变化趋势。可以看出，政策性利率水平对市场收益率有明显的压制作用。在联邦基金利率每一次下降的过程中，10年期美国国债收益率也出现了下行。

同样是零利率，国际金融危机爆发后，2011年3月开始，美国联邦基金利率水平在接下来的1—2年和新冠肺炎疫情暴发后至今的水平相差无几，

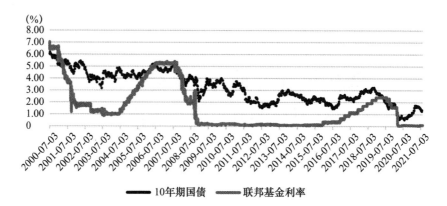

图1　2000 年 7 月 3 日至 2021 年 7 月 3 日美联储联邦基金利率与
美国 10 年期国债收益率

资料来源：Federal Reserve Bank of St. Louis, Effective Federal Funds Rate, Percent, Daily, Not Seasonally Adjusted; 10 - Year Treasury Constant Maturity Rate, Percent, Daily, Not Seasonally Adjusted.

但 10 年期美国国债的收益率差别较大。2011 年之后的几年时间里，美债收益率是要明显高于当前美债收益率的，主要原因是现在的实际利率水平比那个时期要低（详见图 2）。可见，实际利率下行也是压低美债收益率的基础原因。

从近期美债收益率走势来看，截至 2021 年 8 月 13 日，2021 年以来 10 年期美国国债收益率的高点是 3 月 31 日，为 1.74%。此后，10 年期美国国债收益率再次下行，一直到 2021 年 8 月 3—4 日的 1.19%，随后上扬至 8 月 10 日、8 月 12 日的 1.36%，8 月 13 日下跌至 1.29%。

2021 年 8 月 13 日 10 年期美国国债收益率的下行主要是因为美国消费者信心指数创了新冠肺炎疫情暴发以来的最低点，只有 70.2。消费者信心指数的下滑抵消了 2021 年 7 月美国非农就业上涨带来的美债收益率的上升。这与新冠肺炎疫情直接相关。近期变异毒株在美国的日均感染人数波动很大。依据约翰斯·霍普金斯大学提供的数据，2021 年 8 月 13 日感染人数突破 29 万人，8 月 14 日下跌至 42707 人，2021 年 8 月以来新感染人数明显高于 7 月的感染人数。

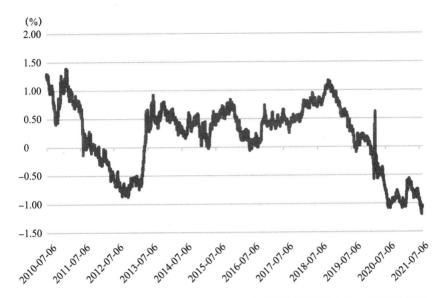

图 2　2010 年 7 月 6 日至 2021 年 7 月 6 日 10 年期美国国债隐含的实际利率水平

资料来源：Federal Reserve Bank of St. Louis, 10 - Year Treasury Inflation-Indexed Security, Constant Maturity, Percent, Daily, Not Seasonally Adjusted.

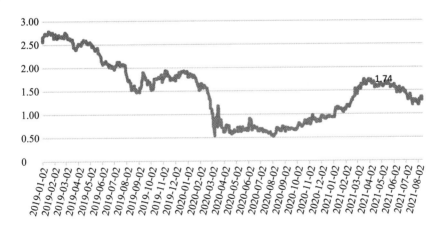

图 3　2019 年 1 月 2 日至 2021 年 8 月 2 日 10 年期美国国债的收益率

资料来源：Federal Reserve Bank of St. Louis, 10 - Year Treasury Constant Maturity Rate, Percent, Daily, Not Seasonally Adjusted.

新变异毒株使经济持续修复充满不确定性，使得美联储对通胀"超调"的容忍度可能会更加持久。通胀"超调"已经成为美联储推动美国经济缩小产出缺口、进入扩张区间的抓手。从美国最近公布的 2021 年 7 月的通胀数据来看，7 月的通胀数据较 6 月略有缓和。2021 年 7 月美国 CPI 同比增幅 5.28%，较 6 月的 5.32% 的增幅略有下降；美国核心 CPI 同比增长 4.3%，低于前值 4.5%，通胀压力似乎出现了缓和迹象。

从市场上的通胀预期来看，目前 10 年期和 5 年期美国保本国债隐含的通胀率水平大约在 2.4% 和 2.5% 左右。从 2021 年 3 月开始，美联储反复强调了通胀的暂时性，而市场对未来中长期通胀的预期并不算高。

从 10 年期美国国债最近一期的发行来看，中标收益率低于发行前的收益率，市场对 10 年期美国国债的偏好也是导致美国国债收益率下行的市场交易因素。

因此，新变异毒株给美国经济的持续修复带来了不确定性。美联储在收紧流动性导致利率上扬方面会很谨慎，对通胀的容忍度可能会更久。在流动性与利率可以实现分离管理的情况下，政策性利率的压制作用、实际利率处于低位，以及再通胀交易能否成为趋势存在不确定性，这些因素导致 2021 年剩下的几个月时间，10 年期美国国债的收益率要突破 2021 年 3 月底的高点 1.74% 是存在难度的。

全球货币政策逐步开始进入明确的分化期

8 月 19 日

尽管美国关于实施 Taper 的讨论会逐步提上日程，但美国货币政策在启动 Taper 的时间和力度上，目前仍具有不确定性。欧元区宽松的货币政策未来一段时间会延续，具有确定性。部分通胀较高的新兴经济体开始加息遏制通胀以及预防性缓冲美国货币政策未来变化的外溢性，具有确定性。中国货币政策坚持流动性合理充裕，合理充裕的流动性应该成为经济持续向好的助推器。全球货币政策逐步开始进入明确的分化期。

从美国经济中部分主要数据来看，新变异毒株给美国经济的持续修复带来了不确定性。依据美联储圣路易斯分行提供的数据，2021 年 7 月美国失业率为 5.4%，离美联储 2021 年 4.5% 的失业率目标尚有差距；2021 年 7 月零售业预售商品总额环比下降 1.48 个百分点。2021 年 7 月 CPI 和核心 CPI 均出现了高位缓和，物价似乎出现了见顶迹象。2021 年 7 月工业设备使用率达到 76.12，离新冠肺炎疫情前 2020 年 2 月的 76.30 相差不大；2021 年 7 月工业生产指数为 101.11，离新冠肺炎疫情前 2020 年 2 月的 101.32 相差不大；2021 年 7 月制造业生产指数为 100.16，已经超过新冠肺炎疫情前 2020 年 2 月的 99.02，但制造业恢复也不均衡，比如 2021 年 7 月采矿业生产指数只有疫情前 2020 年 2 月的 91.57%。

2021 年 7 月美国经济现状基本是：物价水平"超调"；劳动力市场就业仍有改善空间；工业和制造业生产基本恢复；新冠肺炎疫情对 2021 年 7 月的零售业造成了一定的负面影响。

重点从就业来看，在美联储就业优先的货币政策下，2021 年 7 月美国的就业数据与新冠肺炎疫情前的趋势相比，还是存在一定的差距。2021 年 7

月美国失业人数仍超过 750 万人，按照美国 CBO 的预测大约 800 万人。从失业率、实际失业率、就业人口比率、劳动参与率等指标来看，与新冠肺炎疫情前相比均存在一定的差距（详见表1）。

表1　　美国经济中 2021 年 7 月就业及与新冠肺炎疫情前相比的情况

	2021 年 7 月	与新冠肺炎疫情 前趋势相比
非农就业数（千人）	943	−7562
失业率	5.4%	下降 1.9 个百分点
实际失业率	6.8%	下降 3.4 个百分点
就业人口比率	58.4%	下降 2.4 个百分点
劳动参与率	61.7%	下降 1.3 个百分点
职位空缺率	6.3%	上升 1.9 个百分点
每个职位空缺的失业人数	0.89	上升 0.07

资料来源：Jason Furman and Wilson Powell III，"Strong growth in US jobs，but labor market remains well short of normal"，Peterson Institute for International Economics，August 6，2021，https：//www.piie.com/blogs/realtime-economic-issues-watch/strong-growth-us-jobs-labor-market-remains-well-short-normal.

为了刺激经济持续修复，2021 年 8 月美国参议院通过了 5 年规模 1 万亿美元的基建法案，其中 5500 亿美元是新增规模。同时，美国国会两党就债务上限相关决策以及民主党提议的 3.5 万亿美元预算计划的讨论均存在时间以及规模的不确定性。

可见，美国的宏观政策选择了相对高通胀条件下的高增长政策，这应该是经济战略。除非通胀造成持久的压力，美联储才会收紧货币政策。由于新变异毒株造成的不确定性，近期大宗商品价格普遍出现了相当规模的向下调整，减弱了大宗商品价格助推通胀的压力，可能会使美联储对当前的通胀进一步采取忍耐的态度。即使美国在未来几个月讨论 Taper 的事宜，但不排除会采取弹性的减码方法，比如减码的时间和规模上保持一定的相机抉择权，因为要为新的变异毒株可能导致的不确定性留下空间。否则，在新冠肺炎疫情依然充满不确定性的情况下，采取强硬规则式的减码方案可能会最后出现不合意的结果。

从欧元区的情况看，2021年7月欧元区HICP为2.2%，自2018年11月以来首次超过了2%。2021年6月8日，欧洲央行公布了货币政策新框架，采取了中期平均通胀目标制，这一框架将在2025年被重新评估。因此，中期平均通胀率的时间大约在5年左右。2021年7月欧元区通胀率超过2%，主要是交通、住房以及能源等物价上涨所致（详见表2）。这两项在HICP中占比达到了31.4%，同比涨幅分别达到了4.7%和6.8%，与新冠肺炎疫情直接有关。

表2　　　　　2021年7月欧元区经济中HICP构成及同比上涨幅度　　（单位：%）

	食品饮料	酒精烟草	服装鞋	住房电力天然气等	家用设备	健康	交通	通信	休闲文化	教育	餐饮旅馆	杂项
比重	17.3	4.5	5.3	17.7	6.8	5.0	13.7	3.0	8.0	1.0	7.5	10
上涨	1.4	2.2	-3.3	4.7	1.3	0.3	6.8	-0.1	-1.4	0.2	1.7	1.9

资料来源：ECB.

因此，欧元区的货币政策暂时不会出现紧缩，反而会继续实施原有的紧急抗疫购债计划（Pandemic Emergency Purchase Programme，PEPP），增加流动性。2021年第二季度欧元区GDP环比增长2.0%，从2021年第一季度的环比增速-0.3%开始转正。欧元区第二季度就业环比增长0.5%；也扭转了第一季度下降0.2%的下行势头。为了保持经济修复的势头，欧元区会继续保持宽松的货币政策。

部分通胀较高的经济体，如巴西在2021年8月进一步将基准利率提高1个百分点至5.25%，是2003年以来的最大幅度单次加息，也是2021年2月以来第5次加息（2021年7月巴西通胀率8.99%，远超4.25%的通胀目标容忍度）。俄罗斯央行 2021 年以来 4 次加息，7 月 26 日将主要利率提高到 6.50%（俄罗斯 2021 年 7 月通胀率 6.5%，高于目标通胀率 2.5 个百分点）。

从 2021 年 7 月中国经济的主要数据看，由于受外部不确定因素增加、极端天气和新冠肺炎疫情影响，部分主要指标增速有所回落。在淡出逆周期因子后，人民币汇率形成机制更加市场化，中国的货币政策强调自主性，要助推经济持续恢复，货币政策就需要保持流动性合理充裕。

即使政策性利率保护不变，也可以考虑增加流动性使市场利率适度下行。相比过去，目前中美利差还是有点高了。中国经济基本面决定了适度降低实际利率是推动经济高质量发展的要求。首先，中小微企业需要降低融资成本。鼓励创新和就业，需要相对便宜的融资成本。其次，缓解地方政府隐形债务处理的压力。市场利率适度下降，有利于债务的滚动管理。依据彭博环球财经 2021 年 8 月 18 日提供的信息，2021 年上半年地方政府再融资债券发行中逾 1/3 或用在了隐形（潜在）债务化解。

从全球经济几大板块来看，基本原因还是受到新冠肺炎疫情不确定的冲击。但由于新冠肺炎疫苗接种及防控措施的差异，再加上 2021 年全球出现了多次极端天气，导致不同经济体的经济恢复和物价水平状态存在比较大的差异。总体上，美联储宽松货币政策的持续宽松程度尚存在不确定性，欧元区（也包括日本）继续宽松存在确定性，部分高通胀的经济体为了控制通胀、预防美联储收紧的外溢性开始加息；中国的货币政策保持流动性合理充裕助推经济持续恢复。全球重要经济体或板块的货币政策逐步开始进入明确的分化期。

对近期美元指数走强的看法

8 月 23 日

2021 年 5 月下旬至今的美元指数走强，是在相对高通胀与低利率环境下出现的。美联储边际紧缩预期以及新变异毒株导致的不确定性带来的避险行为应该是美元指数此轮走强的基本原因。

2021 年以来，截至 2021 年 8 月 23 日美元兑欧元升值了 4.22%，美元兑日元升值了 6.27%，美元兑英镑升值了 0.28%，美元兑加元升值了 0.69%，美元兑瑞士法郎升值了 3.6%。总体上，美元指数上涨了 3.89%。美元指数 2021 年的上涨出现了两次。依收盘价计算，一次是从 2021 年年初到 2021 年 3 月底，美元指数上涨了 4.33%；另一次是从 2021 年 5 月 25 日到 2021 年 8 月 19 日，美元指数上涨了 4.34%。

2021 年以来的美元指数两次上涨原因差异很大。2021 年年初至 3 月底美元指数的上涨主要原因是实际利率和通胀预期的上扬。直接导致金融市场上 10 年期美国国债的收益率一路上扬，并在 2021 年 3 月 19 日或者 31 日达到 1.74% 的年内高点（截至 2021 年 8 月 23 日）。实际利率上扬和通胀预期上扬推动了美国国债收益率的上扬，也因此推动了美元指数上扬。此后，随着美联储不断强化通胀及通胀预期的暂时性，维持每月购债规模不变，实际利率也开始下行，导致美国 10 年期国债收益率从 2021 年 3 月底也开始下行。

始于 2021 年 5 月下旬的美元指数升值，出现了一次美元指数"超调"。依收盘价计算，2021 年 6 月 15 日美元指数为 90.522，6 月 18 日为 92.3217，美元指数在 4 个交易日上涨了 2.0% 左右。直接原因是美联储在 2021 年 6 月 16 日将超额准备金利率从 0.1% 上调至 0.15%；同时将隔夜逆

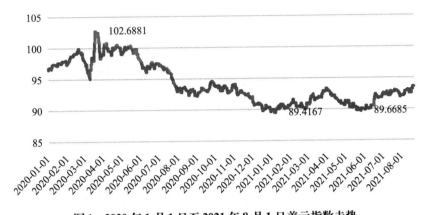

图1　2020 年 1 月 1 日至 2021 年 8 月 1 日美元指数走势

资料来源：Wind 数据库。

回购利率从 0 上调至 0.05%，从 6 月 17 日开始生效。在价格黏性的情况下，美国金融市场上利率的上调，推动美元指数出现了跳跃性的"超调"。但整体上这一次美元指数走强很难用现实的数据逻辑去解释。

从 10 年期国债利差来看，随着 10 年期美国国债收益率的下行，欧元区 10 年期国债收益率也是下行的，收益率差并未发现明显的变化。比如，10 年期美国国债和 10 年期德国国债的收益率之差维持在 1.7—1.8 个百分点。

从美国内部来看，流动性依然很充裕。这一点可以从纽约联储的隔夜逆回购规模看出来。依据纽约联储网站公布的数据，从 2021 年 8 月 11 日纽约联储的逆回购规模突破 1 万亿美元，到 8 月 20 日已经连续 8 次逆回购规模超过 1 万亿美元。其中，2021 年 8 月 18 日达到阶段性高点 1.116 万亿美元。

从实际收益率来看，10 年期 TIP 债券从 2020 年 3 月 23 日全球金融大动荡处于低谷后，再也没有出现过正的实际收益率。从 2021 年 5 月下旬开始，隐含的实际收益率是不断下降的。从 -0.8 个百分点左右下降至 -1.1 个百分点左右。

从美国国债市场收益率来看，10 年期美国国债收益率从 2021 年 3 月中下旬触及年内至今的高点后，基本是下行的，截至 2021 年 8 月 20 日，10

年期美国国债市场收益率为 1.26%，相比 2021 年 3 月底的 1.74%，已经下降了 48 个 BP。

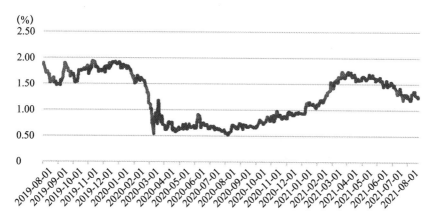

图 2　2019 年 8 月 1 日至 2021 年 8 月 1 日 10 年期美国国债市场收益率

资料来源：Federal Reserve Bank of St. Louis, 10 - Year Treasury Constant Maturity Rate, Percent, Daily, Not Seasonally Adjusted.

从通胀预期来看，10 年期和 5 年期美国国债隐含的市场通胀预期并没有发生大的变化。从 2021 年 5 月下旬以来，10 年期美国国债隐含的通胀率基本在 2.3%—2.5%，5 年期美国国债隐含的通胀率基本在 2.4%—2.6%（见图 3）。

至此，从 2021 年 5 月下旬开始的这一阶段的美元指数升值不是美国和主要国际货币（比如欧元）区的利差扩大导致的，却是在美债收益率下行的区间出现的。

美债收益率为什么下行？通胀预期基本没有变化，但实际利率下行了，实际利率下行是因为通胀有点高，这似乎进入了一个循环逻辑。正确的逻辑应该是：现实中的通胀高了，在流动性充裕及 10 年期美国国债需求还不错的背景下，美债名义利率没有走高的市场需求变化的基础，反映出实际利率下行（名义利率—通胀率）。

至此，我们把通胀和美元指数放在一起，就发现在此轮美国国债收益

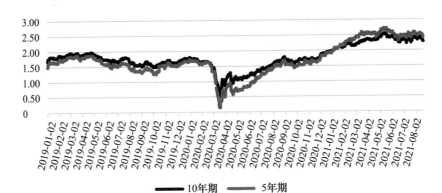

图 3　2019 年 1 月 2 日至 2021 年 8 月 2 日 10 年期和 5 年期美国国债隐含的通胀率

资料来源：Federal Reserve Bank of St. Louis, 10 - year and 5 - year Breakeven Inflation Rate, Percent, Daily, Not Seasonally Adjusted.

率下行、通胀走高的背景下，美元指数却上涨了。

　　是国际金融市场流动性变紧了所致吗？答案应该不是。首先纽约联储连续 8 次逆回购规模超过万亿美元，说明了流动性是充裕的。其次，从 TED 利差来看，2021 年 8 月 2 日的 TED 利差只有 0.06 个百分点，而且从 2021 年 4 月开始一直是下降的（详见图 4）。

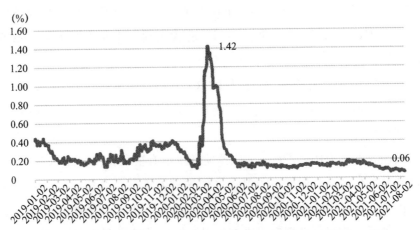

图 4　2019 年 1 月 2 日至 2021 年 8 月 2 日国际金融市场上的 TED 利差

资料来源：Federal Reserve Bank of St. Louis, TED Spread, Percent, Daily, Not Seasonally Adjusted.

从 2021 年 3 月开始，美国经济中的通胀率突破 2%，然后不断上升，2021 年 6—7 月的 CPI 达到了 5.3%。从 2021 年 5 月以来的美元指数走势和美国经济中的通胀来看，呈现相对高的通胀与相对强的美元组合。

在美债收益率下行，通胀上行的背景下，美元指数从 2021 年 5 月中下旬至今却出现超过 4% 的涨幅。在价格黏性的条件下，短期利率平价也难以解释。但有两种解释可供参考：一是从预期紧缩的视角来看，美联储边际宽松的缩减预期导致了美元升值；二是新变异毒株的冲击带来了新的不确定性导致市场出现避险行为，企业或者市场上的投资者倾向于囤积美元现金，增加了对美元的需求以预防未来的不确定性。

因此，当前的相对高通胀与相对走强的美元组合应该是新变异毒株冲击下的不确定性与美联储边际紧缩预期相互交织作用的结果。

允许通胀阶段性显著"超调"是
这届美联储货币政策的标签

8 月 26 日

本文认为，允许通胀阶段性显著"超调"是这届美联储货币政策的标签。美联储未来能否顺利退出非正常货币政策，在回归常规货币政策的同时又不对国际金融市场造成剧烈动荡，成功实施"软着陆"可能是美联储保全自我声誉和名节的重点。

依据美联储圣路易斯分行提供的数据，2021 年 6—7 月美国经济中 CPI 同比增幅分别为 5.32% 和 5.28%，CPI 接近美国次贷危机期间高点的同比增幅（为 5.50%）；2021 年 6—7 月不包括食品和能源的美国 CPI 同比增幅分别为 4.45% 和 4.23%，2021 年 6 月的数据与 1991 年 11 月同比增幅 4.45% 一致。

美国经济中现在如此之高的 CPI 是难以想象的，而正是在 1 年之前的 2020 年 8 月美联储修改了货币政策框架，采用了平均弹性通胀目标制新框架。从 2021 年 3 月美国 CPI 同比突破 2%（为 2.64%），截至目前通胀率超过 2% 已经持续 5 个月。2021 年 6 月 16 日美联储在经济预测中认为 2021 年的 PCE 通胀率为 3.4%（中值），核心 PCE 为 3.0%（中值），分别比 2021 年 3 月的预测提高 1 个百分点和 0.8 个百分点。允许通胀阶段性显著"超调"是这届美联储货币政策的标签。

为什么要允许通胀阶段性显著"超调"？这和美联储坚持就业优先的货币政策直接相关，或者说与坚持要增长直接相关。国际金融危机之后，发达经济体宏观经济中存在一个典型的现象是菲利普斯曲线扁平化：只有允许通胀"超调"才能持续降低失业率。2021 年 3 月 15 日 CMF 论坛上发布了《美联储应该会较大幅度提高对通胀的容忍度》，阐述了通胀的阶段性和全球经济增长的竞赛决定了美联储会提高对通胀的容忍度。2021 年 3 月 26 日 CMF 论坛上发布了《美国激进的宏观政策是想"独享"全球通胀形成的好处吗?》，说明了通胀在经济修复过程中的珍贵性，通缩到通胀的过程决定了宏观政策修复经济的时间和空间。2021 年 4 月 2 日 CMF 论坛上发布了《美联储是要形成通胀预期及通胀的阶段性"超调"吗?》，说明了美联储允许通胀"超调"的可能性。2021 年 4 月 13 日 CMF 论坛上发布了《美联储为什么允许通胀出现阶段性的超调?》以及 2021 年 5 月 17 日和 5 月 20 日 CMF 论坛上发布了《深度理解美联储货币政策新框架及其潜在风险Ⅰ和Ⅱ》，强调了通胀已经成为美联储打破国际金融危机以来美国经济"大停滞"周期的抓手，美联储要改变通胀预期的反馈机制。2021 年 6 月 16 日 CMF 论坛上发布了《美联储选择了相对高通胀下的相对高增长政策》。至此，通过一个系列的前沿和追踪研究，我们得出了允许通胀阶段性显著"超调"是这届美联储货币政策标签的结论。

如果美联储允许通胀"超调"，其货币政策效果如何? 先看两个最重要的经济总量指标。2021 年 7 月美国经济中失业率为 5.4%，比美联储 2021 年 6 月 16 日公布的经济预测中的 4.5% 尚有一些差距，但美国经济中失业率自 2020 年 4 月的 14.8% 以来一直是下降的，美国经济中的就业状况得到了显著改善，甚至可以认为是取得了实质性进展；从产出缺口来看，按照美国国会预算办公室提供的《2021—2031 预算与经济展望》中的数据，2020 年美国经济产出缺口 - 4.9 个百分点，2021 年只有 - 0.5 个百分点，2020 年为 2.4 个百分点。因此，2021 年是美国历史上经济深度衰退转向经济修复过程中产出缺口收敛速度最快的一次。除了就业与产出缺口之外，本文认为还有以下四个方面值得关注。

一 高通胀，但市场尚未出现恐慌

目前美国经济中的 CPI 同比涨幅是近 13 年中最高的，不包括能源和食品的 CPI 涨幅是近 30 年中最高的，但市场并未出现恐慌。主要有四个原因：第一，美联储从几个月前就开始引导预期，坚持认为通胀是暂时性的，主要是由新冠肺炎疫情导致的供应链问题所致。第二，市场发现了通胀是结构性的，体现了新冠肺炎疫情通胀的特征。缺什么就涨什么，比如芯片短缺导致二手车价格大幅度上涨；运输能力不足导致运费大涨。第三，大宗商品价格在流动性充裕和经济修复的双重推动下，2021 年以来出现了较大规模的普涨，推动了 PPI 较大幅度的上涨，带来了成本压力，如果 CPI 不涨，企业在一定程度上无法转嫁成本，经济难以获得持续修复，要坚持市场出清，CPI 就会上涨。第四，中长期通胀预期并未脱轨。截至 2021 年 8 月 24 日，10 年期和 5 年期美国国债隐含的通胀率分别为 2.30% 和 2.45%。在看清楚上述四个问题后，如果真是阶段性的通胀"超调"，市场就不太会出现恐慌。

二 改变了通胀的顺周期反馈机制，走向了
通胀的逆周期反馈机制

在相对短期的通胀预期不高的背景下，长期通胀预期也会不高，这是一种顺周期的反馈机制。相对短期的低通胀也带着长期的通胀走低，从而进一步加剧了长期的低通胀预期。我们称之为通胀预期的顺周期反馈机制。这种顺周期的通胀反馈机制并不是合意的，因为容易导致长期物价低迷，这也是美国次贷危机至 2020 年年底以来的基本情况，被学者称为"大停滞"周期。从经济周期的角度看，本来现在通胀不高，未

来就应该高；但事实是反向的，短期低，未来也低。2007 年 1 月至 2021 年 1 月，美国经济中 5 年期通胀预期始终低于 10 年期通胀预期，这种顺周期的通胀预期直到 2021 年 1 月下旬才被打破，美国经济中 5 年期国债隐含的通胀预期高于 10 年期国债隐含的通胀预期，这一过程经历了 13 年多（详见图 1）。

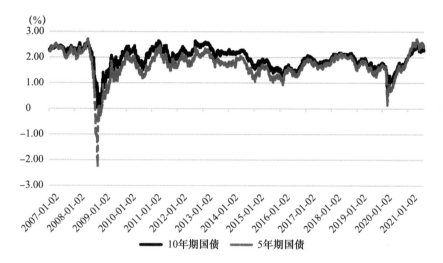

图 1　2007 年 1 月 2 日至 2021 年 1 月 2 日美国经济中的中长期通胀预期

资料来源：Federal Reserve Bank of St. Louis，10 - Year Breakeven Inflation Rate，Percent，Monthly，Not Seasonally Adjusted；5 - Year Breakeven Inflation Rate，Percent，Monthly，Not Seasonally Adjusted.

当 5 年期通胀预期高于 10 年期通胀预期时，通胀预期就出现了逆周期的反馈机制。这是一种正常的经济周期应该具备的通胀反馈机制，类似于正常的利率期限结构的形成机制。只有在这种情况下，未来的货币政策才可以有更好的机会退出非常规货币政策，重新返回正常的货币政策。

三 降低了美国金融市场中的实际利率水平

由于通胀水平较高，即使是美债收益率自 2020 年下半年开始出现了上涨，但实际收益率是下降的。自 2020 年 3 月 23 日金融大动荡以来，10 年期和 5 年期美国国债隐含的实际收益率一直是负值，这是美联储极度量化宽松货币政策所致。尤其是 2021 年 3 月以来，在通胀走高的背景下，10 年期美国国债隐含的实际收益率进入了 – 1.0% 的区间。债券实际收益率下行，也降低了金融市场融资的实际成本。

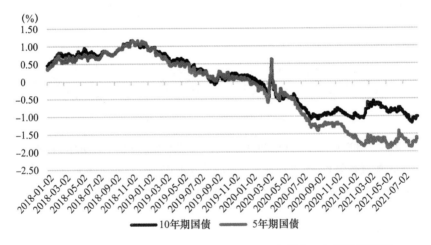

图 2　2018 年 1 月 2 日至 2021 年 7 月 2 日 10 年期和 5 年期美国国债
隐含的实际利率水平

资料来源：Federal Reserve Bank of St. Louis, 10 – Year and 5 – Year Treasury Inflation-Indexed Security, Constant Maturity, Percent, Daily, Not Seasonally Adjusted.

四 风险资产价格上涨增加了财富
效应，也会鼓励企业创新

充裕的流动性是资产价格上涨的重要推手。从 2020 年 3 月 23 日之后，美股开始了持续上涨的态势，美国实体经济和金融市场在较长时期内上演了新冠肺炎疫情下经济与金融大脱离的场景：金融资产价格的修复程度远超实体经济的修复程度。2021 年以来，美股不断创历史新高，股市有明显的财富效应。随着美国经济产出缺口的快速收敛，美国股市的估值在盈利上扬和低利率环境下，其泡沫程度大为缩小。至此，美国经济中的疫情经济和疫情金融之间的大脱离现象明显减弱。

图 3 显示了截至 2021 年 8 月 25 日美国三大股指的 P/E 水平。标普 500 指数、道琼斯指数和纳斯达克指数的 P/E 分别为 27.5 倍、26.9 倍和 41.5 倍。与 2020 年相比，整个股市的 P/E 出现了明显的下降，标普 500 指数、道琼斯指数和纳斯达克指数的 P/E 分别比 2020 年下降了 25.6%、11.1% 和 37.7%。

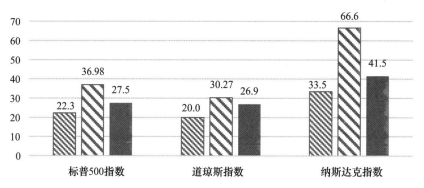

图 3 美国股市三大股票指数的 P/E（TTM）

资料来源：Wind 数据库。

与 2015—2019 年的 P/E 估值水平相比，当前的估值还是明显偏高。但考虑到当前美国金融市场极低的利率水平，应该说目前美国股市资产价格的估值是市场能够接受的，这也是美股不断创新高的基础。如果以 1 年期国债收益率 0.06% 作为基准对比，当前纳斯达克的风险溢价收益率在 2.4% 左右，这应该是一个比较正常的风险溢价水平，相对低 P/E 的标普 500 指数和道琼斯指数具有更高的风险溢价补偿。

依据 Wind 的数据，2020 年美国股市 IPO 数量达到 743 家，筹资金额 1550.37 亿美元。2020 年 IPO 数量大约是 2018 年和 2019 年 IPO 数量之和（747 家）。截至 2021 年 8 月 25 日，2021 年美国股市 IPO 数量达到了 1210 家，筹资金额高达 2066.96 亿美元。其中，金融行业融资 1156.91 亿美元，占据了融资总额的 55.97%；其次是信息技术行业融资 410.83 亿美元，占据了融资总额的 19.88%；再次是医疗保健行业融资 235.31 亿美元，占据了融资总额的 11.38%。

合意的股市价格无疑将促进经济中的创新。经济学中常说的托宾 Q 理论就是关于资产价格与投资关系的，资产价格比较合意，就会刺激更多的投资，出现更多的创新。

通胀也是一把"双刃剑"。持续的通胀会扭曲经济中的信用关系，带来资源错配和社会贫富分化等问题。尽管允许通胀阶段性显著"超调"是这届美联储货币政策的标签，但我们要看到美联储货币超发是美国使用美元霸权体系动用全球资源为自己所用的自私行为。同时，美联储未来能否顺利退出非正常货币政策，在回归常规货币政策的同时又不对国际金融市场造成剧烈动荡，成功实施"软着陆"可能是美联储保全自我声誉和名节的重点。

在不确定性中要确定性?

8 月 30 日

本文认为，美联储采取了稳增长优先于抗通胀的货币政策。美国经济的 GDP 和消费支出已经完全恢复，通胀已经取得了实质性的进展，就业取得了明显进展。但由于新变异毒株带来了不确定性，美联储坚持原有的资产购买规模，直到就业取得实质性的进展。美联储解释了通胀暂时性的原因，但认为也存在不确定性，在不确定性中追求确定的，即持续改善就业。这种货币政策强调结构性的就业改善也存在风险：结构性就业改善效果在未来或存在不理想的情况，而持续宽松的货币政策带来的通胀风险又会进一步加大。这需要持续观察未来 1—3 个月的数据，当 Delta 毒株对美国经济中的就业不产生重大负面影响时，市场预期美联储的减码购债就会到来。

2021 年 8 月 27 日美联储主席鲍威尔在一年一度的杰克逊霍尔全球央行年会上，就美联储对美国经济现状的判断及未来货币政策取向作了发言。这次发言是处于国际金融市场等待美联储何时以及如何实施 Taper 的敏感期，受到了市场的关注。读完鲍威尔的发言，感受可能是：在不确定性中要确定性？不确定性是指新冠肺炎疫情给美国经济的持续修复及通胀带来了不确定性，确定性是要保障就业，要进一步降低失业率。在美国通胀已经显著"超调"的背景下，美联储采取了稳增长优先于抗通胀的货币政策。

鲍威尔的发言体现了未来美联储货币政策的取向，有以下几点值得关注。

首先，继续采取就业优先的货币政策。鲍威尔认为：尽管就业已经取得进展，失业仍然不成比例地落在服务业部门的低工资工人以及非裔美国人和西班牙裔美国人身上；当前的总就业人数比 2020 年 2 月低 600 万人，其中 500 万失业人口处在深陷低迷的服务业部门；2021 年 7 月的失业率为 5.4%，是新冠肺炎疫情以来的低点，但仍然过高；鲍威尔同时也认为，就业的复苏滞后于产出的复苏，就业的增长也比预期的快。鲍威尔关于就业的阐述占据了发言的前面两部分，解读出来大概的意思是：美国经济中的就业复苏取得了明显进展，就业复苏的速度已经超预期了，美联储的货币政策支持是强有力的和及时的，但就业距离实质性的进展尚有差距；讨论美国经济中的就业不能仅关注总失业率，需要考虑的就业指标更加综合，包括劳动参与率、就业人员结构等方面都会纳入美联储对就业状况的监测，美联储促进就业的货币政策是强调包容性和普惠性的。

其次，鲍威尔从五个方面阐述了对通胀的看法，他继续认为持续高企的通胀数据可能或被证明是临时性的。第一，缺乏广泛的通胀压力。通胀的飙升主要是受到新冠肺炎疫情和经济重新开放直接影响的几类相对狭窄的商品和服务，仅仅是耐用品就对最近 12 个月的核心 CPI 贡献了 1 个百分点，能源价格为总体通胀率贡献了 0.8 个百分点。而且，由于 12 个月的滚动窗口，也存在基数效应，提高了同比物价水平增幅。第二，高通胀类别的商品价格有所缓和。耐用品通胀不太可能继续在一段时间对整体通胀作出重要贡献。第三，工资物价螺旋机制并未出现。几乎看不到工资推动物价上涨的证据。第四，长期通胀预期与 2% 的目标更加一致。第五，全球化等因素降低了通胀的推动力量。过去长期的低通胀模式可能反映了持续减弱通胀的力量，包括技术进步、全球化，或许还有人口因素，以及央行对维持价格稳定的更有力和更成功的承诺。

在阐述就业和通胀之后，鲍威尔认为，货币政策不要试图抵消可能是临时性的通胀波动，不合时宜的政策举措会不必要地减缓就业和其他经济活动，并将通胀推至低于预期。目前美国劳动力市场还存在明显的改善空间，而且新冠肺炎疫情还在继续，不合时宜的政策可能带来负面影响。同时，鲍威尔也强调了央行不能想当然地认为临时性因素会导致通胀自行消退，需要持续仔细监控通胀和通胀预期。

尽管鲍威尔强调了通胀风险，但美联储继续实施宽松政策，以目前的速度购买资产，直到看到在实现充分就业和价格稳定目标方面取得实质性的进一步发展。美联储认为，在通胀方面美国已经取得了"实质性的进一步进展"，在实现充分就业方面也取得明显进展，GDP 和消费支出已经完全恢复。但由于新冠肺炎疫情的扩散，原来在 2021 年 7 月联邦公开市场委员会会议上预期 2021 年开始减少资产购买的步伐可能是合适的，但现在需要仔细评估新进展的数据和不断变化的风险。

鲍威尔此次的发言也给市场提前传递了美联储终止资产购买不会破坏宽松金融条件的信息。"即使在资产购买结束后，美联储所持有较长期限的证券将继续支持宽松的金融条件。"这句话有两层含义：一是美联储缩表不会立即减少持有的较长时期证券，这就意味着即使未来缩表但规模也小。截至 2021 年 8 月 26 日，美联储总计 8.33 万亿美元的总资产中，国债数量高达约 5.35 万亿美元，短期国债大约 3260 亿美元。二是美联储继续为美国国债和 MBS 背书，持有较长期限的证券。

鲍威尔此次的发言也给市场提前传递了政策性利率与流动性可以分离管理的信号。"未来减少资产购买的时间和速度将与传递加息时间节点的信号无关。"即使减少资产购买直至结束后的一段时间，联邦基金利率的目标范围仍保持在目前 0—0.25% 的水平。

简而言之，通过对暂时性通胀的容忍度提升就业的包容性和普惠性，通胀的暂时性和劳动力市场的非实质性复苏，需要继续维持当前的资产购买规模，以提升就业、改善就业结构的效果。在当前的通胀水平下，应该说鲍威尔的这次发言是"鸽"的，延续了美联储前期至今激进的货币政策。

由于新的变异毒株带来了不确定性，持续高企的通胀具有暂时性但也存在不确定性，在这样的背景下，美联储就追求一个确定的目标：持续改善就业。问题在于这种货币政策过分强调结构性就业改善也存在风险：结构性就业改善效果在未来存在不理想的情况，而持续宽松的货币政策带来的通胀风险会进一步加大。这需要持续观察未来 1—3 个月的数据，当新冠肺炎疫情对美国经济中的就业不再产生重大负面影响时，市场预期美联储的减码购债就会到来。

渴求通胀、拥抱通胀到忐忑通胀

9月2日

从美欧央行大规模对冲新冠肺炎疫情对经济社会造成的重大负面影响至今，对通胀经历了从渴求通胀、拥抱通胀，再到当前的忐忑通胀的过程。通胀"超调"带来的产出和就业边际改善红利是否结束，在很大程度上决定了美联储和欧洲央行是在忐忑中继续偏向通胀"超调"，还是边际减少宽松以应对可能失控的通胀风险。

一 渴求通胀的标志

2020年8月，美联储修改了2012年的货币政策框架，由2%的通胀目标值修改为弹性平均2%的通胀目标值。这意味着至少存在一个通胀持续超过2%的阶段，美联储不会通过将通胀率推至目标水平以下来反向弥补高通胀期。美联储并未给出平均期限的年限，货币政策具有很大的相机抉择权，同时承诺了长期通胀目标值2%，因此也具有相对的规则性。

2021年6月，欧洲央行正式公布了货币政策新框架。与2003年的货币政策框架相比，新框架采取了中期平均通胀目标值，货币政策目标绝对通胀率2%修改为"中期内实现2%的通胀率"，2%的通胀目标为通胀预期提供了一个明确的锚定，但本质上也是弹性平均通胀目标值，因为欧洲央行允许通胀率阶段性高出2%，出现阶段性的通胀目标"超调"，并给出了2025年是下一次评估货币政策的时间。

因此，美欧修改货币政策框架允许通胀阶段性"超调"，充分体现出对通胀的渴求。主要原因是国际金融危机以来，美欧经历了长期低通胀和低增长，长期"大停滞""大平庸"等词汇深深刺痛了宏观政策制定者的心。借新冠肺炎疫情冲击实施极度宽松的货币政策，以通胀为抓手，打破"大停滞"周期，是美欧修改货币政策框架的目的。

二　拥抱通胀的标志

美国经济中核心 CPI 的同比增幅从 2021 年 4 月开始就超过了 2%，依据美联储圣路易斯分行提供的数据，2021 年 4—7 月的核心 CPI（剔除能源和食品）同比增幅分别为 3.0%、3.8%、4.5% 和 4.2%。按照 PCE 核心价格指数来看，2021 年 4—7 月的同比涨幅分别为 3.1%、3.5%、3.6% 和 3.6%，美国经济中的核心 PCE 价格同比也是已经连续 4 个月超过 2% 了。

欧元区 HICP 同比增幅从 2021 年 7 月开始超过 2%。依据欧洲央行网站提供的数据，2021 年 7 月欧元区 HICP 同比增幅为 2.2%，2021 年 8 月同比增幅达到了 3.0%（估计值）。欧元区 HICP 同比增幅连续 2 个月超过了 2%。

三　忐忑通胀的标志

美欧经济中的通胀均"超调"成为市场预期美欧央行减码购债的核心原因。2021 年 8 月美联储主席鲍威尔在杰克逊霍尔会议上说得比较明确了，希望经济持续修复带动劳动力市场取得进一步的实质性改善，并对通胀和通胀预期保持密切关注。

欧洲中央银行管理委员会部分成员已经释放出信息，认为下周要讨论是否减码 PEPP。因此，美联储和欧洲央行都对目前的通胀"超调"产生了忐忑，尽管都认为通胀具有暂时性，通胀的走高主要是新冠肺炎疫情导致的供应链问题所致。

四 通胀红利结束了吗?

近期彼得森研究所有一项研究,认为适度提高通胀目标,经济可以享受到就业和产出的暂时但实质性的繁荣,并建议美联储把通胀目标提高到3%。依据 OECD 最近的预测,美国就业要回到新冠肺炎疫情前的水平需要4 年时间,即要到 2023 年年底;欧元区的就业要回到新冠肺炎疫情前的水平需要 2.75 年,那就是在 2022 年第三季度。毫无疑问,劳动力市场的复苏将滞后于经济复苏,这也符合近期的数据。2021 年 8 月美联储主席鲍威尔在杰克逊霍尔会议上称美国经济中的产出和消费者支出已经完全恢复,但劳动力市场在 5.4% 的失业率下仍有改善的空间。意思是说,通胀带来的增长和就业边际改善的红利并未结束。

欧元区 2021 年第二季度 GDP(市场价)同比增速 13.6%,新冠肺炎疫情后首次转正(2020 年第二季度同比下滑 14.4%)。从失业率来看,2021年 6 月欧元区整体失业率为 7.7%,但成员国经济修复不均衡。

值得注意的是,尽管 2020 年的基数比较低,美欧通胀说明了 PPI 向 CPI的传递开始发挥作用了。美欧的 PPI 都比较高,PPI 与 CPI 差距依然比较大,在总需求提升产出缺口收敛的作用下,PPI 向 CPI 传递也是企业愿意生产的重要原因,从设备使用率等数据看,目前美欧制造业生产能力基本恢复到新冠肺炎疫情前的水平。相对来说,服务业的修复要差很多,在新冠肺炎疫情存在不确定条件下,服务业的边际改善难度不小。

由于新变异毒株 Delta 带来了不确定性,2021 年 7 月,美国消费者信心指数明显下滑,2021 年 8 月疲软;欧元区的 PMI 在 2021 年 8 月出现了下滑。欧洲央行是否也会和美联储一样,坚持通胀"超调"再持续一段时间,是有可能的。

总体上,与新冠肺炎疫情前长期厌恶通缩相对应,美联储和欧洲央行在对冲新冠肺炎疫情对经济产生严重负面冲击的过程中，对通胀经历了渴求通胀、拥抱通胀，到目前忐忑通胀的过程。而通胀"超调"带来的产出和就业边际改善红利是否结束，在很大程度上决定了美联储和欧洲央行是在忐忑中继续偏向通胀"超调"，还是边际减少宽松以应对可能失控的通胀风险。

金融周期还处于扩张期，但扩张的时间似乎不会太长

9月6日

当前的世界经济运行依然处于疫情经济与疫情金融相脱离的时期。其表现是：整体上金融资产价格的修复程度要远超实体经济的修复程度，金融周期持续扩张，而且这种状况可能还会持续一段时间。主要原因是：在美国2021年8月就业不及预期的情况下，如果通胀及通胀预期不脱轨，市场预期美联储有可能不会急迫讨论Taper具体方案，市场风险偏好不会出现逆转，宽裕的流动性助推金融市场上的资产价格还会创新高，金融周期还处于扩张期，但扩张的时间似乎不会长。

全球宏观政策已经处于十字路口，新冠肺炎疫情继续左右着政策调整的时间和空间。由于新冠肺炎疫情的影响，2021年9月3日美国劳工部公布8月美国非农就业人口仅增加23.5万人，大幅度低于市场预期的70多万人，是2021年以来单月非农就业量增加最少的。2021年8月美国失业率为5.2%，在7月失业率5.4%的基础上下降了0.2个百分点，比较符合市场预期。2021年8月非农就业大幅度不及预期使得市场认为美联储存在没那么紧迫需要在9月讨论Taper具体方案的可能性。

倘若如此，劳动力市场修复不及预期使得市场投资者可能会遵循如下逻辑：在美联储就业优先的货币政策取向下，不会迫切开启Taper，市场风险偏好就不会逆转，在宽松流动性驱使下风险资产的价格具有进一步上涨的支撑。

从金融市场资产价格的修复来看，以股市为例，在发达经济体无上限

宽松流动性政策的刺激下，发达经济体的股市价格都已经明显超过前期高点。依据 WIND 提供的数据，美国三大股指不断创历史新高；除了英国富时指数以外，德国 DAX 指数、法国 CAC40 指数、意大利富时 MIB 指数、日经 225 指数、韩国综合指数等都超过了新冠肺炎疫情前的指数水平。

与此同时，部分新兴经济体疫情经济与疫情金融的大脱离现象更加显著。例如，截至 2021 年 9 月 3 日，印度 Sensex30 指数比新冠肺炎疫情前高出了大约 45%；俄罗斯 MOEX 指数比新冠肺炎疫情前高出了大约 33%；阿根廷 Merval 指数比新冠肺炎疫情前高出近 90%，2021 年以来上涨了大约 46%；墨西哥 MXX 指数也比新冠肺炎疫情前上涨了大约 19%。

在金融市场资产价格基本超过新冠肺炎疫情前的同时，市场投资者风险偏好依然保持高涨。2021 年 9 月 4 日，据美林美银公布的数据显示，上周流入高收益债的资金规模达到 16 亿美元，创 10 周以来新高；流入新兴市场股市的资金规模达到 44 亿美元，创 2021 年 4 月以来的新高。从国际金融市场的短期拆借资金的风险溢价来看，从 2021 年 5 月以来基本一直是下降的，目前的 TED 利差远低于新冠肺炎疫情前的水平，近两个月基本在 0.06—0.08 个百分点（详见图 1）。

从债券收益率来看，穆迪 AAA 与 BAA 债券收益率之差从 2021 年年初的 0.8 个百分点进一步下降到目前的大约 0.7 个百分点。与 2020 年年初相比要低 0.1—0.2 个百分点。可见，整个市场风险溢价的补偿是处于低位的，而且低于新冠肺炎疫情前的水平，这也说明了流动性充裕条件下，投资者的风险偏好上涨了。

在就业不及预期的情况下，唯一需要担心的就是通胀了。欧美央行对通胀基本处于忐忑期。从分类的数据看，物价上涨带有明显的结构性特征。在制造业生产能力基本恢复的情况下，需求和流动性共同导致大宗商品价格出现了比较大幅度的上涨。依据 Wind 的数据，截至 2021 年 9 月 5 日，ICE 布油和 NYMEX 原油价格涨幅均超过 40%，而黄金价格下跌了大约 4%，这也印证了全球经济处于继续修复的状态。同时，新冠肺炎疫情导致的供应链供给不足，部分产品结构性短缺、运输费用的增加也是导致物价上涨

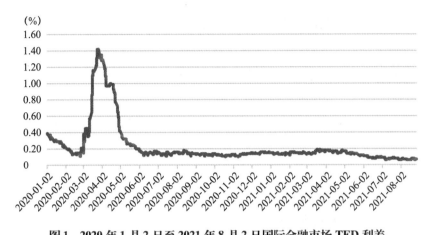

图 1　2020 年 1 月 2 日至 2021 年 8 月 2 日国际金融市场 TED 利差

资料来源: Federal Reserve Bank of St. Louis, TED Spread, Percent, Daily, Not Seasonally Adjusted.

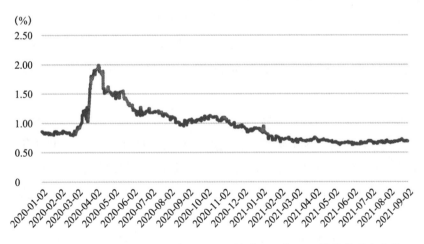

图 2　2020 年 1 月 2 日至 2021 年 9 月 2 日穆迪 Aaa 与 Baa 债券收益率之差

资料来源: Federal Reserve Bank of St. Louis, Moody's Seasoned Aaa and Baa Corporate Bond Yield Relative to Yield on 10 - Year Treasury Constant Maturity, Percent, Daily, Not Seasonally Adjusted.

的重要原因。

全球范围内，由于经济修复预期差异很大，呈现出不平衡复苏的态势，通胀水平也面临不同的压力。依据 IMF 最近的一项研究，在 6—10 年的长期通胀预期中，与 2021 年 1 月的预测值相比，2021 年 7 月关于美欧的长期通胀预期的预测是下降的，美国超出 2% 多一点，而欧元区接近 2%。反而是关于部分新兴经济的通胀预期的预测是上涨的，比如印度、巴西和俄罗斯，其中印度的长期预期通胀率接近 5%，巴西和俄罗斯的长期预期通胀率分别在 3.5% 和 4% 左右。长期通胀预期本身就比较高，加上当下的通胀率已经明显超过了目标通胀率，这是导致巴西、俄罗斯加息的主要原因。

新兴经济体加息对美国和欧洲来说也许是好事。新兴经济体加息可以降低总需求及通胀，也会降低美国和欧洲的进口物价水平，减缓美欧目前的通胀压力，延长美欧继续享受低利率、充裕流动性带来的通胀红利。因此，从这个角度来看，在一个相互依存的全球经济中，这些新兴经济体大多是国际金融风险的接收者，而不是国际金融危机的制造者，在美联储收紧之前加息具有防御性的特征，但也会带来更多的资本流入，如果风险资产价格持续走高，未来出现局部金融风暴的可能性就更大。

由于经济修复和通胀周期的分化，全球货币政策进入了明显的分化期。部分新兴经济体加息有利于美欧减缓通胀压力，使得美欧有更多的时间去考虑其货币政策的变更，更多进行调整的时间。在就业不及预期的情况下，如果通胀也见顶，美联储延长宽松的时间，就会助推投资者的风险偏好，美欧风险资产价格还会上涨，疫情经济与疫情金融的脱离还会持续一段时间，金融周期还处于扩张期，但扩张的时间似乎不会长了。

新发展格局理论指导下的人民币汇率

——问题、目标及现实解决方案

9 月 13 日

本文认为，新发展格局下中国经济、金融发展发生了新变化，人民币汇率面临的突出难题是货币错配。新发展格局下的人民币汇率政策要助力实现两大目标，并面临货币错配难题。目标一：保持货币政策一定的独立性助力形成以国内大市场为主体的内部需求。目标二：稳定和提升对外贸易和金融关系助力形成相互促进的"双循环"新发展格局。两个目标一个工具就面临着宏观经济学中丁伯根法则的约束，人民币汇率的现实政策需要在两个目标之间寻找平衡，在相互平衡中去推进两个目标的实现，而不是取舍关系。对于目标一来说，解决方案就是坚持推进汇率价格的市场化形成机制，为货币政策自主性创造更多的空间。对于目标二来说，解决方案就是人民币汇率要在贸易汇率与金融汇率之间保持平衡，不让汇率对贸易或者跨境投资造成明显的扰动，减缓和降低货币错配难题。同时，实现目标一与目标二的解决方案之间也要保持平衡，需要市场主体树立汇率风险中性原则，不赌汇率单边升值或者贬值，这进一步要求发挥在岸市场在汇率决定中的主导地位，以便于发挥预期引导作用，让人民币汇率成为形成"双循环"新发展格局的重要力量。

中国正在构建以国内大循环为主体、国内国际"双循环"相互促进的新发展格局。人民币汇率是中国经济对外贸易金融关系的核心价格变量，在畅通"双循环"中具有重要地位，高质量的助力形成以国内大循环为主体、国内国际"双循环"相互促进的新发展格局是人民币汇率政策选择的基本出发点。

新发展格局下中国经济的增长模式、金融发展模式都出现了新变化，汇率政策的选择要匹配这种新变化。这种新变化主要体现在三个方面：其一，内外部平衡发展是未来的趋势，内需成为拉动经济增长的基础性力量。这要求中长期中人民币汇率不会为了刺激出口而贬值，而高质量的扩大内需则要求物价水平保持相对平稳，从而有利于消费和投资的稳定性。长期中相对稳定的物价和相对稳定的汇率是一致的。其二，以国内大市场为主体要求货币政策拥有更多的自主权，便于国内大市场的宏观调控。这要求汇率形成机制进一步市场化，在"不可能三角"中偏向选择汇率浮动和货币政策自主权的货币汇率政策组合。其三，倡导市场主体树立汇率风险中性原则来应对货币错配风险，不赌人民币单边升值或者贬值。这要求基于风险中性的原则进行汇率风险管理，市场主体应该采取套期保值类的汇率风险管理策略，避免出现偏离风险中性的"炒汇"行为，需要有相应的市场建设和产品创新来实现风险中性的汇率管理策略。

央行在《2021 年第二季度中国货币政策执行报告》中指出，继续推进汇率市场化改革，完善以市场供求为基础、参考一篮子货币进行调节、有管理的浮动汇率制度，增强人民币汇率弹性，发挥汇率调节宏观经济和国际收支自动稳定器的作用。从高质量助力新发展格局形成的新变化和要求来看，现有的人民币汇率政策仍然有一些重要的问题需要探索、改进和完善。本文分三个部分来阐述：第一部分阐述新发展格局下中国经济、金融发展的新变化；第二部分阐述新发展格局下人民币汇率面临的货币错配难题；第三部分探究新发展格局下人民币汇率的目标、问题和现实解决方案。

一 新发展格局下中国经济、金融发展的新变化

（一）内外部平衡发展是趋势，内需成为拉动经济增长的基础性力量

2001 年中国加入 WTO 后，出口导向型增长模式的动力得到了充分的释

放。中国经济对外贸易依存度（进出口/GDP）逐年攀升，并在 2006 年达到峰值 64.24%；经常账户顺差/GDP 也不断扩大，并在 2007 年达到峰值 7.53%。国际金融危机之后，世界经济持续低迷，国际经济大循环动能弱化，经济总需求不足导致世界经济进入了低增长时期。中国经济对外贸易依存度基本上也是一路下行，到 2016 年及以后基本稳定在 31%—33%，而经常账户/GDP 除了 2015—2016 年需求不足进口减少导致的顺差上扬外，2009 年之后中国对外经常账户顺差/GDP 的均值处在 3% 以内（剔除 2015—2016 年的数据，2010—2020 年均值为 2.96%）（详见图 1）。

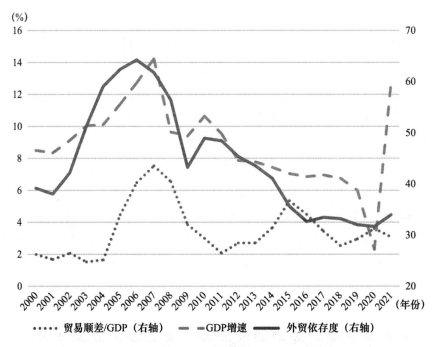

图 1 2000—2021 年中国经济增速、对外贸易依存度以及贸易顺差/GDP 的变化

注：2021 年的数据为上半年的数据。

资料来源：Wind 数据库和中经网数据库。

从中国经济外贸依存度、贸易顺差/GDP 与 GDP 增速的趋势来看，国际金融危机之后，这三者基本是下滑的。从近两年的情况来看，2021 年上半年两年平均增长 5.3%。这说明国际金融危机之后，外部总需求已经不能拉动中国经济持续取得较高的增长了。

从拉动中国经济的总需求结构来看，先不考虑 2020 年新冠肺炎疫情冲击之后的情况，国际金融危机之后，2011—2019 年消费对 GDP 的贡献率年均超过 60%（为 60.11%）。2001 年加入 WTO 后至美国次贷危机爆发前（2001—2007 年）的消费年度贡献率均值仅为 47.87%，这一时期净出口成为拉动中国经济增长的重要动力，尤其是 2005—2007 年净出口对中国经济增长的贡献率均值达到了 10.73%。1991—2007 年消费拉动增长贡献率的年度均值为 54.78%。2020 年由于新冠肺炎疫情的意外冲击，在 2.3% 的经济增长率中出现了消费 - 0.51 个百分点的拉动率。2021 年上半年 GDP 增速12.7%，消费的贡献率达到了 61.68%（详见图 2）。因此，消费对中国经济贡献率已经比较稳定的处于 60% 及以上的水平，成为拉动中国经济增长的基础性力量。

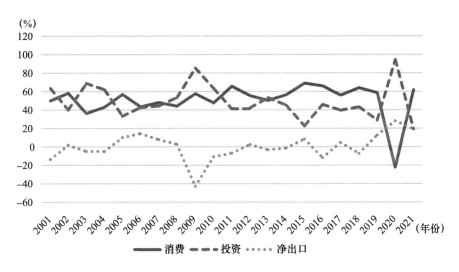

图 2　2001—2021 年三大需求对 GDP 的贡献率

注：2021 年是上半年的数据。

资料来源：Wind 数据库。

从宏观经济运行的稳定性来看，靠外需拉动增长会带来明显的宏观经济波动性。为了维持一定的经济增速保证就业，在净出口拉动率变为负值的时候，就要靠投资和消费去抵补。2009 年出台了 4 万亿元的刺激计划，投资对 GDP 的贡献率达到了 85.3%，使得中国 GDP 在 2009—2010 年保持了 9.4% 和 10.6% 的高速增长，但同时也带来了一些问题，尤其是通胀、影子银行和债务风险问题。2020 年投资对 GDP 的贡献率达到了 94.3%，创历史新高，主要原因是新冠肺炎疫情冲击了消费，消费对 GDP 的贡献率为 −22.3%。可见，即使投资可以有很高的贡献率，但由于前几年消费对 GDP 的贡献率大约为 60%，靠投资已经很难推动经济保持比较合意的增长速度了。同时，过度依赖投资可能会导致两种非合意的结果。对内而言，过度投资导致资本边际收益率递减，投资驱动的增长模式会累积债务风险；对外而言，靠外部市场消化投资驱动增长模式提升的生产能力会导致国际市场产品价格下降（输出通缩）以及由此可能引发的贸易摩擦行为。IMF认为 2022—2026 年间全球经常账户余额会逐渐缩小，主要反映出美国经济对外赤字和中国经济对外盈余缩小到新冠肺炎疫情暴发前的水平以下，而且认为从中期来看，需要采取集体行动以有利于增长的方式减少全球失衡。

从 2011—2019 年三大需求贡献率的波动性（标准差）来看，消费贡献率的波动性要明显小于投资和净出口的波动性。消费贡献率的年波动性为投资和净出口贡献率年波动性的 68.5% 和 79.1%。这说明消费已经是中国经济获得稳定持续增长的"压舱石"，也是降低宏观经济波动性的基础性力量。从长期来说，开放条件下的收入恒等式也表明了促进消费是保证中国经济朝着内外部平衡发展的重要基础。

（二）以国内大市场为主体要求货币政策拥有更多的自主权，便于国内大市场的宏观调控

开放条件下，新兴经济体在宏观政策上面临着蒙代尔—弗莱明模型基础之上的"不可能三角"，在资本自由流动、固定汇率和货币政策自主权

（独立性）三个方面只能选择其中的两个方面。"不可能三角"理论被提出后，出现了大量的关于三角的"角点解"和"非角点解"的研究。莫里斯·奥伯斯法尔德（Maurice Obstfeld）和肯尼斯·罗格夫（Kenneth Rogoff）认为在全球存在巨额资本流动时，在技术上不可能维持固定汇率，因为存在出现投机攻击的情况。巨额的资本流动就导致了新兴市场国家无论实行哪种汇率制度其货币政策都是不能够独立的，新兴市场国家只能在货币政策独立性和资本市场开放中做选择，即存在开放条件下的货币政策"两难"。更现实的情况是，新兴市场国家趋向"不可能"三角的中间状态，实行有管理的浮动汇率制度，致力于资本市场开放，并同时保持一定程度的货币政策独立性。

从人民币汇率制度安排来看，2005 年 7 月 21 日，人民币汇率形成机制改革启动，人民币放弃单一盯住美元，开始实行以市场供求为基础、参考一篮子货币进行调节、有管理的浮动汇率制度。当日人民币兑美元一次性升值 2%（收盘价由 2005 年 7 月 20 日的 1 美元兑 8.2765 人民币升值到 2005 年 7 月 21 日的 1 美元兑 8.11 元人民币）。确立了汇率改革主动性、可控性和渐进性原则，为进一步完善人民币汇率市场化形成机制奠定了基础。2006 年 1 月 4 日央行引入外汇市场做市商和询价交易制度，改变了人民币汇率中间价的定价方式。2008 年国际金融危机爆发后，央行再次将人民币盯住美元。2008 年 7 月至 2010 年 6 月人民币兑美元差不多维持在 1 美元兑 6.83 元人民币的水平。2010 年 6 月 19 日在确保国际金融危机影响有限和国内经济平稳运行的情况下，央行重新开始进一步改革人民币汇率制度，并提高人民币汇率弹性，重回"有管理的浮动汇率制"。从 1994 年人民币开始实施有管理的浮动制度以来，人民币汇率的波动程度随着中间价浮动区间的扩大也是不断增加的。1994 年 1 月 1 日开始人民币汇率浮动幅度是 0.3%，2007 年 5 月 21 日扩大到 0.5%，2012 年 4 月 16 日再扩大到 1%，至 2014 年 3 月 17 日扩大到 2%。因此，在扩大中间价浮动区间后，人民币汇率形成机制更多市场化，汇率波动幅度明显增加，汇率弹性加大（详见图 3）。

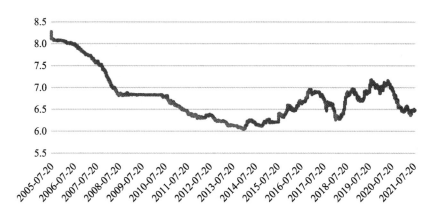

图3　2005年7月20日至2021年7月20日人民币兑美元汇率

资料来源：Wind 数据库。

　　在 2015 年"811"汇改之前，外汇市场的中间价基本都是由央行决定，央行通过对中间价的调控，汇率总体波动很小。2015 年 8 月 11 日央行完善人民币兑美元汇率中间价报价机制，以增强人民币兑美元汇率中间价的市场化程度和基准性，做市商在每日银行间外汇市场开盘前，参考上日银行间外汇市场收盘汇率，综合考虑外汇供求情况以及国际主要货币汇率变化，向中国外汇交易中心提供中间价报价。2016 年 2 月，央行在与 14 家报价行进行深入、充分沟通的基础上，明确了"上日收盘汇率 + 一篮子货币汇率变化"的两因子人民币兑美元汇率中间价的新价格形成机制。两因子中间价定价规则为外汇市场提供了一个新的人民币汇率定价机制：中间价定价规则是两种汇率形成机制的结合：一种是参考上日收盘价。由于收盘价与市场供求的方向基本一致，具有浮动汇率的性质，主要反映外汇市场供求的基本面。另一种是参考篮子货币汇率制度，以反映中国外汇市场上可交易货币的国家或地区的经济形势变化，并强调了一篮子货币汇率的稳定性。中间价定价公式可以表述为：中间价 = 1/2（前一日收盘价 + 24 小时货币篮子稳定的理论中间价）。

　　关键问题就在于如何计算出 24 小时货币篮子稳定的理论中间价格。外汇中心提供了 SDR、BIS 和 CFETS 三个货币篮子。其中 CFETS 货币篮子是中国外汇交易中心 2015 年 12 月 11 日开始发布，该指数参考中心挂牌的 13 种外汇交易币种。2017 年 1 月 1 日起，CFETS 货币篮子新增 11 种 2016 年挂牌人民币对外汇交易币种，货币数量由 13 种变为 24 种，一直沿用至今，但篮子货币的权重与一篮子货币汇率的定基均发生过调整。但由于维持了一篮子货币汇率指数要求的稳定 24 小时篮子汇率中间价理论值与当日中间价的差值随时间扩大，当日中间价从 2016 年 4 月开始就显著高于稳定 24 小时篮子汇率指数的中间价理论值。这表明要维持 24 小时篮子汇率指数稳定所要求的汇率长期低于实际当日中间价，人民币就因此存在市场贬值的压力，而央行需要对冲这种贬值的压力，就需要不断向市场供给美元，结果表现为官方美元外汇储备的下降。从 2005 年开始到 2014 年年底，人民币经历了长达十年的升值周期，由于美联储 2015 年开始加息，人民币有贬值压力。同时，如果人民币持续贬值，中美之间的贸易更不平衡，2015 年中国对美国的贸易顺差占美国 GDP 的 3.1%。[①] 为了防止这种贬值，央行就需要动用外汇储备干预外汇市场，外汇储备由 2014 年年底约 4 万亿美元一直减少到 2016 年年底的大约 3 万亿美元。2017 年 5 月 26 日央行推出了逆周期因子，人民币汇率中间价格形成了"上日收盘汇率 + 一篮子货币汇率变化 + 逆周期因子"的三因子人民币兑美元汇率中间价的形成机制。"逆周期因子"的引入能够缓解市场的顺周期行为，起到稳定市场预期的作用，但具有逆市场化定价的倾向。2020 年 10 月 27 日中国外汇交易中心公告称：会陆续主动将人民币兑美元中间价报价模型中的"逆周期因子"淡出使用，调整后的报价模型有利于提升中间价报价的透明度、基准性和有效性。逆周期因子的淡出表明人民币汇率形成机制进一步市场化。

在美元主导的国际货币体系下，也可以通过观察人民币汇率走势与美元指数走势的相关性来判断人民币国际化及市场化的程度。剔除两者交易日时间差异的数据，2015 年 8 月 11 日至 2020 年 7 月 27 日两者之间的相关

---

① "Foreign Exchange Policies of Major Trading Partners of the United States", U. S. Department of the Treasury Office of International Affairs, April 29, 2016.

系数 0.626；2020 年 7 月 28 日至 2021 年 8 月 10 日两者相关系数高达 0.70（详见图 4）。这说明央行在退出逆周期因子后，人民币汇率定价机制进一步市场化，人民币汇率与代表国际金融市场货币汇率指数的美元指数之间的关联性增强了，也表示人民币汇率变动更多地纳入了国际金融市场的定价因素。

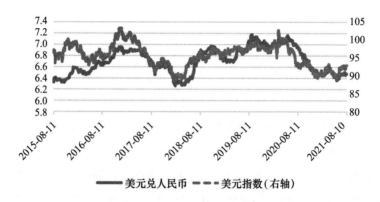

—— 美元兑人民币 **---** 美元指数（右轴）

图 4　2015 年 8 月 11 日至 2021 年 8 月 10 日美元指数与人民币汇率的变化
资料来源：Wind 数据库。

二　新发展格局下人民币汇率
面临的难题：货币错配

对于新兴经济体来说，由于跨境贸易和投资存在以不同货币计价换算的问题，如何克服货币错配导致的汇率风险暴露是一个普遍的难题。随着中国 GDP 总量的不断增长，尽管对外贸易依存度有所下降，但仍保持在 30% 左右的水平，且贸易结算量在不断增长。与此同时，构建新发展格局中国金融需要更大的开放和发展，中国金融开放进入加速期，市场准入大幅度放宽、跨境投资规模明显增长。因此，随着跨境贸易和投资交易量的不断扩大，由于货币错配问题导致的汇率暴露风险是需要解决的重大问题。

（一）减少贸易结算的汇率风险

2011 年 8 月，央行会同五部委发布《关于扩大跨境贸易人民币结算地区的通知》，将跨境贸易人民币结算境内地域范围扩大至全国。从 2011 年开始，跨境贸易人民币结算业务取得了快速发展。2011 年当年银行累计办理跨境贸易人民币结算业务 2.08 万亿元，同比增长 3.1 倍。2012—2013年，跨境贸易人民币结算量保持较快增长，同比增长 41% 和 57%。然而跨境贸易结算并非一帆风顺，2016—2017 年人民币跨境贸易结算出现了一定程度的下滑，2016—2017 年同比增长分别为 –18.6% 和 –6.7%。主要原因是 2016—2017 年受到美联储加息的影响，人民币存在贬值压力，导致了跨境贸易人民币结算量的下降。此后，人民币跨境贸易结算取得了快速的增长，2020 年同比增速达到 44%，2021 年上半年同比增速也达到了 39%（详见图 5）。

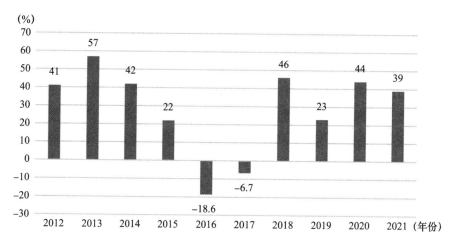

图 5　2012—2021 年跨境贸易人民币结算业务同比增速

注：2021 年是上半年的数据。

资料来源：中国人民银行。

人民币跨境贸易结算能够有效规避贸易中货币错配的汇率风险，这得益于人民币国际化的发展。经常账户下跨境人民币收付金额占进出口额的比例曾在 2015 年达到高点，接近 30%。2016—2017 年出现了下降，随后基本保持在稳步上升的态势。2020 年这一比例为 21.1%，2021 年上半年保持在大约 20%（详见图 6）。

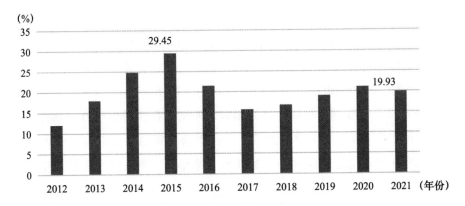

图 6 2012—2021 年经常项目下跨境人民币收付金额占进出口贸易额的比例

注：由于统计口径问题，2014 年及之前的数据以银行累计办理跨境贸易人民币结算业务数据计算，2015 年及以后为经常项目下跨境人民币收付金额。进出口贸易额以人民币计价，2021 年是上半年的数据。

资料来源：中国人民银行、海关总署。

从经常项目下跨境人民币收付金额占进出口比例来看，还有大约 80% 左右不是采用人民币结算的。因此，中国经济的跨境贸易结算存在显著的由于货币错配带来的汇率波动风险。

（二）降低金融资产价格的汇率波动风险

中国资本项下人民币收付金额的增长是非常快的。2015 年资本项下人民币收付金额为 4.87 万亿元，2020 年达到了 21.6 万亿元，尤其是 2018—2020 年，中国国际收支资本项下人民币收付结算取得了快速增长。2021 年上半年达到了 14 万亿元，继续呈现出快速增长的态势。

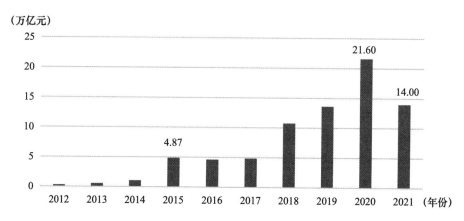

图 7　2012—2021 年中国国际收支资本项下人民币收付金额

注：由于统计口径问题，2014 年及之前的数据以银行累计办理人民币跨境直接投资结算；2015 年及以后为资本项目下跨境人民币收付金额。

资料来源：中国人民银行。

虽然资本项目人民币收付金额取得了长足进步，但在美元主导的国际货币体系下，国际跨境投资大多数还是以美元计价。美元计价的金融资产在全球金融市场的交易上占据了主导地位。目前美国股市市值占全球股市市值超过 50%。从 IMF 提供的数据来看，2021 年第一季度美元在全球外汇储备仍然达到 59.54%。从 BIS 提供的全球金融市场流动性数据来看，美元利率衍生品占据了全球金融市场明显的主导地位。从全球交易所交易的利率衍生品来看，2021 年第一季度美元利率期货与期权金融存量在全球金融市场上的占比达到 66.74%；截至 2021 年第一季度，美国以外的非银行类跨境借贷美元存量高达 13.06 万亿美元，其中的 31.19% 流向了新兴市场经济体。

随着金融开放和人民币国际化的发展，跨境资产组合的快速发展成为新发展格局下中国经济金融开放和国际化的重要表现。2020 年第三季度中国国际投资资产突破 8 万亿美元，达到 8.17 万亿美元；负债突破 6 万亿美元，达到 6.01 万亿美元（详见图 8）。近三年国际投资净头寸基本保持在 2 万亿美元左右，不包括储备的国际投资净头寸基本保持在 −1.0 万亿至 −1.2 万亿美元。这和 2014—2015 年不包括储备的国际投资净头寸基本保持在 −2.0 万亿至 −2.3 万亿美元存在不同，说明了外汇储备资产下降了 1 万亿美元左右，主要原因是 2015 年"811"汇改发生在美元加息周期中，人民币面临贬值压力，需要动用外汇储备来维护外汇市场的稳定。

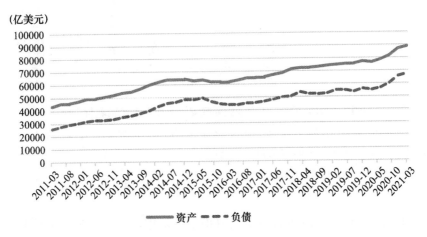

（亿美元）

图 8　2011 年 3 月—2021 年 3 月中国国际投资净头寸

资料来源：Wind 数据库。

从外汇市场交易来看，依据中国外汇交易中心的数据，2018 年 8 月开始人民币外汇即期交易有不同币种的交易数据，2018 年 8 月外汇即期交易额为 48691.09 亿元。其中，美元/人民币即期交易占比 97.56%，欧元/人民币交易占比大约 1%。2021 年 7 月外汇即期交易额 58383.86 亿元，其中美元/人民币占比 96.73%，欧元/人民币即期交易占比 2.36%（详见图 9）。尽管美元/人民币即期交易占比存在波动，美元/人民币即期交易在外汇即期交易中占据了绝对性的主导地位，基本稳定在 96% 左右。因此，美元和人民币之间的金融汇率是人民币最重要的双边汇率。

因此，不论是从贸易增长还是金融开放视角来看，新发展格局下人民币汇率存在货币错配难题。只要贸易金融交易使用两种及以上的货币，都

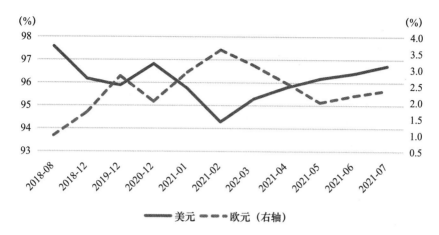

图9 2018 年 8 月至 2021 年 7 月中国外汇交易中心外汇
即期交易美元与欧元的占比

资料来源：笔者依据中国外汇交易中心人民币外汇即期月报提供的原始数据计算。

会存在货币错配带来的汇率风险问题。中国坚持实施更大范围、更宽领域、更深层次的对外开放，跨境贸易交易量和金融交易量都将出现显著的增长，尤其是近两年跨境金融交易量急剧增长。因此，新发展格局下的货币错配难题变得尤为凸显了。

（三）避免汇率波动风险对高质量发展的明显扰动

汇率形成机制是高水平开放中的重要一环，要实现高水平开放助推高质量发展，跨境贸易和投资的相对价格就必须保持稳定。相对稳定的价格预期有利于市场主体免受非预期价格波动的扰动，这对正常的生产经营和投资预期来说是至关重要的。

中国经济已经深度融入世界经济的产业链。对外贸易中一般贸易需要规避汇率风险，而加工贸易由于"两头在外"也会明显受到汇率波动风险的影响。随着中国经济产业链的不断完善，加工贸易占一般贸易的比例从2012 年的大约 65% 下降至目前的大约 35%。因此，新发展格局下，中国对外贸易方式更多的是采用一般贸易方式。在一般贸易占比不断上升的态势下，汇率波动对贸易的冲击会变得更大。相对于加工贸易来说，如果汇率升值，对一般贸易而言就享受不到进口中间品价格下降的好处；如果汇率贬值，对刺激出口的作用更大。汇率持续性的升值或者贬值对新发展格局下的高质量发展都是不利的：持续贬值造成进一步内外部失衡；持续升值挤压出口行业的生存空间，不利于形成"双循环"相互促进的新发展格局。

从双向投资来说，道理是同样的。持续贬值不利于吸引外资；持续升值会带来外汇市场投机以及短期资本流入带来的资产价格泡沫。因此，脱离经济基本面的汇率波动不利于经济金融的平稳运行，会对中国经济的高质量发展造成明显扰动。

三　探究新发展格局下合意人民币　汇率政策的现实方案

新发展格局下中国经济金融面临着新的环境。以国内大市场为主体、国内国际"双循环"相互促进的新发展格局要求人民币汇率必须发挥好形成和畅通双循环的作用。要实现这一目标，合意的人民币汇率政策就必须考虑以下两个目标。目标一：保持货币政策一定的独立性助力形成以国内大市场为主体的内部需求。目标二：稳定和提升对外贸易和金融关系助力形成相互促进的"双循环"新发展格局。

如何做到这一点？从目标一来看，在开放条件下"不可能三角"的约束下，货币政策一定的自主性，就需要坚持汇率价格形成机制市场化方向，坚持市场供求是汇率形成的基础。从目标二来看，对外贸易涉及一篮子货币汇率（贸易汇率），而在美元主导的国际货币体系下，跨境投资涉及人民币和美元之间的双边汇率（金融汇率）。要避免过大的汇率变动对贸易和跨境投资带来不合意的扰动甚至冲击，人民币保持贸易汇率和金融汇率之间的平衡是实现目标二的合意选择。

金本位制崩溃之后，世界上并无纯粹的自由市场汇率。以市场供求为基础的汇率形成并不是永远没有干预，特定时期的外汇市场干预并不罕见。1985 年 9 月五国集团通过加强国际汇率协作干预的广场协议、1987 年 2 月的七国集团在国内宏观政策和外汇市场干预两方面加强"紧密协调合作"的卢浮宫协议等。

关于浮动汇率的划分是非常复杂的，即使是独立浮动的汇率也会存在特定时期对外汇市场的干预以影响名义汇率。美国财政部有一套关于其他经济体的汇率操纵单边定义的标准，每年有一定的变化。大概包括三个方面：与美国的贸易顺差、大规模的贸易顺差（超过 GDP 的 3%）以及持续的单边汇率干预（过去 12 个月外汇干预数量超过 GDP 的 2%）。因此，不是持续的外汇市场的干预就符合有管理的浮动汇率制度的条件。

对于目标一来说，实施方案就是坚持推进汇率价格形成的市场化机制。2020 年 10 月 27 日开始央行陆续主动将人民币对美元中间价报价模型中的"逆周期因子"淡出使用，允许人民币汇率有更大的弹性，提高人民币汇率中间价报价的透明度、基准性和有效性。汇率制度的进一步国际化、市场化改革需要资本账户开放作为支撑，需要按照名义开放和实际开放的差异来提高实际开放度。汇率更大的弹性也就意味着央行货币政策更少受到外部资金流入的影响，外汇市场自我出清机制增强，提高央行货币政策的自主性。

对于目标二来说，方案就是人民币汇率要在贸易汇率与金融汇率之间保持平衡。保持贸易汇率与金融汇率之间的平衡，不机械地坚持贸易汇率稳定的优先性。从新冠肺炎疫情以来的情况看，贸易汇率相对于人民币对美元汇率来说要稳定的多。但问题在于，由于大多数贸易采用了美元计价，导致了即使在人民币一篮子货币汇率没有升值太多的情况下，人民币对美元升值较多，并由于结汇售汇绝大多数以美元和人民币交易，这就挤压了出口企业的利润空间。尤其是中小企业，其供应链在国内，出口换来的美元只能换取较少的人民币，导致经营存在困难。尤其需要注意的是，要避免贸易汇率与金融汇率之间相背离的情况。比如，依据 Wind 的数据，CFETS 人民币汇率指数（一篮子指数）2020 年年初至 2020 年 5 月 22 日上涨了 1.97%，大约 2%，而 CFETS 中人民币兑美元双边汇率大约贬值了 2.2%。人民币兑美元贬值了大约 2%，但贸易一篮子货币人民币指数升值了大约 2%。人民币贸易汇率和人民币金融汇率出现了背离。因此，可以考虑每 1—2 年依据实际情况调整贸易篮子货币及权重，避免人民币贸易汇率与金融汇率之间出现这种背离：人民币兑美元贬值但一篮子货币贸易汇率升值的情况是贸易汇率和金融汇率之间组合的不合意组合，不利于出口，也不利于人民币的国际购买力。

以国内大循环为主体、国内国际"双循环"相互促进的新发展格局说明了中国不会靠汇率贬值去刺激出口，但也难以承受贸易汇率不断升值导致的出口成本以及对国内产业国际市场份额的挤压。坚持贸易汇率与金融汇率之间的平衡是至关重要的。历史上很多案例说明，汇率的长期贬值和升值都不利于经济金融稳定和货币的国际化。长期贬值及贬值预期会带来资本持续外流与进口通胀；长期升值及升值预期会带来大量的资金流入催生资产价格泡沫，对出口造成负面影响，同时不断升值意味着借款人成本不断上升，也影响该货币的跨境货币借贷。

实现目标一与目标二的方案之间要保持平衡，要求市场主体树立汇率风险中性原则。外汇市场的供求真实反映实体经济和跨境投资的真实供求，不赌汇率单边升值或者贬值，不出现外汇市场的投机行为。这从技术上来说，需要避免市场主体预期人民币汇率会出现明确的趋势性走势。相对于美元指数走势来说，新冠肺炎疫情以来，人民币趋势性交易要明显一些。一旦汇率市场出现了比较明显的趋势性交易行为，汇率就会出现单向变动的"超调"，从而放大汇率市场波动的风险。

2020 年中国外汇市场交易规模达到 30 万亿美元，其中 60% 是外汇衍生品交易。中国企业"汇率风险中性"理念不断加强，汇率风险管理水平不断提升，2021 年以来企业外汇衍生品套保比率达到两成多，比 2020 年提升了 5 个百分点，不过提高空间仍然较大。"汇率风险中性"理念并不是不管理汇率风险，而恰恰是更加强调了汇率风险管理，金融市场的基本功能之一就是风险管理。央行的"汇率风险中性"是主张企业将汇率波动纳入日常财务决策，合理运用衍生金融工具对冲汇率风险，降低外汇市场波动对主营业务的不确定性影响，从而确认企业主营业务现金流不会因为汇率波动而产生较大的影响，树立金融为实体经济服务的理念。汇率风险中性倡导市场主体要避免外汇风险管理的"顺周期"和"裸奔"行为，不赌人民币升值或贬值。

要树立外汇市场风险中性管理理念，可以采用两个方面的具体措施。一是在中间价形成机制上，可以对进入外汇市场的交易商提供窗口指导。当外汇交易商提供的报价有明显偏离时，外汇交易中心应该了解该交易商的报价为什么会较大幅度偏离所有报价的均值或者中值，并提供指导。二是加强外汇市场预期引导。影响汇率波动的因素很复杂，外汇市场也同样会出现"羊群效应"。在人民币汇率和市场预期出现较大波动时，比如在整个汇率市场出现明显不合意的走势时，或者形成了显著趋势性交易时，管理部门需要及时主动发声，回应市场关切，遏止外汇市场超调，维护外汇市场平稳运行。让人民币汇率的双向波动是国内外经济形势、国际收支状况及国内外外汇市场变化共同作用的结果，客观合理反映了外汇市场供求变化，发挥了调节国际收支和宏观经济自动稳定器作用，促进了内外部均衡，并扩大中国自主实施正常货币政策的空间。

人民币汇率市场目前已经形成了在岸和离岸市场之间的联动机制。在新发展格局下，在岸人民币汇率市场必须发挥主导性作用。可以通过上海国际金融中心的大发展，进一步开放资本账户，做强做大在岸人民币市场，让在岸人民币汇率市场发挥主导性作用。同时，在岸与离岸市场的协同发展，需要不断完善跨境融资宏观审慎管理框架，提高跨境宏观审慎管理能力和水平。

总体上，新发展格局下中国经济、金融发展发生了新变化，人民币汇率政策要助力实现两大目标，同时面临货币错配难题。克服难题并实现目标，人民币汇率需要坚持市场化改革方向，并平衡贸易汇率和金融汇率之间的关系，这需要市场主体树立汇率风险中性原则，发挥在岸市场在汇率决定中的主导作用，便于发挥预期引导作用，让人民币汇率成为形成"双循环"新发展格局的重要力量。

美联储实施 Taper 还有哪些顾虑？

9 月 22 日

本文认为，美联储坚持就业优先的货币政策，大幅度容忍通胀超调，助推美国经济走出"大停滞"周期是美联储至今对 Taper 计划没有明确安排的重要原因，但一些新的、重要的不确定性因素使得美联储在 Taper 方案上或许需要考虑得更多。

美联储启动 Taper 的顾虑有三点。首先，在通胀预期更加持久的背景下，如果美联储持续购债，但对改善那些由于新冠肺炎疫情所致的失业因素边际作用很小，美联储应该重新考量就业优先的货币政策尺度。其次，美国债务上限达成方案和时间问题也成为美联储启动 Taper 需要考虑的重要因素。最后，供给冲击导致的消费者预期反转持续时间的长短也是美联储 Taper 需要考虑的重要因素。

一　就业优先的货币政策效用边际递减的程度

按照美联储 2020 年 12 月的看法，在因为新冠肺炎疫情失去 1000 万个就业岗位获得实质性进展之前，美联储不会改变当前的购债计划。2021 年 8 月非农就业中只增加了 23.5 万个工作岗位，目前尚有大约 600 万失业人口。这就是说，助推经济恢复的购债计划只修复了因新冠肺炎疫情冲击失去工作岗位的大约 40%。由于疫情的反复，就业修复也呈现出明显的波动性。

从 GDP 来看，依据 BEA 的数据，2021 年第一季度美国 GDP 环比年化增长率为 6.3%，2021 年第二季度增长率为 6.6%；从同比来看，2021 年第一季度同比增长 0.5%，2021 年第二季度同比增长 12.2%。2021 年第一、第二季度非金融公司总增加值（年率）分别达到了约 11.1 万亿和 11.3 万亿美元，超过 2019 年的 10.6 万亿美元，也超过了 2020 年的 10.2 万亿美元。美国经济总体增长情况已经基本修复。

从工资和薪金总量来看，2021 年第二季度经过季节调整的年率总量达到 5.72 万亿美元，明显超过了 2019—2020 年的 5.3 万亿美元和 5.32 万亿美元（详见图 1）。

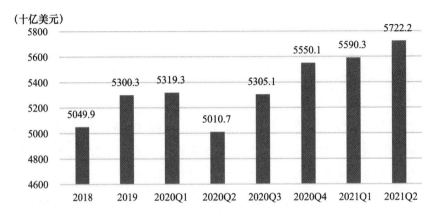

（十亿美元）

图 1　2018—2021Q2 美国经济中的工资和薪金

资料来源：BEA.

从拉动美国经济增长的因素来看，与前几年不同的是，消费拉动美国经济增长的作用进一步强化。2021 年第一、第二季度美国 GDP 年度增长率分别为 6.3% 和 6.6%，但消费拉动率分别达到了 7.44% 和 7.80%，私人投资和净出口拉动率均为负值（详见图 2）。值得关注的是，在私人投资负拉动率中主要是库存的负拉动率（处于去库存阶段），2021 年第一、第二季度私人库存的拉动率分别为 −2.62 个和 −1.30 个百分点，而不包括库存的固定资产投资拉动了 2.25 个和 0.63 个百分点。因此，目前美国经济修复主要是靠强劲的消费拉动的，而这背后主要是靠财政转移支付的刺激政策。2021 年第一、第二季度个人可支配收入（年率）分别达到了 19.5 万亿和 18.0

万亿美元，显著超过 2019 年的 16.2 万亿美元。2020 年由于财政刺激个人可支配收入也到了 17.4 万亿美元。按照季节调整的年率来计算，2021 年第一、第二季度个人财政转移支付收入比 2019 年周期高出 2.84 万亿美元和 1.19 万亿美元。

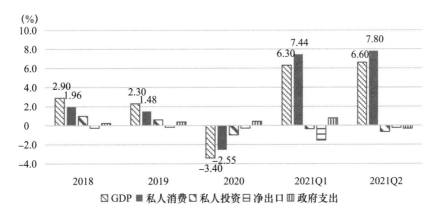

图2　2018—2021Q2 美国经济增长拉动率

资料来源：BEA.

在通胀超调、经济总量修复，但就业存在缺口的情况下，美联储是否还要继续坚持就业优先的货币政策？如果美联储持续购债，但对改善那些由于新冠肺炎疫情所致的失业因素边际作用很小，美联储应该重新考量就业优先的货币政策尺度。

二　美国债务上限问题是实施 Taper 需要考虑的重要因素

影响美联储实施 Taper 的另一个重要因素是美国债务上限问题。截至 2021 年 9 月 16 日，依据美国财政部网站公布的数据，美国国债总量已经突破 28 万亿美元，达到了约 28.43 万亿美元。美国国会预算办公室（CBO）

前不久表示，如果美国国会不尽快采取行动提高债务上限，美国财政部很有可能在 2021 年 10—11 月耗尽所持有的资金。美国债务上限问题已经成为影响美联储实施 Taper 的显著因素，即使是技术性违约，也会对全球金融市场造成显著冲击。

三 供给冲击是否导致需求出现反转是实施 Taper 需要考虑的重要因素

消费的强劲增长无疑会带来物价的上涨，但供给冲击导致的物价上涨是显著的。依据美国劳工部公布的 2021 年 8 月数据，核心 CPI 也已经连续 5 个月"超调"，2021 年 8 月同比增幅 4.0%，而 CPI 同比涨幅 5.3%，处于历史高位。在供应链中断、运输费用上涨、原材料短缺等因素的共同影响下，通胀压力或较原来预期的会更加持久。依据美国劳工部公布的数据，美国 2021 年 8 月 PPI 同比增长 8.3%，环比增长 0.7%，是 2010 年该数据编制以来的最大同比值。

通胀压力，尤其是 PPI 大幅度上涨对经济修复造成了显著负面影响。美国从 2021 年 7 月计划抛售原油战略储备，希望能够平抑国际市场原油价格的持续上涨。美国经济在很大程度上是靠美联储扩表、财政刺激获取的，在新增的财政转移支付结束后，如果没有新一轮的增长点，通胀又超调，这可能存在"滞胀"风险。这也是拜登政府急迫推行新一轮基建计划的核心原因，要在一定程度上用投资抵补未来消费对经济增长拉动的边际下降。

从消费者预期来看，2021 年 9 月 17 日密歇根大学公布的美国消费者信心指数值为 71.0，基本处于近十年以来的低位，主要是通胀压力对消费者的信心造成了负面影响（详见图 3）。因此，由于供给问题导致的物价上涨已经显著影响到了消费者行为。

从消费者支出来看，尽管目前的消费保持比较强劲，但在新增转移支付结束的背景下，消费者信心指数处于低位和居民预防性储蓄动机对未来

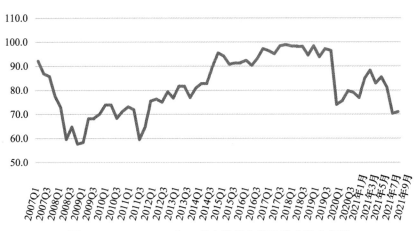

图3　2007Q1—2021 年 9 月密歇根大学消费者信心指数

资料来源：University of Michigan.

消费会造成多大程度的负面影响存在不确定性。图 4 显示了美国经济中 PCE 同比增长的快速递减以及储蓄率仍高于过去几年平均水平，说明了特殊时期的预防性储蓄动机依然比较强烈。2021 年 7 月美国经济中居民储蓄率为 9.6%，仍比过去正常时期大约高出 2 个百分点左右。

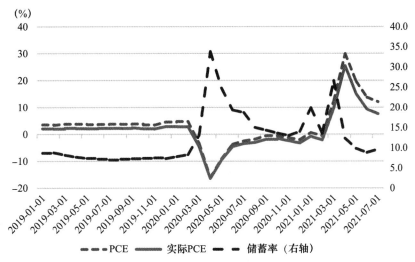

图4　2019 年 1 月 1 日至 2021 年 7 月 1 日美国经济中的 PCE 同比增长率和储蓄率

资料来源：美联储圣路易斯分行。

从 2021 年 3 月开始，美联储坚持通胀是暂时的，事实上由于供给冲击问题，通胀会比原来预期的要持久。由于新冠肺炎疫情的不确定性，如果供给冲击问题解决不好，通胀持续高企，控通胀的 Taper 计划和方案可能会面临如下困境：供给问题导致物价水平升高，这会进一步削弱消费，从而影响就业和经济增速。

因此，为了应对新冠肺炎疫情的不确定性，可能的结果是：保留相机抉择权的 Taper，或者说实施 Taper 有备案。

流动性充裕背景下的供给冲击：
宏观政策的新挑战

9 月 28 日

本文认为，主要发达经济体对冲新冠肺炎疫情影响的激进总需求政策正在走向尾声。与此同时，全球经济已经出现了充裕流动性背景下的供给冲击，这将导致全球经济增长步伐放缓。主要发达经济体的宏观政策可能会从强调总需求管理偏向平衡总供给管理。在这种背景下，货币政策不太会急剧收缩总需求，否则物价会由于总需求的急剧下滑而下滑，未来经济可能会再次陷于过去的低增长与低物价相互折磨的"大平庸"或者"大停滞"状态。发达经济体要避免出现这种状况，在长期通胀预期并未脱轨的前提下，可能选择的宏观政策组合是：着手总供给管理，货币政策相对缓和地收缩总需求。

2020 年新冠肺炎疫情冲击给世界经济造成了巨大的负面影响。依据 IMF 2021 年 4 月提供的数据，2020 年世界经济实际 GDP 下滑 3.3%，发达经济体下滑 4.7%，新兴经济体下滑 2.2%。为了对冲新冠肺炎疫情对全球经济总需求造成的负面影响，主要发达经济体出台了大规模激进的总需求刺激政策，全球经济总需求得到了明显的改善，以至于 IMF 在 2021 年 4 月的《世界经济展望报告》中给出了 2021 年全球实际 GDP 增速 6%、发达经济体和新兴经济体分别增长 5.1% 和 6.7% 的乐观预测。近期美联储修正了 2021 年 6 月对美国经济全年的预测结果（中位数），实际 GDP 由 7.0% 下调至 5.9%，失业率由 4.5% 上调至 4.8%，PCE 通胀率由 3.4% 上调至 4.2%，核心 PCE 由 3.0% 上调至 3.7%。实际 GDP 下调、失业率和通胀上调背后的基础原因是新冠肺炎疫情的不确定性导致的供给冲击，且这种供给冲击是发生在流动性宽裕背景下的供给冲击，具有一定的持续性。

一 目前国际金融市场流动性依然充裕

2021 年 9 月 22 日美联储表示，如果出现可能阻碍委员会目标实现的风险，委员会将准备酌情调整货币政策立场，这说明美联储已经在考虑边际收紧持续宽松的力度。但同时认为，经济的发展路径仍然取决于新冠肺炎疫情的扩散过程，新冠肺炎疫苗的接种可能会继续减少公共卫生危机对经济的影响，但对经济前景的风险依然存在。这也是美联储说的，即使边际上减少流动性投放，但不代表加息。这就是我们多次阐述的市场流动性与政策性利率分离管理的货币政策策略。

依据美联储纽约分行提供的隔夜逆回购数据，可以发现逆回购规模不断创新高。纽约分行从 2021 年 3 月 18 日重启逆回购，开始时规模很小，隔夜逆回购只有几十亿美元。从 2021 年 8 月 11 日至 9 月 24 日，美联储纽约分行的隔夜逆回购规模就稳定在 1 万亿美元以上，最大规模发生在 2021 年 9 月 23 日，达到了 1.352 万亿美元（详见图 1）。从逆回购利率来看，2021 年 6 月 17 日之前均为 0，6 月 17 日及以后均为 0.05%，逆回购利率处于极低水平。

巨大规模的逆回购表明国际金融市场流动性充裕，但预计主要发达经济体央行的扩表速度边际递减可能是较快的。2020 年美国、欧盟、日本、英国四家央行的新增扩表规模超过 8 万亿美元，2021 年将缩减至 2 万亿美元左右。如果在 2021 年年底有减码购债出现，2022 年这些央行新增的扩表规模将急剧减少。

（十亿美元）

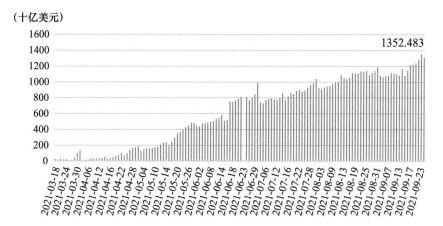

图1 美联储纽约分行逆回购规模的变化

资料来源：美联储纽约分行。

二 美国经济的通胀及通胀预期

相对于2%的长期通胀目标，目前美国的通胀数据已经显著"超调"。核心CPI也已经连续5个月"超调"，2021年8月同比增幅4.0%，而8月的PPI同比增长8.3%，处于高位。依据美联储纽约央行近期的调查数据，2021年8月消费者预期调查显示，短期（1年）和中期（3年）通胀预期分别升至5.2%和4.0%左右，创下新高（详见图2）。

从长期通胀预期来看，并未脱轨，且近期呈现出下降态势。截至2021年9月24日，5年期和10年期盈亏平衡国债隐含的通胀率分别为2.47%和2.34%，相比2021年5月下旬的长期通胀率预期均有所下降（详见图3），这也是美联储所说的相对高通胀压力是暂时的主要原因。

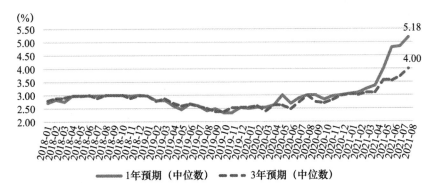

图 2　2010 年 1 月至 2021 年 8 月美国经济中的 1 年及 3 年预期通胀率

资料来源：美联储纽约分行。

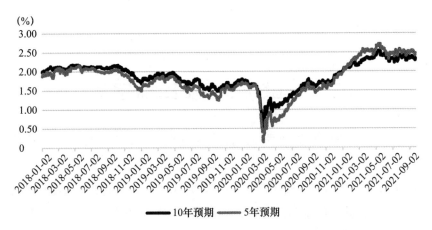

图 3　2018 年 1 月 2 日至 2021 年 9 月 2 日美国经济中长期通胀率预期

资料来源：Federal Reserve Bank of St. Louis，5 - Year and 10 - Year Breakeven Inflation Rate，Percent，Daily，Not Seasonally Adjusted.

三　经济运行的供给成本显著上升

尽管长期通胀预期尚处于正常态势，但目前的经济运行的供给成本显著上升。从大宗商品价格来看，同比涨幅已经较高。依据美联储圣路易斯分行提供的数据，全球所有大宗商品价格指数在 2021 年第二季度为 154.14

（2016 年的数据为 100），相比 2020 年第二季度低点 91.73 上涨了约 68.04%；2021 年 8 月大宗商品价格同比涨幅高达 19.9%，处于同比增幅的高位。2021 年 8 月美国进口大宗商品价格指数同比上涨 9.01%，相比 2021 年 5 月 11.60% 的同比增幅有所放缓，环比增幅也有所下降，但仍然处在比较高的水平。2021 年以来，原油、天然气、电力等能源价格在全球都出现大幅度或者较大幅度的上涨。截至 2021 年 9 月 26 日，WTI 原油期货价格接近 74 美元/桶，ICE 布油期货价格超过 78 美元/桶。

从波罗的海干散货指数（BDI）来看，2021 年 2 月该指数大约在 1400 左右，2021 年 9 月 24 日达到了 4644，涨幅高达约 232%，全球海上航运的运输费用大幅度上涨。

四　供给冲击导致国际金融市场实际利率水平重心下移

近期 10 年期美国国债收益率上涨较快。依据美国财政部网站公布的数据，2021 年 9 月 24 日 10 年期美国国债收益率上升至 1.47%，相对于 2021 年 8 月底 1.30% 左右的收益率上涨了大约 17 个 BP。考虑到这个时期 10 年期美国国债的长期通胀预期在 2021 年 8 月底至今基本没有变化，10 年期美国国债收益率的上涨反映的是实际利率的上涨。从 2021 年 8 月 30 日到 9 月 23 日实际利率上升了 18 个 BP，9 月 23 日 10 年期 TIPS 债券隐含的实际利率为 −0.90%。这基本对应了 10 年期美国国债收益率的上涨（详见图 4）。

但如果停留在上述这个层面去思考，可能会得出错误的判断。实际利率上扬是经济向好的重要标志。事实上，需要拉长一点时间来看待美国金融市场实际利率的变化。2021 年 3 月 10 年期美国国债收益率曾达到 1.74%，实际利率上涨是推动国债收益率上涨的重要因素。2021 年 3 月 17—18 日 10 年期国债隐含的实际利率达到了 −0.56% 左右的阶段性高点，同时美国国债收益率也达到阶段性高点。2021 年 3 月之后美国经济中的通

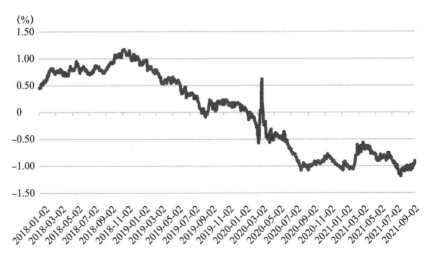

图 4 2018 年 1 月 2 日至 2021 年 9 月 2 日 10 年期 TIPS 隐含的实际利率水平

资料来源：Federal Reserve Bank of St. Louis, 10 – Year Treasury Inflation-Indexed Security, Constant Maturity, Percent, Daily, Not Seasonally Adjusted.

胀率一直上涨，开始出现跳跃式的通胀"超调"，PPI 也大幅度上涨，出现了供给冲击的明显迹象。因此，从 2021 年 3 月中下旬开始，10 年期 TIPS 隐含的实际利率水平重心是下移的，2021 年 8 月 3 日出现了阶段性的低点（－1.19%）。可以认为是供给冲击导致了实际利率重心下移，供给冲击已经显著影响到了美国经济增速的放缓。美联储近期把 2021 年 6 月预测的全年增长率 7.0% 大幅度下调至 5.9% 就是明显的证据。

可见，相对于 2021 年 3 月的 10 年期美债收益率来看，目前美债的收益率仍处于弱修复的状态。供给冲击在金融市场基本表现是美债隐含的实际利率水平整体重心下移（详见图 4）。

值得注意的是，TIPS 债券本身在市场上的定价也存在扭曲的可能性。依据美联储网站的数据，2021 年 9 月 23 日美联储总资产中持有 3627.54 亿美元的 TIPS，这相当于整个市场 TIPS 总量的 23% 左右。这就会出现一个问题：美联储在市场上买卖 TIPS 会对 TIPS 的市场价格产生显著影响，从而影响 TIPS 的名义收益率，有可能导致 TIPS 隐含的实际利率在一定程度上扭曲失真。

至此，我们简单梳理一下 2020 年 3 月全球金融大动荡以来美国激进对冲性政策与经济修复的走势逻辑：美国激进的宏观政策使总需求快速扩张，带来了美国经济产出缺口快速收敛，在总需求快速提升和充裕流动性的共同作用下，国际大宗商品价格出现了较大幅度上涨，导致美国经济中核心通胀率连续 5 个月的"超调"；新冠肺炎疫情的不确定性等因素又导致了某些产品供应链中断、运输费用和能源价格大涨，共同形成了目前的供给冲击，从而导致了在物价较大幅度上涨的同时经济增速放缓。

供给冲击一旦形成，且具有一定的持续性，宏观政策就会从强调总需求的管理政策偏向平衡总供给的管理政策。在这种背景下，货币政策不太会急剧收缩总需求，否则物价会由于总需求的急剧下滑而下降，未来经济可能会再次陷于过去的低增长与低物价相互折磨的"大平庸"或者"大停滞"状态。美联储要避免出现这种状况，在长期通胀预期并未脱轨的背景下，可能采取的宏观政策组合是：着手总供给管理，货币政策相对缓和地收缩总需求。从这个视角，我们会发现全球大宗商品，尤其是持续上涨的油价或许会迎来一些变数。

复盘与思考：美欧经济的
修复与风险演变

10 月 8 日

本文采用一个简洁的总需求和总供给框架，复盘与思考美欧经济的修复与风险演变。当前的全球经济修复已经进入后疫情时代的复杂阶段，美欧宏观政策不再聚焦于危机时期的总需求管理，已经走向了平衡总需求和总供给的管理。2021 年 3 月以来国际金融市场实际利率重心下移是典型的供给冲击特征。在长期通胀预期尚未脱轨的背景下，美欧央行坚持认为通胀压力是暂时的。流动性与利率分离管理的货币政策策略带来的可能是国际金融市场上利率的节制性上扬。但如果供给冲击的时间足够长，将会对经济持续修复产生显著的负面影响。供给冲击也凸显了逆全球化带来的深层次风险。

一　美欧激进对冲新冠肺炎疫情宏观政策的梗概

2020 年年初新冠肺炎疫情在全球暴发，美欧经济经历了总需求的严重冲击，出现了明显的经济衰退。从实际 GDP 来看，2020 年美国 GDP 同比下滑 3.5%，欧元区 GDP 同比下滑 6.3%。依据美联储圣路易斯分行提供的数据，美国经济中的失业率由新冠肺炎疫情前 2020 年 2 月的 3.5% 迅猛跳跃至 2020 年 4 月的 14.8%，到 2020 年 12 月失业率为 6.7%。2020 年 4 月 14.8% 的失业率要显著高于 1982 年 11 月美国经济"滞胀"时期的高点

10.8%，也显著高于 2009 年 10 月国际金融危机时期的高点 10%。依据 ECB 网站提供的数据，欧元区失业率也从 2020 年 2 月的大约 7.4% 上升至 2020 年 8 月的 8.6%（低于欧债危机时期 10% 的失业率），2020 年年底的失业率大约 8.1%。

美欧为了应对新冠肺炎疫情的巨大冲击导致的总需求急剧下滑，其央行都采取了"爆表"模式。2020 年 3 月至 2020 年年底，美联储总资产扩张了大约 3.12 万亿美元，欧洲央行总资产扩张了 2.29 万亿欧元。2021 年年初至 2021 年 9 月美联储总资产再次扩表 1.08 万亿美元，目前总资产高达约 8.45 万亿美元；欧洲央行总资产也扩张了 1.29 万亿欧元，目前总资产高达 8.27 万亿欧元。从 2020 年 3 月开始至今美联储的总资产扩张了 4.2 万亿美元，欧洲央行的总资产扩张了 3.6 万亿欧元，美欧央行的总资产加起来扩张了大约 8 万亿美元。

从政策性利率来看，美欧央行均可以视为零利率政策。截至目前，美联储的联邦基金利率为 0.08%，欧洲央行的主要再融资利率（MRO）为 0。

从财政来看，依据美国财政部网站公布的数据，截至 2021 年 8 月 31 日，美国用于对冲新冠肺炎疫情的支出已经达到了 3.4 万亿美元，占所有预算资金的 72.48%。截至 2021 年 9 月 30 日，美国政府债务高达约 28.43 万亿美元，达到了美国政府的债务上限。与 2020 年 2 月底相比，美国政府债务增加了大约 5.02 万亿美元。

依据欧洲央行的数据，2019 年第四季度欧元区政府赤字/GDP 为 -0.64%，2020 年年底为 -7.31%，2021 年第一季度达到了 -8.43%。政府债务/GDP 在 2019 年第四季度为 83.7%，2020 年年底为 97.8%，2021 年第一季度达到了 100.5%。依据欧洲央行行长拉加德关于"非典型复苏货币政策"讲话中的数据，欧洲财政政策可能会继续保持对经济修复的支持性，2021—2023 年经周期调整的主要财政赤字分别为 4.1%、1.6% 和 1.5%。

因此，美欧实施的对冲新冠肺炎疫情冲击的货币与财政政策都是历史罕见的，都采取了极度宽松的货币政策和大力度财政刺激的政策组合。

二 美欧激进的宏观政策
对经济修复影响

从美国的情况来看，依据美国经济分析局的数据，失业率从 2020 年 4 月最高点 14.8% 下降至 2021 年 8 月的 5.2%；2021 年第一、第二季度实际 GDP 增速分别为 6.3% 和 6.7%（年率）；通胀率连续 6 个月超调（相对于长期通胀率 2%），2021 年 8 月 PCE 价格同比增长 4.3%。2021 年 6—8 月核心 CPI 连续 3 个月同比上涨 3.6%，7—8 月核心 CPI 环比涨幅均为 0.3%，相比 5—6 月环比的 0.6% 和 0.5% 涨幅有放缓迹象。美联储 2021 年 9 月 22 日的经济预测显示（中位数），2021 年美国经济实际 GDP 同比增速为 5.9%，失业率为 4.8%，PCE 通胀率为 4.2%，核心 PCE 达到 3.7%。

从欧元区情况看，依据欧盟统计局网站的数据，欧元区 GDP 2021 年第一季度同比增速为 -1.2%，第二季度同比增长 14.8%（2020 年第二季度同比增速为 -14.6%，基数低）；2021 年第一季度 GDP 环比 -0.3%，第二季度环比 2.2%。2021 年 8 月欧元区失业率为 7.5%，从 2020 年 9 月高点 8.6% 有一定的下滑，基本接近疫情前的失业率水平。从物价来看，欧盟统计局 2021 年最近发布了欧元区 2021 年 9 月的预计通胀率，HICP 将从 8 月的 3.0% 上涨至 3.4%，连续 3 个月超调（超过中期平均目标 2%）。

总体上，可以看出美欧都采取了激进的对冲新冠肺炎疫情的政策，允许通胀阶段性持续显著"超调"，带来了经济产出缺口的快速收敛和就业状况的显著改善。

三 美欧激进政策及新冠肺炎疫情带来供给冲击的典型例证

能源成本不断上升以及食品价格升至 10 年来最高点，可能会让更多的机构以及市场投资者怀疑，通货膨胀是否会像他们所希望的那样仅仅是暂时的。从大宗商品价格来看，能源类大宗商品价格涨幅巨大。截至 2021 年 10 月 6 日，ICE 布油期货价格大约为 81 美元/桶，相对于 2020 年 4 月中旬的低点大约 20 美元/桶上涨了大约 310%，即使是 2021 年以来也上涨了大约 57%；WTI 原油期货价格接近 79 美元/桶，相对于 2020 年 4 月中旬的低点也上涨了大约 320%，即使是 2021 年以来也上涨了大约 66%。依据美国能源信息署的数据，截至 2021 年 10 月 6 日，天然气的价格达到了 6.312 美元/Btu（英国热力单位），而 2021 年年初的价格为 2.581 美元/Btu，涨幅高达约 145%。与此同时，美国原油库存比 1 年前下降了 7200 万桶。欧洲一方面由于经济需求上扬，另一方面由于俄罗斯减少对其出口，欧洲天然气价格大幅度上涨。2021 年 8 月初，与 2020 年 5 月的低点相比，欧洲天然气价格上涨 10 倍，与 2021 年年初相比，天然气价格也上涨了 250%。当然，欧洲天然气价格的大幅度上涨与欧洲的能源结构也有关系，绿色转型使得欧洲的能源结构发生了显著变化，欧元区可再生能源占可用能源总量的比例从 1990 年的 5% 增加到今天的 15% 左右，天然气的份额从 17% 上升到了 24%，石油从 43% 下降到 38%。

食品价格 2021 年以来也出现了大幅度上涨。依据国际粮农组织的数据，从 2020 年 5 月食品价格指数低点 91 开始，全球食品价格出现了快速上涨，涨幅达到 40%。截至 2021 年 8 月食品价格指数上涨至 127.4。相比 2020 年 12 月，2021 年 8 月食品价格上涨了 17%（详见图 1）。从 2020 年年初新冠肺炎疫情以来的最低点到 2021 年 8 月，肉类、乳品、谷物的涨幅分别为 21%、23% 和 34%，而油类和糖类的涨幅高达 113% 和 90%。

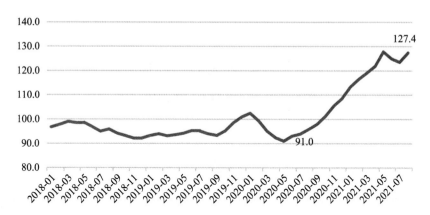

图1　2018年1月至2021年7月全球食品价格指数（2014—2016年＝100）

资料来源：国际粮农组织。

供给冲击是暂时的？可能没有确定的答案。这既要取决于全球新冠肺炎疫情防控的情况，也要取决于地缘政治格局的变化。从农产品来说，只要气候允许，新冠肺炎疫情防控得力，农产品是有供给弹性的。从能源来说，只要有合作，能源价格也是可以下降的。依据美国能源信息署提供的数据，从2020年第三季度至2021年第二季度，OPEC闲置能力达到800万桶/天的水平，而在2003—2008年其闲置维持在大约200万桶/天。OPEC原油产量约占世界原油产量的40%，但其石油出口约占国际石油市场份额的60%。因此，OPEC的闲置能力是能够对市场原油价格持续上涨做出积极反应的。OPEC在2021年7月决定增产40万桶/日，但增产规模对价格的抑制远不及需求上涨对价格的拉动，国际油价持续上涨。OPEC是否会继续不进一步增产，并继续享受国际市场相对高油价带来的好处，需要观察国际市场原油的供给情况，存在一定的不确定性。在目前美欧制造业恢复的相当不错的状态下，需求和宽松流动性决定油价还会继续维持在比较高的水平，油价已经成为全球能源供给冲击中最重要的因素之一。

四　美欧央行对供给冲击的判断

目前美联储虽然已经在公开讨论刺激政策的逐步退出，但并未改变就业优先的货币政策取向，认为就业仍未达到实质性的进展，并承认稳定物价和实现充分就业两个目标之间可能存在冲突。鲍威尔在最近一次众议院金融服务委员会的发言中表示，即使美联储不加息，通胀也会下降，目前的高通胀是供应链瓶颈所致，美联储无法控制。

欧洲央行行长拉加德在关于"非典型复苏货币政策的讲话"中强调，经济非典型复苏正在导致快速增长，也导致了经济周期早期出现的供应瓶颈，复苏的非典型性质正在经济中制造摩擦，这可能对增长和通胀产生相反的影响。随着经济的重新开放，这也导致通货膨胀迅速反弹。但坚持认为，现在看到的大多是与重新开放相关的暂时性通胀，我们仍然需要一个宽松的货币政策立场来安全地摆脱这场流行病冲击，并将通胀率可持续地恢复到2%。

美欧央行一致性认为供应链瓶颈问题是通胀快速走高的核心原因，而且坚持认为可能是阶段性的。也就是说，当下的供给冲击可能是阶段性的。

五　美欧劳动力市场的收入
对通胀的持续拉动情况

需求是否能够持续拉动物价的上涨？从美国的情况看，2021年9月以来美国停止作为应对新冠肺炎疫情的失业保险措施。在没有进一步财政政策刺激的情况下，工资收入以及储蓄行为将基本决定物价的走势。从美国经济分析局的数据来看，以当前的美元价格计算，2021年8月可支配收入环比增加0.1%（189亿美元），PCE支出环比增加0.8%（1350亿美元）。

2021年8月个人转移支付收入仍然占据了个人收入的20%。2021年7—8月雇员报酬占据了总收入的大约60%，工资和薪金收入占据了总收入的接近50%。2021年3月以来，随着就业改善，居民工资和薪金收入环比都出现了正增长（详见图2）。2020年2月，美国经济中个人消费支出（PCE）为14.785万亿美元，2021年3月达到15.459万亿美元，2021年8月达到15.922万亿美元。美国经济中的消费是比较强劲的。

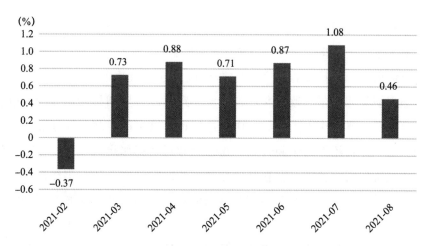

图2　2021年2—8月美国经济中工资和薪金总额月度环比增幅

资料来源：BEA.

与此同时，美国经济中的储蓄率在2021年8月出现了下降。2021年8月个人储蓄率为9.4%，较2021年7月下降0.7个百分点，依然比新冠肺炎疫情前8%左右的储蓄率高出1个百分点左右。美国经济中个人消费具有一定的储蓄基础，这也是美联储认为2021年美国经济核心PCE将达到3.7%的重要原因。但也存在不确定因素，随着新冠肺炎疫情失业保险措施的退出，而疫情依然存在不确定性，未来美国居民收入会发生何种变化需要持续观察。

从欧元区的居民收入来看，依据欧盟统计局网站的数据，欧元区劳动力成本2021年第二季度同比下降0.1%，环比下降0.2%，而2021年第一季度同比增长 1.3%，环比增长 0.2%。欧元区分散的刺激性财政政策也降低了居民收入下滑的程度，因为政府的转移支付，2020 年实际劳动收入下降了 3.6%，但家庭实际可支配收入只下降了 0.2%，这远好于欧洲主权债务危机时期的居民可支配收入同比下降 2%。但欧元区财政刺激力度远不及美国财政政策，欧元区似乎并没有出现由于收入上涨导致持续通胀的压力。

因此，从劳动力市场及其收入来看，美欧存在一定的差异。美国经济中来自收入和消费拉动物价上涨的压力要明显高于欧元区。从这个角度来看，未来美欧货币政策周期可能是非同步的，欧元区非常规货币政策的退出时间可能要滞后于美联储的货币政策。

六　美欧经济修复进程中风险的演变

美欧激进的对冲新冠肺炎疫情冲击的宏观政策，使得美欧经济产出缺口出现了历史上危机时期少见的快速产出缺口收敛，但经济修复不平衡，既有行业之间的不平衡，也有劳动力就业市场结构改善的不平衡。比如，相比制造业来说，服务业的修复程度明显要差。由于新冠肺炎疫情以及地缘政治格局导致的产业链瓶颈问题凸显，供需错配，或者说主要是供给冲击成为经济持续修复面临的迫切问题。

从金融市场来看，金融的修复远超实体经济的修复。不管是美国的股市，还是欧洲的股市，都出现了低利率、充裕流动性下的超级修复。从目前的市盈率水平来看，截至 2021 年 10 月 6 日，美国三大股指的 P/E（TTM）相比 2020 年已经有显著下降，但仍然高于 2015—2019 年的均值水平，标普 500 指数、道琼斯指数和纳斯达克指数的 P/E 分别比 2015—2019 年的均值高出 19.3%、30.0% 和 18.0%。经过 2021 年 9 月以来的调整，美国股市的高估值风险得到了一定程度的释放。

从欧洲股市的情况来看，截至 2021 年 10 月 6 日，英国富时 100 指数、德国 DAX 指数、法国 CAC40 指数 2021 年以来也取得了大约 8%、9% 和

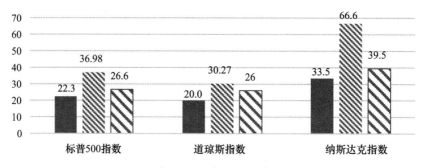

图3 美国三大股指的 P/E（TTM）

资料来源：Wind 数据库。

17%的涨幅，英国富时 100 指数、德国 DAX 指数、法国 CAC40 指数 P/E（TTM）分别为 25.4 倍、18.3 倍和 22.4 倍。经过 2021 年 9 月以来的股市调整，欧洲股市的风险也得到了一定程度的释放。

近期国际金融市场关注的主要问题是，国际金融市场利率的上扬。从美国 10 年期国债利率来看，依据美国财政部网站公布的数据，2021 年 10 月 1 日 10 年期美国国债收益率 1.48%，从 2021 年 8 月初以来上涨了大约 28 个 BP。在长期通胀预期几乎没有变化的情况下，主要反映了实际利率的上涨。但 10 年期 TIPS 隐含的目前实际利率水平仍未达到 2021 年 3 月中旬的水平。2021 年 9 月 30 日 10 年期 TIPS 隐含的目前实际利率水平为 -0.85%，离 2021 年 3 月 18 日的 -0.56% 还有明显的差距。而且，从 3 月中旬以来实际利率重心是下移的，基本反映了供给冲击的特征。

欧元区 10 年期国债收益率从 2021 年 8 月 20 日的 -0.487% 一直上升至 9 月 29 日的 -0.209%，但距离 2021 年 5 月 18 日的 -0.068% 还有明显差距。利率上扬处于修复阶段，离新冠肺炎疫情前 -0.15% 左右的水平差距不大。从利率贴现估值的角度来看，利率上扬会导致欧洲股市向下调整。当然，能源价格持续大涨对欧洲股市带来了明显的向下调整压力。

当然，目前存在一个重大的不确定性因素，就是美国债务上限问题，目前市场的预期是债务延期。美国国债市场利率压制在比较低的水平与美联储大规模购买美国国债行为密切相关。依据美联储网站公布的 2021 年 9 月 29 日美联储资产负债表，在接近 8.45 万亿美元的总资产中美国国债占据了 5.43 万亿美元；而 2020 年 3 月 5 日，在大约 4.24 万亿美元的总资产中美国国债占据了 2.50 万亿美元。因此，美联储在这期间增持了 2.92 万亿美元的国债，这意味着在这期间美联储为美国财政赤字融资了大约 60%。美联储作为美国国债市场最大的买家，其大规模的购买行为压低了国债市场的收益率。美国债务上限问题的解决方式将会直接影响美国国债的供给，这会直接影响到国债市场的价格和收益率。

因此，我们可以看到一个大致的风险演变路径：欧美从反新冠肺炎疫情危机的总需求管理已经走向了平衡总需求和总供给的管理。如果供给冲击的时间足够长，美欧货币政策就面临这样的选择：边际宽松收紧抑制通胀，在总供给冲击收缩的条件下，可以带来物价和产出的同时下降，失业率上升；继续一段时间的宽松可以维持相对高的价格和相对高的产出。从目前的美欧央行表态来看，更倾向于后者，尤其是欧洲央行的近期表态。

因此，当前国际金融市场利率的上扬更可能是节制性的上扬。由于加息尚早，政策性利率对市场利率的上扬具有压制作用。美欧央行流动性与利率分离管理的货币政策在新冠肺炎疫情后期这段时间表现得如何，需要进一步仔细观察。

货币政策对于供给冲击本身带来的问题可能是无能为力的。供应链瓶颈的解决将依赖于新冠肺炎疫情防控的效果，发达经济体加大对发展中经济体的肺炎疫情疫苗支持是解决全球供应链瓶颈的有效办法。

当前的全球经济修复已经进入后疫情时代的复杂阶段，美欧宏观政策不再聚焦于危机时期的总需求管理，而供给冲击也凸显了逆全球化带来的深层次风险。

对国际金融市场大宗商品价格近期走势的看法

10 月 12 日

  本文认为，美元指数走强主要是美国经济修复程度好于美元指数构成中经济体的经济修复程度。大宗商品走出了美元走强背景下的强劲价格上涨，主要是需求、库存以及地缘政治关系问题所致。金价下跌的逻辑反映了经济修复美元指数走强带来的避险情绪下降。而股市价格继续表现出了充裕流动性背景下的低利率估值特征。2021 年 9 月以来在美元指数升值的背景下人民币升值，一个原因是中美经贸关系出现缓和迹象。

  国际金融市场上近期大宗商品的走势，揭示了世界经济进入后疫情时代的复杂阶段。大类资产走势一方面显示了经济因素的作用，另一方面也显示了地缘政治关系的变化。

  首先，从美元指数来看，以收盘价计，从 2021 年 5 月 25 日美元指数阶段性低点 89.6685 上涨至 2021 年 9 月 29 日的 94.3703，美元指数在这期间上涨了约 5.24%。其中，2021 年 9 月 1 日至 9 月 30 日美元指数从 92.50 上涨至 94.27，约上涨了 1.9%。到 2021 年 10 月 8 日美元指数为 94.10。美元指数上涨的主要推动力很难说是美国金融市场利率的上扬，因为政策性利率并未发生什么变化（联邦基金利率维持在 0—0.10% 的区间）。货币层面的原因是，随着美联储关于实施 Taper 的基调变高导致货币边际宽松减弱的预期变化所致。依据美国财政部网站公布的数据，2021 年 5 月 25 日 10 年期美国国债收益率为 1.56%（25 日前后基本在 1.6% 左右），而 2021 年 9 月 30 日收益率为 1.52%，10 月 8 日达到了 1.61%。从 2021 年 5 月 25 日到 9 月 30 日 10 年期欧元区国债收益率下降了 0.034 个百分点，几乎没有变化。可见，从 2021 年 5 月 25 日到 9 月底，10 年期美国国债和 10 年期欧元区国债的收益率变化很小，政策性利率也几乎没有什么变化，但美元指数就上涨了大约5%。因此，美元指数上涨深层次的原因是美国经济修复要明显好于欧元区经济体，当然也好于英国等美元指数中的经济体。

美国经济中的失业率从2020年4月14.8%的高点一直下降到2021年9月的4.8%；2021年第一、第二季度的实际GDP增速分别为6.3%和6.7%（年率），经济产出缺口收敛。依据欧盟统计局网站的数据，欧元区GDP 2021年第一季度同比增长 - 1.2%，第二季度同比增长14.8%（2020年第二季度同比增长 - 14.6%）；2021年第一季度GDP环比增长 - 0.3%，2021年第二季度环比增长2.2%。欧元区失业率从2020年9月的高点8.6%下降至2021年8月的7.5%，基本接近新冠肺炎疫情前水平。英国的失业率从2020年年底的5.2%下降至2021年7月的4.6%，2021年第一、第二季度英国GDP同比增长 - 5.8%和23.6%（2020年第二季度下滑19.6%），环比增长率分别为 - 1.4%和5.5%。从2021年第二季度的实际GDP来看，七国集团中除了美国以外，其他经济体的实际GDP增速均没有达到2019年第四季度的水平。

因此，美元指数的上涨主要是美国经济修复明显好于美元指数中其他经济的经济修复所致，当然也包括了美联储实施Taper的预期。这导致了目前美国国债收益率与2021年5月中下旬差异很小的情况下，美元指数上涨超过了5%。

其次，从黄金价格来看，经济修复和美元指数走强，避险情绪下降，金价下跌符合基本逻辑。2021年5月底伦敦黄金大约为1900美元/盎司，2021年10月11日大约为1750美元/盎司，下降了大约8%；COMEX黄金价格走势类似，同期也大约下降了8%。

继次，从大宗商品价格来看，呈现出美元指数走强背景下的价格上涨。这说明经济需求拉动、库存不足等问题对大宗商品的价格拉动作用远远超过了美元指数走强对大宗商品价格的抑制作用。从2021年5月25日至10月8日，ICE布油期货价格上涨了大约22%，WTI原油期货价格上涨了大约19.5%。天然气价格上涨的幅度惊人，依据美国能源信息署的数据，美国天然气价格从 2021 年 5 月 25 日至 10 月 8 日上涨了大约 117%。欧洲天然气价格涨幅更高。其中一个重要原因是在遭受 2020 年新冠肺炎疫情冲击后，经济总需求急剧下滑，导致了天然气库存减少。当然经济修复的需求以及运输问题也是导致大宗商品价格上涨的重要因素。

再次，从股票价格走势来看，从 2021 年 5 月 25 日开始，截至 10 月 8 日美国三大股指中道琼斯指数上涨了大约 1.26%，纳斯达克指数上涨了约 6.75%，标普 500 指数上涨了约 4.85%。从欧洲股市来看，同期英国富时 100 指数上涨了 1.25%，法国 CAC40 指数上涨了 2.7%，德国 DAX 指数下降了大约 1.9%。因此，从股票市场来说，由于国际金融市场利率水平上涨尚具有节制性，风险资产的估值还是保持在相对高的水平。

最后，从汇率来看，2021 年 5 月 25 日到 9 月 29 日美元指数上涨了 5.24%，对应的欧元贬值了 5.06%，日元贬值了 2.95%，英镑贬值了 5.39%。但如果观察人民币兑美元的汇率，会发现在美元指数上涨 5.24% 的过程中，人民币兑美元双边金融汇率只贬值了 0.94%。尤其值得关注的是，2021 年 9 月以来美元指数上涨了接近 2%，而人民币升值了大约 0.44%。除了中国经济具备很强的韧性以外，一个重要原因是中美经贸关系出现缓和迹象。

至此，我们做一个简单的总结。美元指数走强主要是美国经济修复程度好于美元指数构成中经济体的经济修复程度，美元指数走强，也意味着美元指数中的其他货币指数走弱。大宗商品走出了美元走强背景下的强劲价格上涨，主要是需求、库存以及地缘政治关系问题所致。金价下跌的逻辑反映了经济修复美元指数走强带来的避险情绪下降。而股市价格继续表现出了充裕流动性背景下的低利率估值特征，尽管 2021 年 9 月以来有一定的向下调整。

到目前为止，国际金融市场利率上扬是节制性的上扬，金融市场虽有所波动，系统性风险并未呈现。未来观察的重点之一仍然是国际金融市场利率的变化。

美联储进入担忧通胀阶段

10 月 18 日

美联储从渴求通胀、拥抱通胀、忐忑通胀很快走到了目前的担忧通胀阶段。美联储尚未进入害怕通胀的阶段，货币政策出现超市场预期的边际收紧政策的概率不大。2021 年 9 月美国金融市场表现也大体印证了这一判断。

2021 年 9 月 2 日笔者在 CMF 发表了《渴求通胀、拥抱通胀到忐忑通胀》，阐述了三阶段的标志。从目前的情况来看，应该说美联储进入了担忧通胀的阶段，尚未进入害怕通胀的阶段，美联储货币政策不太会出现超出市场预期的货币政策。

担忧通胀主要体现在以下几点。

首先，美国的通胀比预计的快很多。货币政策从就业优先转向强调就业与通胀之间的平衡，货币政策目标损失函数发生了一定的变化，防通胀的权重在变大。2021 年 9 月美国经济中失业率进一步下降至 4.8%，考虑到就业是一个滞后指标，4.8% 的失业率离 2021 年 9 月 22 日美联储经济预测计划中 4.5% 的失业率相差不大了。2021 年 3 月美国核心 CPI 超过 2%，到 9 月已经连续 7 个月超调。2021 年 9 月美国经济中 CPI 同比增长 5.4%，PCE 同比增长 4.3%，核心 PCE 同比增长 4%。图 1 显示出美国经济中的通胀上升速度很快，从 2021 年 2 月到 6 月基本是陡峭上涨的。由于 2020 年的基数比较低，还未形成高通胀基数上的通胀压力。

其次，美国经济中的通胀将比原来预期的要持久。美联储一再强调通胀是暂时的，供应瓶颈是导致通胀的主要原因。由于美国经济中 PPI 向 CPI 的传导比较顺畅，意味着 PPI 高 CPI 也高，说明美国经济中的需求比较旺

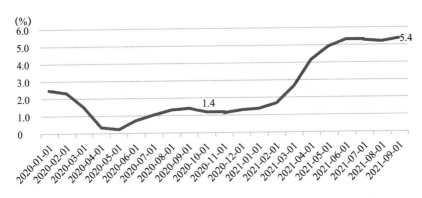

图 1 2020 年 1 月 1 日至 2021 年 9 月 1 日美国经济中的 CPI

资料来源：Federal Reserve Bank of St. Louis，Consumer Price Index for All Urban Consumers：All Items in U. S. City Average，Percent Change from Year Ago，Monthly，Seasonally Adjusted.

盛，决定了通胀比预计的要持久。

对比 PPI 与 CPI 的走势可以看出，美国经济物价水平的变化中 PPI 与 CPI 的趋势是一致的。PPI 主要是大宗商品价格指数也出现了陡峭式的上涨（详见图 2）。当然，2020 年的基数相对较低，也相对提高了同比涨幅。

从消费者收入和支出来看，美国经济中的消费目前还是比较强劲的。依据美国经济分析局提供的数据，以当前美元价格计算，2021 年 8 月美国经济中居民可支配环比增长 0.1%，个人消费支出（PCE）环比增长 0.8%。2021 年 9 月美国私人储蓄率为 9.4%，高出新冠肺炎疫情前大约 1.5 个百分点。

从 GDP 构成来看，依据美国经济分析局的数据，2021 年第二季度美国实际 GDP 年率增长 6.7%，其中，个人消费支出增长年率为 12%，私人投资增长年率为 -3.9%，主要是由于私人库存下降 11.7%（年率）所致。这与供应瓶颈直接相关，在经济修复和产出缺口收敛的过程中私人库存出现了大幅度的下降。在 2021 年第二季度 GDP 增速 6.7% 中，消费 7.92%，投资 -0.65%，净出口 -0.18%，政府支出 -0.36%。从存货重估和资本消费调整后的公司税后利润来看，2021 年第二季度同比年率增长高达 43.4%，环比年率也高达 10.5%，比 2021 年第一季度提高了 6 个百分点。2021 年第

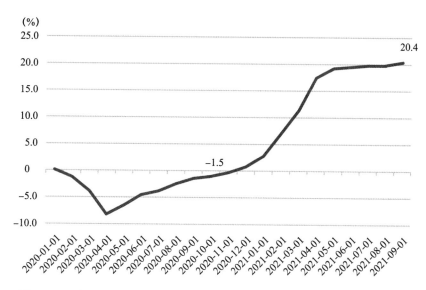

图2 2020年1月1日至2021年9月1日美国经济中大宗商品价格同比涨幅

资料来源：Federal Reserve Bank of St. Louis，Producer Price Index by Commodity：All Commodities，Percent Change from Year Ago，Monthly，Not Seasonally Adjusted.

二季度雇员工资和薪金年率收入首次突破10万亿美元，达到10.08万亿美元，环比增长2.02%，同比增长12.25%。因此，居民收入和消费支撑了美国经济的修复，导致了美国经济产出缺口的快速收敛。

2021年9月之后，美国退出新冠肺炎疫情财政转移支付的刺激政策，但由于失业率降至4.8%的水平，储蓄率也相对较高，美国经济中的消费具有较好的支撑，通胀持续的时间会比原来预期的要久些。

再次，通胀失控的可能性不会太大，或者说美国经济中出现"滞胀"的概率不会太大。从长期通胀预期来看，目前处于比较高的位置尚未脱轨。依据美联储圣路易斯分行提供的数据，2021年10月15日10年期美国保本国债预期的长期通胀率为2.56%，基本达到了2013年1月的高点2.59%，离国际金融危机之前2005—2006年的高点大约2.70%的差距也不大。2021年10月15日5年期美国保本国债预期的长期通胀率为2.71%，基本达到了2008年3月的高点2.72%，离国际金融危机之前2005—2006年的高点大约

2.90%的差距也不算大。从美联储纽约分行的通胀预期调查来看，2021年10月，1年期美国保本国债的通胀率为5.3%（中值），3年期美国保本国债的通胀率为4.2%（中值），中短期居民预期的通胀率会维持在相对高的水平。1年期美国保本国债的通胀预期中值5.3%基本接近2021年9月CPI同比5.4%的增幅。

按照IMF 2021年10月的预测，2021年美国经济增长率为6.0%，2022年经济增长率为5.2%，这对美国经济来说是一个很高的增速。依据美联储2021年9月22日的经济预测，2021年美国GDP增速为5.9%，2022年GDP增速为3.8%（中值，区间为3.1%—4.9%），2023年预测中值为2.5%。因此，从GDP的预测数据来看，似乎不存在停滞，更多是相对高通胀下的相对高增长。

最后，金融市场的波动基本反映预期。从金融市场的反应来看，2021年9月至今美国三大股指依然处于高位运行，在流动性充裕的条件下，企业盈利的改善支持了股价的高位运行，但整体P/E的估值相对于2015—2019年来说，要高出15%—20%，但相对于当前的市场利率水平来说，很难说有明显的泡沫。从10年期美国国债收益率来看，2021年9月以来有一个明显的上涨。从2021年9月初的1.3%上涨至10月8日的1.61%，上涨了大约30个BP。2020年10月15日收益率为1.59%，相比2021年3月的高点1.74%尚有差距（详见图3）。美债收益率上涨呈现出节制性上涨的特征，主要原因还是供给冲击导致的实际利率重心下行和长期通胀预期没有脱轨。

至此，做一个简单的总结。由于新冠肺炎疫情依然存在不确定性，供应链瓶颈以及能源价格高涨等因素，导致物价水平会处于相对高位，且通胀持续的时间会比原来预期的要久。由于通胀预期尚未脱轨，美联储处于担忧通胀的阶段，至少目前来看，美联储还是会继续坚持流动性与政策性利率分离管理的原则，出现超市场预期的边际紧缩货币政策的概率不大。

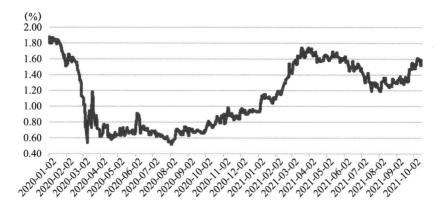

图3   2020 年 1 月 2 日至 2021 年 10 月 2 日 10 年期美国国债收益率变化趋势

资料来源：Federal Reserve Bank of St. Louis，Market Yield on U. S. Treasury Securities at 10 – Year Constant Maturity，Percent，Daily，Not Seasonally Adjusted.

美联储为什么允许通胀超调这么久?

10 月 25 日

随着通胀上扬与高企,全球多个经济体开始陆续加息。美国经济产出缺口已经收敛,通胀"超调"已经持续数月,美联储成为通胀的制造者。即使美联储于 2021 年年末开始实施 Taper,这也意味着通胀"超调"10 个月了。如果考虑在 2022 年出现加息,那么美联储允许通胀"超调"的时间将持续超过 1 年以上,这是罕见的。美联储持续允许通胀"超调",放慢货币政策转向是因为美国经济面临的环境和政策目标发生了很大变化。本文认为,只有在高通胀风险确立且美国经济中的就业基本达到目标时,美联储才会实施明确的货币政策转向,收紧货币政策。

美联储一直认为供应链瓶颈是导致物价上涨的重要因素,除了供应链瓶颈何时解除存在不确定以外,本文认为还有五个方面值得综合思考美联储的货币政策行为。

其一,美国能源自给程度高,对外依赖度不高。

如今美国经济对外部能源的依赖度与 20 世纪 70 年代"滞胀"时期的能源依赖环境相比,存在巨大反差。从近几年的原油产量来说,美国、沙特阿拉伯、俄罗斯是能够做到日产 1000 万桶原油的单个经济体,三大产油国的日产量可以达到国际市场日原油消耗量的 30% 左右,对国际市场上油价的影响举足轻重。

依据 2021 年 10 月 13 日美国能源信息署发布的《短期能源展望》中的数据,2021 年美国平均日产原油 1102 万桶,从 2019 年开始美国成为能源净出口国。截至 2021 年 6 月,美国能源净进口 –0.313178 万亿英热单位。其中天然气、煤炭和煤焦炭均为净出口国,原油还是净进口国。这与 20 世纪 70 年代美国面临的能源情况完全不同。首先，美国从能源净进口国变成了净出口国。1973 年 1 月美国能源净进口 1.047299 万亿英热单位，2019 年之后变成了能源净出口国。其次，原油对外依赖度大幅度下降。美国原油净进口最高时期是在次贷危机前夕，2006 年 8 月净进口达到了约 1.96 万亿英热单位，此后得益于美国在页岩油领域的技术进步，原油对外依存度逐步下降，到 2020 年年底时原油净进口下降至大约 0.5 万亿英热单位，截至 2021 年 6 月上升至约 0.628 万亿英热单位（详见图 1）。

（万亿英热单位）

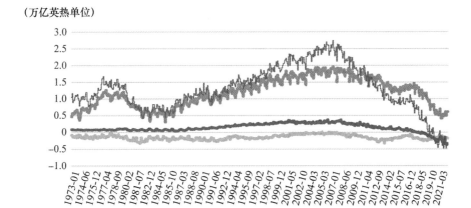

图1 美国主要能源及总能源净进口

资料来源：EIA.

其二，改变美国经济中的通胀预期结构，打破"大停滞"周期。

美国次贷危机后，经济呈现出低通胀、低增长的局面，5 年期预期通胀率在很长时间低于 10 年期预期通胀率，这导致了相对短期的低通胀也带着长期的通胀走低，从而进一步加剧了长期的低通胀环境。本文称之为通胀预期的顺周期反馈机制，这种顺周期的反馈机制会导致经济持续在低通胀下运行。长期的低通胀以及顺周期的低通胀环境使得美联储下决心改变这种通胀预期结构，打破"大停滞"周期。新冠肺炎疫情暴发后，美联储从过去的通胀控制者走向了通胀制造者，想要打破这种顺周期的通胀预期机制。美联储坚持就业优先的货币政策，在充裕流动性以及大规模的财政政策刺激下，从 2021 年 1 月中旬开始，出现了 10 年期美国保本国债预期的通胀率低于 5 年期美国保本国债预期的通胀率的情况（详见图 2）。这就是说，相对短期的通胀率高于长期通胀率，短期通胀高、长期通胀低这种逆周期的通胀预期机制为美联储提高利率和货币政策摆脱利率实际下限的制约提供了可能，为货币政策出现正常化提供了可能性。

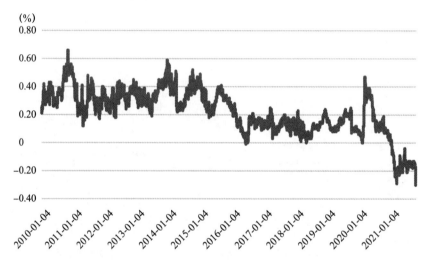

图 2 2010 年 1 月 4 日至 2021 年 1 月 4 日美国经济中长期与中期预期通胀率之差

资料来源：5 – Year and 10 – Year Breakeven Inflation Rate, Percent, Daily, Not Seasonally Adjusted, Federal Reserve Bank of St. Louis.

其三，债务上限问题影响了美联储的货币政策决策。

尽管目前美国债务上限问题暂时搁置，延迟到 2021 年年底。但在近期暂时搁置解决债务上限之前，美联储已经允许通胀连续 6 个月超调，说明债务上限问题影响了美联储的货币政策决策。如果美联储更早决定减少购债，在美债收益率过低的背景下，美国国债需求会出现困难。因此，美联储减少购债会等到美国国债收益率上扬到对国际投资者有吸引力的水平。新冠肺炎疫情暴发以来，美联储是美国国债市场上最大的买家，大约增持了新增的5万亿美元美国国债中的60%。

其四，其他经济体加息的替代效应给了美联储可以选择延缓加息的时间窗口。

2021年以来，部分发达经济体和新兴经济体由于通胀压力，开始加息。依据国际清算银行提供的数据，在发达经济体中，比如，韩国的政策性利率从2021年7月的0.5%上升至2021年9月的0.75%，冰岛的政策性利率从2021年4月的0.75%上升至2021年9月的1.25%，挪威的政策性利率从2021年8月的0上升至2021年9月的0.25%，捷克的政策性利率从2021年4月的0.25%上升到2021年9月的0.75%。在新兴市场和发展中经济体中，比如，巴西的政策性利率从2021年2月的2%上升至2021年9月的6.25%，智利的政策性利率从2021年6月的0.5%上升至2021年9月的1.5%，匈牙利的政策性利率从2021年6月的0.6%上升至2021年9月的1.65%，墨西哥的政策性利率从2021年5月的4%上升至2012年9月的4.5%，秘鲁的政策性利率从2021年7月的0.25%上升至2021年9月的1.0%，俄罗斯的政策性利率从2021年2月的4.25%上升至2021年9月的6.75%。土耳其从2020年8月就开始加息，一直从8.25%加到2021年8月的19%，2021年9月降至18%。

可以看出，2021年以来全球多个经济体率先加息控制通胀。在当前通胀压力下，其他经济体加息对美国经济的影响是正面的。首先，由于美国的贸易结构是大规模逆差，其他经济体加息降通胀有助于降低美国国内的通胀压力。其次，在流动性充裕的条件下，美国金融市场也不用担心资本外流。最后，美元指数中的经济体并未出现加息，美元指数不太会出现快速下降，从而引起美元资产的抛售。因此，在经济全球化时代，其他经济体加息控通胀的替代效应给了美联储可以选择延缓加息的时间窗口。

其五，长期通胀预期尚未脱轨，但通胀预期已经在尝试突破历史高位。

供应链存在瓶颈，同时消费比较强劲，物价上涨是必然。在存在供给冲击的背景下，紧缩的货币政策会通过抑制消费和投资，从而通过降低经济总需求来对冲由于供应链瓶颈等因素导致的物价上涨，会导致货币总量政策出现结构性的错配：某些没有供应链瓶颈的行业会因此而错杀，从而遏制经济的修复。因此，美联储在长期通胀尚未脱轨的背景下，边走边看。值得关注的是，5 年期美国保本国债隐含的通胀预期在 2021 年 10 月出现了跳跃式的上涨，从 10 月 1 日的 2.51% 上涨到 10 月 21 日的 2.94%，逼近 3% 的大关。在鲍威尔参加国际清算银行会议表态美联储将很快逐步实施 Taper 后，10 月 22 日 5 年期美国保本国债隐含的通胀率下降至 2.91%。

美联储允许通胀"超调"这么久，意味着美联储从过去的通胀控制者变成了现在的通胀制造者。从目前美联储的各种表态来看，回归控通胀的货币政策已经提上了美联储货币政策的日程。新冠肺炎疫情暴发以来，美联储从制造通胀到控制通胀，只有不到两年时间，这恐怕是美国货币政策史上时间最短的货币政策周期转换了。

2013 年的 Taper 恐慌故事

11 月 1 日

Taper 通常被称为缩减资产购买规模，Taper 最直接的作用机制是重新定义国际金融市场上的流动性成本，引发资本跨境流动，促使资产价格（包括汇率）重估调整，通过资产负债表效应影响经济主体的经济行为，从而引发一系列的经济社会后果。对新兴经济体来说，Taper 恐慌主要是由于 Taper 诱致的资本外流引发的直接问题，重点包括汇率波动和风险资产价格的重估波动。

IMF 在 2014 年 4 月的《全球金融稳定报告》中将 2013 年 Taper 恐慌时间的阶段划分为：2013 年 5 月 21 日至 2014 年 3 月 21 日，共计 10 个月的时间。本文认为这个划分值得商榷，应该包括 2014 年年中之后美元持续指数走强引起的市场动荡部分。从更长时间看，本文认为可以划分为两个阶段：一是恐慌导致资本外流，带来部分新兴经济体汇率市场和资产市场的动荡；二是 2014 年年中之后美元指数走强带来了又一波的外汇市场冲击。因此，2013 年 Taper 恐慌对部分新兴经济体的冲击应该是两次：一次由直接的资本外流引起；另一次由后续的美元指数持续走强引起。

2013 年 12 月 18 日美联储联邦公开市场委员会正式决定适度降低资产购买速度，从 2014 年 1 月开始每月减少购买 50 亿美元抵押支持债券和 50 亿美元长期国债，开启了 Taper。2013 年 5 月 23 日，时任美联储主席伯南克在国会听证会上"突然"表示将缩减购债规模，随后就引发了 Taper 恐慌。

一　2013 年的 Taper 恐慌故事

按照 IMF 2014 年 4 月的《全球金融稳定报告》划分的 Taper 恐慌时间为：2013 年 5 月 21 日至 2014 年 3 月 21 日。依据 Wind 提供的数据，Taper 恐慌时期国际金融市场恐慌指数（VIX）出现了明显上涨。以收盘价计，VIX 指数从 2013 年 5 月 21 日的 13.37 快速上涨至 2013 年 6 月 20 日的 20.49，一个多月上涨了 53.25%。此后除了 2014 年 2 月 3 日出现过高点 21.44 以外，基本保持在 20 以下运行直到 Taper 恐慌期结束。因此，真正出现 Taper 恐慌的时间大约为 1 个月，对应的就是新兴经济体大约 1 个月左右的资本外流，但汇率及风险资产价格的调整时间要长得多，主要原因是市场投资者的风险偏好一旦发生实质性逆转，短期内很难改变。美联储实施 Taper 对新兴经济体资本外流的影响是比较明显的。一个多月时间累积资本外流最大值达到了新兴经济体 GDP 的 0.16%，此后基本保持平稳。依据 IMF 提供的数据，Taper 恐慌导致新兴经济体资本持续净流出的时间大约为 36 天（详见图 1）。

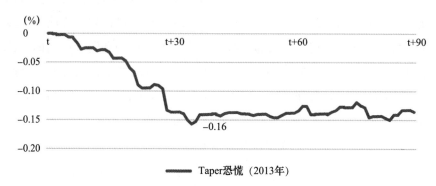

图 1　非居民流入新兴经济体的资金占 GDP 的累计比例

资料来源：IMF, *Global Financial Stability Report*, April 2020.

2013 年 5 月下旬开始的 Taper 恐慌使部分新兴经济体经历了不同程度的汇率贬值。其中，巴西、南非、俄罗斯、印度尼西亚、土耳其、乌克兰和阿根廷的货币贬值幅度超过了 10%（详见图 2）。按照国际清算银行提供的数据，部分新兴经济体提高了政策性利率水平，但货币还是贬值了。巴西从 2013 年 4 月开始加息，到 Taper 恐慌结束时，政策性利率从 2013 年 3 月的 7.25% 上涨至 10.75%（此后继续加息，一直加到 2015 年 7 月的 14.25%）；阿根廷从 2013 年 12 月才开始加息，政策性利率从 9.5% 一次性加息到 2014 年 1 月的 25.5%，2014 年 3 月达到了 28.6%；2013 年 5 月至 2014 年 3 月，印度尼西亚政策性利率从 5.75% 上涨至从 7.5%；印度的政策性利率从 7.25% 上升至 8%；南非的政策性利率从 5% 上升至 5.5%；土耳其的政策性利率从 4.5% 上升至 10%。换言之，在恐慌导致资本外流的背景下，这些经济体加息也没有挡住本国货币的贬值。

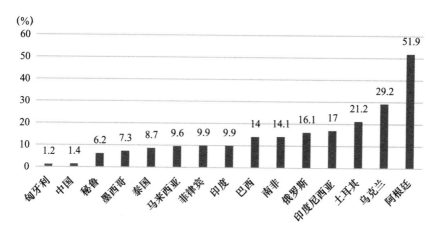

图 2　2013 年 5 月 21 日至 2014 年 3 月 21 日部分新兴经济体汇率贬值幅度
资料来源：IMF.

当然，在这期间并不是所有新兴经济体都选择加息，也有经济体由于国内经济的需要，降低了政策性利率。比如，2013 年 5 月至 2014 年 3 月，波兰的政策性利率从 3% 下降至 2.5%；俄罗斯的政策性利率从 8.25% 下降至 7%；匈牙利的政策性利率从 4.5% 下降至 2.6%；秘鲁的政策性利率从 4.25% 下降至 4%；中国的政策性利率从 5% 下降至 4%。

不论加息还是降息，在资本外流引发的一系列问题的影响下，Taper 恐慌导致的风险偏好下降等因素，使得部分新兴经济体的股市风险资产价格也出现了较大幅度的向下调整。俄罗斯、泰国、印度尼西亚、巴西、匈牙利和土耳其的股市向下调整的幅度均超过 20%，进入了技术性的熊市阶段。

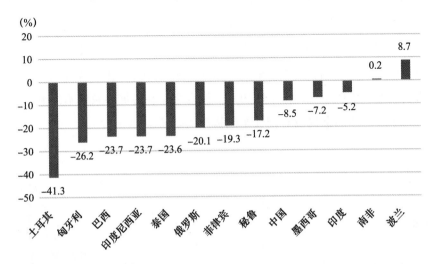

图3　2013 年 5 月 21 日至 2014 年 3 月 21 日部分新兴经济体股市调整幅度

资料来源：IMF.

因此，对于新兴市场经济体来说，2013 年 Taper 恐慌主要表现为：资本外流引发了汇率贬值以及风险资产价格向下调整。不同经济体由于宏观经济基本面存在差异，在外部金融环境收紧时，其风险暴露程度存在显著差异，汇率及金融资产价格受到冲击的差异也是巨大的。

二　第一阶段：资本流动状况是关键

当一个新兴经济体经常账户存在较大规模的逆差，靠短期资本流入来弥补经常账户逆差时，外部环境收紧导致资本外流，对该经济体的冲击是巨大的。1998 年东南亚金融危机就是典型的案例。反之，当一个新兴经济体的经常账户具有一定规模的顺差，即使有一定规模的短期外债，也可以有足够的偿债能力，外部金融环境收紧对其冲击有限。当然，当一个经济体流入的短期资金（组合投入资金）过多时，在外部货币环境收紧时也会因为资金较大规模的流出导致汇率及风险资产价格出现较大规模的调整。

按照 IMF 2014 年 4 月提供的数据，2008 年国际金融危机后，新兴市场组合投资外流达到 2461.4 亿美元，从 2009 年开始组合投资重新流入新兴经济体，2009—2012 年流入新兴经济体组合投资的数量总计达到 9610.6 亿美元，4 年时间流入的组合投资接近 1997—2007 年 11 年时间流入的 9941.5 亿美元。在 2013 年 Taper 时，流入新兴市场的短期资本数量是比较大的。因此，在 Taper 恐慌引起资本外流之前，新兴经济体内部累积了规模较大的短期国际资本。

2020 年 3 月全球金融大动荡发生之后，短期内新兴经济体也经历了资本外流和货币贬值。从 2020 年年初到 2020 年 3 月 19 日（3 月 23 日是全球股市的低谷）2 个多月的动荡时期，不少新兴经济体经历了汇率急剧贬值的冲击。例如，巴西、墨西哥、俄罗斯和南非的货币经历了 20%—30% 的贬值。随着金融市场动荡的逐步平复，国际资金开始回流到新兴经济体，2020 年流向新兴经济体的资金数量总体为正。这很类似于 2013 年的 Taper，依据 IMF 2014 年 4 月提供的数据，2013 年流向新兴市场经济体的组合资金数量达到了 2217.8 亿美元，比 2012 年减少了 1465.4 亿美元。

三　第二阶段：美元指数走强是动荡持续的助推器

美元指数直接取决于美元指数中经济体的经济状态以及这些经济体与美国的利差变化。Taper 恐慌直接引起了美国金融市场的利率上扬。2013 年 5 月 21 日，10 年期和 5 年期美国国债收益率分别为 1.94 和 0.84%。按照

IMF 对 Taper 三个过程的划分，第一个阶段 2013 年 6 月底结束时，10 年期和 5 年期美债收益率分别上涨至 2.52% 和 1.41%。一个多月的时间，金融市场上收益率提高了近 60 个 BP。10 年期美国国债阶段性最高点出现在 2013 年 12 月 31 日，达到了 3.04%；5 年期美国国债阶段性最高点出现在 2013 年 9 月 5 日，达到了 1.85%。因此，从 Taper 恐慌开始到市场收益率最高点，10 年期和 5 年期美国国债收益率分别上涨了 56.7% 和 120.2%。

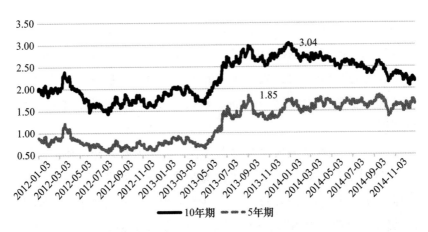

图 4　2012 年 1 月 3 日至 2014 年 11 月 3 日 10 年期和 5 年期美债收益率的变化
资料来源：Federal Reserve Bank of St. Louis.

　　一般来说，美债收益率上涨会引发美元指数走强，这主要取决于市场流动性松紧和美元资产的相对吸引力。由于美元指数中欧元占比高达 57.6%，欧元区金融市场利率变动就至关重要。2008 年国际金融危机之后，2009 年欧洲债务危机逐步爆发，一直持续到 2012 年欧洲债务危机才开始出现缓释。在美联储 2013 年下半年计划实施 Taper 时，欧元区还在经历欧债危机的折磨。欧元区央行资产负债表与美联储是逆向变动的，欧洲经济周期与美国经济周期是不同步的，甚至是相反的。2014 年年初实施 Taper 到 2015 年 12 月美联储首次加息，明确步入加息缩表阶段。而此时的欧洲央行还处于扩表阶段，以扩张性的政策对冲欧洲债务危机带来的经济下行压力。依据欧洲实行网站提供的数据，2014—2015 年欧洲央行总资产扩张了 0.573

万亿欧元;2015—2016 年扩张了 0.83 万亿欧元;2016—2017 年扩张了
0.857 万亿欧元。欧洲央行的扩表,导致欧元区金融市场利率下降,从而使
得美国 10 年期国债和欧元区 10 年期国债的收益率差急剧扩大。从 2013 年 5
月下旬 Taper 恐慌开始,10 年期美债收益率上扬,而欧元区 10 年期债务收
益率在欧洲央行扩表的背景下是下行的,导致了 10 年期美国与欧元区国债
收益率之差不断扩大。2013 年 5 月 21 日两者之差为 0.2015%,2013 年年底
上升到 0.799%,到 2014 年 3 月 21 日两者之差也达到了 0.878%。此后也
是扩大的,在 2014 年年底美欧 10 年期国债市场收益率之差超过 1.5%。因
此,可以认为欧洲央行持续扩表导致 2014 年年中之后美欧国债收益率之差
在超过 1% 后持续扩大,是导致美元指数后来持续走强的重要原因。

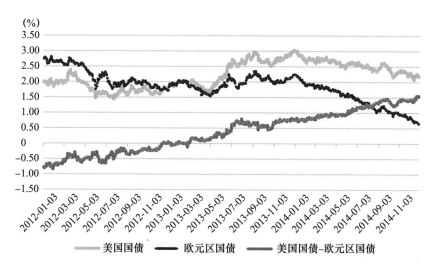

图 5 2012 年 1 月 3 日至 2014 年 11 月 3 日 10 年期美国和
欧元区国债收益率及两者之差

注:剔除了两者由于市场交易时间存在差异导致不匹配的数据。

资料来源:10 年期美国国债收益率来自 Federal Reserve Bank of St. Louis,10 年期欧元区国债收
益率来自 Wind 数据库。

从同一时期日本金融市场的收益率来看,10 年期日本国债收益率也呈

现出明显的下降态势。2013 年 5 月 21 日 10 年期日本国债收益率为 0.882%，2014 年 3 月 20 日为 0.595%。从英国金融市场收益率来看，2013 年 5 月 21 日 10 年期英国国债收益率为 2.0146%，2014 年 3 月 20 日为 2.7121%，英国金融市场利率是上升的。由于欧元和日元在美元指数中的占比高达 71.2%，美国国债与欧元区国债、日本国债收益率差的扩大，导致了美元指数具备了后期持续走强的基础。

Taper 恐慌后，美元指数走强呈现出一定的滞后性。2013 年 5 月 21 日至 2014 年 3 月 21 日，以收盘价计，按照 WIND 提供的数据，这个时期美元指数贬值了 3.9%。因此，最初 Taper 恐慌引起新兴经济体外汇市场动荡是资本外流导致的，并不是由美元指数走强所致。

美元指数走强是从 2014 年 6 月底开始的，美元指数从 2014 年 6 月 30 日的 79.79 一直上涨到 2015 年 3 月 13 日的 100.1485（阶段性首次突破 100）（详见图 6），8 个多月的时间，美元指数涨幅高达 25.5%。此后美元指数一直维持在高位运行，直到 2017 年的年中。因此，2015—2017 年全球不少新兴经济体的货币都面临着贬值压力，形成了新一轮的外汇市场动荡。

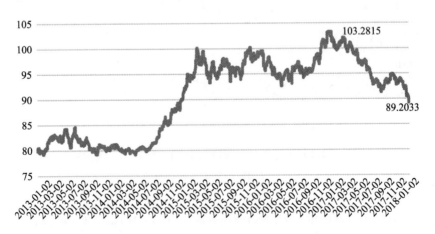

图 6　2013 年 1 月 2 日至 2018 年 1 月 2 日美元指数走势

资料来源：Wind 数据库。

2017 年 7 月 18 日，美元指数下降到 95 以下，结束了美元指数高位运行的状态，2018 年 1 月 24 日，美元指数跌破 90，全球外汇市场进入了相对平稳的运行状态。

简言之，2013 年 Taper 恐慌的逻辑如下：2013 年 5 月下旬伯南克关于 Taper 的言论导致美债收益率急剧上扬（联邦基金政策性利率未动），引发了新兴经济体资本回流，导致汇率贬值和风险资产价格下跌；2014 年年中之后在美欧国债市场收益率差持续扩大的背景下，美元指数开始走强，8 个多月美元指数涨幅高达 25%，引发了新兴经济体新一轮的货币贬值压力，一直持续到 2017 年年中。Taper 恐慌可以被划分为两个阶段：一个阶段是资本外流引起的恐慌，另一个阶段是美元走强带来的外汇市场持续动荡。

2013 年 Taper 恐慌故事说明无序的跨境资本流动对新兴经济体来说隐含着巨大的风险。因此，跨境宏观审慎管理极其必要，资本账户完全自由化的风险还是显而易见的。当然，良好健康的经济基本面是吸收并化解冲击程度的根本，不同新兴经济体在 2013 年 Taper 恐慌中表现出来的差异是巨大的，其背后是经济基本面的差异。

历史不会重演，过程却会重复相似，但程度可能不同。在美联储即将重启新一轮的 Taper 时，希望不会、也应该不太会重复上演 2013 年的 Taper 故事。

金融市场对两次 Taper 的预期
为何存在巨大差异?

11 月 4 日

本文认为,美联储以及欧洲央行对不确定条件下增长的渴望压制了对通胀的担忧,并在较大程度上说服了国际金融市场投资者关于通胀是暂时的判断具有可信性,从而保持了国际金融市场投资者的较高的风险偏好,金融市场资产价格并未出现较大的调整或是动荡,这是导致两次 Taper 预期金融市场反应差距巨大的根本原因。

2021 年 9 月 22 日,笔者在中国人民大学宏观经济论坛(CMF)上发表了《美联储实施 Taper 还有哪些顾虑?》,文章认为,美联储为了应对新冠肺炎疫情的不确定性,可能的结果是:保留相机抉择权的 Taper 或者 Taper 有备案。

2021 年 11 月 3 日,美国联邦公开市场委员会给出了相机抉择的 Taper 实施方案:鉴于自 2020 年 12 月以来经济在实现委员会目标方面取得了实质性的进一步进展,委员会决定开始将每月净资产购买速度降低 150 亿美元(100 亿美元国债 + 50 亿美元抵押支持债券)。从 2021 年 11 月中下旬开始,委员会将每月增加至少 700 亿美元的美国国债和 350 亿美元的抵押支持债券。从 2021 年 12 月开始委员会将每月增加购买至少 600 亿美元的美国国债和至少 300 亿美元的抵押支持债券。委员会认为,每月类似的降低净资产购买速度可能是合适的,但如果经济前景发生变化,它准备调整购买速度。美联储只公布了两个月的具体 Taper 举措,美联储的购债规模从 1200 亿美元/月下降至 900 亿美元/月。同时保留了未来 Taper 的相机抉择性。但强调购债缩减与加息完全不同，继续坚持流动性与利率分离管理的货币政策策略。

从 2021 年 9 月开始，美联储暗示将在未来不久实施 Taper 计划，国际金融市场资产价格的走势依然保持稳中有升，美股反而不断创新高。反观 2013 年的 Taper 预期却引起了国际金融市场的恐慌，同样都是 Taper 预期阶段，为什么差距这么大呢? 根本原因是: 对不确定性条件下增长的渴望压制了对通胀的担忧。

我们先看一下 2021 年 9 月以来美欧金融市场收益率和资产价格的变化。以收盘价计，2021 年 9 月以来美国和欧洲部分重要股市的涨幅，基本都经历了 9 月底 10 月初的一波向下调整，然后再走高。2021 年 9 月 1 日至 11 月 2 日，这些股市的涨幅不大，基本在 0—3% 的区间。

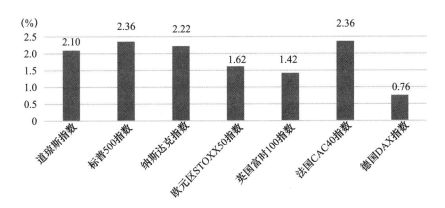

图 1   2021 年 9 月 1 日至 2021 年 11 月 2 日美欧股市的涨幅

资料来源: Wind 数据库。

从市场收益率的变化来看，美欧国债市场也出现了类似的情况，经历了先涨然后向下调整的过程。10 年期美国国债从 2021 年 9 月 1 日的 1.31% 上涨至 10 月 20 日的 1.65%，涨幅高达约 26%，随后向下调整，截至 2021 年 11 月 2 日，市场收益率为 1.56%，这期间涨幅也达到了 19.1%。欧元区 10 年期国债收益率从 2021 年 9 月 1 日的 −0.3743% 上涨至 10 月 21 日的

-0.0707%，截至 11 月 1 日再次下降为 -0.08565%。对于近期欧元区利率上涨的原因，欧洲央行行长拉加德认为主要原因是市场对通胀前景的不确定性增加，国外对欧元区政策利率预期的溢出效应，以及一些关于资产购买校准的问题。

从结果来看，国际金融市场国债收益率自 2021 年 9 月以来都出现了明显上涨，而且上涨的幅度并不小，但国债收益率的普遍上涨并没有带来风险资产价格的下挫。这说明整个市场投资者的风险偏好并未逆转，还保持在比较高的风险偏好状态。

从美元指数走势来看，2021 年 9 月 1 日美元指数为 92.2167，截至 11 月 2 日的收盘指数为 94.1070，美元指数上涨了 2.05% 左右，这与美国金融市场 Taper 预期导致的收益率上涨有关。与 2013 年的 Taper 预期明显不同，2013 年 5 月开启 Taper 后，金融市场国债收益率持续上涨，但美元指数反而是下跌的，直到 2014 年 6 月才开始了持续的上涨。同时，这次 Taper 预期期间也没有出现跨境资本流动的剧烈变化以及新兴经济体外汇市场的动荡。

从美国金融市场长短期国债收益率之差来看，近期出现了平缓化的趋势，尤其是从 2021 年第二季度以来，长短期国债利差下降，也表明金融市场预期 2021 年第三季度的美国经济增长并不乐观。10 年期和 2 年期美国国债收益率之差在 2021 年 3 月 29 日达到阶段性高点 1.59%，截至 2021 年 11 月 2 日两者收益率之差为 1.10%（详见图 2）。但相比新冠肺炎疫情前来说，两者收益率之差是明显扩大的，这也反映了美国经济增长率预期要高于疫情前的事实。不论是按照 2021 年 9 月美联储还是 10 月 IMF（WEO）的预测，2022 年甚至 2023 年美国经济增速是要高于新冠肺炎疫情前的增速的。当然，长短期美国国债收益率之差的扩大，还有一个重要原因是短期债券收益率在流动性充裕和政策性零利率的作用下一直被压制在很低的水平。

从美国和欧元区 2021 年以来的增长和通胀来看，美国 2021 年第三季度的实际 GDP 年度增长率仅为 2.0%，而 2021 年第一、第二季度分别是 6.3% 和 6.7%，第三季度的增长率是经济修复以来的最慢增速。2021 年 9 月美国经济中的 PCE 达到了 4.4%，通胀已经连续 7 个月超调。欧元区 2021

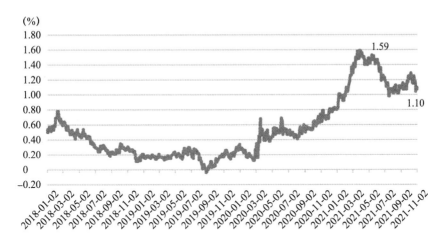

图2 2018 年 1 月 2 日至 2021 年 11 月 2 日美国 10 年期和 2 年期国债收益率之差

资料来源：Federal Reserve Bank of St. Louis.

年第一季度 GDP 环比增长率为 − 0.3%，第二季度为 2.1%，第三季度为 2.2%，呈现出继续修复的态势。2021 年 9 月欧元区 HICP 同比上涨 3.4%，10 月 HICP 预估值高达 4.1%，截至 2021 年 10 月计算，通胀超过 2% 已经有 4 个月时间。欧元区通胀与美国的通胀结构有类似之处，大多与新冠肺炎疫情导致的供应链瓶颈有关。2021 年 9 月欧元区通胀率最高的分类项是交通，年率增长为 8.5%，占 HICP 构成权重的 13.7%；住房、电力和天然气等年率上涨 5.9%，占 HICP 构成权重的 17.7%，其他分类项的价格上涨幅度均小于 2021 年 9 月的通胀率 3.4%。

目前美联储选择了相机抉择的 Taper，而欧元区目前仍然坚持紧急抗疫购债计划。一方面是由于美联储和欧洲央行还是认为未来的通胀会缓和，会随着供应链瓶颈的逐步缓解而出现通胀的回落，但持续的时间会比较长。鲍威尔在 2021 年 11 月 3 日的联邦公开市场委员会会议中还是坚持了通胀是暂时的，认为"新冠肺炎疫苗接种方面的进展和供应限制的缓解预计将支持经济活动和就业的持续增长以及通货膨胀的降低"。2021 年 11 月 3 日，欧洲央行行长拉加德在葡萄牙银行成立 175 周年之际在里斯本的讲话上也认为，尽管目前通胀率飙升，但中期通胀前景依然缓和。同时，她认为在

2021 年年底欧元区经济将基本修复到新冠肺炎疫情前的水平，2021 年 12 月会考虑欧洲央行的债务购买校准计划。

另一方面，更重要的是，在通胀预期存在不确定性的背景下，此次的 Taper 方案反映出美欧对不确定性条件下增长的渴望压制了对通胀的担忧，并在较大程度上说服了国际金融市场上的投资者关于通胀是暂时的判断具有可信性。这是此次 Taper 与 2013 年 Taper 最大的不同，也是导致国际金融市场对两次 Taper 预期反应存在巨大差异的根本原因。

那么未来会如何？还是要取决于市场与美联储之间的博弈。

新冠肺炎疫情财政刺激政策使
美国贸易逆差创历史新高

11 月 18 日

美国贸易逆差创新高，不是因为美国经济的出口没有修复，而是激进的新冠肺炎疫情财政政策所致。激进的财政政策刺激了美国经济中的消费，导致进口大幅度上涨。目前，美国居民储蓄率与新冠肺炎疫情前基本一致，在财政赤字规模居高不下的 2021 年，美国经济对外贸易赤字总量会创年度历史新高，也使得美国在扮演全球"风险资本家"的路上越走越远，加剧了全球的外部不平衡。

2021 年 3 月以来，美国经济中商品和服务的月度出口再次达到 2000 亿美元，基本恢复到新冠肺炎疫情前的水平；而进口出现了超级修复，2021 年 3 月之后的月度进口量比新冠肺炎疫情前要高出 200 多亿美元。美国经济的贸易赤字进一步扩大，2021 年 9 月的贸易赤字再创历史新高，达到 809.34 亿美元（详见图 1）。2021 年美国经济对外贸易赤字总量也将创年度历史新高。

如果从货物进出口来看，美国经济贸易赤字规模更大。2021 年 9 月货物贸易赤字规模高达 981.56 亿美元，再创历史新高。目前美国经济中货物出口总量已经恢复到疫情前的水平，甚至比疫情之前还要略好，主要是货物进口量增长较快。2021 年 3 月以来货物月度进口比疫情前要高出 200 多亿美元（详见图 2）。2021 年 3—9 月货物月度进口比 2019 年同期月均增长了大约 251.6 亿美元，比 2018 年同期月均增长了 241.4 亿美元。

从相对逆差数据来看，依据 IMF 提供的数据，2020 年美国对外贸易逆

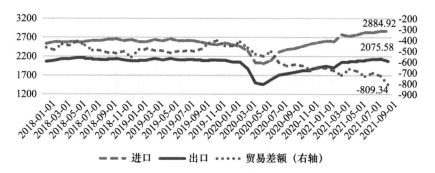

图 1   2018 年 1 月 1 日至 2021 年 9 月 1 日美国经济进出口数量的变化

资料来源：Federal Reserve Bank of St. Louis，Exports and Imports Goods and Services：Balance of Payments Basis，Millions of Dollars，Monthly，Seasonally Adjusted.

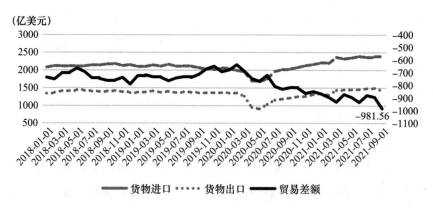

图 2   2018 年 1 月 1 日至 2021 年 9 月 1 日美国经济货物贸易进出口数量的变化

资料来源：Federal Reserve Bank of St. Louis，Exports and Imports Goods and Services：Balance of Payments Basis，Millions of Dollars，Monthly，Seasonally Adjusted.

差占 GDP 的比例比 2019 年增加 0.74 个百分点，预计 2021 年比 2020 年增加 0.52 个百分点，创下了 2009 年以来的对外贸易最大相对赤字率（详见图 3）。

2020 年以来，在出口量已经恢复到、甚至好于新冠肺炎疫情前水平的状态下，美国经济对外贸易赤字的扩大是财政刺激政策下货物进口较大幅度增长的结果。依据美国财政部网站公布的数据，2020 年美国财政赤字为

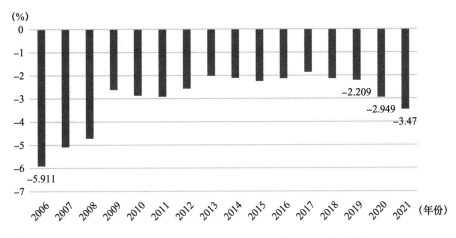

图3 2006—2021年美国对外贸易赤字占 GDP 的比例

资料来源：IMF，WEO.

3.129 万亿美元，2021 年财政赤字为 3.003 万亿美元。为应对新冠肺炎疫情冲击的美国财政预算总额高达 4.7 万亿美元，截至 2021 年 8 月 31 日实际支出为 3.4 万亿美元，占预算的 72.48%；已承诺的支出为 3.88 万亿美元，占预算支出的 82.73%。巨大的财政赤字带来了居民直接转移支付数量的增长，带来了居民收入的增长。2020 年第二季度转移支付占个人收入的比例高达 27.69%，2021 年第一季度也高达 27.36%（详见图4）。

个人收入的增长与 2020 年 3 月、2020 年 12 月及 2021 年 3 月共计 3 次大规模的发放家庭和工作救助直接相关。2020 年 3 月美国出台了《新冠病毒援助、救济和经济安全法案》（以下简称 CARES 法案），2020 年 12 月底出台了《2020 年新冠肺炎疫情相关税收减免法案》，2021 年 3 月初又出台了《美国救援计划法》。在财政转移支付的刺激下，美国居民收入上升。2020 年美国经济深度下滑，GDP 同比增长 –3.5%，但 2020 年任何一个季度的收入都要高于 2019 年，2021 年第一至第三季度的收入要高于 2020 年同一周期。收入增加刺激了消费，个人支出从 2020 年第二季度后开始回升，目前已经超过线性趋势表达的值。美国居民的消费已经完全修复，且表现比较强劲。2021 年第三季度个人支出年率高达 15.95 万亿美元。

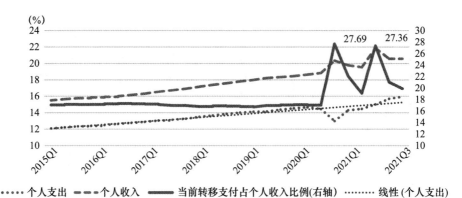

图 4　2015Q—2021Q3 美国经济中个人收入、支出及转移支付占个人收入的比例

注：收入和支出均为季度调整的年率。

资料来源：BEA，National Income and Product Accounts.

　　从投资来看，美国经济中的总投资并未出现显著增长，2020 年第四季度年率总投资达到 4.895 万亿美元，比 2019 年第四季度年率总投资增长了 1637 亿美元；2021 年第三季度年率总投资比 2020 年第四季度年率总投资增长了 1756 亿美元。由于美国经济中私人投资占总投资的比例在 84% 左右，那么投资增加不显著，私人收入的增加会导致美国居民储蓄率出现阶段性的增长，尤其是在 2020 年 4 月储蓄率高达 33.8%，2021 年 3 月也高达 26.6%，这两个时间点均为收到财政救助的时期。但当财政转移支付逐步退出时，2021 年 9 月美国经济中个人储蓄率快速下滑至 7.5%，与 2018—2019 年月度均值 7.6% 相差不大（详见图 5）。这说明美国居民基本度过了新冠肺炎疫情期间的谨慎性储蓄阶段，同时也反映在相对强劲的居民消费支出行为上。

　　至此，我们可以发现，新冠肺炎疫情下财政刺激政策进一步推高了美国的贸易逆差。在美国经济中个人储蓄率并未出现永久性提高的背景下，在财政赤字迅速加大的条件下，即使投资提高的幅度不大，最终表现为美国经济常账户逆差的扩大。这符合开放条件下的储蓄减去投资等于经常账户余额会计恒等式表达的含义。尽管说资本跨境流入不一定是为了完全弥补

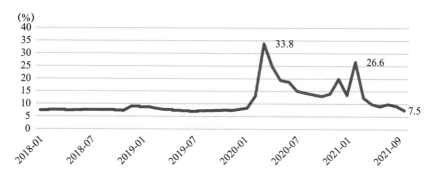

图5 2018年1月至2021年9月美国经济中的个人储蓄率

注：个人储蓄率是指储蓄占个人可支配收入的比例。

资料来源：BEA，Personal Income and Its Disposition，Monthly.

经常账户逆差，因为全球经济周期与金融周期在很多时期都是不同步的。但贸易逆差终究需要通过从外部借入资金来融资，因为即使是国际货币，也不可能通过无限制印钞去购买外国产品。

2020年美国贸易赤字为6766.85亿美元，2021年1—9月为6385.75亿美元。可以认为新冠肺炎疫情以来，美元通过经常项目逆差外流了大约1.32万亿美元。外流的美元一方面反映在国际外汇储备的增加；另一方面美国也从外部借入大量的资金来弥补经常账户逆差以及对外投资的需要。

截至2021年第二季度，全球已分配外汇储备数量达到了11.953万亿美元，所有储备达到了12.817万亿美元。2019年年底至2021年第二季度，全球已分配外汇储备增加了8787.75亿美元。其中，美元增加了3538.7亿美元，占比大约为40%；欧元增加1763.6亿美元，占比大约为20%。人民币增加比较快，增加了974.4亿美元，占新增已分配外汇储备的11%左右。

美国同时也从外部借入大量的资金。依据美国经济分析局提供的数据，2021年第二季度美国对外投资净头寸约为－15.42万亿美元，而2020年第一季度末约为－12.12万亿美元。可以大致认为新冠肺炎疫情暴发以来美国从外部净借入大约3.3万亿美元。美国靠美元国际货币体系和发达的金融市场，完成了弥补经常账户逆差和对外投资所需要的资金循环。值得关注的是，相比2018年第四季度，2019年第四季度美国从外部净借入资金多了大

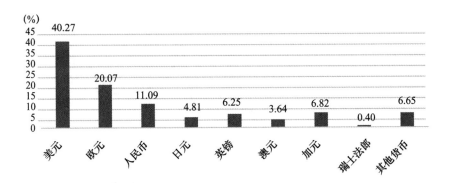

图6　2020—2021年第二季度全球新增外汇储备货币占比

资料来源：IMF，CPFER.

约1.55万亿美元；相比2019年第四季度，2020年第四季度美国从外部净借入资金多了大约2.78万亿美元；而2021年第二季度则比2020年第四季度净借入资金多了大约1.41万亿美元。因此，可以看出，相比新冠肺炎疫情前，美国从外部净借入的资金数量大幅度增长。这也说明，此轮美联储扩表增加的资金相当大一部分还是留在或者回流到美国境内，这也是导致美国金融市场流动性一直很充裕的原因。

因此，新冠肺炎疫情下激进的财政刺激政策，使得2021年美国经济对外贸易赤字总量会创年度历史新高，也使得美国在扮演全球"风险资本家"的路上越走越远，加剧了全球的外部不平衡。

美联储硬扛通胀？还是提前加大紧缩？

11 月 15 日

美联储是硬扛通胀，还是加大缩减购债规模、甚至提前加息？这是当下国际金融市场最关注的问题之一。本文认为，美国及美联储可能会采取以下三个步骤，步骤一：着手尽力解决能源价格持续上涨的问题。步骤二：努力尝试解决供应链瓶颈推动物价上涨的问题。步骤三：观察前面两个措施对抑制物价上涨的效果，确认通胀是否是暂时性的，再决定下一步的政策行动。换言之，美联储首先会选择硬扛通胀，在步骤一和步骤二效果不佳的前提下，且表现出持续的就业改善和工资上涨，那么美联储才会加大缩减购债规模并加息。

2021 年 11 月 3 日美联储公布了为期两个月的具体减少购债计划，每个月减少购债 150 亿美元。但同时联邦公开市场委员会表示，"如果经济前景发生变化，准备调整购买速度"。如果按照目前的缩减购债进度，那么到 2022 年年中购债结束时，美联储总资产会增长到大约 9 万亿美元。相对于 2020 年 3 月初，美联储总资产在两年多一点的时间内，增长幅度高达 112%。

依据美国劳工统计局最近公布的数据，2021 年 10 月美国经济中 CPI 超市场预期，同比上涨 6.2%，创 1990 年 11 月以来最大涨幅；核心 CPI 同比上涨 4.6%，创 1990 年 11 月以来的最大涨幅。此轮通胀导致美国经济中的通胀率已经连续 8 个月 "超调"。由于通胀是利率变化的驱动因素，通胀已成为美国宏观政策中最受关注的变量，影响美联储的货币政策及财政政策，也直接影响全球金融市场风险资产价格的重估和调整。

从此轮通胀的快速、持续上涨来看，有两个边际上最重要的推动因素。

首先，大宗商品价格大幅度上涨是推动物价快速、持续上涨的关键边际因素。美联储圣路易斯分行最近的一项研究表明，大宗商品价格的变化与美国经济中总体个人消费支出价格指数（PCEPI）通胀高度相关，平均相关系数为 0.70；大宗商品价格变化与核心 PCE 通胀之间的平均相关性为 0.47，明显弱于整体通胀。

2020 年年底以来，全球大宗商品价格指数出现了陡峭式上涨（详见图 1）。由于较低的基数效应，2021 年 4 月全球大宗商品价格指数同比上涨 72.7%，2021 年 9 月同比涨幅也达到 59.5%。截至 2021 年 9 月，2021 年只有在 8 月大宗商品价格指数出现了环比 1.5% 的负增长之外，其余月份的环比均是正增长，9 月环比涨幅达到了 5.4%。从美国大宗商品的生产价格指数来看，2021 年 10 月同比涨幅高达 22.2%，从 2021 年 3 月以来同比一直保持 2 位数的增幅。从环比涨幅来看，自 2020 年 5 月以来均是正增长，2021 年 10 月环比涨幅也达到了 2.0%。

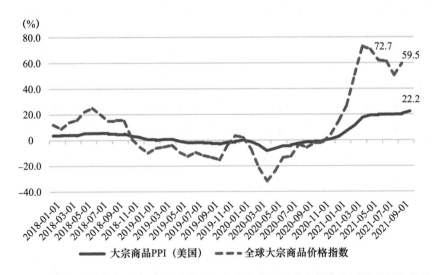

图 1 2018 年 1 月 1 日至 2021 年 9 月 1 日全球及美国大宗商品价格指数的同比变化

资料来源：Federal Reserve Bank of St. Louis, Producer Price Index by Commodity: All Commodities, Percent Change from Year Ago, Monthly, Not Seasonally Adjusted; Global Price Index of All Commodities, Percent Change from Year Ago, Monthly, Not Seasonally Adjusted.

因此，美国经济中大宗商品价格环比持续上涨，环比较大涨幅是推动美国物价持续上涨边际上的关键因素。例如能源价格中原油价格上涨立即就会传递到汽油价格上涨，立即会推高消费者价格指数。这也是大宗商品价格指数与美国整体物价指数具有较高相关性的原因。

其次，供应链瓶颈导致的供需错配以及运输费用也是推动物价持续上涨的重要边际因素。2021年以来供应链瓶颈导致美国经济中货物价格上涨的例子很多：由于缺"芯"，导致汽车价格出现较大幅度上涨；由于缺少卡车司机导致港口排队、拥挤以及运输费用大涨等。

从最近一段时间来看，天然气价格出现了一定程度的下跌。依据美国能源信息署的数据，此轮美国天然气的期货合约价格高点出现在2021年10月5日，达到6.312美元/百万英热单位，截至2021年11月11日下跌至5.149美元/百万英热单位，下跌幅度约为18.4%，出现了阶段性的拐点，但仍比2020年增加了2.118美元/百万英热单位。原油价格一直保持在相对高位运行。截至2021年11月11日，WTI原油期货价格为81.59美元/桶。除了2021年11月4日外，近1个月以来，WTI原油价格均在80—85美元/桶的价格区间运行，油价目前尚未出现阶段性的拐点。国际市场原油供应的复杂格局决定了油价目前还不太容易出现明确的阶段性拐点。

从国际海运即时运输费用来看，出现了明确的阶段性拐点。波罗的海干散货指数从2021年10月7日高点5650开始下降，截至2021年11月12日，这一指数为2807，下降幅度高达50%。截至2021年11月12日，一年以来该指数上涨了149.7%，两年以来该指数上涨了107.3%，长期来看，该指数涨幅明显。明确的阶段性拐点表明，国际运输费用开始逐步回归理性，这背后的原因是企业商品库存行为在逐步回归理性，预防性囤积库存行为开始减弱。

至此我们可以看出，供给冲击是导致此轮物价快速、持续上涨的边际关键因素。尽管美国经济中消费需求恢复到新冠肺炎疫情前水平，但在推动物价上涨上还构不成重要的边际推动因素。2020—2021年两年美国财政赤字高达约6.3亿美元，转移支付成为美国居民收入的重要来源。依据美国经济分析局的数据，2021 年第三季度个人转移支付占个人收入的比重仍有 19.9%，这比 2015 年第一季度到 2020 年第一季度平均大约 17% 的比例还要高出近 3 个百分点。随着财政刺激的退出，2021 年第四季度美国居民收入能否持续上升需要观察，这也直接取决于就业改善状态。

在上述逻辑下，本文认为美联储应该不会贸然因为 2021 年 10 月物价涨幅的超预期而匆忙改变 11 月 3 日推出的相机抉择 Taper 方案。

美联储在美国经济逐步修复以来，大幅度提高了对通胀的容忍度，根本原因还在于其就业优先的货币政策，其背后是对美国经济相对高增长的渴望。至于这次美联储能否打破美国次贷危机以来的"大停滞"周期，时间能够给出确切的答案。

近期美元指数走强反映了货币政策周期的非同步性

11 月 22 日

近期美元指数走强的背后是美国和欧元区、日本等经济修复周期的非同步性，也体现了货币政策周期的非同步性。目前美欧经济周期及货币政策周期非同步性并不是很强，这与 2015 年的美欧经济及货币政策情况有所差异。IMF 预计 2022 年美国经济依然能保持比较强劲的增长，本文认为还是需要重视美元指数走强背后的货币政策周期非同步性程度。

以收盘价计，2021 年 11 月 19 日美元指数站上 96，收盘价 96.067，是 2020 年 7 月下旬以来的最高点，基本接近 2019 年年底或者 2020 年年初的水平（详见图 1）。2020 年年初美联储总资产约为 4.17 万亿美元，截至 2021 年 11 月 18 日，美联储总资产高达 8.67 万亿美元。在美联储总资产扩张了 4.5 万亿美元的背景下，现在的美元指数基本和 2020 年年初接近。

美联储如此爆表，美元指数并没有出现明显的下降，为什么会出现这种情况？这就是美元指数的编制构成问题，美元指数反映的是一个利益集团，其强弱只是和美元指数中经济体的货币直接比较。截至 2021 年 11 月 19 日，美元指数 2021 年以来上涨了 6.79%，主要是美元指数构成中欧元和日元两种重要货币相对于美元是贬值的。欧元兑美元 2021 年以来贬值了 7.66%，日元兑美元贬值了 10.37%，由于这两种货币占据了美元指数 71.2% 的份额，直接导致了美元指数的上涨。

近两个多月以来，美元指数呈现出上涨态势，其原因是欧元区和日本经济修复和美国经济修复的非同步性。这就会反映在美国货币政策和欧元

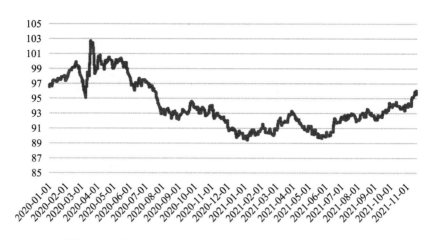

图1　2020 年 1 月 1 日至 2021 年 11 月 1 日美元指数的走势

资料来源：Wind 数据库。

区、日本货币政策及政策预期的非同步性上，导致了美元相对于欧元和日元走强。

近期美联储、欧洲央行以及日本央行的政策性利率没有什么变化，短期债券市场收益率的变动是导致美元相对于欧元和日元走强的重要原因。从实际数据来看，2021 年 9 月初至今美元指数从 92 左右上涨到现在的大约 96，10 年期美国国债和 10 年期欧元区国债收益率差大约上涨了 10 个 BP，10 年期美国国债和 10 年期日本国债收益率差大约上涨了 23 个 BP。从相对短期的 1 年期国债收益率差来看，2021 年 9 月初至今，1 年期美国国债和 1 年期欧元区国债收益率差大约上涨了 23 个 BP，1 年期美国国债和 1 年期日本国债收益率差大约上涨了 12 个 BP。因此，2021 年 9 月以来美元指数上涨的直接原因是美国国债收益率与欧元区、日本国债收益率差的扩大。

依据 Wind 的数据，截至 2021 年 11 月 19 日，美元兑英镑上涨 1.61%，兑加元下跌 0.78%，兑瑞士法郎升值了 4.94%。这种货币变化的背后也反映了经济修复状态的差异（详见图 2）。从主要发达经济体的经济增速来看，就 2020—2021 年两年的均值而言，七国集团的经济平均增速为 0.5%。法国、德国、意大利、英国和日本的两年平均增速分别为 −1.0%、−0.5%、

-1.5%、-1.5% 和 -1.0%，只有美国和加拿大保持了两年平均正增速，其中美国经济增速大约为 1.5%，加拿大 0.05%，接近零增速。因此，从经济修复来说，美国经济在七国集团中是修复最好的（详见图 2）。但总体上，七国集团两年平均经济增速均未能达到 2017—2019 年的平均增速。

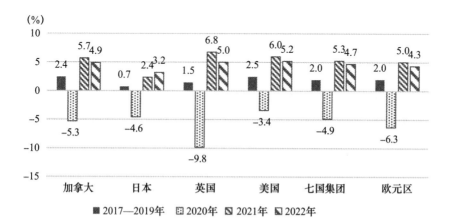

图 2 主要发达经济体经济增速的差异

注：2017—2019 年是简单平均值。

资料来源：WEO.

关于这一点，也可以从经济产出缺口来看，依据 IMF 的数据，2021 年七国集团中只有美国经济产出缺口完全收敛并进入轻微扩张区间，经济产出缺口为 0.56 个百分点。七国集团中其他经济体 2021 年经济产出缺口均为负值，除了意大利之外，其他经济体产出缺口要到 2022 年才能基本收敛或接近收敛。值得一提的是，2021 年欧元区经济产出缺口依然高达 2.8 个百分点，要到 2022 年才会出现大于 0.6 个百分点的缺口，接近缺口收敛。

经济修复周期的非同步性也决定了货币政策的非同步性。美联储从 2021 年 11 月初已经公布了相机抉择的 Taper 方案；欧元区目前继续执行 1.85 万亿欧元的紧急抗疫购债计划，按照欧洲央行行长拉加德的说法，要到 2021 年 12 月才有购债计划的讨论；日本央行继续宽松，依据彭博环球财经 2021 年 11 月 19 日的信息，日本近期在讨论规模高达 6900 亿美元的经济刺激计划，是日本历史上最大的财政刺激计划。

从物价水平来看，美国的通胀率也是主要发达经济体中最高的（详见图3）。从长期的角度来说，物价上涨会带来货币贬值，但短期中由于价格黏性，汇率不会随着物价变化而变化。

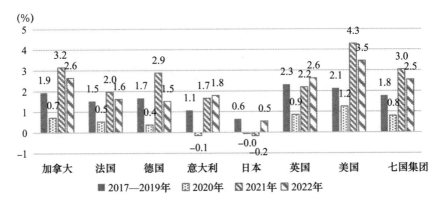

图3　G7通胀率

资料来源：WEO.

可见，近期美元指数的走强，反映的是经济修复周期的非同步性。由于美国经济修复要好于美元指数中的其他经济体以及主要发达经济体的经济修复状态，并且由于美联储先于欧洲央行、英国央行和日本央行边际减少货币宽松的力度，导致了美元相对于欧元和日元等货币走向，导致了美元指数的上涨。

从IMF的预测来看，2022年美国经济增速要明显好于欧元区和日本的经济增速，未来货币政策周期不同步的程度将在很大程度上决定美元指数的变化，也会在相当程度上决定国际金融市场的平稳度。因此，需要关注美欧货币政策周期非同步性的程度。

美联储目前处于不加息的缓通胀阶段

11 月 23 日

　　本文认为，美国及美联储目前采取的缓通胀策略，还不是严格意义上的货币政策控通胀，这也决定了美联储采取加息控通胀还需要一段时间。要走到加息控通胀最后这个步骤，美联储需要看到真实的就业数据达到其设定的目标值。在当前美国对能源价格影响力增加的背景下，美联储区分了供给冲击和需求拉动带来的物价上涨，这就决定了美联储强调控通胀，也不会快速加息。目前的美国及美联储处于缓通胀阶段。

　　着重政策延续性，美国总统拜登提名鲍威尔连任美联储主席。随后，鲍威尔就美国的通胀发表了看法，强调了控制通胀的重要性。

　　从全球范围来看，依据 IMF 预测的数据，2021 年发达经济体产出缺口 -1.17 个百分点，欧元区产出缺口 -2.77 个百分点，七国集团产出缺口 -0.90 个百分点；2022 年发达经济体产出缺口 0.96 个百分点，欧元区产出缺口 -0.58 个百分点，七国集团产出缺口 1.48 个百分点。可见，发达经济体基本要到 2022 年产出缺口才能完全收敛。因此，当前的通胀走高，可以视为是流动性充裕背景下的供给冲击。

　　本文认为美联储会等到美国经济中的就业达到目标后，由于美国经济总需求导致的物价上涨，即确信美国经济中工资——物价螺旋机制形成后，才会采取加息控制通胀的做法。在未来一段时间，美国及美联储采取的是不加息的阶段性缓通胀的办法。主要侧重于从供给侧着手来解决供给冲击导致的物价上涨。

　　历史上，由于原油冲击导致 20 世纪 80 年代美国经济出现了"滞胀"，时任美联储主席的沃克尔成为把联邦基金利率推到最高的美联储主席，而鲍威尔是把美联储货币政策放到最宽松的美联储主席。同样是供给冲击，但货币政策完全不同。图 1 显示了在 1980 年左右，随着国际市场原油价格的供给冲击，美国经济中的 CPI 和核心 PCE 处于高位运行。从 1979 年 3 月到 1981 年 10 月，美国经济中 CPI 基本保持 10% 以上的同比涨幅；从 1979年 4 月到 1982 年 3 月，核心 PCE 连续保持在 7% 及以上的同比增幅。美国经济中的通胀压力是巨大的，联邦基金利率在 1978 年 12 月站上两位数，为 10.03%，并在 1981 年 6 月达到高点 19.10%。因此，美联储用了极其严厉的手段控制高通胀。

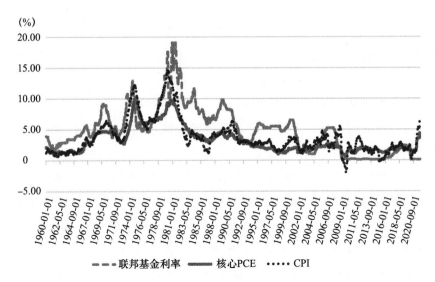

图 1　1960 年 1 月 1 日至 2020 年 9 月 1 日联邦基金利率和核心 PCE 同比变化趋势

资料来源：Federal Reserve Bank of St. Louis.

从 2021 年 3 月开始，美国经济中通胀已经连续 8 个月"超调"，2021年 10 月 CPI 同比增幅高达 6.2%，核心 PCE 同比增幅达到 4.6%，但联邦基金利率依然保持在 0.08% 的水平。

同样是供给冲击，为什么美联储货币政策差异如此之大？主要原因有以下五点。

第一，美国对能源价格的影响力远比20世纪80年代要大得多。从最近的一项研究来看，美国抛售原油战略储备对WTI原油价格的影响是显著的。从1990年以来美国大规模抛售原油战略储备一共6次，除了2017年的1次以外，其余5次都有效压制了国际市场上的原油价格。历次抛售规模在1500万—3100万桶，基于美国本土基准的WTI原油价格下跌幅度在22%—44%。即使抛售3500万桶，也大约占目前美国原油储备的5.6%。从美国能源供给与需求来看，现在的美国是国际市场上的能源净出口国。美国在压制能源价格上与20世纪80年代的影响力是不同的，但也存在与OPEC在原油市场上博弈的风险，OPEC采取减产策略也可以起到对冲美国释放原油战略储备对油价压制的作用。

第二，美国经济修复明显快于美元指数中的经济体导致美元指数上涨，截至2021年11月23日，美元指数上涨至96.52。美元指数上涨对原油等大宗商品的价格有一定的抑制作用。从实际情况来看，原油价格从2021年10月下旬以来出现了阶段性的回落。ICE布油从10月下旬的阶段性高点86美元/桶回落至目前的大约79美元/桶，目前WTI原油大约76美元/桶，相比10月下旬接近85美元/桶的阶段性高点也有一定的回落。

第三，美联储坚持认为目前上涨的物价水平在未来一段时间随着供应链的改善，会逐步回落。然而供应链的改善并非易事，需要比较长的时间。据彭博提供的数据，自洛杉矶港口2021年10月宣布对滞留时间过长的船只罚款以来，在该港口滞留时间超过9天的集装箱数量已经减少了1/3。全球供应链困局可能已经开始缓解或者说供应链困局的峰值已经出现。

第四，就业优先的货币政策致使美联储坚持流动性与利率分离管理的货币政策策略。流动性边际宽松收紧，并不意味着加息，美联储把低利率当作提高企业盈余和促进家庭消费的一种重要手段。

第五，从金融市场的反应来看，美联储对通胀的前瞻性预期管理，反复强调通胀的暂时性以及认为通胀未来会回落，起到了一定的效果，金融市场尚没有出现大的波动。芝加哥期权交易所波动率指数2021年年初以来下降了 15.74%，近几日出现了一定的上涨。

因此，由于上述五个原因，美国及美联储采取的是缓通胀，还不是严格意义上的货币政策控通胀。在当前美国对能源价格影响力增加的背景下，美联储区分了供给冲击和需求拉动带来的物价上涨，这就决定了美联储强调控通胀，也不会快速加息。

奥密克戎变异株瞬间冲击降低了
国际金融市场未来调整的风险

11 月 29 日

本文认为，新变异病毒对国际金融市场的瞬间冲击，引起了国际金融市场投资者风险偏好的瞬间变化，但在流动性极其充裕和市场利率下降的环境下，这种瞬间冲击有助于风险释放，从而降低了国际金融市场未来调整的风险。流动性充裕和度过了"陌生恐惧"阶段两个因素决定了市场不会出现较大幅度的连续调整，除非这种新变异病毒的威力超出了所有人的想象。这种瞬间冲击给了国际金融市场上的投资者以警醒，即使美联储及欧洲央行对通胀采取了很高的容忍度，但病毒的变异暴露了对风险资产过度追逐所隐含的风险。

2021 年 11 月 26 日博茨瓦纳、南非出现的新冠病毒变异毒株奥密克戎引起了市场短期较大幅度的调整，比利时、以色列等地出现了类似病例，多地出现的变异新病毒对国际金融市场产生了瞬间冲击，依据 Wind 的数据，VIX 指数一日内大涨 54.04%，收盘为 28.62，导致 2021 年以来 VIX 指数上涨了 25.80%。

VIX 指数的大涨说明国际金融市场出现了一定的恐慌情绪，风险资产价格均出现了较大的跌幅。美国三大股指均出现了 2.2%—2.6% 的跌幅；欧洲股市平均跌幅超过 4%；日经指数、恒生指数、俄罗斯 MOEX 指数以及印度 SENSEX30 指数出现 2.5%—3.5% 的跌幅；加拿大多伦多 300 指数下跌 2.25%；只有上证指数和深圳成指出现了 0.3%—0.6% 较小的跌幅（详见图 1）。

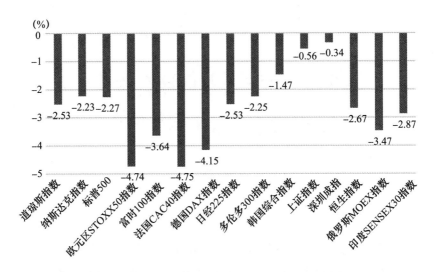

图1　2021年11月26日全球部分重要股市的跌幅

资料来源：Wind数据库。

经过2021年11月26日的调整后，美国三大股指的P/E有小幅度的下降。相比2020年来说，股市估值风险已经得到了很大程度的释放，但P/E仍然比2015—2019年的均值要明显高一些。但考虑到目前市场利率仍然处于较低水平，整个市场的估值应该还算是处于正常区间，但并不低。比如，道琼斯指数和标普500指数的P/E表达的风险收益率接近4%，相对于10年期美国国债收益率来说，仍然具有2.5个百分点左右的风险溢价。

从国际市场上的油价来看，在美国等国家释放战略性原油储备和新变异病毒的双重冲击下，国际油价出现了一日暴跌。依据WIND的数据，2021年11月26日ICE布油在一个交易日内暴跌11.27%，收盘71.80美元/桶。

从美国国债收益率来看，10年期美国国债收益率出现了较大幅度的下挫。依据美国财政部网站的数据，2021年11月26日10年期美国国债收益率跌破1.5%，下降至1.48%。由于2021年11月25日美国金融市场休市，从24日和26日的比较来看，在1个交易日内美国国债收益率出现了普跌。这说明国际金融市场对美国国债出现了新变异病毒瞬间冲击所致的追捧，美国国

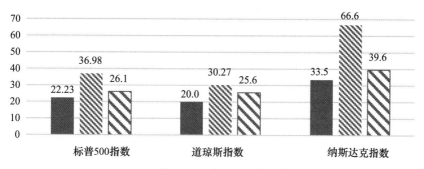

图2 美国三大股市的 P/E（TTM）

资料来源：Wind 数据库。

债价格普遍出现了上扬。图3 显示，两年以上美国国债收益率 1 个交易日的下降幅度均超过 10 个 BP，其中 3—10 年美国国债收益率下降幅度最大，处于 16—18 个 BP 之间。30 年期的美国国债收益率也下降了 13 个 BP，截至 2021 年 11 月 26 日，30 年期美国国债收益率跌破 1.9%，下降至 1.83%。

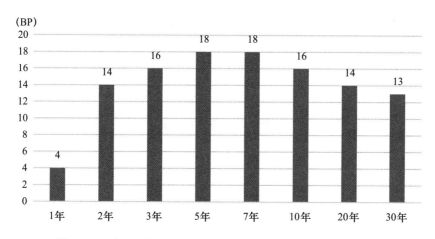

图3 2021 年 11 月 24—26 日不同期限美国国债收益率下降幅度

资料来源：美国财政部网站。

从这一个交易日来看，短期美国国债收益率下降的绝对值较小，本来短期美国国债收益率就很低，但下降幅度很大。例如 1 个月的美国国债收益率从 0.14% 下降至 0.11%，下降了 3 个 BP，但下跌幅度高达 22%，2 个月的美国国债收益率从 0.05% 下降至 0.04%，下降幅度达 25%。3 个月和 6 个月的美国国债收益率没有变化。

新变异病毒的冲击导致一个交易日内全球风险资产价格出现了较大幅度的下降，美国国债收益率出现了较大幅度的下跌。这是典型的在受到不确定因素冲击后，金融市场投资者从抛售风险资产转向追逐无风险资产的行为。风险资产市场瞬间出现了空头全面压制多头的情况。

从黄金价格来看，依据 Wind 提供的数据，2021 年 11 月 26 日 COMEX 黄金价格上涨 0.45%，伦敦黄金的价格上涨了 0.17%，属于小幅上涨。这说明金融市场并未出现完整的风险传递，投资者在新变异病毒的瞬间冲击下，并未体现出对黄金资产的过分追逐。

从美元指数来看，依据 Wind 提供的数据，2021 年 11 月 26 日美元指数收盘价 96.0640，当天下跌 0.75%。因此，可以认为新变异病毒在一个交易日并未引起金融市场风险的完全传递。对风险资产的一日抛售并没有完整体现在美债和黄金价格的上涨上。同时，美元指数贬值一个非常重要的方面的原因是：国际金融市场流动性依然很充裕。当然，截至 2021 年 11 月 26 日，2021 年以来美元指数上涨了 6.79%，主要原因是美国经济修复明显好于美元指数中的其他经济体，同时美联储从 2021 年 11 月开启了两个月总共减少 300 亿美元购债的 Taper，美联储边际宽松减弱的步伐快于欧元区央行、英国央行和日本央行。

国际金融市场的流动性充裕可以从美联储纽约分行逆回购的规模中得到证实。2021 年 11 月 26 日纽约联储的逆回购规模依然达到 1.451 万亿美元，接近前一个交易日 11 月 24 日的 1.453 万亿美元的水平，和 11 月 23 日的 1.572 万亿美元相比有一定幅度的下降，但美国金融市场流动性依然保持了很充裕的态势。

在流动性依然很充裕的背景下，这种瞬间的冲击会引起市场出现时间不长的调整，有助于风险的释放。相比 2020 年新冠肺炎疫情的突然暴发，尽管病毒不断地有所变异，但市场投资者对新冠病毒已经度过了"陌生恐惧"的阶段。流动性充裕和度过了"陌生恐惧"阶段两个因素决定了市场不会出现较大幅度的连续调整，除非这种新变异病毒的威力超出了所有人的想象。

中国债券市场为什么越来越受到
国际投资者的青睐？

11 月 30 日

依据中央国债登记结算有限责任公司（以下简称"中央结算公司"）统计数据，截至 2021 年 10 月末，境外机构债券托管面额达 35167.44 亿元。其中，全球通 25965.28 亿元，香港债券通 9202.16 亿元。在创造托管面额新的历史纪录的同时，还将该数据连续上升的时间刷新至 35 个月。2021 年 10 月 29 日中国国债正式纳入富时世界国债指数（WGBI）。加上彭博巴克莱于 2019 年 4 月 1 日起将中国国债和政策性银行债纳入其全球综合指数、摩根大通自 2020 年 2 月起将中国政府债券纳入其新兴市场政府债券指数（GBI-EM），至此，基于政府信用的中国债券已被三大国际债券指数悉数纳入。这表明中国债券市场的基础设施建设等已满足国际化市场的标准，能够引导国际债券配置资金进一步进入中国债券市场。这充分反映出国际投资者对中国债券市场改革开放成果的认同，中国债券市场已经成为全球第二大债券市场，中国债券已经逐步成为国际投资者全球配置资产的重要标的。

国际投资者为什么越来越青睐中国债券市场？本文认为，这是中国经济迈入高质量发展阶段，建设更高水平开放型经济新体制的结果，也是中国宏观经济保持稳健发展的结果。

经济高质量的发展是支持债券市场发展的基础。党的十九大报告指出，要深化供给侧结构性改革，把提高供给体系质量作为主攻方向，显著增强中国经济质量优势。党的十九届四中全会提出了推动经济高质量发展。经济高质量发展是创新驱动型经济的增长方式。中国经济增长方式在 2021 年发生了显著的变化，创新驱动成为中国经济增长的重要动力。依据国家统计局的数据，以新产业、新业态、新商业模式为核心内容的"三新"经济在中国经济中的占比越来越高。2020 年中国"三新"经济增加值为 169254 亿元，比 2020 年增长 4.5%（未扣除价格因素，下同），比同期国内生产总值现价增速高 1.5 个百分点；相当于占 GDP 的比重为 17.08%，比 2020 年提高 0.7 个百分点。依据国家统计局社科文司《中国创新指数研究》课题组的测算，2020 年中国创新指数比 2019 年增长 6.4%。创新环境指数、创新投入指数、创新产出指数和创新成效指数分别比 2019 年增长 6.3%、5.4%、8.5% 和 3.8%。中国经济的创新能力和水平保持连续提升。

创新驱动下的中国经济保持了较高的增长率。较高的经济增速就意味着投资较高的回报率，这是吸引国际投资者青睐中国国债市场的重要原因之一。2021 年以来，截至 11 月下旬，中国的 10 年期国债收益率围绕均值大约为 3%，在 2.8%—3.3% 的区间波动，相较于实施低利率甚至负利率的发达经济体的国债收益率，表现出了比较高的投资价值。以中美 10 年期债券收益差为例，2021 年 10 年期美国国债收益率围绕均值大约在 1.4% 上下波动，中美 10 年期国债收益率差的均值保持在 150 个 BP 左右；从 1 年期国债收益率之差来看，2021 年以来中美 1 年期国债收益率差基本保持在 200 个 BP 以上，高点达到了 260 个 BP 左右。相比美国国债，中国国债在收益率上对国际投资者有更为明显的吸引力。

同时，中国国债收益率具有更好的稳定性。中国国债收益率的波动区间明显小于美国国债收益率的波动区间。2021 年以来，10 年期美国国债收益率在 0.9%—1.8% 波动，振幅接近一倍，而 10 年期中国国债收益率在 2.8%—3.3% 波动，振幅要小得多；1 年期美国国债收益率在 0.04%—0.25% 波动，而 1 年期中国国债收益率在 2.15%—2.75% 波动，收益率振幅也显著小于美债收益率的振幅。

从境外机构托管的券种来看，国债占比大约 59%，政策性金融债占比大约 28.0%，国债和政策性金融债占比达到了 87%。政策性金融债是国家开发银行、中国农业发展银行和中国进出口银行三大政策性银行为筹集信贷资金发行的债券。依据中央结算公司的统计数据，截至2021年10月，在总计约84.6万亿元的债券托管面值中，国债和政策性银行债分别占25.6%和23.0%。境外机构青睐国债和政策性金融债，说明了境外机构对中国国家信用或者国家政策信用的高度认同。在一般意义上，国债是整个债券市场的底层资产，是在无风险收益率基础上形成风险收益率的基础，对于稳定整个债券市场的运行起到了关键的基础性作用。财政部在2021年10月和11月分别定价发行金额共计近90亿美元的美元债券及欧元债券，这对于提振国际资本市场信心、深化与国际金融市场的互联互通起到了重要作用，也为中国政府信用债券参与国际金融市场的定价开辟了路径。

建设更高水平开放型经济新体制极大地推动了中国金融的新开放。最近两年来，中国的金融开放进入新阶段，中国债券市场的双向开放取得了快速发展。2021年9月24日，中国内地和中国香港债券市场互联互通南向合作（简称"南向通"）正式运行，加上2017年的"北向通"，标志着"债券通"实现了双向通车。"南向通"落地是中国扩大金融高水平双向开放的重要标志。在"北向通"开通前，境外投资者持有中国债券约为8500亿元，目前这一规模已达3.5万亿元，年均增速接近40%。2021年10月中旬，深圳市于香港以及广东省于澳门分别成功发行了首批离岸人民币地方政府债券，中国债券市场双向开放举措不断落地和深化。2021年10月27日，国务院常务会议指出，要加大吸引外资力度，鼓励更多外资通过债券市场参与国内发展，并将境外机构投资者投资境内债券市场取得的债券利息收入免征企业所得税和增值税政策的实施期限，延长至"十四五"规划末的2025年年底。债券投资政策的支持也是吸引国际投资者进入中国债券市场的重要手段。

中国债券市场在金融深化和金融开放中快速成长。依据中央结算公司统计数据，2019年年底，债券托管面额为63.8万亿元，境外机构持有1.88万亿元；截至2021年10月，债券托管面额达到84.6万亿元，境外机构持有3.52万亿元。不到两年时间，中国债券市场规模增长了33%左右，而境外机构持有债券面额上涨了接近 1 倍，境外机构持有中国债券呈现出加速增长的态势。

2020 年，在突如其来的新冠肺炎疫情的巨大冲击和严峻复杂国际形势的影响下，中国实际 GDP 增速 2.3%，是全球主要经济体中唯一保持正增长的经济体。2021 年前三个季度中国 GDP 同比增速 9.8%，继续保持着高质量的较高增长态势，中国宏观经济继续呈现出稳健发展的态势。中国的宏观经济政策，尤其是货币政策保持了常态化，宏观政策保持了独立性，人民币资产收益率走势也呈现出一定的独立性。在复杂多边的国际市场环境下，人民币债券有利于国际投资者降低投资组合的波动幅度，优化组合投资收益，凸显了中国债券具有国际分散风险的资产配置意义。新冠肺炎疫情暴发以来，在稳健的经济发展和相对独立的宏观政策的支持下，中国债券市场运行效率也在快速提高，流动性得到了提升，债券通等外资投资渠道不断拓展，吸引了不少境外投资者将买入中国债券作为跨境资产的长期配置策略。

高质量增长，建设更高水平开放型经济新体制以及稳健发展的宏观经济和政策支持，中国债券市场受到越来越多国际投资者的青睐，中国债券市场的国际化进入了新阶段。依据中央结算公司统计数据，截至 2021 年 10 月，境外机构投资者持有的债券占债券市场托管面额的比重为 4.2%，这与 2019 年年底的 3.0% 相比有明显的进步。但也要看到，与发达国家市场相比，中国债券市场的境外机构投资者持有比例仍然是偏低的。随着中国债券市场国际化发展进程的推进，境外机构投资者持有比例会进一步上升，中国债券会成为全球投资者资产配置的重要资产。展望未来，有三个重要方面需要进一步的改进和完善。

首先，进一步扩大和优化债券市场的发展，尤其是国债市场的发展。在国内国际金融市场上，国债是安全资产，是债券市场定价的稳定器。一个高流动性、具有较好稳定收益的国债市场对于进一步提高中国债券市场的国际吸引力和货币的国际化至关重要。

其次，精细化实施宏观审慎管理政策，管理好跨境资金流动风险。在推动金融市场双向开放的同时，要高度关注跨境资金流动风险，做到主动监管，监管不能滞后于风险。因此，在债券交易、托管、结算、汇兑等各个环节的设计上，实现资金闭环管理，通过交易托管数据报告等方式，强化穿透式监管与监测，防止出现大的风险。

最后，在国债和政策性金融债的基础上，要发展高质量的企业债券市场。依据中央结算公司统计数据，截至 2021 年 10 月，企业债托管面额约 2.84 万亿元，占债券托管面额的约 3.4%。企业债券是风险债券，其收益率对于形成整个市场的风险收益率、信用差异及风险识别是至关重要的。高质量债券市场的发展能够弥补绝大部分债券是以政府信用为基础的债券市场风险多层次化功能的不足。债券市场多层次功能的发展，有利于改变中国以银行为主导的间接融资体系，培育银行和市场相互竞争、资源配置更有效率的现代金融体系。

世界经济复苏分化的故事

12 月 13 日

本文认为，新冠肺炎疫情防控政策的差异和对冲新冠肺炎疫情冲击所采取的宏观政策差异是导致世界经济复苏分化的两大关键因素。两个政策不同的组合可以作为分析世界经济复苏分化的原因，也可以视为推演未来政策变化逻辑的起点。世界经济的复苏分化是很明显的。美国供给小于需求，逆差扩大；中国需求小于供给，顺差扩大。部分新兴经济供给需求都不足。未来全球宏观政策也会呈现出分化的趋势。

（一）地球村中住着四个板块的人

为了便于说清楚世界经济复苏分化的故事，尽管不够完整，本文还是粗略地把世界经济分为四个代表性的板块。

板块一：以美国为代表的发达经济体。

板块二：中国。

板块三：以巴西、俄罗斯为代表的资源类新兴经济体。

板块四：不发达经济体。

（二）四个板块的人具有的财力及政策支持能力

板块一：以美国为代表的发达经济体是"有钱人"，新冠肺炎疫情暴发以来依靠其货币是主要的国际货币，大规模发行货币实施财政赤字货币化。

板块二：中国。世界上成长最快的经济体，是世界第二大经济体。党的十八大以来，始终坚持稳中求进的工作总基调。

板块三：财力有限，但具有较为丰富的大宗商品资源。以巴西、俄罗斯为代表的新兴经济体。

板块四：不发达经济体。财力弱，资源也不丰富。

（三）新冠肺炎疫情暴发以来四个板块的政策特点

板块一的两大政策组合：

1. 疫情防控政策：反复摇摆的疫情防控

以美欧为代表的"有钱人"，在对新冠肺炎疫情的理解和防控措施上，存在不断地反复摇摆。从特朗普的"没有人比我更懂病毒"到拜登主张的间歇性隔离以及放松措施，再到希望实现群体免疫。情况好转，就放开。由于新冠病毒的不断变异，美国成为世界上新冠肺炎病毒感染人数最多的国家。依据约翰斯·霍普金斯大学提供的数据，截至 2021 年 12 月 12 日，美国新冠肺炎病毒感染人数超过 4988 万人，新冠肺炎疫苗接种率 61.45%。有疫苗研制和生产能力。

欧元区新冠肺炎疫情防控情况与美国很类似，基本倾向于自然群体免疫以及新冠肺炎疫苗群体免疫，实在扛不住了，就隔离、居家办公、维持社交距离，情况好转，又放开。依据约翰斯·霍普金斯大学提供的数据，欧洲很多国家新冠肺炎病毒感染人数也是很多的。如，英国超过 1083 万人，德国超过 650 万人，法国超过 831 万人等。英国、德国、法国新冠肺炎疫苗接种率分别为 69.84%、69.54% 和 71.34%。有疫苗研制和生产能力。

2. 经济政策：激进的财政政策与货币政策

货币政策松到极限，几乎零利率。依据国际清算银行提供的数据，从 2020 年 2 月的 1.625% 下降至 3 月的 0.125%，至今未变。央行总资产的规模急剧膨胀。2020 年 3 月初美联储总资产为 4.24 万亿美元，截至 2021 年 12 月 9 日，美联储总资产"爆表"到 8.66 万亿美元，总资产增长了 105% 左右。这期间美联储持有国债数量从 2.50 万亿美元增加至 5.60 万亿美元，增加了 3.1 万亿美元。大规模实施财政救助计划，用于新冠肺炎疫情的财政预算高达 4.7 万亿美元，政府杠杆置换降低了居民杠杆，居民和企业财务比较健康。美国经济总体上需求大于供给，导致贸易逆差创新高。

欧洲央行的资产负债表从 2020 年 3 月 3 日的 4.69 万亿欧元扩张到 2021 年 12 月 7 日的 8.47 万亿欧元，总资产增加了接近 3.78 万亿欧元，总资产增长了约 81%。在此期间，欧元区居民发行的证券从 2.67 万亿欧元增加至约 4.68 万亿欧元，增加了 2.01 万亿欧元。依据国际清算银行提供的数据，欧洲央行政策性利率为零。低利率刺激了欧元区居民和企业杠杆率的上升。

板块二的两大政策组合：

1. 疫情防控政策：严格精准的疫情防控

中国在新冠肺炎疫情防控上采取了严格精准的防控政策。动态"清零"，强调精准防控。有新冠肺炎疫苗研制和生产能力，目前疫苗接种率超过 80%。

2. 经济政策：积极的财政政策与稳健的货币政策

2020 年中国安排的财政赤字率为 3.6%，比 2019 年的 2.8% 提高了 0.6 个百分点，全国财政赤字 37600 亿元，采取积极的财政政策。3.6% 的财政赤字率相比全球赤字率从 2019 年的 3.7% 上升至 2020 年的 9.9% 并不高。2021 年预算全国财政赤字 35700 亿元，比 2020 年减少 1900 亿元。货币政策采取了稳健的货币政策，不搞"大水漫灌"。依据央行网站的数据，与 2019 年年底相比，2020 年年底 M2 同比增速约为 10.1%。截至 2021 年 10 月，M2 同比增速 8.8%。依据国际清算银行提供的数据，目前政策性利率为 3.85%。央行政策性利率从 2020 年 3 月的 4.05% 下降至 2021 年 4 月的 3.85%，至今未变。

板块三的两大政策组合：

1. 疫情防控政策：几乎没有严格、系统性的疫情防控政策

新冠肺炎疫苗研制能力不及板块一和板块二。依据约翰斯·霍普金斯大学提供的数据，截至 2021 年 12 月 12 日，巴西新冠肺炎病毒感染人数超过 2217 万人，俄罗斯超过 981 万人，巴西的感染人数排在全球第三（次于

印度的超过了 3468 万人，印度新冠肺炎疫苗接种率 36.66%）。巴西新冠肺炎疫苗接种率为 66.01%，俄罗斯新冠肺炎疫苗接种率 41.67%。

2. 经济政策：货币政策已开始转向

巴西从 2020 年 2 月开始降息，政策性利率从 2020 年 1 月的 4.5% 一直下降到 2020 年 8 月的 2%，2% 的政策性利率水平维持到 2021 年 2 月底。随后由于通胀，巴西央行开始加息，从 2% 一直加到 2020 年 10 月的 7.75%。俄罗斯央行政策性利率从 2020 年年初的 6.25% 一直降到 2020 年 7 月底的 4.25%，4.25% 的政策性利率水平一直维持到 2021 年 2 月。随后由于通胀压力开始加息，从 2021 年 2 月的 4.25% 一直加到 2021 年 10 月的 7.5%。

板块四的两大政策组合：

1. 疫情防控政策：没有严格、系统性的防御政策

板块四中的国家几乎没有能力生产新冠肺炎疫苗。IMF、世界银行等国际性机构以及部分国家针对不发达经济体采取了相应的援助，但短期中很难满足全部需求。

2. 经济政策：财力与货币政策作用都很有限

依据 IMF 提供的数据，欠发达经济体在财政救助和货币政策刺激上作用有限。不想"躺平"，但也难以依靠自身的力量应对新冠肺炎疫情冲击。

（四）疫情防控政策差异和对冲性宏观政策差异导致的复苏分化

板块一：激进的刺激政策对冲了反复摇摆的新冠肺炎疫情对经济的负面影响，生产能力逐步恢复，总需求快速扩张，美欧经济产出缺口收敛，尤其是美国经济产出缺口已经收敛。通胀压力不小。2021 年 11 月美国 CPI 同比增速高达 6.8%，核心 CPI 同比增速高达 4.9%，创造了近 40 年以来的同比新高。欧元区 2021 年 11 月预估的 HICP 同比增长 4.9%，创造了欧元区成立以来的最大同比涨幅。美欧依靠其货币是国际货币的优势，过于自信的、激进扩张的总需求管理政策，在超预期的供应链瓶颈作用下，物价

高涨。目前，货币政策从一直强调的就业优先开始倾斜转向控通胀。总需求上升以及充裕的国际市场流动性，再加上供应链瓶颈和运输费用大涨，导致大宗商品（包括食品）价格出现了大幅度的上涨，尤其是燃料类的大宗商品价格出现了暴涨。

板块二：中国严格、精准的新冠肺炎疫情防控政策，生产能力恢复很快。中国采取积极的财政政策和稳健的货币政策，疫情冲击下中国经济发展保持了全球领先地位。由于新冠肺炎疫情持续冲击、房地产调控和外部的成本冲击，近期召开的中央经济工作会议指出，中国经济目前面临着需求收缩、供给冲击和预期转弱三重压力，稳增长成为 2022 年经济工作的重点，要做好"六稳""六保"工作，持续改善民生，着力稳定宏观经济大盘，保持经济运行在合理区间。2021 年 11 月 CPI 为同比增长 2.3%，处于合理区间。

板块三：通胀率已经超过目标通胀率，经济产出缺口尚未收敛，但货币政策已经转向。大宗资源类经济体一方面获得了大宗商品价格上涨的好处，另一方面由于新冠肺炎疫情扩散，生产能力不足，再加上大宗商品以及食品价格大涨导致通胀大幅度超过目标通胀率。

板块四：期待疫情救助，经济修复乏力。

各个国家新冠肺炎疫情政策差异导致生产能力修复的差异，也是全球供应链出现问题的关键因素。美欧采取了激进的刺激政策，供给冲击和需求扩张共同导致了通胀持续上扬，通胀压力明显。中国严格、精准的新冠肺炎疫情防控能力带来了生产能力的快速恢复，宏观政策稳健，新冠肺炎疫情等因素也导致目前总需求不足，物价水平不高。巴西、俄罗斯等资源经济体新冠肺炎病毒感染人数众多，供给出现了问题，需求也不足，但物价上涨压力很大。部分欠发达经济体表现出类似的情况。

因此，世界经济的复苏分化是很明显的。美国供给小于需求，逆差扩大；中国需求小于供给，顺差扩大。部分新兴经济供给需求都不足。可见，未来全球宏观政策也会呈现出分化的趋势。

美联储明天会说什么?

12 月 15 日

国际金融市场很关注美联储 2021 年 12 月的货币政策声明。美联储会说什么？我们可以做一个推断，也是一种猜测。本文认为大体应该包括以下三个主要方面。

首先，关于通胀和就业的表述应该会发生变化，控通胀会成为重要的关键词。新冠肺炎疫情暴发至今美联储基本坚持了就业优先的货币政策，2021 年 11 月美国经济中失业率从 2020 年 4 月的高点 14.8% 下降至 4.2%，已经达到了 2021 年 9 月美联储在经济预测计划中的目标中值。由于存在新冠肺炎疫情和刺激政策所致的"大辞职"现象，美国经济中的劳动参与率数据尚不够好，整体还存在 450 万左右的"失业"人口。2021 年 11 月美国 CPI 同比增长高达 6.8%，核心 CPI 同比增长达到了 4.9%，这是近 40 年的最高同比增速。2021 年 11 月美国经济中的 PPI 环比增长 0.8%，同比增长高达 9.6%。美国经济中的 PPI 和 CPI 都相当高，说明 PPI 向 CPI 的传递基本完成，经济总需求还是可以的，这一点可以从消费者支出数据中反映出来。从劳动就业市场来看，由于劳动力供给不足，低工资水平的劳动力市场中的工资增速也创造了美国次贷危机以来的新高。尽管美国经济中的通胀是供给冲击和需求拉动共同导致的，货币政策对于解决供给冲击的作用很有限，但毕竟如此高的通胀会促使美联储在通胀的表述上出现新变化，可能会从过去强调"劳动力市场取得进一步实质性进展"转向倾向于"通胀面临持续压力"，也会继续强调"供应链瓶颈"问题，控通胀应该会成为重要的关键词。

其次，美联储可能会顺应市场的愿望，加速减少购债规模。目前每个月150亿美元的减少规模可能会提高。目前国际金融市场流动性极其充足。从2021年8月11日开始，纽约联储的逆回购规模保持在1万亿美元以上，2021年12月14日的逆回购规模高达1.584万亿美元，接近2021年9月30日的最高点1.604万亿美元，2021年12月13日的逆回购规模约1.60万亿美元。美国金融市场上的流动性很充裕。充裕的流动性背景，在通胀高企的压力下，减少购债规模应该是顺应了金融市场的期望，而不是逆市场期望，因为市场也担心通胀太高，未来政策被迫出现超市场预期的、更大力度调整的风险。美联储2021年11月3日相机抉择的Taper和2013年的Taper是不一样的，这也为美联储调整Taper方案留有余地。

最后，美联储应该没有那么自信公布完整的加息路线图。主要是这一次经济受到冲击的原因完全不同，以往的货币政策转向行为对此次美联储货币政策调整的参考意义可能有限，因为美联储无法掌控新冠肺炎疫情带来的巨大不确定性。近期新冠病毒变异毒株奥密克戎大大增加了全球经济及美国经济前景的不确定性。目前美国超过30个州出现了奥密克戎。依据WHO的数据，2021年12月8日美国新冠肺炎病毒感染人数超过19万人，近期有所下降，但也维持在5万人左右。12月14日感染人数大约4.6万人。另外，美联储也会重点考虑供应链瓶颈导致的通胀的持久性。最近牛津经济研究院有调查显示，供应链问题在2021年第二至第三季度有望得到较好的缓解。

因此，由于新冠肺炎疫情反复带来的不确定性，以及偏向依赖实际数据观察再进行决策的美联储应该没有那么自信公布完整的加息路线图。

新兴经济体的货币政策：持续分化

12 月 20 日

IMF 2021 年 10 月发布的报告显示，整体上，2021 年新兴市场和发展中经济体的通胀率同比增长达到 5.5%，与 2019 年的通胀率同比 5.0% 的增幅相差不大，但不同经济体的通胀率存在明显的分化，货币政策也因此存在明显的分化。

一　部分重要新兴经济体通胀率出现了明显的分化

2021 年以来，部分新兴经济体出现了高通胀压力。土耳其、俄罗斯、印度、巴西和墨西哥的通胀率已经超过了目标通胀率。依据各国央行网站提供的数据，2021 年 11 月土耳其的通胀率同比增速高达 21.3%，已经远超目标通胀率。2019 年 11 月土耳其的通胀率同比增速为 10.6%，此后一直维持在高位运行，2020 年 9 月当通胀率同比增速达到 11.8% 时，土耳其央行开始加息。一周回购利率从 2020 年 5 月的 8.25% 提高到 10.25%，经过 4 次加息，2021 年 3 月达到高点 19%，然后开始了 3 次降息，截至 2021 年 11 月利率为 15%。2021 年 10 月俄罗斯的通胀率同比增速为 8.1%，已经大幅度超过目标通胀率 4.0%，2021 年 12 月 6 日俄罗斯央行的关键利率从 2021 年 3 月的 4.25% 经过了 6 次加息，达到 7.5%。2021 年 10 月南非的通胀率触及目标通胀率，CPI 同比上涨 5.0%，2021 年 11 月 18 日南非央行的回购利率从 3.5% 上调至 3.75%。2021 年 10 月印度通胀率为 4.5%，但整体零售通胀率飙升至 7.6%，印度央行存在加息压力。巴西 2021 年 10 月通胀率高达 10.7%，远超目标通胀率 5.25% 的上限，巴西央行 2021 年已经 6 次加息，基准利率从 2021 年 3 月的 2.0% 提高到 10 月底的 7.75%。墨西哥 2021 年 10 月通胀率为 6.2%，核心通胀率为 5.2%，略超目标通胀率 5%。

与此同时，中国、印度尼西亚的通胀率低于目标通胀率。中国 2021 年 10 月 CPI 同比涨幅 1.5%，印度尼西亚 11 月的 CPI 同比涨幅 1.75%，低于 2021 年的目标通胀率区间 2%—4%。

二 部分新兴经济体通胀为什么这么高？

部分新兴经济体的高通胀压力主要来自四个方面。首先，此轮通胀与发达经济体大规模的财政刺激和宽松的货币政策外溢性有关。全球主要发达经济体中，美国通胀率已经连续多个月超过 2%，2021 年 11 月美国经济中的 CPI 同比增长 6.2%，核心 CPI 同比增长 4.6%，是 1990 年以来的最高同比增速。欧元区 2021 年 10 月调和消费者物价指数（HICP）同比增长 4.1%，已经达到 2008 年 7 月的最高点。欧元区 2021 年 11 月 HICP 的预估值是 4.9%，这是欧元区成立以来的物价最高同比涨幅。目前，美国是大型发达经济体中经济复苏最快的，欧元区产出缺口也在逐步收敛，经济活动更快地反弹到新冠肺炎疫情前的趋势，导致美欧通胀率相对于疫情前的水平急剧上升。美欧经济相对强劲的需求导致的物价上涨推高了全球的物价水平。其次，大宗商品价格大幅度上涨推高了成本，导致物价上涨。依据 IMF 提供的数据，2021 年 1—10 月所有大宗商品价格指数上涨了 40%，其中能源价格指数上涨了 85.4%，成为供给冲击导致通胀的关键因素。再次，食品价格大幅上涨是导致消费者物价指数上涨的重要原因。从新兴经济体来说，由于恩格尔系数相对于发达经济体要高一些，食品价格上涨直接推高通胀水平。依据联合国粮食及农业组织的数据，相比 2020 年 1 月，2021 年 11 月食品价格指数上涨了 31.1%，其中，油类价格涨幅高达 69.7%，谷物上涨了 40.5%，糖上涨了 37.9%，乳品上涨了 20.9%，只有肉类涨幅较小，大约上涨了 6%。2021 年 1—11 月食品价格指数累计上涨了 18.4%，油类、谷物、糖、乳品和肉类分别上涨 32.9%、13.2%、28.2%、12.9% 和 14.4%，2021 年以来肉类涨幅也是比较大的。最后，由于新冠肺炎疫情导致了运输费用大涨，波罗的海指数 2021 年以来上涨了大约 130%。

因此，当前部分新兴经济体面临的高通胀是多种因素作用的结果。经济修复带来的总需求提升、发达经济体的通胀外溢，供应链问题所致的供需错配、气候问题导致的食品价格上涨等。

三　部分新兴经济体货币政策面临两难

由于新冠肺炎疫情的反复及其导致的经济后果仍然存在巨大的不确定性，新冠肺炎病毒变异可能会导致全球供应链出现持续性的供需错配，推高通胀，也会导致劳动力市场供应收缩，经济总需求下降可能会降低物价。近期奥密克戎给全球经济持续复苏带来了新挑战，导致了国际油价急剧下跌，而部分国家重新实施严格的旅行限制，加剧了供应链瓶颈，推高物价水平。当然，随着时间的推移，供需错配问题将会逐步减弱，会降低一些经济体的价格上涨压力。

因此，对部分新兴经济体的央行来说，货币政策面临多种挑战。首先，要应对大规模持续供应冲击导致的物价上涨，而货币政策本身应对供给性冲击的作用是有限的。像巴西、俄罗斯、土耳其等一些新兴经济体大幅度提高了政策利率，这种紧缩政策是在经济产出缺口并未完全收敛的背景下出台的，可能进一步抑制经济产出和就业。其次，由于美国等发达经济体开始进入货币政策调整期，如果发达经济体的货币政策调整导致资本外流和带来汇率贬值压力，这些新兴经济体可能需要进一步紧缩，部分新兴经济体将面临潜在的、来自发达经济体的货币政策负溢出风险。最后，2021年以来部分经济体的货币已经出现了大幅度的贬值，土耳其里拉 2021 年以来对美元的贬值幅度超过 80%，阿根廷比索 2021 年以来也贬值了 20%。由于汇率大幅度贬值，使这些经济体难以持续超越通胀压力采取非紧缩的货币政策来促进经济增长，这些经济体控通胀面临着严峻的挑战。

四 中国货币政策保持了独立性

由于通胀存在差异，新兴市场经济体的货币政策是明显分化的。不少新兴经济体已经多次加息，但作为全球第二大经济体的中国将继续实施稳健的货币政策，并要求货币政策灵活适度，保持流动性合理充裕。近期中国人民银行公布下调了金融机构存款准备金率0.5个百分点，释放长期资金约1.2万亿元，支持实体经济的发展。同时，政策性利率继续保持在3.85%的水平。中国货币政策进一步显示出独立性，货币政策要保证市场流动性合理充裕，支持中国宏观经济增长保持在合理的增速区间。

目前中国经济的通胀率不高，2021年第三季度GDP同比增速4.9%，经济有下行压力。要使2022年的经济增速保持在合理区间，货币政策需要偏宽松，货币政策周期与主要发达经济体的货币政策周期存在差异。从金融市场收益率来看，中美国债收益率之差依然保持在150个BP以上，资本跨境流动能够保持平衡，人民币汇率保持在合理区间双向波动。依据WIND的数据，截至2021年11月7日，2021年以来人民币兑美元升值了2.64%。

总体上来看，新兴经济体由于通胀的分化和复苏力度不同，在新冠肺炎疫情存在不确定性的情况下，货币政策应对需要根据具体国家的具体情况进行调整，新兴经济体的货币政策会出现持续分化。相比之下，精准的疫情防控、供应链的韧性、保供稳价政策等因素促进中国经济取得了领先的增长，为中国货币政策的独立性提供了经济基本面的支撑。

发达经济体货币政策：通胀"超调"

12 月 20 日

自新冠肺炎疫情暴发以来，发达国家不但采取了极度宽松的货币政策以对冲疫情造成的负面影响，还进一步修改货币政策框架允许通胀"超调"，这使得全球货币政策未来出现新的走向，即流动性宽松的边际拐点即将出现。

一 主要发达经济体采取极度宽松
货币政策对冲疫情的负面影响

2020 年第一季度新冠肺炎疫情冲击以来，主要发达经济体央行的总资产均出现了"爆表"。截至 2021 年 11 月 18 日和 19 日，美联储和欧洲央行总资产分别高达 8.675 万亿美元和 8.442 万亿欧元。从 2020 年 3 月初至今，美联储和欧央行总资产分别增加了 4.44 万亿美元和 3.75 万亿欧元。也就是说，2020 年 3 月以来，美欧央行总资产新增了大约 8.7 万亿美元。再考虑到差不多在同样的时期内，日本央行总资产增加了 143 万亿日元，英国央行总资产增加了 0.52 万亿英镑以及加拿大央行总资产增加了 0.38 万亿加元，这五家央行的总资产增加规模大约 11 万亿美元。[①] 全球流动性投放出现了

---

① 美联储：万亿美元；2020 年是 3 月 5 日的数据，2021 年是 11 月 18 日的数据；欧洲央行：万亿欧元，2020 年是 2 月 28 日的数据，2021 年是 11 月 19 日的数据；日本央行，百万亿日元，2020 年是 3 月 3 日的数据，2021 年是 11 月 24 日的数据；英国央行：万亿英镑，2020 年是 3 月 4 日的数据，2021 年是 11 月 24 日的数据；加拿大：万亿加元，2020 年是 3 月 4 日的数据，2021 年是 11 月 17 日的数据。

急剧上升的态势。

主要发达经济体均采取了激进的货币政策来对冲新冠肺炎疫情对经济下行的冲击，2020年上述经济体的GDP还是出现了深度下滑。依据IMF 2021年10月《世界经济展望报告》提供的数据，2020年美国、欧元区、日本、英国和加拿大GDP同比增长分别为－3.4%、－6.3%、－4.6%、－9.8%和－5.3%；2021年上述经济体在较低基数的作用下，经济出现同比6.0%、5.0%、2.4%、6.8%和5.7%的正增长。按照IMF预测的数据，2021年美国经济产出缺口已经收敛，欧元区和其他经济仍存在不同程度的产出缺口，2022年上述经济体也会取得不错的正增长。

二 修改货币政策框架允许通胀"超调"

2020年8月27日美联储公布了其货币政策新框架，对其2012年首次公布的长期目标和货币政策策略声明进行了调整，采用了弹性平均通胀目标制。美联储的新框架将"寻求实现平均2%的通胀率"，并认为"在通货膨胀率持续低于2%的时期之后，适当的货币政策可能会在一段时间内使通货膨胀率略高于2%"。2021年6月8日欧洲央行正式公布了货币政策新框架。与2003年的货币政策框架相比，新框架采取了中期平均通胀目标制（大约5年），欧洲央行将货币政策目标"绝对通胀率2%"修改为"中期内实现2%的通胀率"。全球发达经济体最大的两家央行都修改了自己原有的货币政策框架，平均通胀目标制基本完成了对过去二十年来实施的绝对通胀目标制的替代。

美联储并未公布新框架的评估期，虽然欧洲央行的货币政策框架下一个评估期在2025年，但在本质上两者是一致的，可以视为是弹性平均通胀目标制。新框架的显著特点是允许通胀率阶段性高出2%，出现阶段性的通胀目标"超调"。相对于过去2%的绝对通胀目标允许通胀阶段性"超调"，就意味着美欧央行可以以通胀为抓手来扩大总需求和促进就业，实施就业优先的货币政策，并试图释放货币政策性利率的空间。从理论上说，在菲利普斯曲线扁平化的经验条件下，美联储是希望通过通胀超调来打破次贷危机以来的低增长、低通胀的"大停滞"周期。

三 通胀出现了超预期的上涨

美联储就业优先的货币政策将允许通胀"超调"持续比较长的时间，在经济持续修复的背景下，主要发达经济体过多的流动性投放带来的宽松货币环境将导致两大风险：一是大宗商品价格的普遍快速上涨；二是允许通胀"超调"时间越久，未来的紧缩带来的波动性可能更大，这包括资产价格调整与债务的风险问题。

依据 Wind 的数据，截至 2021 年 11 月 29 日，2021 年以来国际市场上 ICE 布油期货价格上涨幅度高达约 45%，WTI 原油期货价格上涨超过 50%，这还是在经历了近期新冠病毒奥密克戎冲击后的价格。相比 2020 年 4 月下旬最低点 25 美元左右的价格，国际市场上原油价格已经上涨了 200% 以上。以原油为代表的大宗商品价格快速上涨，推动了通胀水平的持续上扬。从主要发达经济体来看，目前的通胀率是大幅度"超调"的。美国 2021 年 10 月 PCE 同比增长 5%，连续 8 个月超过 2%。欧元区 2021 年 10 月通胀率同比增长 4.1%，达到 2008 年 7 月 4.1% 的高点，连续 4 个月超过 2%。英国 2021 年 10 月 CPI 同比增长 4.2%，加拿大 2021 年 10 月 CPI 同比增长 4.7%，核心 CPI 同比增长 3.3%，只有日本经济基本是零通胀。

大宗商品价格快速上涨带来全球通胀成本的转嫁，出现通胀利益和成本再分配不公的问题，也引起了原油市场的激烈博弈。2021 年 11 月 23 日美国宣布释放 5000 万桶原油来平抑市场价格，日本等国家也跟进释放原油战略储备。通胀持续上涨另一个重要原因是供应链瓶颈问题。新冠肺炎疫情的反复导致运输成本急剧上扬，波罗的海指数相比疫情前上涨了大约 300%。供需错配、港口拥挤和长时间的滞留等一系列问题也是推动通胀走高的重要原因。同时，新冠肺炎疫情也导致食品价格较大幅度的上涨。依据联合国粮食和农业组织的数据，食品价格指数 2021 年 10 月平均为 133.2点，比 2020 年 10 月上升 31.3%。

四 全球货币政策未来走向：流动性宽松的边际拐点即将出现

2021 年 10 月美国经济中失业率进一步下降至 4.6%，基本接近美联储在 2021 年 9 月美国经济预测中给出的 4.5% 的目标。2021 年 11 月 3 日美联储公布了相机抉择的 Taper 实施方案。美联储在接下来的两个月开始逐月减少 150 亿美元资产购买规模（100 亿美元国债 + 50 亿美元 MBS），并认为目前每月净资产购买的降低速度可能是合适的，但如果经济前景发生变化，美联储准备调整购买速度。美联储只公布了两个月的具体 Taper，保留了未来 Taper 的相机抉择性，同时强调了缩减购债规模与加息是完全不同的，美联储继续坚持流动性与利率分离管理的货币政策策略。

欧洲央行目前尚未公布具体的减少购债计划。2021 年 11 月 3 日欧洲央行行长拉加德在葡萄牙银行成立 175 周年之际在里斯本的讲话上也认为，尽管目前通胀率飙升，但中期通胀前景依然缓和。同时，拉加德认为在 2021 年年底欧元区经济基本修复到新冠肺炎疫情前的水平，12 月会考虑欧洲央行的债务购买校准计划。

从英国央行来看，在通胀高企的情况下，尚没有明确的加息信号。日本央行由于其通胀率基本接近于零，将继续保持持续宽松。只有加拿大央行已经进入了缩表阶段，央行总资产从 2021 年 3 月 10 日的高点 0.575 万亿加元缩减至 2021 年 11 月 17 日的 0.497 万亿加元，但相对新冠肺炎疫情暴发前的 2020 年 3 月 4 日的总资产 0.119 万亿加元，还是增长了 317.65% 左右。

整体而言，尽管主要发达经济体货币政策存在分化，但由于通胀持续走高，国际金融市场流动性持续边际放松的拐点即将到来。与 2013 年 "Taper 恐慌"不同，美联储此次实施 Taper 并未引起国际金融市场的动荡，一个重要原因是美联储以及欧洲央行在较大程度上说服了国际金融市场上的投资者关于通胀是暂时的判断具有可信性，使得国际金融市场投资者继续保持了较高的风险偏好，并未引起市场投资者风险偏好的逆转。

值得关注的是，全球新冠肺炎疫情的反复说明了疫情在未来还存在重大不确定性，这也导致了未来全球货币政策存在不确定性，但在全球金融市场流动性过度充裕的背景下，在经济修复以及通胀的压力下，宽松货币政策的未来走向呈现出边际收紧是大势所趋。

近期国际金融市场波动：投资者意见分歧加大

12 月 24 日

  本文认为，近期国际金融市场出现了较快的上下波动，但没有明确趋势，这说明国际金融市场投资者关于奥密克戎毒株对未来增长的影响以及美联储货币政策调整预期的意见分歧加大。

  近期国际金融市场风险资产价格走势出现了相对快的上下波动，没有表现出明确的趋势。原因主要有两个：首先，比较明确的是在奥密克戎毒株的冲击下，经济增长预期放缓，全球供应链受到冲击的时间可能会延长；其次，比较不明确的是货币政策预期，发达经济体货币政策并不存在严厉的控通胀。从市场角度来理解，就是市场在怀疑经济会不会出现较大程度的"滞胀"风险。如果出现了较大程度的"滞胀"风险，风险资产价格走势会明确，较大概率是向下调整；如果没有较大程度的"滞胀"风险，那么国际金融市场就会不断权衡美联储关于增长和货币政策控通胀之间的关系，整个市场走势也因此没有表现出明确的趋势。

  美联储在 2021 年 12 月的点阵图中值显示，18 名委员中，有 10 人预计 2022 年联邦基金利率为 0.75%，点阵图也给出了市场预期 2022 年可能加息 3 次，整个声明中没有出现"滞胀"之类的表述。《财经头条》在 2021 年 12 月 16 日报道了鲍威尔的观点：因通胀上升加速缩债，点阵图不代表行动计划。依据彭博盘前简报 2021 年 12 月 20 日的报道，美国前财政部部长萨默斯称，美联储表面上改弦更张，实际上仍坚持通胀"暂时论"。说明市场对美联储货币政策的预期依然存在较大的不确定性，美联储没有那么自信可以制订出具体行动计划，主要原因还是新冠肺炎疫情存在重大的不确定性以及对经济获取相对高增长的渴望，美联储还是希望获取相对高通胀下的相对高增长。

依据 WHO 提供的数据，在奥密克戎出现后，全球新冠肺炎病毒感染人数呈现出上升态势，截至 2021 年 12 月 24 日，全球感染人数突破 2.75 亿人。美国新冠肺炎病毒感染人数突破 5100 万人，这一波疫情对经济冲击持续的时间依然存在不确定性。

国际金融市场风险资产价格的变化也及时反映出市场投资者对未来预期的变化。2021 年 11 月 26 日奥密克戎在南非等地出现后，这种新变异毒株对国际金融市场产生了瞬间冲击，依据 Wind 的数据，VIX 指数一日大涨 54.0%，美国三大股指均出现了 2.2%—2.5% 的跌幅，欧洲股市跌幅基本在 4% 左右。随后的几个交易日美国股市在波动中向下调整，调整幅度 3%—5%，欧洲股市也出现了几日调整。经过阶段性的反复调整，美欧股市在有涨有跌的过程中继续维持在高位运行，没有表现出明确的趋势性走势。

截至目前，金融市场对奥密克戎造成的风险偏好冲击得以较大程度的修复。芝加哥期权交易所波动率指数在 2021 年 11 月 26 日大幅度攀升后逐步回落。截至 2021 年 12 月 24 日，已经低于 11 月 24 日的水平，全年约下降 20.05%。但奥密克戎对金融市场投资者关于未来经济增长的预期产生了影响，这一点体现在美国国债实际收益率的变化上。2021 年 11 月 24 日，10 年期美债收益率为 1.64%，一个交易日内 10 年期美债收益率下降了 16 个 BP，11 月 26 日 10 年期美债收益率为 1.48%，到 12 月 3 日达到阶段性低点 1.35%。截至 2021 年 12 月 22 日，10 年期美债收益率为 1.46%，低于奥密克戎冲击之前的水平。依据美联储圣路易斯分行给出的数据，2021 年 11 月 24 日 10 年期美债隐含的预期通胀率和实际利率分别为 2.61% 和 −0.97%；12 月 22 日 10 年期美债收益率为 1.46%，10 年期美债隐含的预期通胀率和实际利率分别为 2.47% 和 −1.01%。因此，10 年期美债实际收益率的下滑，反映出国际金融市场投资者对未来增长放缓的预期变化，避险情绪也出现了阶段性上扬。

从油价来看，也呈现出类似的特征，奥密克戎冲击当日油价暴跌。随后在波动中有所恢复，目前 ICE 布油在 76 美元/桶左右的水平，相对 2021

年的高点 86 美元/桶左右的水平出现了一定幅度的下跌，这也是奥密克戎冲击带来未来一段时间经济增长预期放缓所致。

近期国际金融市场股市资产价格的调整还有一个特点，相对奥密克戎冲击之前的一段时期，每日的波动幅度变大了，说明市场投资者对新变异病毒给经济带来预期影响程度的评估不确定，对未来美联储货币政策的收紧速度、力度也存在不确定，市场投资者的意见分歧加大。

同时，尽管有所波动和调整，美国股市基本还是维持在高位运行。截至 2021 年 12 月 24 日，道琼斯指数、纳斯达克指数和标普 500 指数 2021 年以来的涨幅分别为 17.4%、21.5% 和 25.8%，ICE 布油 2021 年以来涨幅也高达约 48%。这应该可以反映出美国金融市场投资者对美联储还是给予了一定的信任，认为美联储能够控制目前的通胀，美国经济也会持续复苏，并在 2022 年失业率下降至 3.5%。

2021 年 12 月 15 日美联储下调了 2021 年 9 月的 2021 年经济增长率预测，从 2021 年 9 月的 5.9% 下调至 5.5%，同时提高了 2022 年的经济增长率预测，从 2021 年 9 月的 3.8% 上调至 4.0%。关于通胀预期也做了很大的调整，2021 年 PCE 通胀率从 2021 年 9 月的 4.2% 上调至 5.3%，2022 年 PCE 通胀率从 9 月的 2.2% 上调至 2.6%；2021 年核心 PCE 通胀率从 9 月的 3.7% 上调至 4.4%，2022 年核心 PCE 通胀率从 9 月的 2.3% 上调至 2.7%。按照美联储所提供全部预测来看，通胀率到 2024 年均在 2% 以上。从 2021 年 9 月和 12 月预测的对照来看，变化是比较大的，这说明美联储自己也难以有明确的预期。但有一点可以看出，在美联储的预测中，允许通胀"超调"的时间是比较长的，这是 2020 年 8 月美联储采用货币政策新框架弹性平均通胀目标制之后，首次物价调控目标变化的新实验。

和 2020—2021 年相比，2022 年美国财政赤字规模会显著下降，美国国务预算办公室表示 2022 年美国财政赤字大约为 1.2 万亿美元，这个相对于 2020 年的 3.1 万亿美元和 2021 年的 3.0 万亿美元的财政赤字规模来说，大幅度压缩，2022 年美国经济的财政支持还要看拜登政府提出的 1.75 万亿美元经济刺激计划能否通过。如果通过了，美联储货币政策的调整速度可能会快一些；如果拜登政府提出的经济计划受挫，美联储货币政策调整的速度可能会慢一些。因此，在这个意义上，美联储的货币政策或将成为 2022 年国际金融市场如何调整需要考虑的最大风险。

猛放与缓收：美联储此轮货币政策周期的特点

12 月 28 日

本文认为猛放与缓收是美联储此轮货币政策周期的特点。主要原因是"超预期"通胀本身的持续性存在不确定性；工资—物价通胀螺旋形成机制还有待观察；利率上扬所致的风险资产价格的调整及长短利差变化都是美联储需要考虑的问题。在众多不确定性条件下，缓收的概率是比较大的。

一　猛放是为了避免流动性危机，并助推美国经济复苏

猛放是因为 2020 年 3 月全球金融大动荡的冲击。国际金融市场投资者对新冠肺炎疫情的"恐惧"带来了风险偏好急剧逆转，市场经历了短暂的避险情绪，迅速转变为"恐慌"情绪，导致了大类资产价格"泥沙俱下"，金融市场找不到任何资产可以对冲风险，流动性危机一触即发。从 2020 年 3 月 6 日到 3 月 20 日，两周时间美国股市经历了 4 次熔断，美国三大股指缩水超过 10 万亿美元，比 2019 年美国 GDP 的 45% 还要多，迫使美联储在 2020 年 3 月 15 日将联邦基金利率维持在 0—0.25% 的区间，并在 3 月 23 日宣布实施无上限宽松的货币政策，才挡住了美国历史上最剧烈的股市下挫，全球股市也基本在 3 月 23 日触底。无上限宽松也意味着美联储为市场"出售"了史上最大的货币政策看跌期权，挡住了突如其来的、外生的全球性系统风险冲击所致的流动性恐慌。

2020 年 3 月 5 日至 2021 年 12 月 23 日，美联储总资产从 4.24 万亿美元

增长到 8.79 万亿美元，增长幅度高达约 108%，这期间美联储总资产中美国国债数量增加了 3.15 万亿美元，增持的国债数量相当于 2020—2021 年美国财政赤字数量的 52%。美联储这种迅猛"爆表"历史未见，估计未来也很难再见到了。

从总计约 4.55 万亿美元总资产扩张的阶段来看，主要扩表阶段发生在 2020 年 3 月 5 日至 5 月 28 日大约 7 周半的时间里，美联储总资产增加了约 2.86 万亿美元，占扩表至今总数量的 63%。从 2020 年 5 月 28 日至 9 月 24 日期间，美联储总资产并没有扩张，而是略有减少，减少了 41.55 亿美元。从 2020 年 9 月 24 日至 2020 年年底，总资产扩张了 0.27 万亿美元，差不多每个月 800 亿美元。进入 2021 年后，美联储总资产的扩张相对平衡很多，2020 年年底至 2022 年 12 月 23 日扩表大约 1.43 万亿美元，月均大约 1180 亿美元，与美联储宣布的每月购债 1200 亿美元的数额比较接近（详见图 1）。

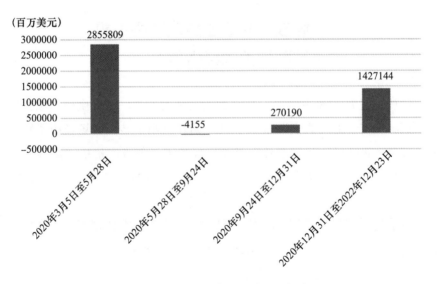

图 1 美联储总资产不同阶段的扩张

资料来源：美联储。

美联储真正的"爆表"时间只有不到两个月，目标就是挡住国际金融市场出现流动性危机。2020 年 5 月至 2020 年 9 月的总资产减少主要是美元货币互换计划所致。到 2021 年 9 月 24 日美元互换规模只有约 320 亿美元，这与 2021 年 4 月的高点 4000 亿美元相比大幅下降，从而导致了美联储总资产的减少。考虑国际流动性互换导致的资产减少，美联储在这个时期国内市场流动性的投放依然是增加的，差不过每月也有 1000 多亿美元的水平。由此，可以判断美联储的扩表可以分为两个阶段：其一，"爆表"阶段：2020 年 3 月 5 日至 5 月 28 日。目的：确保金融市场不发生流动性危机。其二，相对稳定的扩表阶段：2020 年 6 月至今。目的：持续支持企业和家庭流动性需求，助推经济复苏。

二 缓收是因为通胀"超预期"，"超预期"的通胀也意味着通胀的持续性本身存在不确定性

2020 年 8 月美联储把过去的绝对通胀目标制改为弹性平均通胀目标制后，允许通胀阶段性"超调"，大幅度提高了对通胀的容忍度。美联储本质上是想以通胀为抓手，打破美国次贷危机以来的"大停滞"周期。从通胀预期的形成来看，美联储基本达到了预期目标：从 2021 年开始，相对短期的预期通胀率高于长期的通胀预期，不再是美国次贷危机以来的相对短期的预期通胀率始终低于长期的通胀预期，打破了通胀预期的顺周期反馈机制，即短期通胀率低，长期通胀预期也低，导致短期通胀预期更低；同时，美国经济产出缺口快速收敛，在 2021 年 12 月的经济预测中，美联储预测 2021 年美国 GDP 增长 5.5%，2022 年增长 4%。

图 2 显示，自 2021 年 1 月下旬开始，10 年期保本国债隐含的长期预期通胀率低于 5 年期保本国债隐含的预期通胀率，扭转了美国次贷危机以来的通胀预期顺周期反馈机制。相对短期预期通胀率高，相对长期预期通胀率低是一种正常的通胀逆周期性反馈机制，为货币政策的正常化提供了机遇，也为货币政策摆脱利率零下限，或者货币政策性利率实际下限存在的潜在

非对称性风险提供了可以操作的手段。

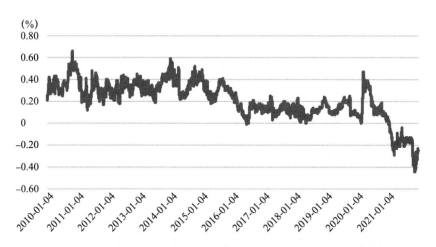

图2 2010 年 1 月 4 日至 2021 年 1 月 4 日美国经济中 10 年期和
5 年期保本国债隐含的预期通胀率之差

资料来源：Federal Reserve Bank of St. Louis.

当前美国经济中的通胀是供给冲击和需求拉动共同作用的。需求拉动是美联储乐意看到的，说明就业市场的改善为居民持续消费提供支撑。截至 2021 年 11 月美国经济中失业率降至 4.2%，失业率基本接近目标，但由于新冠肺炎疫情导致的"大辞职"现象，美国经济中劳动参与率比正常情况下要低 1—2 个百分点。PCE 通胀同比增长 5.7%，创 40 年来的新高，通胀出现了"超预期"的现象。

按照美联储的说法，通胀持续走高主要是由于供应链瓶颈持续的时间太久，生产不能很好地匹配需求。当然，原油价格在经济修复、流动性充裕以及复杂的地缘政治博弈中出现了显著的涨幅；受极端天气、新冠肺炎疫情等因素的影响，全球食品价格指数自 2020 年以来也出现了超过 30% 的涨幅，尤其是食用油类的涨幅超过 80%；全球运输成本也大涨；全球能源转型也带来了成本的上涨。多种因素叠加，导致了供给性的冲击，这对货币政策提出了新挑战。

"超预期"的通胀也意味着通胀本身的持续性具备不确定性。随着新冠肺炎疫苗接种率的提升，全球生产能力和运输能力有望逐步恢复，再加上前期部分企业为应对不确定性库存偏好的逐步减弱，这些都有望降低物价水平持续上涨的压力。

目前需要重点关注的是美国经济中的工资—物价螺旋机制是否已经正式形成。从近期的数据看，由于就业岗位空缺数量高达近 1000 万人，工资出现明显的上涨。新冠肺炎疫情冲击下美国居民假日季消费出现了高增长，2021 年 11 月 1 日至 12 月 24 日假日购物季期间，美国零售额同比增长 8.5%，居民消费比较强劲。

考虑到 2022 年美国财政赤字规模大幅度下降，财政赤字相当于 2021 年的 1/3 多一点，财政支持力度会明显下降。同时，美国居民储蓄率已经降至新冠肺炎疫情前水平，那么随着疫情的逐步控制，"大辞职"现象是否会出现逆转，从而有力缓解劳动力市场工资上涨的压力是存在可能的，这会压制工资—物价通胀螺旋的形成机制。

从美国股市来看，彭博环球财经 2021 年 12 月 28 日报道了由于苹果、微软等巨型股对指数的推动，美国三大股指之一标普 500 指数年内第 69 次收于创纪录的新高。同时，道琼斯指数和纳斯达克指数也维持在高位运行。金融市场流动性还是非常充裕，纽约联储逆回购规模不断创新高也表明了这一点。同时，市场利率维持在相对低位，近期 10 年期美债收益率在实际利率下降和通胀预期下降的作用下，2021 年 12 月 27 日的收益率为 1.48%，离 2021 年 3 月中旬 1.74% 的年内高点差距不小。低利率、充裕流动性以及增长预期使得美国股市资产价格不断创新高。

在"超预期"的通胀压力下，美联储不会使得市场利率出现急剧上涨，货币政策缓收，减少金融市场动荡或将成为此轮货币政策周期的后半部分工作。关于利率上扬，除了通胀以外，美联储还需要关注两个重点：利率上扬带来风险资产价格调整的幅度；短期利率上扬是否会导致长短利差的快速缩小，甚至倒挂，从而影响经济复苏预期和银行金融系统的稳定性。

综合上述，猛放与缓收将成为美联储此轮货币政策周期的特点。

新冠肺炎疫情如何影响世界经济？

12 月 30 日

2020 年突如其来的新冠肺炎疫情给世界带来了深重的灾难。依据世界卫生组织提供的数据，截至 2021 年 12 月 16 日全球新冠肺炎病毒感染人数超过 2.7 亿人，死亡人数超过 531 万人。

在新冠肺炎疫情的冲击下，世界经济出现了深度下滑。依据 2021 年 10 月 IMF 的数据，2020 年世界经济同比深度下滑 3.1%。其中发达经济体下滑 4.5%，新兴市场和发展中经济体下滑 2.1%。

供应瓶颈持续、全球通胀加剧、发展失衡加深、货币政策转向……过去两年，新冠肺炎疫情已深刻改变了世界经济的运行方式，展望 2022 年，前行路上仍然充满风险和不确定性。

一 全球经济复苏不平衡

眼下，全球经济体基本都出台了应对新冠肺炎疫情冲击的宏观政策，IMF 推出了政策追踪器数据系统（policy tracker），跟踪了 190 多个国家（地区）应对新冠肺炎疫情冲击的财政政策、货币与宏观金融政策、汇率和进出口政策。不同经济体依据自身条件，推出了不同类型、不同力度的对冲疫情负面影响的宏观政策，对世界经济产生了重大影响。

由于各个经济体的新冠肺炎疫情防控措施存在差异，宏观政策力度亦有不同，世界经济出现了"分化式"的复苏。

以美国为代表的发达经济体实施大规模的财政赤字货币化政策，经济产出缺口收敛速度较快。2021 年 12 月，美联储预测 2021 年美国实际 GDP 增速为 5.5%，这一增速在主要发达经济体中是最高的。

发展中国家中，中国经济发展领先，但其他部分发展中国家的经济增速不理想。比如，IMF 大幅下调了东南亚国家的经济增速预测，预计东盟 5 个国家——印度尼西亚、马来西亚、菲律宾、泰国和越南 2021 年经济增速只有 2.9%。

二　全球债务风险加大

根据 IMF 全球债务数据，受新冠肺炎疫情和全球经济衰退影响，2020 年全球债务规模达到创纪录的 226 万亿美元。2020 年成为自第二次世界大战以来全球债务增加最多的一年，全球债务总量与国内生产总值之比上升 28 个百分点至 256%，其中公共债务占 GDP 的 99%。

根据 2021 年 10 月 IMF 发布的《财政监测报告》，2020 年 1 月至报告发布时，全球对冲新冠肺炎疫情的财政支出高达 10.79 万亿美元，导致发达经济体和新兴市场经济体债务与 GDP 之比创历史新高。

2020 年和 2021 年，全球财政赤字占 GDP 的比重分别为 10.2% 和 7.9%。其中，发达经济体分别为 10.8% 和 8.8%，新兴经济体分别为 9.6% 和 6.6%。

从单个经济体来看，则存在明显差异。2020 年 1 月至报告发布时，美国对冲新冠肺炎疫情的财政支出占 2020 年 GDP 的 25.5%；英国、澳大利亚、日本和德国这一比例大体在 15%—20%；二十国集团中的新兴经济体对冲疫情的财政支持力度要小一些，大多低于 10.2% 的全球平均水平。整体上，全球债务急剧增长。

三　全球风险资产价格、大宗
商品价格、房价上涨

发达经济体极度宽松的货币政策导致了风险资产价格普遍大幅上涨。全球股市从 2020 年 3 月下旬最低点至今已经出现超级反弹。截至 2021 年 12 月 16 日，美国股市道琼斯指数、纳斯达克指数和标普 500 指数的涨幅分别约为 17%、20% 和 25%，欧洲股市也出现了 10%—25% 的涨幅。

大宗商品价格出现了大幅度上涨，ICE 布伦特原油和美国 WTI 原油期货价格 2021 年以来的涨幅分别达到 44% 和 51%。

全球房价大多也出现了明显上涨。依据国际清算银行的数据，2021 年第二季度，全球实际房价累计同比上涨 4.8%，这是自国际金融危机以来的最快增长率。

四　全球出现通胀压力

新冠肺炎疫情防控政策的差异导致了供应链瓶颈，在经济复苏和宽松流动性的支撑下，全球大宗商品价格大幅上涨，出现了通胀压力。依据 IMF 大宗商品价格指数，与 2020 年 1 月相比，2021 年 11 月的全球大宗商品价格指数上涨了 54%，能源类价格指数涨幅高达 87%。

而依据联合国粮食和农业组织的数据，受新冠肺炎疫情和极端天气等因素影响，食品价格指数从 2020 年 1 月的 102.5 上涨至 2021 年 11 月的 134.4，涨幅高达约 31.1%。在此期间，除了肉类价格指数同比涨幅（6.0%）较小外，乳品类、谷物类、植物油类和糖类价格指数涨幅分别达到 20.9%、40.5%、69.7% 和 37.9% 左右。

随着新冠肺炎疫情防控形势好转和新冠肺炎疫苗接种率提高，预计

2022 年供应链瓶颈导致的供需错配将会减弱，从而降低一些国家的价格压力，但供应中断和需求上升持续的时间会比预期的要长，通胀压力可能会高于此前预期的时间长度。

五　通胀导致货币政策转向带来的外溢风险

通胀压力迫使部分发达经济体货币政策转向。2021 年 11 月美国 CPI 同比增长高达 6.8%，核心 CPI 同比增长达到了 4.9%，这是近 40 年的最高同比增速。在就业改善、产出缺口收敛的条件下，高通胀压力促使美联储在 2021 年 12 月 15 日公布了加快购债减码，并预计在 2022 年将联邦基金利率提高到 0.9% 的加息政策。

对新兴市场的央行来说，应对大规模持续供应冲击的挑战更大。巴西和俄罗斯等一些国家大幅提高了政策利率。紧缩政策出台会加剧产出缺口，可能进一步抑制产出和就业，但不提高利率，可能面临资本外流和汇率贬值压力，部分新兴市场将面临潜在的、挑战性的外部货币政策溢出效应。

六　新冠肺炎疫情加剧了逆全球化

出于竞争和安全等因素的考虑，新冠肺炎疫情将加速全球产业链的重构，全球产业链和供应链面临着缩短的趋势，区域化成为重要的经济合作方式。封锁、社交距离等防控措施重创了全球旅游业的发展，服务业在新冠肺炎疫情冲击下步履维艰。

七 新冠肺炎疫情改变了人们的生活方式，加快了技术创新的步伐

新冠肺炎疫情之下，人们的生活方式发生了许多改变，其中"宅"经济成为重要代表。生活方式的转变，加快了以信息技术为代表的技术创新，云端相见成为跨区域交流的重要模式，也成为居家办公的重要手段。

与此同时，抗击新冠肺炎疫情加快了生物医学技术的创新，新冠肺炎疫苗研制成为关键的技术突破口。近期，新冠病毒变异毒株奥密克戎在短期内已经蔓延至100多个国家和地区，这将大大增加全球经济前景的不确定性。

2022年美欧货币政策：避免对通胀的过度反应

12月31日

本文认为，2022年美欧的货币政策应该会避免对通胀的过度反应，大概率采用渐进的货币政策正常化路径。主要原因是：美欧央行对通胀的容忍度大幅度提高，并认为随着供应链瓶颈的减弱，较高的通胀不会持续太久。同时允许总需求所致的通胀维持在适度"超调"的状态，美欧央行不会牺牲经济增长速度和就业来快速降低由明显供给冲击因素所致的通胀，尤其是欧洲央行的货币政策可能会继续维持在宽松状态。

从2021年3月美国经济中的通胀超过2%以来，美国通胀在未来几年可能都会超过2%，美联储已经开始了弹性平均通胀目标货币政策新框架的实践。2021年5月17日和20日，笔者在CMF平台上发布了《深度理解美联储货币政策新框架及其潜在的风险Ⅰ和Ⅱ》，认为美联储允许通胀"超调"是想以通胀为抓手，实施就业优先的货币政策，刺激经济从修复走向扩张区间，背后的政治原因是美国急剧膨胀的全球竞争意识，美国想打破次贷危机以来的经济"大停滞"周期。同时，允许通胀持续"超调"来促进增长和就业改善，一旦美国居民消费能力得到释放，通胀就会出现持续压力，随之而来的货币政策调整就会带来资产价格调整以及跨境资本无序流动的潜在风险。2021年7月9日，笔者在CMF平台上发布了《欧洲央行货币政策新框架：中期平均通胀目标制》，分析了2021年6月8日欧洲央行发布的货币政策新框架：物价稳定和金融稳定"双支柱"的分析框架。从通胀目标来看，美欧央行货币政策新框架的一个显著特征是允许通胀阶段性显著"超调"。

从此轮通胀来看，美国，欧元区、英国等发达经济体对通胀采取了较高的容忍度。图 1 显示了 2021 年以来美国、欧元区和英国的通胀水平变化，从 2021 年 3 月开始美国 PCE 超过 2%，从 2021 年 7 月开始欧元区 HICP、英国 CPI 达到或超过 2%。2021 年 11 月美国 PCE、欧元区 HICP、英国 CPI 的通胀水平分别达到了 5.7%、4.9% 和 5.1%，已经远超 2% 的长期通胀目标。

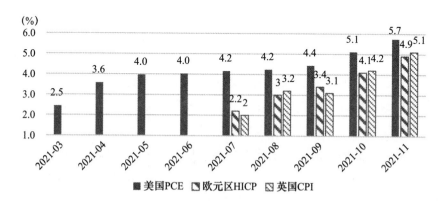

图 1　2021 年 3 月至 2021 年 11 月美国、欧元区和英国的通胀水平

资料来源：各个国家（地区）的央行网站。

从经济增长来看，2021 年第一至第三季度美国 GDP 增速分别为 6.3%、6.7% 和 2.3%，美联储 2021 年 12 月中旬预计的全年 GDP 实际增速为 5.5%。欧元区 2021 年第一至第三季度 GDP 实际同比增速分别为 -1.2%、14.4% 和 3.9%；英国 2021 年第一至第三 GDP 实际同比增幅分别为 -6.1%、23.6% 和 6.6%。美国经济目前已经恢复至新冠肺炎疫情前的水平，欧洲央行预计欧元区 2021 年年底恢复至新冠肺炎疫情前水平。因此，从增长来看，上述经济体允许通胀"超调"基本实现了增长目标。尤其是美国经济的产出缺口在发达经济体中是最快收敛的，货币政策已经进入了调整期，英国经济也基本恢复至新冠肺炎疫情前水平，在通胀压力下，2021 年 12 月 16 日英国央行超市场预期加息 15 个基点，将基准利率提高至 0.25%，同时，维持资产购买总规模维持在 8950 亿英镑不变。因此，采用流动性与利率分离管理的策略在这一轮货币政策周期中是很明显的。

从通胀来看，美联储在 2021 年几次经济预测中对通胀都做了较大幅度的上调，这本身就说明了新冠肺炎疫情冲击下的经济存在较大的不确定性。从 2020 年年底和 2021 年美联储 4 次关于美国通胀的预测来看，差别相当大。2020 年年底美联储预测 2021 年美国经济中 PCE 和核心 CPI 均为 1.8%。2021 年以来美联储关于美国通胀的预测出现了"步步高"的现象，美国 PCE 和核心 CPI 从 2021 年 3 月预测的 2.4% 和 2.2% 一直上调到 12 月预测的 5.3% 和 4.4%（详见图 2）。

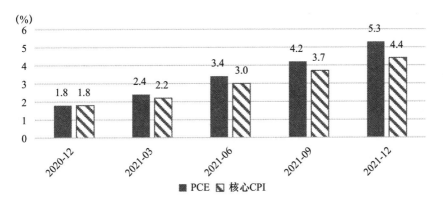

图 2　美联储关于 2021 年美国通胀率的预测

资料来源：美联储网站各期经济预测。

如此巨大差异的预测体现了新冠肺炎疫情冲击下物价水平存在显著的波动性。按照美联储的解释，需求是强劲的，但这种不确定主要来源于供应链瓶颈的冲击，而且这种冲击的时长超出了美联储原先的预期，以至于通胀持续的时间比预期的要长。大宗商品价格 2021 年以来出现了显著涨幅，例如油价涨幅超过 50%。2021 年食品类价格也出现了显著涨幅，依据联合国粮食和农业组织的数据，与 2020 年 12 月相比，截至 2021 年 11 月，食品价格指数上涨了 24%，其中，肉类、乳品、谷物、油类和糖类价格指数的涨幅分别达到了 16%、15%、22%、41% 和 39%。

新冠肺炎疫情也导致了运输成本大幅度上涨，波罗的海指数 2021 年以来出现了剧烈的波动，2021 年年初大约在 1400 点左右，高点出现在 2021

年 10 月上旬突破 5600 点，截至 2021 年 12 月 24 日跌至约 2200 点左右，即使如此，2021 年以来波罗的海指数上涨了大约 60%。同时，波罗的海指数的剧烈震动对于货物海运来说（海运占全球货物运输的 90% 左右），会加剧生产和消费的脱节，对物价产生较大的扰动。新冠肺炎疫情导致了"缺芯"等现象，这也导致了美国经济中二手车全年价格涨幅大约 50%，加剧了美国经济中的通胀。

同时，一些重要的大宗商品价格在经过较大涨幅后出现了明显下降。可以依据西本数据库提供的中国经济中的一些重要经济数据来做说明，比如铁矿指数 2021 年年初为 1120，2021 年 12 月 30 日只有 990，但在 2021 年 7 月突破了 1600；煤炭指数 2021 年年初大约为 780，截至 2021 年 12 月 19 日为 800，全年涨幅很小；钢铁指数 2021 年年初为 4750，2021 年 12 月 30 日为 4990，涨幅甚小，但在 2021 年 5 月中旬突破了 6300。这种价格剧烈的波动，扰乱了生产，也带来了物价短期内急剧变化，原因还是与新冠肺炎疫情的不确定性直接相关。

总体上，从当前的情况来看，美欧经济目前正在经历新冠肺炎疫情冲击和通胀冲击的双重冲击。通过激进宽松的刺激政策抗击新冠肺炎疫情，助推经济总需求上扬和失业率下降，带来物价上涨压力；新冠肺炎疫情反复导致供需错配进一步冲击物价水平上涨，出现了供给冲击。

因此，美欧货币政策的调整速度和力度必须对通胀的来源及持续性做出比较准确的判断，这是目前美欧货币政策面临的现实问题。目前美联储和欧洲央行的看法存在一定差异。美联储认为通胀持续的时间会比预计的久，而欧洲央行坚持认为欧元区尚没有出现持久的通胀压力。

避免对通胀出现过度反应，似乎成为美欧货币政策的基调，若如此，2022 年美欧央行采用渐进的货币政策正常化路径的概率大为增加。